中国现代国际关系研究院反恐怖研究中心
ZHONG GUO XIAN DAI GUO JI GUAN XI YAN JIU YUAN FAN KONG BU YAN JIU ZHONG XIN

国际恐怖主义与反恐怖斗争年鉴

（2016）

时事出版社

总策划： 季志业　冯仲平

主　编： 傅小强

编　委（按姓氏笔画）：

邓门佳　李　伟　孙　渤　刘天聪　余文胜

陈　旸　陈庆鸿　严　帅　严　谨　林一鸣

张书剑　季志业　徐永智　龚　正　符春华

傅小强

目　录

第一部分　国际恐怖主义与反恐怖斗争形势综述

第二部分　国际恐怖主义组织

第三部分　国际重大恐怖活动案例分析

第一部分

国际恐怖主义与反恐怖斗争形势综述

第一章　2016年国际反恐酝酿新议程

2016年，“伊斯兰国”在伊拉克和叙利亚“国破政危”，但恐怖威胁加速向全球扩散。国际恐怖和极端势力在战乱、动荡和地缘复杂地区盘踞坐大，中国周边面临的反恐靖乱压力持续增大。国际反恐多头并举，出现竞合博弈的新格局，打击暴力极端主义和网络反恐渐成国际反恐的重要议程。

第一节　“伊斯兰国”暴恐威胁外溢加剧

在美、俄等国剿恐的重压下，“伊斯兰国”遭受重创，丢城失地、损兵折将、财源枯竭，面临被迫从摩苏尔、拉卡等控制城市转向沙漠乡村的困难局面。在此背景下，“伊斯兰国”逐渐从“建政立国”转向地下组织，从攻城略地转向杀戮作乱，从战场攻防转向大规模恐袭，暴恐能量2016年在欧、亚国家集中释放。

一、“伊斯兰国”暴政由盛转衰

一是控制区大幅缩小。2016 年以来，“伊斯兰国”地盘加速收缩，据美国领导的打击“伊斯兰国”联盟 6 月 27 日发布的声明，“伊斯兰国”在伊拉克丧失 47%控制区，在叙利亚丧失 20%控制区。① 目前控制面积已不足 7 万平方公里。② 统计显示，“伊斯兰国”曾据守十大城市，已失守 6 个。10 月以来，美国协调各方加大反恐攻势，相继开始攻打“伊斯兰国”占领的伊第二大城市摩苏尔及其在叙利亚的“首都”拉卡，“伊斯兰国”控制区面临被进一步压缩、甚至丧失城市控制区的可能。

二是有生力量严重折损。2016 年 8 月 10 日，美国领导的打击“伊斯兰国”联盟负责人西恩·麦克法兰称，“过去 11 个月，已有 2.5 万名‘伊斯兰国’武装分子被消灭，加上之前被消灭的 2 万人，总数已达 4.5 万。”③ 美虽未透露“伊斯兰国”现有成员数量，但有评估认为，“伊斯兰国”仅剩约 2 万人。同时，“伊斯兰国”已难以招募足够新人，据美情报机构评估，目前流入伊叙的外国“圣战”分子已由巅峰时期的每月

---

① Jonathan Spyer, “Behind the lines: Islamic State shifts strategy”, July 9, 2016, http://www.jpost.com/Middle-East/Behind-the-lines-Islamic-State-shifts-strategy—459792.（上网时间：2016 年 10 月 11 日）

② Columb Strack, “Islamic State caliphate shrinks a further 12 per cent in 2016”, July11, 2016, http://www.janes.com/article/62153/islamic-state-caliphate-shrinks-a-further—12—per-cent-in—2016.（上网时间：2016 年 10 月 11 日）

③ Holly Ellyatt, “Islamic State ranks shrink amid ‘retreat on all fronts’: Pentagon”, August 11, 2016, http://www.cnbc.com/2016/08/11/islamic-state-ranks-shrink-amid-retreat-on-all-fronts-pentagon.html.（上网时间：2016 年 10 月 11 日）

2000 人骤降至 50 人。[①] 由于人手紧缺，“伊斯兰国”被迫开始启用童子军和妇女队。此外，“伊斯兰国”高层遭大量猎杀。美总统奥巴马 6 月 14 日表示，已有 120 多名“伊斯兰国”头目和指挥官被击毙，这对“伊斯兰国”的组织架构、决策制定实施造成重大冲击。[②]

三是“财政”收入锐减。2015 年 10 月美加大打击“伊斯兰国”石油收入，发起代号为“浪潮行动 2”的军事打击行动，对“伊斯兰国”的油井、油气分离场以及油罐车、销售网络等实施系统性打击，导致“伊斯兰国”石油产量及营收大幅下滑。该行动发言人克里斯托弗·加弗 2016 年 8 月表示，“伊斯兰国”石油的收入已由原来每月 3000 万美元降至 1500 万美元。[③] 石油收入腰斩已影响“伊斯兰国”日常运作。

二、域外暴恐活动升级

伊叙大本营遭遇强攻，“伊斯兰国”暴恐活动加速外溢，转而寻找新的暴恐根据地，欧美、南亚、东南亚和北非等地区成重点目标。

一是设立专门机构，加大域外恐袭。据欧美情报机构调查，该机构名为“ENMI”，由“伊斯兰国”发言人阿德拉尼领导，为“伊斯兰国”

---

① Griff Witte, Sudarsan Raghavan and James McAuley, “Flow of foreign fighters plummets as Islamic State loses its edge”, September 9, 2016, https://www.washingtonpost.com/world/europe/flow-of-foreign-fighters-plummets-as-isis-loses-its-edge/2016/09/09/ed3e0dda－751b－11e6－9781－49e591781754_story.html.（上网时间：2016 年 10 月 11 日）

② “Remarks by the President After Counter-ISIL Meeting”, June 14, 2016, https://www.whitehouse.gov/the-press-office/2016/06/14/remarks-president-after-counter-isil-meeting.（上网时间：2016 年 10 月 11 日）

③ Tim Daiss, “Why Islamic State's (ISIS) Oil Revenue Is Plunging”, August 26, 2016, http://www.forbes.com/sites/timdaiss/2016/08/26/why-islamic-states-oil-revenue-is-plunging/#29b2f1b1603e.（上网时间：2016 年 10 月 11 日）

核心机构，有权调动一切资源与力量，该机构下设“欧洲事务特工处”、“亚洲事务特工处”、“阿拉伯事务特工处”，分别负责在欧、亚、阿拉伯世界策动恐袭。调查显示，“ENMI”已向奥地利、德国、西班牙、黎巴嫩、突尼斯、孟加拉、印尼和马来西亚等国派入力量，其中潜入欧盟的人数高达“数百人”。[①] 2016 年，“伊斯兰国”将域外“圣战”作为应对伊叙军事压力的重要策略，5 月，发布声明叫嚣称，“世界各地皆‘圣战’舞台，多神教敌人皆为袭击目标”。10 月联军发动对摩苏尔的军事行动后，巴格达迪对呼罗珊、孟加拉国、高加索、印尼、菲律宾、也门和阿拉伯半岛等地的“圣战”分子呼吁：“记住你们是伊斯兰的支柱，也是伊斯兰哈里发国家的中流砥柱，要各自为战打击伊斯兰的敌人。”据美 CNN 统计，自 2014 年 6 月建立以来至 2016 年 8 月，“伊斯兰国”共在伊叙之外的 29 国发动 143 起恐袭，其中 2016 年高达 88 起[②]，约占总数的 62%，足见其域外恐袭力度不断上升。

二是拉帮结伙壮大力量。联合国 1 月发布报告称，全球有 34 个暴恐团伙向“伊斯兰国”宣誓效忠。美情报机构 6 月评估，域外支持“伊斯兰国”的暴恐人员高达 2 万人，主要集中在利比亚、埃及、阿富汗、巴基斯坦和尼日利亚等国。同时，“伊斯兰国”开始化整为零向外转移。美军方情报显示，“伊斯兰国”正加紧向利比亚、高加索、中亚和巴基斯坦、阿富汗派遣人员，其中在利比亚的“伊斯兰国”分子逾 6000 人。

---

① Rukmini Maria Callimachi，“How a Secretive Branch of ISIS Built a Global Network of Killers”，August 3，2016，http：//www. nytimes. com/2016/08/04/world/middleeast/isis-german-recruit-interview. html.（上网时间：2016 年 10 月 11 日）

② Tim Lister，Ray Sanchez，Mark Bixler，Sean O'Key，Michael Hogenmiller and Mohammed Tawfeeq，“ISIS goes global：143 attacks in 29 countries have killed 2043”，September 1，2016，http：//edition. cnn. com/2015/12/17/world/mapping-isis-attacks-around-the-world/index. html.（上网时间：2016 年 10 月 11 日）

“伊斯兰国”发言人扬言：“即使丢掉首都拉卡，‘伊斯兰国’也不会消亡。”①

三是依托建“省”，加速外溢。2016 年 6 月 29 日，“伊斯兰国”发布建“国”两年来的扩张成果，共染指 19 个国家，根据控制度分为伊叙主控区、次控区（包括阿富汗、菲律宾、利比亚等 10 国）和秘密行动区（包括法国、土耳其和孟加拉等 7 国）。7 月初，“伊斯兰国”又发布名为《哈里发国家的结构》的视频，宣称建有 35 个“省”，其中 16 个在域外。11 月 2 日，“伊斯兰国”头目巴格达迪时隔近一年再次发声，称“伊斯兰国”域外各“省”是“哈里发国家的支柱”。②

三、欧美成为恐患外溢的急攻目标

2016 年，法、德、美等欧美国家连续发生涉“伊斯兰国”暴恐大案，迹象表明，欧美成为其重点报复目标，域外“圣战”搅动新一轮国际恐怖恶浪。当前“伊斯兰国”正在欧洲进行一场“代理人恐怖战争”，参与者包括回流“圣战者”及本土激进分子，其从“伊斯兰国”拿订单，听指令。欧洲刑警组织预计，至少有 400 名训练有素的恐怖分子将对欧洲发动攻击。比利时布鲁塞尔 3 月机场、地铁连环恐袭案，法国 7 月的尼斯特大恐袭案，德国 7 月的多起恐袭案，都是联军打击“伊斯兰国”进入关键阶段后的连锁反应。

---

① Joby Warrick and Souad Mekhennet，“Inside ISIS：Quietly preparing for the loss of the ‘caliphate’”，July 12，2016，https：//www.washingtonpost.com/world/national-security/inside-isis-quietly-preparing-for-the-loss-of-the-caliphate/2016/07/12/9a1a8a02 — 454b — 11e6 — 8856 — f26de2537a9d_story.html.（上网时间：2016 年 10 月 11 日）

② Jennifer Williams，“ISIS leader Baghdadi just issued his first statement in almost a year”，November 2，2016，http：//www.vox.com/2016/11/2/13504700/isis-leader-baghdadi-audio-statement-mosul.（上网时间：2016 年 10 月 11 日）

“伊斯兰国”和极端分子连续重点拿比、法、德开刀，背后有复杂的内外因素。其一，以法国为首的欧洲国家卷入叙内战，把伊斯兰极端主义的妖魔鬼怪从魔瓶中放出，使中东陷入万劫不复的暴恐沉浸。“伊斯兰国”开始由伊拉克入叙，借助战乱迅速崛起成为全球头号恐怖组织。可以说，目前国际恐怖势力猖獗的现状，是西方军事干涉诱发的后果。其二，法、德等欧洲国家有暴恐滋生的肥沃社会土壤。法国是西方国家中穆斯林人口比例最大的国家，特别是中东北非穆斯林移民多，容易受到中东北非暴恐病毒感染。德国穆斯林人口也在逐年增加，仅 2015 年吸收的中东国家难民就超过 100 万。当前，欧洲的难民涉恐威胁不断发酵，将成大患。皮尤研究中心估计，2030 年法国穆斯林人口占比将超过 10%。为使众多穆斯林遵守被主流社会视为“政治正确”的“多元化”和“世俗传统”，欧洲很多国家都在整治国内穆斯林问题，反恐过程中也存在过激和效果不好的做法，使长期在教育、就业等方面饱受歧视的穆斯林年轻人心中的愤恨之火被点燃，导致更多的暴力极端行为。其三，欧洲国家投奔“伊斯兰国”的极端分子多，回流威胁与日俱增。据美国土安全部和反恐机构 2016 年 6 月统计，在已知的前往伊叙为“伊斯兰国”效力的欧洲极端分子中，以法、德、英、比为多，尤其是法国问题严重。

美国面临的暴恐威胁也有所加剧。2016 年 6 月 12 日，佛罗里达州奥兰多市中心一家同性恋夜店发生枪击案，造成 50 人死亡、50 多人受伤，成为“9·11”以来美国本土发生的最严重恐袭。“伊斯兰国”等通过网络对美大搞思想渗透和人员招募，获得“空前支持”。11 月 28 日，俄亥俄州立大学学生驾车冲撞徒步人群，并持刀砍伤 11 人，“伊斯兰国”的“阿玛克通讯社”（AMAQ）事后称凶手是其士兵。嫌犯阿尔坦出生于索马里，曾在巴基斯坦居住 7 年，是 2014 年移民美国的合法永久居民，其暴恐行为既受到“伊斯兰国”的网络宣传煽动，也受美籍也门裔恐怖大亨安瓦尔·奥拉基的影响。据美国土安全部 6 月数据统计，2014

年5月至2016年5月，美国已逮捕87名“伊斯兰国”支持者，而全美有近千人因涉恐正遭调查。

第二节　国际反恐议程酝酿新调整

面对“伊斯兰国”牵动的国际暴恐威胁，欧美各国纷纷加强本土防范和打击措施。在国际反恐方面，大国围绕打击“伊斯兰国”的共识有所增加，但未能形成同仇敌忾的共举，地缘因素掣肘各国努力。欧美等国更加注重引发国际恐患的内外暴力极端主义问题，把防范打击暴力极端主义和网络反恐列为国际反恐重要议程。

一、欧美强化本土防御

2016年，欧美本土连遭特大恐袭，各国纷纷调整反恐策略，采取措施拱卫本土安全。一方面，重点防范域外恐患流入。美收紧免签待遇，防范外国“圣战”分子入美。1月21日美正式收紧对欧洲、澳大利亚和日本部分人士的免签待遇。根据新规，美要对38个免签证国家和地区护照持有人施加新的限制，即他们如果在2011年以后去过伊朗、伊拉克、叙利亚或苏丹，将无法免签入美。此外，与上述国家有关的双重国籍人员也无法享受免签待遇。德欲通过司法手段剥夺境外恐怖分子德国国籍，防止其回流，对“伊斯兰国”在德支持者，吊销其身份证件和护照并严密监控。另一方面，着力提升反恐能力。8月3日伦敦警察局局长伯纳德·霍根·豪宣布，因欧洲近期发生多起恐袭事件，为稳定民心和震慑恐怖分子，伦敦地标性建筑区域将增加600名武装警察，应对恐怖威胁。此外，未来两年部署在威尔士等地的武装警察将增加900人。3月1日法内政部宣布，将帮助巴黎警察装备突击步枪和反弹盾牌。法内政部长卡泽纳夫称，目前为止突击步枪等重装备只配备于法精英反恐部队，而内政部的这一新举措将会允许现役警方中的特定团体拥有快速机动反应能力以及加强一线巡逻威慑的作用。此前，隶属巴黎警方的反刑事犯罪小组通常以便衣身份执行任务，而这次他们将会获得一批突击步枪、防弹背心和能抵御卡拉什尼科夫系列枪支的盾牌。

二、推进打击暴力极端主义

美国国内暴力极端主义问题日趋严峻，遂不断加强打击暴力极端主义工作，并以其为噱头通过全球反恐论坛、联合国等多边平台塑造、主导国际反恐合作新议程。目前，打击暴力极端主义已成美境内外反恐战略的重要组成部分。

2016年1月，美国土安全部启动“对抗极端暴力行动”，期望通过强化社区力量、扩大信息监控和开展反仇恨教育来遏制极端暴力上升势头。同月，美成立“打击暴力极端主义工作组”，统筹美各机构应对本土暴力极端主义，尤其是打击网络激进化问题，重点强化穆斯林网络安全意识，提高对极端思想的免疫力。2月美国务院反恐局又更名为“反恐与反暴力极端主义局”，以加强应对本土暴力极端主义威胁。

同时，美国积极在境外开展打击暴力极端主义合作，主要由美驻外使馆、国际开发署、国防部负责。为了防止暴力极端主义蛊惑人心，美政府正在数十个国家为警察机构、检察人员和监狱官员提供训练。来自美司法部、国防部和国土安全部的官员被派往国外为东道国提供训练，并要求采取不导致反弹和过激行为的方式对待罪犯和维护边界安全。美2016年1月成立“全球接触中心”，成员来自国务院、司法部、国防部、中情局等十余个机构，负责协调美与他国合作，共同打击暴恐思想。例如，美国在中东、非洲多国开展培训、资助项目，助当事国打击极端宣传。

欧洲国家也采取了一系列打击暴力极端主义的措施。法国为受极端思想蛊惑的公民设立改造中心。法国总理瓦尔斯5月9日宣布，法国将设立“接纳与改造中心”，帮助受极端思想蛊惑的法国公民回归正常社会生活。法国政府将在13个大区各设立一个接纳中心，帮助法公民消除极端思想。第一家中心在中部的安德尔一卢瓦尔省成立。此外，法国还计划投入4000万欧元，在2018年前成立“去激进化”中心。英国司法部8月22日宣布，为防止极端思想在监狱蔓延，将对服刑的极端分子与普通囚犯实施分开关押。英司法部为此宣布出台8项措施打击监狱内极端思想蔓延，包括成立新的反恐部门，加强监狱职员培训，严格监控囚犯祈祷活动以及不让囚犯接触含极端思想的材料等。

三、强化网络反恐行动

一是加强网络监控，获取涉恐情资。法政府强化舆情监管，加大对社交网站、应用软件、通信记录的监控力度，用技术手段甄别颂扬恐怖主义、主张恐怖行动的言论，防范极端思潮蔓延。法新《反恐法》将“鼓吹、颂扬恐怖行为”入罪，封杀涉及极端主义的网站。英议会下院2016年6月通过《调查权利法案》，要求网络公司将用户数据信息存储一年以上，授权情报机构大规模收集信息数据，甚至可入侵私人计算机等终端。德总理默克尔2016年7月28日宣布将成立国家级网络反恐机构，负责破解恐怖分子网络活动，及时掌握涉恐线索。俄2016年7月颁布“反恐修正案”，强制电信企业保留用户数据3年，将通话、短信和传输文件记录保留半年，并要求电信企业在必要时向安全部门提供密钥。加拿大拟全天候监控社交媒体，40 名情报人员将审查分析博客、留言板、新闻评论等内容。国防部计划购买新网络监控平台，过滤和分析社交媒体信息。日本 2016 年 4 月启用“网络公开情报中心”，系统搜集和分析网上涉恐信息，并加强对“伊斯兰国”等恐怖组织的监控。

二是推动行业自律，掀起社交媒体反恐战。一方面，要求社交媒体公司加强自律。欧盟 2016 年 5 月与微软等美网络巨头达成协议，要求后者加强网络管理，及时删除涉恐信息。美参议院 2016 年 7 月审议《打击恐怖分子使用社交网络法案 2016》，要求强化社交媒体反恐。面对各国不断施压，推特等网络公司开始软化最初强烈抵制的立场，加强网络服务内容管理，配合政府反恐要求。2016 年 2—8 月，推特公司封掉 23 万个涉恐账号。微软、脸谱等网络公司相继修改《用户使用条例》，严禁在其网页上发布涉恐内容。另一方面，与社交媒体公司合作。2016 年 1 月和 2 月，美两次召集苹果、脸谱等网络公司开会共商反恐，探讨如何限制恐怖组织使用社交媒体及反击极端宣传。美 CNN 表示，美政府正在组建一支高科技网络反恐“梦之队”。

三是发起网络攻击，打击网络暴恐活动。美国 2016 年 1 月秘密启动对“伊斯兰国”的网络攻击行动。《纽约时报》报道称，为加强攻势，网络司令部 2016 年 5 月成立由 100 名军情人员组成的联合小组，专门研发打击“伊斯兰国”的网络武器，重点破坏其指挥控制系统、资金流通以及网络宣传。美军参联会主席邓福德 5 月表示，美将使“伊斯兰国”成“网络空间的孤岛”。

四、打击“伊斯兰国”难聚国际合力

美、欧、俄等各方形成的打恐联盟犹如“九龙治水”，虽都扛着反恐

“义”旗，却各有盘算，反恐为名，谋利为实，难以形成协调一致的诛暴、救乱和治乱行动。

2016年“伊斯兰国”仍是国际反恐的焦点，但相关大国打击“伊斯兰国”的行动各有盘算，合作失序。美认为本国面临的威胁不如欧、俄，国内穆斯林问题可控，国土安全篱笆扎得紧，不愿再陷反恐战泥潭，因而缺乏具有压倒性优势和强烈主动性的出头力量，美虽以盟主身份组建同盟，但重在鼓动盟友出钱出力，坚持反恐收缩和“以夷制夷”思想，总体投入有限，不愿因反恐打乱其亚太“再平衡”步调。在中东打击“伊斯兰国”瞻前顾后，心有旁骛，还继续打着利用极端势力推翻巴沙尔政权的小算盘。美历经15年反恐，对恐怖威胁的定性由心腹大患变为癣疥之疾，对反恐的长期性、艰巨性和复杂性体会更深，不愿主动挑头，兼有引祸他流和扩展地缘利益的考虑。

俄以“非对称”方式占据反恐道义制高点和战术先机，建立与伊斯兰什叶派国家（伊朗、伊拉克、黎巴嫩和叙利亚）的反恐联盟，推进与欧洲的反恐合作，进退自如。从2016年俄在中东积极进取的态势看，俄在冷战后重返中东已成定局，将通过代理人长期发挥影响。美俄在叙对抗本质源于双方战略分歧，美在叙主要谋求使巴沙尔下台，视反对派武装为可用力量，对反对派武装中的极端势力也网开一面，甚至暗中支持。

以法、德、英为轴心的欧洲反恐联盟成色不足，外战乏力、内生顽疾，既不能得到美国的全力支持，区内国家也避祸苟安，自顾不暇。欧洲内有滋生暴恐的社会基础，外有暴恐势力虎视眈眈，暴恐扩散和威胁加剧成为欧洲必须面对的现实。欧洲国家普遍面临穆斯林移民问题，穆斯林与基督徒族群对立的社会基础形成，经济、社会和宗教矛盾日趋激烈。欧洲对外协作打击国际暴恐势力，对内严防穆斯林群体，或使本已突出的反伊斯兰情绪进一步上扬，难民移民、武力反恐和对外干涉很可能诱发更大的宗教对抗。

第三节　未来需警惕的几个突出问题

虽然“伊斯兰国”在伊叙面临军事上的失利，恐怖武装被大量消灭，但“人亡政未息”，其“圣战”暴恐意识形态在亚欧各国仍有市场。加之中东复杂的教派和地缘角逐，“伊斯兰国”引发的国际暴恐活跃周期仍将持续，恐患外溢将给国际社会带来新的安全挑战。

一是“伊斯兰国”日趋分散化、扁平化，国际反恐难度增大。当前，美俄领衔在伊叙强势反恐，虽短期难以彻底消除“伊斯兰国”，但迫使“伊斯兰国”外溢他国寻找机会。“伊斯兰国”已为“后哈里发国家”的时代做好了准备，尤其是指导各地支持者在“哈里发国家”暂时被攻占后如何继续开展“圣战”活动。“伊斯兰国”2014年建立以来，重视在域外国家发展分支机构，触角遍及亚非欧美四大洲。根据当前形势研判，“伊斯兰国”未来将重点在南亚、东南亚、中亚、北非等地区构建支点，并在欧美国家的穆斯林社会中加强渗透，原有的垂直型组织结构逐步向多中心、扁平化的新架构演变，暴恐手法更多、能量更大。20世纪80年代阿富汗战争后国际恐怖势力猖獗发展的历史覆辙可能重新上演，当时阿富汗积聚了40多个国家的近5000名极端武装分子，现在在叙利亚和伊拉克参战的外国战士达3万多人，加之信息化和网络化的现代通讯传播手段，催生新型国际恐怖和极端分子的速度、数量和规模远远超过阿富汗战争时期。从国际社会打击“基地”组织的全球反恐历程的推估，“伊斯兰国”在未来数年内仍将是主要的国际恐怖主义威胁源。“伊斯兰国”“国”虽破，但暴恐思想尤存，其所代表的极端暴恐思想已在全球范围内传播渗透，未来可能催生恐怖主义新形态。

同时，近年国际反恐过度聚焦“伊斯兰国”，对潜在威胁重视不够，可能引发新问题。在国际社会的反恐努力下，“伊斯兰国”在伊叙大不如前，但当地其他各股暴恐势力依然猖獗，尤其是“基地”组织在叙的分支机构“夏姆征服阵线”迅速发展壮大，国际反恐面临“按下葫芦又起瓢”的风险。根据美国防情报局的评估，“夏姆征服阵线”成员逾万，暴恐实力强劲，是纠集了中亚、高加索和俄罗斯等地外国恐怖分子的国际恐怖组织。目前，“夏姆征服阵线”集中精力谋求在当地发展坐大，暂时藏匿其域外暴恐本色，美国和土耳其等国因复杂的地缘考虑对其选择性忽视，未来可能成为国际社会面临的新挑战。

二是外国“圣战”分子威胁发酵，冲击更强。一方面，虽然2016年各国出境参战人数大幅减少，主要是土耳其强化土叙边境管控以及各国加强管控的结果，但这并没有从根本上消除了外国“圣战”分子的威胁，他们未摆脱极端思想，改邪归正，放弃暴力。各国堵截措施只是将威胁源限制在了国内，其随时可能响应“伊斯兰国”“号召”实施恐袭。2016年5月21日，“伊斯兰国”发布音频，敦促各地支持者不要出境入伙，而是就地“圣战”，称“如果独裁者堵住你出境之路，你便打开就地‘圣战’之门，以微小之举制造更大杀伤”，煽动“独狼”以匕首、车辆、毒药等实施袭击。另一方面，随着“伊斯兰国”大本营摩苏尔和拉卡相继遭到攻打，外国“圣战”分子回流的高潮也将随之而来。外国“圣战”分子久经战场磨练、身负暴恐“使命”，一旦回流将在母国掀起暴恐潮。2016年10月，欧洲刑警组织负责人罗布·温莱特（Rob Wainwright）表示，回流欧洲的“圣战”分子人数越来越多，尤其是“‘伊斯兰国’正以越来越复杂的方式将圣战分子送回欧洲，包括向有组织犯罪团伙购买高质量的假旅游证件”。①

三是“伊斯兰国”加速向东方扩张，我国面临的周边恐患增大。“伊斯兰国”一名头目表示，“我们在伊、叙大本营虽遭打击，但我们已将部分指挥、媒体和资金等资源转至他国。”② 英国路透社称，“伊斯兰国”正在“转向亚洲”。③ 南亚、东南亚、中亚等地区穆斯林人口众多、极端主义氛围浓厚、经济欠发达、多国社会动荡、政局不稳，已成“伊斯兰国”重点渗透和扩张目标。统计显示，2016 年以来，“伊斯兰国”已在亚洲策动袭击约 30 起，尤其是 7 月以来，“伊斯兰国”在域外搞的暴恐大案均发生在亚洲，包括阿富汗、巴基斯坦、孟加拉等国。11 月 12 日，巴再遭袭击，造成 50 多人死亡。新加坡国防部长黄永宏 9 月 30 日表示，“伊斯兰国”针对东南亚的袭击计划已经由前期准备进入实施阶段。④

同时，“伊斯兰国”有意加速在亚洲的建“省”步伐，进一步巩固和扩大在当地的影响力。2015 年 1 月“伊斯兰国”在巴阿建立“呼罗珊省”；2016 年 6 月又宣布在菲律宾建“省”，并鼓动东南亚支持者赴菲集

---

① Michael Birnbaum, “E. U. authorities brace for wave of Islamic State fighters after Mosul assault”, October 23, https://www.washingtonpost.com/world/europe/eu-authorities-brace-for-wave-ofislamic-statefightersafter-mosul-assault/2016/10/23/175c5ac8－960e－11e6－9cae－2a3574e296a6_story.html.（上网时间：2016 年 11 月 15 日）

② Joby Warrick and Souad Mekhennet, “Inside ISIS: Quietly preparing for the loss of the ‘caliphate’”, July 12, 2016, https://www.washingtonpost.com/world/national-security/inside-isis-quietly-preparing-for-the-loss-of-the-caliphate/2016/07/12/9a1a8a02－454b－11e6－8856－f26de2537a9d_story.html.（上网时间：2016 年 11 月 15 日）

③ “ISIS announces Asia pivot in propaganda video targeting Malaysia, Philippines”, June 25, 2016, https://www.rt.com/news/348302 － isis-asia-attacks-propaganda//（上网时间：2016 年 11 月 15 日）

④ “Threat from extremist groups to southeast Asia growing: Singapore defense chief”, October 1, 2016, http://news.trust.org/item/20161001055149－s8suv./（上网时间：2016 年 11 月 15 日）

结发展。有分析认为，“伊斯兰国”正计划建立涵盖孟、印、缅等国的新“省”。这些“省”将支撑“伊斯兰国”向亚洲转移。“伊斯兰国”逐步在南亚、中亚、东南亚等我周边地区形成暴恐活跃带，增加中国“一带一路”倡议在相关国家实施的安全风险。此外，“伊斯兰国”在中国周边坐大成势，也使中国境内面临的反恐压力增大。

第二章　美国恐怖主义和反恐怖斗争形势综述

2016年，美国发生了“9·11”事件以来最严重恐怖袭击事件，造成49人死亡，标志着美国仍面临着严峻的恐怖主义威胁。虽然美国领导的全球反恐行动在打击“伊斯兰国”中取得重要进展，但是全球反恐形势正面临着外国“圣战”分子回流、“独狼”式恐怖袭击增多以及社交媒体成为恐怖组织招募工具等新挑战。

第一节　美国恐怖主义形势

2016年1月12日，美国总统奥巴马在国会山发表了任内最后一期国情咨文，称“基地”组织和“伊斯兰国”都“直接威胁到美国人民的安全，因为在当今世界，即便只有少数无视他人和自己生命的恐怖分子，他们也会造成巨大危害。他们利用网络毒害美国国内人员的思想；他们破坏我们与盟国的关系”。[①] 6月16日，美国中情局局长布伦南在美国参议院听证会上表示，“虽然我们在战场和金融等领域取得了打击‘伊斯兰国’的进步，但是我们的打击行动尚未能削弱该组织的恐怖活动能力和全球网络”，“‘伊斯兰国’仍然是一个艰难的敌手”。6月29日，布伦南在美国对外关系委员会谈国际安全时表示，恐怖主义与网络安全、核扩散等是美国面临的五大突出挑战，并称“伊斯兰国”可能正在策划针对美国的袭击。6月2日，美国务院发布《2015年反恐形势国别报告》，报告显示，2015年全球发生的恐怖袭击事件数量比2014年少了13%，死于恐怖袭击的人也减少了14%。这是自2012年以来首次出现下降。该报告指出，2015年全球恐怖威胁继续迅速变化，并日益分散化、且在持续扩散。

一、“伊斯兰国”频繁发出威胁

5月初，美国皮尤研究中心对2000名美国人进行调查，评选对美国最大的潜在国际威胁，“伊斯兰国”名列第一。根据美国国会国土安全委员会2017年2月发布的统计报告显示，2016年恐怖威胁环境恶化，“圣战”组织继续在世界范围内成功实施或者煽动实施恐怖袭击。“伊斯兰国”针对西方国家和利益的袭击预谋高达74次，超过2014年和2015年两年的总和，而美国是该组织最大的预谋袭击目标。

6月初，“伊斯兰国”煽动支持者在全球范围内袭击美军设施。同月，“伊斯兰国”发布一份涉及8318人的史上最长暗杀死亡名单，这份名单矛头直指美国，涉及7848名生活在美国的无辜市民。暗杀名单上详细列举了每一位“目标受害者”的姓名、家庭住址和邮箱地址。据悉，暗杀死亡名单有英语和阿拉伯语两个版本。涉及国家：美国7848人，加

① “奥巴马国情咨文全文：下任总统需回答的四大问题”，http://news.sina.com.cn/w/zg/2016－01－13/doc-ifxnqriy2804958.shtml.

拿大 321 人，澳大利亚 69 人，英国 39 人，其余国家包括法国、德国、意大利、希腊、印度尼西亚、新西兰、韩国、以色列等。除了好莱坞明星、硅谷的大人物，这份名单还包含了 43 名来自美国国务院、国土安全部、国防部、能源、商务以及卫生服务部门的政要。6 月底，“伊斯兰国”发布视频，点名美国加利福尼亚州的旧金山以及内华达州的赌城拉斯维加斯两大城市。视频称赞 6 月中在佛罗里达州奥兰多夜店内杀死了 49 人的凶徒奥马尔·马丁。视频中还出现一幅美国总统奥巴马和法国总统奥朗德的合照，两人的头上有火焰升起，威胁攻击的意味浓厚。

随着“伊斯兰国”在伊拉克、叙利亚遭美国等国强力围剿，控制区大幅缩小，其不断寻求向域外扩张并向西方发动报复性袭击。据美欧情报机构调查，该机构名为“ENMI”，由“伊斯兰国”发言人阿德拉尼领导，为“伊斯兰国”核心机构，有权调动一切资源与力量，该机构下设“欧洲事务特工处”、“亚洲事务特工处”、“阿拉伯事务特工处”，分别负责向欧、亚、阿拉伯世界策动恐袭。调查显示，“ENMI”已向奥地利、德国、西班牙、黎巴嫩、突尼斯、孟加拉、印尼和马来西亚等国派入力量，其中潜入欧盟人数高达“数百人”。5 月 22 日，“伊斯兰国”发布音频，煽动支持者在斋月期间（6 月初开斋）在美欧发动袭击，称“斋月是‘征服’与‘圣战’之月，准备好让其成为非信者的灾月，在欧洲和美国的支持者们，你们在本土很小的行动就能造成更大而持久的影响”。“你们中有人梦想并努力抵达‘伊斯兰国’的土地，其实我们中的每一个人都梦想能身在你所在的国家并日日夜夜地警告十字军，让他们变得恐惧，直到邻里间相互惧怕。”① 根据美国 CNN 的统计，自 2014 年 6 月建

① Thomas Joscelyn，“References to the Islamic State Omitted from Chelsea Bombing Complaint，”，September 21，2016，http：//www.longwarjournal.org/archives/2016/09/reference-to-islamic-state-omitted-from-chelsea-bombing-complaint.php.

立以来，至2016年8月，“伊斯兰国”共在伊拉克、叙利亚之外的29个国家发动了143起恐怖袭击，其中2016年高达88起，约占总数的62%，足见其域外恐袭力度不断加大。

二、“基地”组织加速复兴，对美国威胁增大

近年来的国际反恐聚焦“伊斯兰国”，对其他的潜在威胁重视不够，尤其是“基地”组织迅速恢复实力并发展壮大。美国驻阿美军司令尼克尔森警告称，藏匿在阿富汗的“基地”组织2016年在积极策划袭击美国本土。[①] 美国联邦调查局一名官员11月4日表示，11月8日美国大选日前后“基地”组织可能在纽约市、得克萨斯州和弗吉尼亚州发动袭击。“基地”组织可能寻求在美国发动孟买式恐怖袭击，对火车站等大众交通枢纽实施炸弹袭击，或在美欧航班上实施航空恐袭。[②]

在南亚地区，“基地”组织加大对巴基斯坦、阿富汗边境的渗透，不断强化自身的战略存在。而且，随着国际军事力量撤离，阿富汗“塔利班”得以控制更多领土，为该组织提供发展新机遇。6月11日，“基地”组织发布扎瓦希里的一段长达14分钟的视频，宣布效忠阿富汗“塔利班”新头目。视频中称，“基地”组织效忠于那些“协助解放穆斯林土地的圣战运动”，“作为‘基地’组织领导人，我再次表示在阿富汗伊斯兰酋长国的支持下效忠于统一穆斯林的事业”。扎瓦希里称，“基地”组织对塔利班前领导人曼苏尔之死表示难过，他是反抗“基督教入侵者”的

---

① Brian Dodwell and Don Rassler, “A view from the CT foxhole: General John W. Nicholson, Commander, Resolute Support and U. S. Forces-Afghanistan,” CTC Sentinel, February 22, 2017, https://www.ctc.usma.edu/posts/a-view-from-the-ct-foxhole-general-john-w-nicholson-commander-resolute-support-and-u-s-forces-Afghanistan.

② Thomas Joscelyn, “Addressing the Evolving Threat to Domestic Security”, February 28, 2017, Foundation for Defense of Democracies.

殉道者。此外，巴基斯坦政府发动军事清剿行动，也促使“基地”组织诸多盟友、同情者及外国“圣战”群体前往支援。阿富汗国防部表示，“基地”组织开始躲在偏远城镇培养势力，外界难以发现，在阿富汗拥有巨大关系网，将以新的形式继续扩大，并策划下一轮更大规模的反攻。“基地”组织骨干成员已在阿富汗东部边境的库纳尔省、努里斯坦省以及南部的查布尔省等地建立据点。其他武装人员则在巴基斯坦军方的驱赶下，分别迁至阿富汗东部帕克蒂亚省和霍斯特省、北部的巴达赫尚省及昆都士省附近。该组织还在阿富汗南部坎大哈及赫尔曼德省建立营地。

4月美国CNN报道称，“基地”在阿富汗非常活跃，在多处城市设有重要据点，比美军估计的还要多。美国驻阿富汗军事参谋总长少校布坎南（General Jeff Buchanan）表示，他们在坎大哈歼灭了一个“基地”组织训练营，里面人员达150名，美国已开始重新评估“基地”威胁。12月初，美国驻阿富汗北约联军发布声明表示，2016年已有250名“基地”组织人员被击毙或抓获，其中包括50名骨干和200名普通成员。[①]据此评估，“基地”组织人员数量已经远远超过250人，而此前美国军方对“基地”组织残余力量的评估为不超过100人。

2016年7月初，“基地”组织前头目拉登之子哈姆扎（Hamza bin Laden）以父亲遭暗杀为由，扬言对美国发动报复攻击。哈姆扎在题为“我们都是奥萨玛”（We Are All Osama）的21分钟讲话中，承诺将延续“基地”组织在全球对美国及其盟友的战争。哈姆扎说：“我们会持续打击你们，在你们的国家与海外锁定你们为目标，为在巴勒斯坦、阿富汗、

① “Department of Defense Press Briefing by General Nicholson in the Pentagon Briefing Room”, December. 2, 2016, http://www.defense.gov/News/Transcripts/Transcript-View/Article/1019029/department-of-defense-press-briefing-by-general-nicholson-in-the-pentagon-brief.

叙利亚、伊拉克、也门、索马里与其他穆斯林土地遭迫害至死的人民报仇。”美国布鲁金斯协会反恐专家布鲁斯·里德尔（Bruce Riedel）表示：“哈姆扎给了‘基地’组织一张新面孔，这张面孔和这个团体的创始人有直接关联。他能言善道，是危险的敌人。”哈姆扎被称为“恐怖储君”，目前所在处不详，分析称他可能正准备接管“基地”组织，这已不是哈姆扎第一次号召恐怖攻击。①

在叙利亚，“基地”组织的分支机构“夏姆征服阵线”根基深厚，因此也更危险，对美国构成长期威胁。美国战争研究院与美国企业研究所最近联合公布一份题为《美国反恐大战略》的报告显示，“基地”组织叙利亚分支“夏姆征服阵线”对美国带来的长期威胁远甚于“伊斯兰国”。报告强调，美国及其盟友在对“伊斯兰国”进行合力打击的同时，给“夏姆征服阵线”创造了生存空间，美国本土安全的威胁警报因此远未消除。报告撰写者之一、美国西点军校前教授弗雷德·卡根（Fred Kagan）提醒，尽管“夏姆征服阵线”目前只在叙利亚境内活动，但必须防患于未然。与“伊斯兰国”不同，“夏姆征服阵线”更擅长与叙利亚民众打成一片，假以时日或与美国叫板。新美国安全中心的研究指出，目前，约有来自100个国家的3.5万人投身叙利亚内战中。“夏姆征服阵线”吸引的外来势力规模仅次于“伊斯兰国”。作为叙利亚政府军的反对势力，“夏姆征服阵线”一直与叙民间势力和其他反对派保持密切联系。该阵线甚至会在各反对派中不断穿梭、游说，进行利益协调。它的目标直指由美国暗中支持的各派势力，寻找恰当的时机对这些势力发起进攻，一方面以确保“后巴沙尔时期”的新叙利亚不会被更为激进的势力染指，另一方面为“基地”组织续存实力。

---

① “为父报仇，拉登儿子扬言报复美国”，2016年7月11日，http://news.xinhuanet.com/world/2016-07/11/c_129134861.htm.

据美国《外交政策》杂志网站5月4日报道称，叙利亚西北部存在一个军事上强大、社会上得到认可的“基地”组织酋长国，并且由几十名“基地”组织老将领导，这样的景象可能给叙利亚危机和国际安全带来重大影响。他们将在国外发起袭击，利用叙利亚接近欧洲的地理位置以及“基地”组织的区域网络来构成威胁，其紧迫度要远远大于他们在也门和阿富汗构成的威胁。美国防情报局评估，“夏姆征服阵线”成员逾万，是“基地”最大分支，实力强劲。虽然2016年7月28日，该组织宣称脱离于“外部力量”。美西点军校反恐中心刊文认为，“夏姆征服阵线”并未真正脱离“基地”组织，只是“名义分离”，旨在淡化暴恐色彩，获取更多支持与合法性。

在也门，“基地”组织“阿拉伯半岛分支”被美国认为是该组织最危险的分支，曾多次发动针对西方的恐怖袭击。也门战乱给“基地”组织以可乘之机，该组织在也门南部和东部迅速扩大势力范围。一度控制了也门南部哈德拉毛省首府穆卡拉。据《国际财经时报》5月16日报道，“阿拉伯半岛分支”在发布的最新一期杂志《激励》中威胁刺杀比尔·盖茨以毁灭美国经济。此外，其还煽动美国穆斯林上街屠杀犹太人，对付美国民众。该杂志中宣称，其他知名商界人士也应被处死，并重申他们的首要任务是对美国本土进行打击。美国国防部发言人、海军上校戴维斯表示，“数月来我们看到了阿拉伯半岛分支在也门的势头增大，令人不安，是对美国和我们的区域伙伴的一个显著安全威胁。”

三、阿富汗“塔利班”反扑势头强劲

联合国驻阿富汗援助团7月25日公布的阿境内2016年上半年平民伤亡报告显示，2016年上半年共有1601名阿富汗平民在各类袭击事件中丧生，是2009年以来同期最高纪录，凸显该国安全局势不断恶化。阿富汗“塔利班”在全国范围内、全季度发起武装攻势，控制范围不断扩大，约占10%的领土，阿政府的控制区则下降至60%，其余的地区双方仍在争夺。阿富汗“塔利班”势力范围扩张，也为其他暴恐势力的扩张提供条件。根据美国国防部的评估，阿富汗目前有4万—4.5万武装分子，其中“塔利班”人数3万，其余1.5万人是外国武装分子，隶属于20个不同恐怖组织。①

阿富汗安全部队“能力不足”也是导致国内安全形势恶化的一个重要原因。美国及其北约盟国自2015年初在阿启动代号为“坚定支持”的非作战任务以来，为阿安全部队提供指导、训练和咨询等支持，意图逐渐使其独立肩负起全面维护阿国内安全的责任。但如今已过去一年半时间，阿安全部队依然面临着严峻的安全挑战，其自身尚存在纪律涣散、人员配备不足和缺乏足够的领导力等问题。同时，阿富汗政府军2016年死伤惨重，并出现招募困难，人数出现下滑，3—8月，共有4500名军人和警察牺牲，伤亡8000人。②

四、美国本土恐怖威胁仍严峻

2016年，“伊斯兰国”等恐怖组织未能成功在美国直接策动袭击，但是美国本土发生的涉及“伊斯兰国”的恐怖案件明显增多，“伊斯兰国”等通过网络对美国大搞思想渗透和人员招募，其在美国获得“空前

① Mujib Mashal and Eric Schmitt, “Afghan Security Crisis Sets Stage for Terrorists' Resurgence”, December 2, 2016, http://www.nytimes.com/2016/12/02/world/asia/afghanistan-security-terrorism-taliban.html?_r=2.

② Mujib Mashal and Fahim Abedoct, “Afghan Forces, Their Numbers Dwindling Sharply, Face a Resurgent Taliban”, October 12, 2016, http://www.nytimes.com/2016/10/13/world/asia/afghanistan-kabul-taliban-massacre.html?action=click&contentCollection=Asia%20Pacific&module=RelatedCoverage&region=Marginalia&pgtype=article.

支持”。根据美国国会国土安全委员会 2017 年 2 月发布的统计报告显示，2016 年全年，美国本土共发生 45 起袭击预谋案。美国执法部门共在全美 18 个州逮捕了 37 名涉嫌“伊斯兰国”恐患的嫌疑人。

6 月 12 日凌晨 2 点，美国佛罗里达州奥兰多市中心一家同性恋夜店发生枪击案，造成 49 人死亡、50 多人受伤。此案为“9·11”事件以来美国本土发生的最严重恐袭，案发地点为奥兰多市中心一家名为“脉动”的夜店，当时有 300 多人正在狂欢。12 日凌晨 2 时左右，一名枪手携带一支突击步枪、一支手枪和“其他装置”来到夜店门外开枪，与一名正在执勤的警察交火，而后进入夜店劫持多名人质，并与驰援警力对峙至 5 时。警方最终通过爆破和装甲车冲入夜店，击毙枪手并解救 30 多名人质。袭击共导致 49 人死亡、50 多人受伤。嫌犯行凶前曾拨打 911 报警电话，宣布向“伊斯兰国”效忠，并提及 2013 年美国波士顿恐袭案袭击者。“伊斯兰国”下属的“阿玛克通讯社”通过网络发布声明称，“针对奥兰多同性夜店的武装袭击由‘伊斯兰国’一名战士实施”。

调查显示，枪手名叫奥马尔·马丁，家住佛罗里达州圣露西港，是美国公民，其父母是来自阿富汗的移民。匿名官员透露，奥马尔在此次枪击案前，在网上浏览激进主义资料长达两年或更长时间。美国联邦调查局局长科米 6 月 13 日在华盛顿表示，迄今没有迹象表明奥兰多枪击案是由美国境外势力指使的阴谋，也没有看到迹象表明奥马尔是任何网络的成员。但他指出，高度确信枪手最少是在某种程度上通过互联网变得激进化的。

9 月 17 日晚 8 时左右，美国明尼苏达州圣克劳德市一家购物中心发生持刀袭击案。一名身穿私人保安公司制服的男子持刀进入商场，在走廊、店铺和公共区域等多处地点刺伤民众。袭击者后被赶赴现场的警方当场击毙。凶嫌在被警员开枪击毙之前刺伤了 9 人。调查显示，死亡的犯罪嫌疑人为黛希尔·阿丹（Dahir Adan），为当地大学的大三学生，兼职私人保安员。“伊斯兰国”的“阿玛克通讯社”9 月 18 日发表公告，声称对这次袭击负责，称攻击者为“‘伊斯兰国’的士兵”，并说这次袭击是对以美国为首的联军对“伊斯兰国”实施空袭的回应。

11 月 28 日，一名俄亥俄州立大学学生驾车冲撞徒步人群，并持刀砍伤 11 人，“伊斯兰国”的“阿玛克通讯社”事后称凶手是其士兵。嫌犯阿卜杜勒·拉扎克·阿里·阿尔坦出生于索马里，曾在巴基斯坦居住 7 年，是 2014 年移民美国的合法永久居民，其暴恐行为既受到“伊斯兰国”的网络宣传煽动，也受美籍也门裔恐怖大亨安瓦尔·奥拉基的影响。①

五、网络恐怖主义威胁频发

美国 2016 年 2 月 9 日发布的《美国情报界全球威胁评估报告》将“伊斯兰国”列为网络威胁中首要非国家行为体。“伊斯兰国”等组织近来频繁叫嚣袭击美国的网络基础设施，2016 年 3 月其下属的“黑客”机构“网络哈里发”威胁攻击美国金融机构。同月，该组织“黑掉”美国明尼苏达州警局网站，窃取信息并威胁袭击警员。“网络哈里发”发布了一份包含 3000 名美国公民信息的袭击名单，号召恐怖分子锁定这些人。名单上的人员包括美国国务院与安全部门员工，也包含一般老百姓的数据。

---

① Thomas Joscelyn, “San Bernardino Terrorists Allegedly Studied AQAP’s Inspire Magazine, Pledged Allegiance to Baghdadi”, FDD’s Long War Journal, December 17, 2015, http: //www. longwarjournal. org/archives/2015/12/san-bernardino-terrorists-allegedly-studied-aqaps-inspire-magazine-pledged-allegiance-to-baghdadi. php.

第二节　美国主要反恐措施

2016年，美国显著加大了打击“伊斯兰国”的力度，以期在奥巴马卸任之际取得反恐的重要进展。在这一背景下，“伊斯兰国”丢城失地，遭受重创。同时，美国不断收紧本土防范措施，遏制本土恐患。

一、打击“伊斯兰国”成效显著

2014年至2016年12月19日，以美国为首的打击“伊斯兰国”联盟已经对“伊斯兰国”实施了1.6万多次空袭，其中针对在叙利亚的目标的空袭次数为5992次，针对在伊拉克的目标的空袭次数为10441次。同时，美国进一步加派军事人员协助伊拉克政府反恐，截至2016年9月，美国已经向伊拉克派驻6400名军事人员。6月13日，美国总统奥巴马就打击“伊斯兰国”的进展进行总结表示，在伊拉克和叙利亚肆虐的“伊斯兰国”如今已处于守势，且“败局已定”。

首先，2016年以来，“伊斯兰国”地盘加速收缩，据美国领导的打击“伊斯兰国”联盟6月27日发布的声明，“伊斯兰国”在伊丧失47%控制区，在叙丧失20%控制区，控制面积已不足7万平方公里。统计显示，“伊斯兰国”曾在伊叙据守10大城市，2016年已失守6个，包括伊拉克巴格达省阿布格莱布市（2月）、伊拉克安巴尔省重镇费卢杰市（6月）、叙利亚阿勒颇省军事重镇曼比季（8月）、伊拉克安巴尔省首府拉马迪（1月）。

10月以来，美国协调各方加大反恐攻势，相继开始攻打“伊斯兰国”占领的伊第二大城市摩苏尔及其“首都”拉卡，“伊斯兰国”控制区面临进一步收缩。10 月 17 日，伊拉克总理阿巴迪通过国家电视台发表电视讲话，宣布收复摩苏尔的战役正式开始。伊拉克共投入近 10 万作战力量，在战场上不断推进。11 月 23 日，伊拉克联合作战司令部和什叶派民兵组织称，由政府军、库尔德武装、什叶派和逊尼派民兵组织组成的各路人马，已经从东南西北四个方向把摩苏尔团团围住。“伊斯兰国”逐渐丧失“还手之力”，只能以密集的建筑为掩护，拿无辜平民当“人肉盾牌”，穿梭于复杂的地道中，伺机伏击围剿部队。美国五角大楼 11 月 7 日透露，在收复摩苏尔的战役中，美军“阿帕奇”武装直升机助阵伊拉克政府军，负责摧毁极端组织“伊斯兰国”用于自杀式袭击、装有炸药的车辆。五角大楼发言人彼得·库克表示：“阿帕奇武装直升机在摩苏尔战役中效果显著”，“我们期待这种敏捷、精确的打击能力在未来的艰难战斗中，继续帮助伊拉克取得胜利。”此前，美军很少在打击极端分子的行动中使用“阿帕奇”。同时，11 月 6 日，叙利亚库尔德武装主导的“叙利亚民主军”宣布开始攻打“伊斯兰国”在叙大本营——叙中部城市拉卡。“民主军”总司令部发表声明，宣布发动代号为“幼发拉底愤怒”的军事行动，旨在收复“伊斯兰国”所谓的“首都”拉卡市及周边地区。声明说，此次军事行动在美国主导的打击“伊斯兰国”国际联盟的支持和协调下展开。美国国防部长卡特 12 月 10 日宣布，美军将向叙利亚增派 200 名士兵，以协助当地武装夺取极端组织“伊斯兰国”在叙大本营拉卡的控制权。这 200 人包括特种部队训练员、顾问和擅长拆除炸弹的军事人员，“这些具有特殊技能的人将增援在叙的 300 名美军特种部队士兵，从而继续组织、训练叙利亚当地武装”。卡特证实，美国总统贝拉克·奥巴马上周批准了这项增兵计划。

其次，2016 年 8 月 10 日，美国领导的打击“伊斯兰国”联盟负责人西恩·麦克法兰称：“过去 11 个月，已有 2.5 万名‘伊斯兰国’武装分子被消灭，加上之前被消灭的 2 万人，总数已达 4.5 万。”美虽未透露

“伊斯兰国”现有成员数量，但有评估认为，“伊斯兰国”仅剩约 2 万人。同时，“伊斯兰国”高层遭大量猎杀。“伊斯兰国”兴起之初能够一路攻城掠地，很大程度上因为该组织建立了一套完整且有效的指挥体系，其中的关键人物是高层领导和军事指挥官。据称，伊拉克萨达姆时代的复兴党成员在“伊斯兰国”内部担任关键职位，在作战训练管理情报等各方面发挥着不可或缺的作用。然而，当前这一指挥体系面临的一个重要挑战便是美军的“斩首”行动。美国总统奥巴马 2016 年 6 月 14 日表示，已有 120 多名“伊斯兰国”头目和指挥官被击毙，这对“伊斯兰国”人物组织架构、决策制定实施造成重大冲击。8 月 30 日，“伊斯兰国”发言人阿布·穆罕默德·阿德纳尼在叙利亚阿勒颇省被击毙。阿德纳尼是“伊斯兰国”“曝光率”最高的主要头目，负责外宣和策划境外恐怖袭击。美国曾悬赏 500 万美元捉拿他。美军 30 日在阿勒颇省巴卜市的一次空袭行动中发现并锁定阿德纳尼，击中他乘坐的交通工具。阿德纳尼是迄今为止“伊斯兰国”损失的最高级别领导人。虽然“伊斯兰国”能够在高层人员遭斩首后迅速进行填补，但指挥有方经验丰富的高层人员的丧失对该组织无疑是一个重大打击。

再次，“伊斯兰国”“财政”收入锐减。“伊斯兰国”兴起之初拥有强大的资源聚集和资金筹集能力，为其军事扩张提供了强有力的资源和资金支持。“伊斯兰国”的主要资金来源包括石油走私、强制征税、绑架人质获取赎金私人或慈善组织捐助、倒卖文物等。2015 年 10 月美加大打击“伊斯兰国”石油收入，发起代号为“浪潮行动 2”的军事打击行动，对“伊斯兰国”油井、油气分离场以及油罐车、销售网络等实施系统性打击，导致“伊斯兰国”石油产量及营收大幅下滑。该行动发言人克里斯托弗·加弗 2016 年 8 月表示，“伊斯兰国”石油收入已由原来每月 3000 万美元降至 1500 万美元。石油收入腰斩已影响“伊斯兰国”的日常运作。美国国防部官员表示，1 月 10 日美军将摩苏尔的一栋大楼夷为平地，情报显示，这栋大楼正是IS的重要金库，是“伊斯兰国”用来发给军队薪水的现金库，至少储存有上百万现金。美军方相信轰炸金库有助于削弱“伊斯兰国”的财力。

二、强化本土防范措施

一方面，正式收紧签证制度。美国1月21日正式收紧对欧洲、澳大利亚和日本部分人士的免签证待遇，作为加强反恐的部分措施。根据美国国会的新规，美国要对38个免签证国家和地区护照持有人施加新的限制，即他们如果在2011年以后去过伊朗、伊拉克、叙利亚或苏丹，将无法免签进入美国。此外，与上述国家有关的双重国籍人士也无法享受免签入境待遇。加入美国免签计划的国家和地区有38个，其中31个在欧洲。自2016年11月法国首都巴黎遭遇恐怖袭击、次月夫妻档枪手制造美国加利福尼亚州一所康复中心血案以来，美国加速推进签证限制，以期阻止极端分子进入美国。国土安全委员会透露，目前已有多名人士被美国禁止入境。5月，美众议院酝酿进一步收紧签证制度。美国国会众议院司法委员会最新通过一项签证法案，要求执行更严格的安全审查和反欺诈措施，防止恐怖分子通过合法签证渠道入境美国。法案主要起草人、弗吉尼亚州联邦众议员福布斯5月27日说，美国不能让签证变得“武器化”，必须在外来威胁到达美国之前将其铲除。众议院司法委员会通过的这项法案对签证体系提出多处修改，要求将政府签证安全项目的范围扩大至所有驻外使领馆，确保所有签证申请者接受额外安全审查；要求国土安全部和国务院从严审查社交媒体和其他公开信息，以判定申请者是否对美国构成安全威胁；要求政府开发高级分析软件，排查签证欺诈行为；身在美国的外国人士在申请更改移民状态时需要由美方官员进行“一对一”访问。对于来自伊朗、伊拉克、叙利亚、苏丹、索马里等国的签证申请者，法案规定他们需要额外通过名为“安全咨询意见”的政府审查。法案还规定，对于为家人申请移民签证的美国公民，申请人和被申请人都须做DNA生物检测，以此作为签证申请的一项文件，检测费用由申请人承担。

另一方面，加强枪支管理。美国奥兰多枪击案之后，美国的枪支管控问题再次被提上议程。迫于民主党及舆论压力，共和党参议院部分议员6月起草一份加强枪支管理的法案，包括扩大对枪支购买者的背景调查，禁止向在恐怖主义“观察名单”上的人出售枪支等。多年来，共和党一直阻扰枪支管控法案通过，理由是携带武器是美国宪法保障的公民权利。此外，2月美国务院反恐局又更名为“反恐与反暴力极端主义局”，以加强应对本土激进化威胁。

三、进一步加强网络反恐行动

首先，美国内外并举强化网络宣传攻势，反击极端思想。对内，2016年1月成立“打击暴力极端主义工作组”，统筹各机构应对本土暴力极端主义，尤其是打击网络激进化问题，重点强化穆斯林网络安全意识，提高对极端思想的免疫力。美国国务院开设社交媒体账号，发布揭批“伊斯兰国”等暴恐组织的视频。对外，2016年1月成立“全球接触中心”，成员来自国务院、司法部、国防部、中情局等十余个机构，负责协调美与他国合作，共同打击暴恐思想。一方面，在中东、非洲多国开展培训、资助项目，助当事国打击极端宣传。另一方面，还组织精通阿语、乌尔都语等语言的人员在网上反击反美极端宣传，消除其煽动效应。此外，美军中央司令部2016年7月成立“数字干预队”和“网络行动队”两个小组反击“伊斯兰国”网络攻势。前者由11人组成，重点向伊斯兰世界传播美军在伊拉克军事行动的“正确信息”；后者重点反击“伊斯兰国”的宣传，包括破坏其宣传平台、揭批其暴恐本质等。美国全国反恐中心主任拉斯穆森表示，奥巴马政府正“大踏步”推进针对“伊斯兰国”的网络战，以遏制其通过社交网站等互联网平台扩大影响力。

其次，推动行业自律，掀起社交媒体反恐战。美国参议院 2016 年 7 月审议《打击恐怖分子使用社交网络法案 2016》，要求强化社交媒体反恐。面对各国不断施压，推特等网络公司开始软化最初强烈抵制的立场，加强网络服务内容管理，配合政府反恐要求。2016 年 2—8 月，推特公司封掉 23 万多个涉恐账号。微软、脸谱等相继修改《用户使用条例》，严禁发布涉恐内容。

再次，发起网络攻击，打击网络暴恐活动。美国 2016 年 1 月秘密启动对“伊斯兰国”的网络攻击行动。新加坡《联合早报》网 4 月 26 日报道称，美国开始对“伊斯兰国”极端组织采取新的打击方式，首次指示美军网络战司令部对“伊斯兰国”组织发动网络攻击，以破坏该组织传播信息、招募新成员、下达指示和执行日常运作，如支付薪酬给其战斗人员等。美军已经开始在“伊斯兰国”组织网络进行一系列的“植入”，以了解其指挥官的网上习惯。当局的计划是仿造或修改他们的信息，把极端战士指引到更可能被美国无人机或当地地面部队攻击的地区。在其他时候，盟军要轰炸储存现金的仓库时，美军可展开辅助作战，干扰电子转账和转移付款。《纽约时报》报道称，为加强攻势，网络司令部 2016 年 5 月成立了由 100 名军情人员组成的联合小组，专门研发打击“伊斯兰国”的网络武器，重点破坏其指挥控制系统、资金流通以及网络宣传。美军参联会主席邓福德 5 月表示，美国将使“伊斯兰国”成为“网络空间的孤岛”。

四、其他重要域外反恐举措

首先，重返也门作战。美国特种部队 4 月初重返也门，并参与了阿联酋领导的把“基地”组织赶出也门南部港口穆卡拉的行动。美国国防部发言人、海军上校戴维斯表示，美方的支持包括空中监视和侦察，在行动计划和空中加油方面提供协助。美国特种部队于2016年初撤离也门，当时，什叶派叛乱武装占领了阿奈德空军基地，后者是也门最大的空军基地，美国的无人机和特种部队曾在该基地驻扎。美国继续利用驻扎在亚丁湾对岸的吉布提的武装无人机，在也门执行侦察任务。

其次，在非洲设增建无人机基地反恐。据外媒10月1日报道，美国将在非洲尼日尔投资5000万美元，设立一个空军基地部署反恐无人机。美国目前已在尼日尔首都尼亚美与法国执行“新月沙丘”行动的打击伊斯兰极端组织部队共享一个空军基地。那里部署有MQ－9“死神”无人攻击机。这个新的无人机基地将设在尼日尔中部的阿加德兹。美国从此将具有向利比亚、马里和尼日利亚等邻国的伊斯兰极端武装发动无人机攻击的能力。美国国防部发言人巴尔丹扎证实，美国已同意支付设立一条新跑道以及与此相关的基础设施的资金。

再次，放缓阿富汗撤军。美国总统奥巴马7月6日在白宫宣布，决定将驻阿富汗美军维持在约8400人，直至其总统任期结束，这意味着美国从阿富汗撤军步伐再次放缓。目前驻阿美军约9800人，美军原计划于2016年底前将驻军人数削减至约5500人，但在听取国防部长卡特和美军参联会主席邓福德建议的基础上，奥巴马宣布美军将在阿富汗维持约8400名驻军配置，直至他卸任总统一职。他强调，这一决定符合美国国家安全利益。奥巴马说，将驻阿美军人数保持在该水平是基于美方对安全形势的评估。当前阿局势依然危险，阿富汗安全部队并不足够强大，在美方帮助下，阿富汗安全部队会致力于提升关键能力，包括情报能力、指挥与控制能力等。此外，塔利班也是美方面临的威胁。他表示，驻阿美军将继续执行两大任务，为阿富汗安全部队提供指导、训练和支持以及开展针对“基地”组织、“伊斯兰国”等恐怖组织的反恐行动。

第三章　欧洲恐怖主义与反恐怖斗争形势综述

2016年欧洲恐情依然严峻，恐袭频率、杀伤力和影响力处于上升通道。重大恐袭贯穿全年，遍及欧盟主要核心国家，恐袭手段不断演进，令人防不胜防，2016年恐袭导致的伤亡人数令欧洲迎来本世纪以来“最血腥的年月之一”。[①] 恐怖主义在欧洲造成极大恐慌，社会不安全感陡升，高居欧洲民众最关注问题的次席（仅位列移民问题之后），且呈不断上扬之势。[②] 恐怖主义的“幽灵”在欧洲上空盘旋，防恐、打恐逐渐成

① Tom Batchelor，Terror in Europe MAPPED-Shocking number of deaths and injuries from attacks in 2016，http：//www. express. co. uk/news/world/693954/Terror-in-Europe-map-deaths-injuries-attacks－2016（上网时间2017年3月30日）

② European Commission，“Public opinion in the European Union”，Standard Eurobarometer 85，Spring 2016，Brussels，July 2016，http：//media. hotnews. ro/media_server1/document－2016－08－4－21202938－0－eurobarometru. pdf（上网时间2017年3月30日）

为欧盟生活的“新常态”。[1] 但与此同时，欧洲的反恐机制在巨大的安全压力下取得显著进展，反恐部门的警惕性和反恐能力在斗争中得到淬炼和提升，欧盟及其成员国的安全机构将与恐怖主义形成长期较量。

第一节 欧洲恐怖主义形势

欧洲连遭重大恐怖袭击，进入新一轮恐袭多发期，暴恐目标、手段及恐怖分子构成呈现出新特点，对欧盟社会、经济与国际形象造成深远影响。

一、欧洲深陷恐袭高危期

2016 年，恐袭已成欧盟心腹大患，重大暴恐事件接二连三：3 月 22 日，素有“欧盟心脏”之称的比利时首都布鲁塞尔机场和地铁站发生系列爆炸案，造成 32 人死亡；7 月 14 日，法国国庆日，在南部旅游城市尼斯，暴恐分子驾驶 19 吨重的重型卡车冲入人群，致 86 人死亡，继 2015 年巴黎恐袭案后，法国再遭重创；7 月 18—24 日，德国一周内连续发生 4 起恶性伤人案，其中维尔茨堡列车袭击案和安斯巴赫市爆炸案，牵涉“暴恐”因素，德国在此轮暴恐浪潮中相对安全的幻象被捅破，社会风声鹤唳；12 月 19 日，一辆波兰牌照的重型卡车冲向位于柏林市中心布莱特施德广场的圣诞市场，造成 12 人死亡，48 人受伤，为近 10 年来德国伤亡最严重的暴恐袭击事件。尽管与中东北非、中亚、高加索等

---

① Cas Mudde, The Brussels Attacks and the New Normal of Terrorism in Western Europe, http://www.huffingtonpost.com/cas-mudde/the-brussels-attacks-and_b_9521360.html（上网时间 2017 年 3 月 30 日）

恐袭重灾区相比，欧洲恐袭频率、伤亡人数仍处于低位，但此轮恐袭突破欧盟防线，深入核心国家，对欧洲构成严重伤害，伤亡人数创过去 10 年新高，英国广播公司与美马里兰大学全球恐怖主义数据中心合作研究显示，2016 年 1—7 月西欧已有 143 人命丧恐袭，为 2004 年以来最多。① 欧洲议会研究报告预计，未来 5 年欧洲境内恐袭次数将保持持续增长之势。② 欧盟之所以屡遭恐袭，暴恐风险剧增，乃内外力叠加所致。一方面，周边形势不靖，乌克兰东部地区战火不息，西巴尔干国家武器走私活动屡禁不止，为恐怖分子获得自动化武器提供了便利的渠道，叙利亚内战不休，中东北非地区社会动荡不安，大量难民涌入欧洲，2015 年欧盟申请避难的难民达上百万人。欧盟边境管理局风险评估报告称，已发现恐怖分子企图以移民身份进入欧洲，恐怖分子还可借助人口偷渡网络潜入，或者在欧洲的难民营中直接蛊惑难民激进化。③ 自土耳其军事政变后，欧土关系逐渐恶化，欧土难民协议岌岌可危，土在协助欧预防和打击恐怖组织方面所发挥的作用存在不确定性。另一方面，尽管欧盟及其成员国认识到了反恐的重要性，但奈何颇多掣肘，无力确保反恐议题的优先性。在众多亟待解决的矛盾面前，恐怖主义问题仅是其一而非唯一。欧盟内部社会撕裂，陷入严重的身份认同危机，英国脱欧启动在即，民粹主

---

① Will Chalk，Simon Maybin & Paul Brown，Terror deaths in Western Europe at highest level since 2004http：//www.bbc.co.uk/newsbeat/article/37085042/terror-deaths-in-western-europe-at-highest-level-since－2004（上网时间 2017 年 3 月 30 日）

② Wim Wensink etc.，"The European Union's Policies on Counter-Terrorism：Relevance，Coherence and Effectiveness"，by European Parliament，Jan. 2017，p. 39，http：//www.europarl.europa.eu/RegData/etudes/STUD/2017/583124/IPOL _ STU（2017）583124_EN.pdf（上网时间 2017 年 3 月 30 日）

③ European Board and Coast Guard Agency，Risk Analysis for 2017，http：//frontex.europa.eu/assets/Publications/Risk_Analysis/Annual_Risk_Analysis_2017.pdf（上网时间 2017 年 3 月 30 日）

义簇起，在各类选举中咄咄逼人，反欧、疑欧力量声势空前，一体化进程遭遇严峻挑战，东欧“维谢格拉德”集团抱团抵制欧盟“摊派”难民，南欧意大利、希腊等国对制裁俄罗斯持不同立场，欧盟保持对外一致性，采取共同行动的难度也越来越大。反映在安全问题上，尽管在法国、比利时、德国、荷兰、丹麦、瑞典等国，恐怖威胁维持在较高等级，但是在芬兰、波罗的海国家以及大多数的中东欧国家中，在安全方面更关注来自俄罗斯的威胁，恐怖威胁等级相对较低。与此同时，在安全机制上，欧盟缺乏统一标准，各成员国边界管理尺度不同，形成“边检漏洞”，容易被混在难民潮中的恐怖分子所利用。欧盟反恐协调员德凯尔肖韦指出，“欧盟外部边界检查的碎片化的特征折射了欧盟反恐政策的困境”。[①]

二、“伊斯兰国”仍为欧洲恐袭头号策源地

伊斯兰恐怖主义是当前欧洲反恐部门首要关注目标，其中“伊斯兰国”更是重中之重，欧洲刑警组织 2016 年报告明确称，目前对欧盟构成主要威胁的恐怖组织是“伊斯兰国”。[②] 其一，近年来，欧洲发生的重大恐袭多数与“伊斯兰国”有关联，仅 2016 年就有至少 10 起重大恐袭与其密切相关。[③] 由“伊斯兰国”发动的恐袭计划周详，攻击手段复杂，

---

① 《应对恐怖威胁，欧盟收紧边境管》，新华网（2016 年 12 月 12 日），http：//news. xinhuanet. com/world/2016－12/12/c_129399775. htm（上网时间 2017 年 3 月 30 日）

② Europol，“Changes in Modus Operandi of Islamic State revisited”，by Europol Public Information，Nov. 2016，p. 3，https：//www. europol. europa. eu/sites/default/files/documents/modus_operandi_is_revisited. pdf（上网时间 2017 年 3 月 30 日）

③ Jacinta Carroll，*Counterterrorism Yearbook* 2017，by the Australian Strategic Policy Institute，Feb. 2017，p. 76，https：//www. aspi. org. au/publications/counterterrorism-yearbook－2017/ASPI-Counterterrorism-YB2017. pdf（上网时间 2017 年 3 月 30 日）

包括针对多重目标同时施袭。欧洲刑警组织认为，“伊斯兰国”早在2013年“立国”之前就筹划在欧洲的恐袭，其计划性和行动力不可低估。“伊斯兰国”在叙利亚集合团队，将其送往欧洲实施攻击。“外部恐怖主义网络”为“伊斯兰国”负责行动的秘密情报部门，早在两年前已经开始向外输送“圣战士”，该机构下设“欧洲事务特工处”，负责策动对欧行动。至少10起针对西方人的攻击由这一特别团队指挥或协调，其目标是向外输出恐怖主义。其二，“伊斯兰国圣战士”深潜欧洲。据欧洲情报部门估计，目前由“伊斯兰国”指挥的数十名恐怖分子正潜伏于欧洲，他们有能力实施恐袭。① 其三，“伊斯兰国”在恐怖分子中拥有广泛号召力和持续影响力，即使未能发现恐袭与“伊斯兰国”相联系的实质性证据，“伊斯兰国”官方账号往往在欧洲发生重大恐袭后主动“认领”，这一策略为其扩大了影响力，“赚足了眼球”，亲“伊斯兰国”的社交媒体账号在法国“尼斯恐袭案”发生后就疯狂庆祝，甚至在攻击被“认领”之前，就相信“伊斯兰国”会为此负责。其四，“伊斯兰国”企图利用欧洲难民潮发难，“伊斯兰国”在难民营中鼓动难民激进化，通过互联网平台用极端主义影响欧洲居民，利用其在欧洲本土发动恐袭。德国政府注意到，截至2016年4月，约有300起伊斯兰恐怖分子企图在进入欧洲的难民中招募“圣战士”。欧洲反恐部门认为，即使“伊斯兰国”在伊拉克和叙利亚被击败，他们仍将企图鼓动和组织在欧洲实施恐袭。其五，来自“伊斯兰国”的“外籍圣战者”回流构成现实风险。欧洲前往叙利亚、伊拉克参加圣战的“外籍圣战者”人数高达5000人，随着“伊斯兰国”节节败退，“外籍圣战者”可能会大规模回流，德凯尔肖韦称，“伊斯兰

---

① Europol, “Changes in Modus Operandi of Islamic State revisited”, by Europol Public Information, Nov. 2016, p. 8, https://www.europol.europa.eu/sites/default/files/documents/modus_operandi_is_revisited.pdf（上网时间2017年3月30日）

国”在摩苏尔和拉卡战败后，预计有1500—2000名“外籍圣战者”回到欧洲。学者研究称，每15—20名“回流者”就潜藏一起安全风险。[①] 欧洲将经历长期、系统性的安全挑战，恐袭风险不降反升，欧委会安全委员朱利安·金表示，暴恐分子回流将构成非常严重的威胁。[②] 此外，反恐专家还认为，随着“伊斯兰国”被击溃，暴恐分子四散逃逸，利比亚近来隐然成其新的聚集地，可能成为继叙利亚之后，攻击欧盟和北非地区的第二跳板，或仍将延续“伊斯兰国”对欧恐袭模式。

三、新型“独狼式”恐袭凸显

根据欧洲“打击‘独狼式’恐怖主义”项目研究组的定义，“独狼”是指独自策划和发动恐怖袭击的个体（或小组）恐怖分子，目的是造成广泛影响，而非实现个人物质化目标，其行动不受任何个人或组织指挥（尽管可能受到他人和其他组织的启发）。一般包含五大特征，即：单独行动，不隶属于恐怖组织，不受领袖影响，根据自身日程计划策划攻击，经历自我意识形态激进化过程。[③] 近年来，在欧洲经历的恐袭中，独自策划实施的“独狼”式袭击案比例日渐凸显，成为欧洲当前面临的最大恐怖主义威胁之一。但是随着互联网技术的运用和推广，“伊斯兰国”恐

---

① Thomas Hegghammer，“Will ISIS ‘weaponize’ foreign fighters?” http：//www. cnn. com/2014/10/16/opinion/hegghammer-isis-foreign-fighters/（上网时间2017年3月30日）

② Alastair Reed and Johanna Pohl，“Disentangling the EU Foreign Fighter Threat：the Case for a Comprehensive Approach”，https：//rusi. org/publication/newsbrief/disentangling-eu-foreign-fighter-threat-case-comprehensive-approach（上网时间2017年3月30日）

③ Edwin Bakker and Jeanine de Roy van Zuijdewij，“Lone-Actor Terrorism”，by the Royal United Services Institute，December 2015，https：//rusi. org/sites/default/files/201604_clat_final_report. pdf（上网时间2017年3月30日）

怖组织对新媒体、自媒体的运用驾轻就熟，当今的“独狼”式袭击呈现出新特征，多数“独狼”并不孤独，只是与“狼群”的联系隐蔽性较强，行动亦非独自策划实施，而是有隐身幕后的“引导者”或“后勤官”。其一，“伊斯兰圣战”为其激进化提供了“催化剂”，欧洲“独狼式”恐袭分子往往有过犯罪纪录，在社会上感到或有过受歧视、被羞辱和边缘化的经历，有些人甚至是精神病患者，但他们并非严格的伊斯兰教徒，他们可以不读《古兰经》、不会有规律地前往清真寺，不具备真正的伊斯兰教知识。宗教可能不是促使其激进化的最初或首要原因，而仅仅是提供了一个“窗口期”。他们在短期内迅速激进化，或者由于招募者的介入，或者由于自己在网上观看“伊斯兰国”发行的宣传品，设想实施攻击将使他们“从一无所有到一战成名”（zero to hero）。这种诱发“独狼式”恐袭的因素，因“伊斯兰国”的存在及其大规模地宣传而效力倍增。其二，“伊斯兰国”为其行动提供远程指导和后勤支持。德国维尔茨堡“列车持斧砍人”案中，凶犯为17岁的阿富汗难民，“伊斯兰国”的恐袭“操盘手”曾在他行凶前要求其使用汽车而非斧头，因为前者“能够造成更大的伤害”，该凶犯因无驾照而作罢；在法国北部卢昂发生的“神父割喉案”中，两名持刀袭击者此前素不相识，仅在犯罪前数日由躲在互联网背后“引路人”，即隐身叙利亚的“伊斯兰国”招募者拉什·卡西姆（Rachid Kassim）安排相识，巴黎圣母院教堂前汽车爆炸未遂案中，三名女性嫌犯亦是经由同一“引路人”介绍认识；在法国警方破获的一起斯特拉斯堡密谋攻击圣诞市场案件中，嫌犯通过GPS定位前往指定地点接收武器。其三，恐袭成功率和影响力常不如预期。德国安斯巴赫音乐节恐袭案，凶犯未能按照原先设计，将自制炸弹放置到音乐节的场地中，而是误爆自杀。在巴黎圣母院汽车爆炸未遂案中，尽管作案工具准备就绪，但最终亦没有引爆。[①] 这表明“伊斯兰国”通过互联网对恐袭实施者的操控指导存在先天不足，被招募的新型“独狼”虽然隐蔽性强，但往往在恐袭计划、工具制作及运用操作方面颇为“业余”，其成功制造大规模恐袭的概率不大。

四、移植域外恐袭“成功”模式

尽管欧洲与中东北非地区国家之间的政治制度、地理环境大不相同，安全防范措施亦不可同日而语，然而恐怖组织在伊拉克、叙利亚使用的恐袭模式，在某种程度上正在“出口”到欧洲。在攻击武器的选择上，在巴黎和布鲁塞尔攻击中使用的穿戴式自杀炸弹，此前并未在“伊斯兰国”盘踞的主要活动区域之外使用过；巴黎圣母院前的恐袭未遂案中，汽车中装满了油气罐，在中东北非恐袭中频繁出现的“汽车炸弹”模式苗头初显，据称，负责巴黎和布鲁塞尔攻击的小组本来计划将制造爆炸物藏在车里，并在法国某地引爆，但由于警察大规模搜捕行动迫使他们最终修正了计划；目前欧洲恐袭中经常出现的卡车冲撞模式可以视为使用大型公共交通工具冲撞的翻版；未来不排除“伊斯兰国”使用化学和生物武器的可能，2016 年 2 月 18 日在摩洛哥的一次搜捕行动中，警方缴获了可用于制造化学和生物武器的物资，包括 3 罐能转化为致命的破伤风病毒。从恐袭实施过程看，一些在公共场合的自杀性袭击，其攻击模式、目标选择、攻击者人数和影响等方面显露的特点，有模仿 2008 年 11 月印度孟买恐袭案的痕迹。恐怖分子还号召绑架西方人质，“基地”组织 2016 年 7 月 23 日在发布一则音频访谈中，其领导人号召“圣战士”

① Rukmini Callmachi，“Not Lone Wolves After All How ISIS Guides World's Terror Plots From Afar”，https：//www. nytimes. com/2017/02/04/world/asia/isis-messaging-app-terror-plot. html? _r=0（上网时间 2017 年 3 月 30 日）

扣押西方人质，以交换被捕的伊斯兰恐怖分子，“直到他们释放十字军监狱里、伊斯兰变节者和背叛者监狱里最后一个被捕的穆斯林男子和女子”。[①] 之所以出现域外恐袭模式向欧洲转移的现象，有多重原因：一是在域外恐袭案中获得成功的模式证明了其有效性和可行性，给予恐袭模仿者信心；二是互联网为欧洲境内外恐怖分子相互勾连提供了迅捷的渠道，欧洲本土的恐怖分子可以通过互联网、新媒体学习简易武器制作，交流经验，接受指导；三是欧洲大批“外籍圣战者”前往伊拉克、叙利亚参加“圣战”，其回流势必带回“先进”的作战技术和经验；四是大批难民涌入欧洲致其边境管控混乱失序，为中东北非恐怖分子潜入、武器走私创造了条件。

五、恐袭外溢效应显著

恐袭迭起在欧洲催发了恐惧情绪，造成社会矛盾对立。恐袭偏爱防护力量相对较弱、人群密集的交通枢纽、娱乐场所等“软目标”，实施无差别、大规模杀伤，藉此在公众中最大化地扩散恐惧。恐怖分子渗透性强，德国发现有情报机构官员卷入恐袭策划，密谋在科隆实施攻击，极端伊斯兰组织还准备将所谓的“短工”渗透到联邦国防军，以便进行军用武器使用训练，政府核心要害部门渗入恐怖分子，令民众对政府信心受挫。此外，恐袭武器日益多样化、日常化，小至刀斧利器，大至交通工具，都可能成为恐袭武器，令人防不胜防。2016 年 5 月 21 日，“伊斯兰国”宣传视频称，即使是对西方世界的“异教徒”实施最小程度的恐怖主义行动，也会产生巨大影响，因为其目标是为了给西方人的生命中

---

① Europol，“Changes in Modus Operandi of Islamic State revisited”，by Europol Public Information，Nov. 2016，p. 7，https：//www. europol. europa. eu/sites/default/files/documents/modus_operandi_is_revisited. pdf（上网时间 2017 年 3 月 30 日）

制造恐怖，致其“疑邻盗斧、以邻为壑”。[①] 欧洲当前民粹主义浪潮风起云涌，右翼势力“排外”主张大行其道，欧委会安全委员朱利安·金警告称，随着伊斯兰恐怖分子的攻击增多，右翼极端主义的暴力威胁也可能日渐增长。[②] 除了造成生命损失之外，恐怖主义也造成了经济影响。旅游行业备受打击，布鲁塞尔和巴黎的旅馆预订在恐袭发生之后显著下滑，安全措施显著增多，外国投资也会受到影响，比利时政府称，布鲁塞尔因受恐袭影响 GDP 增长下降 0.1%。“伊斯兰国”对英国公投脱欧对英国及欧洲造成的经济影响感到高兴，并号召攻击柏林和布鲁塞尔，使欧洲“瘫痪”。这说明“伊斯兰国”亦关注恐怖袭击的经济影响，设想由此削弱西方经济。

第二节 欧洲主要反恐措施

针对 2016 年欧洲恐情发展的新特点，欧洲反恐的政治迫切性凸显，欧盟及其成员国以维护社会安全稳定为主要目标，加大对恐怖主义活动的司法审判力度，进一步加速反恐政策的出台和落实。

一、加强顶层设计，宣示反恐决心

此轮暴恐浪潮，恐怖分子针对法国“国庆日”、西方“圣诞节”等特

① Europol, “Changes in Modus Operandi of Islamic State revisited”, by Europol Public Information, Nov. 2016, p. 4, https://www.europol.europa.eu/sites/default/files/documents/modus_operandi_is_revisited.pdf（上网时间 2017 年 3 月 30 日）

② Matthew Tempest, “Commissioner warns of ‘growing menace’ of right-wing terrorism in EU” http://www.euractiv.com/section/politics/news/commissioner-warns-of-growing-menace-of-right-wing-terrorism-in-eu/（上网时间 2017 年 3 月 30 日）

殊时间节点，选择布鲁塞尔机场、柏林著名商圈、巴黎圣母院等标志性地点，挑衅意味十足。面对恐怖分子的嚣张气焰，欧洲领导人齐声谴责暴恐行径，连续颁布出台一系列反恐制度设计，宣示打击恐怖主义的坚定决心。在欧盟层面上，欧委会主席容克呼吁建立“安全联盟”，任命英国人朱利安·金为欧委会安全委员，统筹所有安全相关事务，严格落实《2015—2020年欧洲安全计划》。事实上，朱利安·金所任职务全称为“安全联盟委员”，“安全联盟”概念的提出，预示着欧盟将“为保护成员国内部安全而协调的概念，演进为保护联盟整体安全的理念”。[①] 朱利安·金走马上任后，与欧委会主管移民、内部事务与公民事务委员阿夫拉莫普洛斯联合发布了首份《欧盟安全事务进展报告》[②]，并以月度报告的形式，对欧盟制定落实安全法规与举措的状况进行持续监督。欧盟还在更宏大的战略视野上给予反恐行动有力支撑。2016年6月，欧盟推出名为《共同愿景，共同行动：一个更强大的欧盟》的新全球战略。[③] 自2003年发布首份“安全战略”后，欧盟时隔13年再度出台对外政策及安全问题的指导性文件。该战略以保护欧盟领土与公民安全为首要职责。

---

① European Commission，“Communication delivering on the European Agenda on Security to fight against terrorism and pave the way towards an effective and genuine Security Union”，20 April 2016，pp. 2 and 9. https：//ec. europa. eu/home-affairs/sites/homeaffairs/files/what-we-do/policies/european-agenda-security/legislative-documents/docs/20160420/communication_eas_progress_since_april_2015_en. pdf，（上网时间2017年3月30日）

② “European Agenda on Security：First report on progress towards an effective and sustainable Security Union”，http：//europa. eu/rapid/press-release _ IP－16－3367 _ en. pdf，(上网时间2016年11月2日)

③ European Council，“Shared Vision common action：A Stronger Europe，A Global Strategy for the European Union's Foreign and Security Policy”，https：//europa. eu/globalstrategy/sites/globalstrategy/files/eugs_review_web. pdf (上网时间2016年11月2日)

无论是在周边事务，还是全球治理议题上都更趋务实，为欧盟反恐策略实施提供了灵活可靠的框架。此外，在制度设计上，欧盟正式启动了“欧洲反恐中心”（ECTC），打造泛欧反恐专业平台。该中心隶属于欧洲刑警组织，由来自各成员国的代表以及欧洲刑警组织的成员构成，它密切监控外籍激进分子的行踪，追查恐怖组织资金来源，打击极端主义在互联网上的传播，为反恐调查提供专业意见，并帮助各国协调应对重大恐袭，是欧盟重要的反恐信息枢纽，有助于提升欧盟反恐能力。在成员国层面上，法国通过了一揽子应对恐怖主义和激进化的行动计划，包含80项举措；比利时将其在2015年通过的30项反恐行动计划进一步扩大，建立不同职能部门、不同地区间的协调机制；德国总理默克尔在维尔茨堡和安斯巴赫恐袭案爆发后不久即宣布“九点安全规划”，内政部采纳了预防暴力极端主义的新战略。

二、深化协调交流，挖掘成员国合作潜能

欧盟各成员国之间文化差异显著，警务、情报与安全系统之间的体制设计各不相同，例如在丹麦安全机构和警务部门是同一个组织，在德国却隶属于不同部门；在情报处理方式上，荷兰、德国将犯罪情报视为“短循环情报”，安全情报视为“长循环情报”，两者分开处理，其他国家则不存在这种分类。由于文化不同，各国反恐态度存在微妙差异：奥朗德在尼斯惨案发生后，立即将其定性为恐袭，并强调要以军事手段进行回应；默克尔则相对谨慎，强调德国价值与原则，提醒政界警惕反应过度，要求给予相关部门调查时间，不能轻易下结论。因为制度对接难度大，长期无法在欧盟层面上形成法定意义上的反恐合作机制，仅存在一些非正式的交流协调组织形式，比如交换安全情报、协调安全部门行动的反恐小组。不过，在当前恐袭压力下，欧盟各国日益意识到合作的必

要性，纷纷强化双边或多边合作。2016 年 2 月 1 日，法、比举行双边峰会，确认加强反恐合作，宣布任命法国驻布鲁塞尔治安联系人。法国和德国连续多次举行双边峰会以及部长级会谈，并由内政部长在 2016 年 8 月 23 日就内部安全事务发表联合倡议。在布鲁塞尔袭击案发生后，比利时首相甚至呼吁成立“欧洲中央情报局”。在荷兰领导下，反恐小组同意进一步推进恐怖主义威胁信息交流的系统化和标准化，并讨论在反恐小组和欧洲反恐中心之间架设操作通道的可能性。目前，欧洲刑警组织和检察官组织的数据库覆盖面和使用率已大幅提高，所有成员国都已接入“安全信息交换网络应用”（SIENA）系统，可实现更为便捷安全的犯罪信息交流。2016 年，SIENA 可查询文件的权限提升至机密级。[①] 在欧洲反恐中心协调推动下，该系统使用频率剧增，成员国或职能部门利用该系统查询与恐怖主义关联的案件从 2015 年的 2245 例增至 2016 年的 3934 例，相关信息由 56277 条增至 94770 条。[②]

三、推进立法改革，构织打恐“天罗地网”

运用法律工具逼恐怖分子“现形”，解除其实施恐袭的能力，是欧盟各成员国的共识。2016 年欧盟及其成员国在反恐立法和执法工具建设上取得了多项进展。一是修订“反恐法”。欧洲赴伊拉克、叙利亚的“外籍

---

① Council of the European Union，“Roadmap to enhance information exchange and information management including interoperability solutions in the Justice and Home Affairs area”，October 2016，p. 15，http：//statewatch. org/news/2016/jun/eu-council-info-exchange-interoperability-roadmap－9368－rev1－6－6－16. pdf（上网时间 2017 年 3 月 30 日）

② Europol，“European Counter Terrorism Center one year”，https：//www. europol. europa. eu/sites/default/files/documents/ectc _ one _ year _ final. pdf，（上网时间 2017 年 3 月 30 日）

圣战者”人数众多，其自由往返对欧盟构成了重大的安全威胁，但是欧盟各成员国对“外籍圣战者”控罪尺度不一，容易使恐怖分子有机可乘[①]，为此欧委会大力推动“欧盟打击恐怖主义新指令”，其目标是将联合国安理会2178号决议（2014年）统一纳入欧盟法律框架中，“欧盟打击恐怖主义新指令”将以恐怖主义为目的的旅行、提供或接受恐怖主义培训、资助恐怖主义流窜或行动都归为犯罪，从而为执法部门和司法机关提供了打击“外籍圣战者”的有力武器，促进恐怖主义犯罪资料交流，有助于移除互联网上恐怖主义内容，为恐怖主义受害者提供长期支持和帮助。[②] 欧盟欲以此协调欧盟各成员国对恐怖主义的处理方式，避免在反恐领域出现“双速欧洲”的情形。二是打击“恐怖金融”，为切断恐怖组织的资金链，法国、比利时和德国在欧盟层面上强力推动相关法律，欧委会制定《打击恐怖主义金融行动计划》，采纳金融行动特别工作组关于打击恐怖金融的建议，提出修订欧盟“反洗钱指令”、加快落实联合国冻结资金命令等20项措施，要求各成员国加强对虚拟货币交易平台、预支付工具的监管。目前欧盟“新反洗钱指令”已获得理事会谈判授权。[③] 三是严格“控枪法案”，2016年12月20日，欧盟理事会与欧洲议会就

---

① Sofija Voronova，“Combating terrorism”，by European Parliamentary Research Service，http：//www.europarl.europa.eu/RegData/etudes/BRIE/2016/586628/EPRS_BRI（2016）586628_EN.pdf（上网时间2017年3月30日）

② European Council，“Directive on combatting terrorism：Council confirms agreement with Parliament”，http：//www.consilium.europa.eu/en/press/press-releases/2016/12/05－combatting-terrorism/? utm _ source ＝ dsms-auto&utm _ medium ＝email&utm_campaign＝Directive%20on%20combatting%20terrorism%3A%20Council%20confirms%20agreement%20with%20Parliament（上网时间2017年3月30日）

③ European Commission，“Fifth progress report towards an effective and genuine Security Union”，http：//www.cdep.ro/afaceri_europene/CE/2017/COM_2017_203_EN_ACTE_f.pdf（上网时间2017年3月30日）

"新枪械指令"达成一致，根据新的立法提案，欧盟将加强对枪支的可跟踪管理，厂商及政府将设立枪支信息数据库，随时掌控枪支的使用信息，将枪支交易限制在极少数持许可证的消费者范围内，例如博物馆及运动员等。同时，欧盟还将进一步加强对枪支拆卸程序的管理，防止不法分子利用拆卸过程中的漏洞。与此同时，成员国亦纷纷修订立法，加强了执法力度。德国和法国修正了司法框架，以强化安全部门的行动能力，包括拓展使用包括监听在内的特殊调查技术；法国延长了对恐怖分子的监禁时间，允许终身监禁；比利时寻求修宪，以期将恐怖嫌疑人的行政拘留从 24 小时延长至 72 小时；在互联网上传播仇恨言论、查阅"伊斯兰圣战者"的网站等，都将受到法律的严惩，2016 年 9 月，一名法国公民因在公共图书馆定期查阅"伊斯兰国"互联网宣传资料被判处 2 年监禁。①

四、协调边境管理，严防恐怖分子穿梭渗透

在日益严峻的安全形势下，为防止恐怖分子利用欧盟沿边成员国管理尺度不严的漏洞，以及申根区内自由迁徙的便利而肆意流窜，欧盟采取了一系列措施，收紧外部边界管控，协调内部国界管理，积极构建拦阻恐怖分子的"防火墙"。其一，成立欧盟边境及海岸警卫队，协调强化外部边界管控。与其前身欧盟边境管理局相比，新成立的机构在人员编制、经费预算以及设施装备方面都得到大幅提升，在职能上也得到有效拓展，它负责监视边境移民流入情况，可向各成员国召集一定数量的专家，征集技术设备，并有权实施干预，协助成员国应对移民涌入的挑战，

---

① Jacinta Carroll, *Counterterrorism Yearbook* 2017, by the Australian Strategic Policy Institute, Feb. 2017, p. 81, https://www.aspi.org.au/publications/counterterrorism-yearbook－2017/ASPI-Counterterrorism-YB2017.pdf（上网时间 2017 年 3 月 30 日）

还能获得在欧盟外第三国实施行动的授权。阿夫拉莫普洛斯称，欧盟边境及海岸警卫队的成立“是欧盟行动和团结的象征”，是欧盟史上浓墨重彩的一笔。① 其二，落实“乘客姓名登记制度”（PNR）。欧盟长期未能达成的各国航空乘客信息共享，成为极端分子流动作案的漏洞，为此，欧盟经过艰苦的法律程序，最终通过决议，要求抵达或离开欧盟的国际航班有义务向欧盟成员国申报旅客相关信息资料，各国要成立相应的信息中心，负责交流和提供登记旅客的相关信息。欧盟还为此拨出专款支持各国乘客信息中心建设。② 法国、比利时甚至还希望将“乘客姓名登记制度”拓展到海上交通以及跨国高速铁路上。其三，实施“系统性”边检。根据《申根边界准则条例》，欧盟公民穿越外部边界时适用最低限度检查标准。各国边防人员可自行决定是否对穿越外部边界的欧盟公民进行检查，这种选择性执法被称为“非系统性”检查。欧委会提出新的法律草案，要求对包括欧盟公民在内的所有出入境者进行强制性系统身份检查。欧盟边检人员将使用申根信息系统及欧洲刑警组织、国际刑警组织的资料库，比对所有过境者的身份信息。欧委会安全委员委员朱利安·金表示，新举措实施后，申根信息系统将记录所有进入和离开欧盟公民信息，前往叙利亚或伊拉克参加“圣战”的欧盟公民在返回欧洲时能被及时发现。③ 此外，欧盟各成员国也日益重视欧盟范围内一系列联

---

① “Remarks by Commissioner Avramopoulos at the launch of the European Border and Coast Guard Agency”，http：//europa. eu/rapid/press-release_SPEECH－16－3334_en. htm，（上网时间 2016 年 11 月 2 日）

② “European Agenda on Security：First report on progress towards an effective and sustainable Security Union”，http：//europa. eu/rapid/press-release _ IP － 16 － 3367 _ en. pdf，（上网时间 2016 年 11 月 2 日）

③ 《应对恐怖威胁，欧盟收紧边境管》，新华网，2016 年 12 月 12 日，http：//news. xinhuanet. com/world/2016－12/12/c_129399775. htm（上网时间 2017 年 3 月 30 日）

合边检系统的应用，主动与欧盟机构分享相关数据信息，对欧盟警务、司法等工具的运用也日渐增多，大大加强了打击恐怖分子和有组织犯罪团伙的力度。

五、强化监管措施，防控青少年激进化

欧盟强调要在文化领域反制激进化，决定将原有的“伊拉斯谟”教育资金重点转向扶持此方面项目。欧委会新任命“打击反犹主义”和“打击反穆斯林主义”两名协调员，负责协调欧盟机构、成员国及社群组织，共同打击极端暴力思潮。欧盟还专门成立“警惕激进化精英中心”，负责召开欧盟反极端化相关高级研讨会，并向成员国遏制极端思潮提供建议、培训工作人员或派遣工作组。针对恐怖分子善用网媒的特点，欧委会也积极加强与互联网企业和通讯运营商沟通，连续举行部长级“欧盟网络论坛”，寻求建立政府企业间合作机制，去除互联网恐怖主义内容。欧洲刑警组织下属的“欧洲互联网审查机构”，2016 年共提出 20548 次移除互联网恐怖内容的要求，成功率为 81%。[①] 成员国层面上，英国规定地方政府、教育、卫生等部门皆有义务防止民众卷入极端主义；德国总理默克尔在其“九点计划”中提出要针对难民中的极端化问题建立“早期预警系统”，德国内政部长德梅齐埃则宣布成立新的信息技术安全中心，将雇用 400 人，聚焦网络犯罪和恐怖主义，德国还鼓励民众举报极端化行为，为维护公共安全贡献力量；法国拟将穆斯林“伊玛目”培训扩招 30%，并计划通过加大侦测和监视极端化现象的基础设施和能力建设，于 2017 年倍增其处理极端化人群的能力；在比利时，地方政府加

① Europol, “European Counter Terrorism Center one year”, https://www.europol.europa.eu/sites/default/files/documents/ectc_one_year_final.pdf（上网时间 2017 年 3 月 30 日）

速发展特别项目和倡议，以预防或应对激进化现象。

六、寻求国际合作，建立反恐合作伙伴

欧盟及其成员国积极参与欧洲之外的反恐行动，与周边邻国缔结伙伴关系，针对不同地区，欧盟量身打造差别化合作策略。欧盟与突尼斯签订一揽子反恐合作协议，全面参与突尼斯反恐部署和机制建设，树立反恐合作样板；为约旦、黎巴嫩制定“反恐合作路线图”，协助提升政府反恐能力，阻止极端化思潮泛滥；同土耳其展开反恐对话，在欧洲刑警组织中接收土耳其联络官，向其提供大笔经援应对难民及外籍“圣战”分子问题；向伊拉克派驻项目团队，协助其安全部门处理情报信息；在巴尔干地区，由斯洛文尼亚和奥地利领衔，执行“欧盟西巴尔干反恐倡议”，协调该地区反恐行动。此外，欧盟还专门拨款实施“非洲与阿拉伯半岛民事航空安全四年计划项目”，并积极参与北约地中海行动，打击“蛇头”集团。此外，它们还积极参与外交和军事行动，尤其是参加美国领导的“打击伊斯兰国联盟”，法国、比利时、德国、意大利、丹麦和荷兰还参加了其在伊拉克和叙利亚的行动。

总体而言，此轮恐怖主义浪潮来势汹汹，渗透性强，目标不确定性大，手段简单粗暴，难以有效防控。“伊斯兰国”策划的巴黎、布鲁塞尔和柏林等恐袭案屡屡得手，既鼓舞了恐怖分子的“士气”，又证明了此类袭击模式的有效性，可供后来者仿效。加之，恐怖分子群体在欧洲或将持续滋长，近两年上百万难民涌入欧洲，恐怖分子可能混杂其间，“伊斯兰国”苟延残喘，欧洲“圣战分子”回流又带来严重安全隐患，或致恐袭或极端思想进一步扩散。欧洲严峻恐情短期内难以逆转，恐袭发生概率仍将居高不下，打恐防恐之路势必艰辛而漫长。

第四章 俄罗斯恐怖主义和反恐怖斗争形势综述

2016 年，俄罗斯反恐怖斗争的最大特点是“国内国外反恐战场连为一体”。随着中东政局的进一步恶化和“伊斯兰国”的迅速崛起，国际恐怖主义直接威胁到俄罗斯南部和独联体国家的安全，俄罗斯不得不直接向国外派兵，维护自己的国家安全、地缘政治和地缘经济利益。俄罗斯在叙利亚的军事行动，是俄第一次以反恐名义动用成建制军队在海外遂行陆海空联合作战任务，也是俄军自结束车臣反恐战争以来，再次遂行重大反恐任务，标志着俄罗斯反恐斗争进入到“内外兼顾”的新阶段。2016 年，俄罗斯国内反恐形势虽保持了总体可控的态势，但北高加索长期处于大案没有、小案不断的“低烧状态”仍未改变，地区反恐形势依旧严峻复杂。莫斯科、圣彼得堡等大城市仍是国际恐怖分子觊觎的目标，“伊斯兰国”圣战分子的魅影不断浮现，来自独联体国家的极端分子与俄罗斯本土极端分子勾结谋事，策划恐袭的风险越来越高。

第一节 俄罗斯恐怖主义形势

俄罗斯国家反恐委员会主席，俄联邦安全总局局长亚历山大·博尔特尼科夫表示，2016 年俄罗斯境内恐怖主义活动保持了减少的趋势："共消灭包括 22 名头目在内的 129 名恐怖分子，拘留匪徒及帮凶 898 人。俄情报机构全年制止了 86 名准备参加国际恐怖组织的俄罗斯人出国，冻结了与恐怖主义有关系以及资助恐怖主义的 2000 余人的账户。"俄罗斯国家反恐委员会副主席库利亚金透露，2016 年强力部门共阻止 40 余起恐怖袭击，没收了 199 个自制爆炸装置、800 多件枪支。

一、莫斯科等大城市恐情频现

莫斯科：莫斯科仍是俄罗斯反恐防恐的重点城市。2016 年，城市中各种建筑物遭到过数十次恐怖电话威胁。每次接报，警方都马上疏散人群，检查爆炸物，丝毫不敢大意。[①] 4 月 16 日，俄罗斯内务部长弗拉基米尔·科洛科利采夫表示，莫斯科警方抓获一名出租车司机，该男子由于为"伊斯兰国"恐怖组织招募武装分子而受到国际通缉。科洛科利采夫在接受采访时说："代号为'出租车'的特别预防行动日前在莫斯科结束，检查了 17.3 万名出租车司机，其中 1 人曾因涉嫌招募'伊斯兰国'支持者参加战事而被逮捕。"

11 月 12 日，俄联邦安全局在俄联邦内务部的支持下与塔吉克斯坦以及吉尔吉斯斯坦的工作人员开展了联合行动，成功制止了一起由中亚

① http://www.globalview.cn/html/global/info_10264.html.

籍人员组成的跨地区恐怖组织活动。这一组织计划使用自动武器和自制的大威力爆炸性装置，在莫斯科和圣彼得堡进行一系列规模巨大的破坏性恐怖活动。”安全机关称，这是个由10个中亚人组成的团伙。从他们身上缴获了4个自制强力炸弹、枪支弹药和通讯设备。被捕者已经承认与“伊斯兰国”恐怖组织头目有联系和接触。恐怖分子同时供出了其在俄联邦以及国外所准备袭击的目标、同谋者以及犯罪基地。

12月15日，俄安全部门在莫斯科制止了由“伊斯兰国”土耳其密使策划的一系列恐怖袭击。警方称：“已经压制恐怖小组的活动，该小组的成员来自塔吉克斯坦和摩尔多瓦，他们计划使用自制强力爆炸装置在莫斯科发动一系列恐怖活动。”据情报部门消息称，武装分子根据“伊斯兰国”位于土耳其密使的直接指令谋划发动恐怖袭击，这名密使已被塔吉克斯坦政府全球通缉。该小组的4名成员被扣押。警方在搜查他们的住所时收缴了自制爆炸装置、自动式枪支以及用于制造强力爆炸装置的大量爆炸物品。

12月22日，莫斯科大学前大学生亚历山德拉·伊万诺娃（瓦尔瓦拉·卡拉乌洛娃）因试图投奔“伊斯兰国”被莫斯科区军事法院判处4年半有期徒刑。此前检察长要求判处卡拉乌洛娃5年有期徒刑并罚款15万卢布，但律师坚持认为被告无罪。俄联邦安全局查明，瓦尔瓦拉·卡拉乌洛娃后来改名为亚历山德拉·伊万诺娃，她因试图加入“伊斯兰国”于2015年10月被捕。卡拉乌洛娃是莫斯科大学二年级学生的时候，她背着父母飞到伊斯坦布尔，她在那里与一些俄罗斯人一起被捕，据推测，这些人试图进入叙利亚。被告本人表示，她从没有打算站在“伊斯兰国”一方作战，她当时去找心爱的人嫁给他。

12月，俄执法人员还阻止了一起针对莫斯科的恐怖袭击。库利亚金当天在莫斯科对外界表示，一伙恐怖分子根据叙利亚恐怖组织的命令前往莫斯科，准备接受武器或夺取警方枪支，然后在新年和圣诞节期间，在莫斯科发动恐怖袭击。由于执法人员介入，该伙恐怖分子未来得及实施犯罪就已被全部抓获。

二、北高加索反恐形势复杂严峻

车臣是北高加索反恐的重中之重。多年来，在反恐“强人”卡德罗夫的强势领导下，车臣恐情逐步趋稳，稳定带来的红利开始显现。与此同时，车臣恐情的“外溢”效应也十分突出，车臣周边地区恐情不断，与车臣相对平稳的形势形成鲜明反差。车臣领导人卡德罗夫在与普京的会晤中表示：“共和国形势稳定，秩序井然。我们现在没有严重和特大恐怖主义性质的犯罪。”谈到地区发展，卡德罗夫表示，2016 年上半年共和国工业和农业生产都有所增加。“现在我们的进度不错，2016 年上半年我们的工业生产总量增加了 11.6%，农业生产总量增加了 7.4%。”他指出，共和国正在发展农业进口替代。2016 年车臣的失业率有所降低，共增加了约 5000 个新工作岗位。12 月 19 日，卡德罗夫在自己的 Instagram 页面上写道，在首府格罗兹尼举行的特别行动中共有 7 名匪徒被击毙，4 人拘留。车臣执法机构的特种部队在格罗兹尼市郊对此前袭击警察的匪徒开展了围剿行动，消灭 5 人。卡德罗夫亲自领导了这此行动。

达吉斯坦：3 月 17 日，俄国家反恐委员会表示，达吉斯坦警方抓获 3 名策划恐怖袭击的武装分子，他们与“伊斯兰国”有联系。公告中说，他们已经坦白并交代在村边废弃房屋里有一个密室。执法部门发现了 4 枚自制炸弹，威力总共达 5 千克 TNT 当量以及 1 吨炸药。

3 月 29 日，达吉斯坦警方执勤车辆突遭路边炸弹袭击。1 名警察当场死亡，2 名警察受伤。警察遭到袭击后，当地政府在该地区布置警力展开搜捕。第二天，当警察欲拦截可疑车辆时，可疑车辆强通过后并引爆，造成 1 名警员死亡，另 1 名警员受伤。事后，国际恐怖组织“伊斯兰国”宣称对此次案件负责。

4月14日，俄罗斯联邦国家安全局和内务部在达吉斯坦首府马哈奇卡拉附近村庄发起一次联合反恐特别行动，击毙3名恐怖分子，其中包括团伙头目卡米尔·穆罕默多夫。该团伙2016年多次对执法人员和武装部队发起袭击，其中包括3月袭击俄内务部车队，造成多人伤亡。

7月7日，7名武装分子在达吉斯坦境内举行的特别行动中被消灭，1名特战队员死亡，另有1名受伤。消息人士说：“对事发地进行观察后，被消灭犯罪分子的数量可能会增加。”被消灭的武装分子为所谓的“马哈奇卡拉武装团伙”的成员。

12月24日，俄国家反恐委员会发布消息称，2名武装分子在达吉斯坦共和国境内被击毙，其中一人是作恶多端的沙米尔匪帮头目。早前，警方在该共和国沙米尔区的铁列特村击毙了两名武装分子。消息说：“其中一人是沙米尔匪帮头目伊布拉季姆·阿米罗夫。根据安全部门的数据，阿米罗夫作恶多端，他于2013年和2015年分别杀害了铁列特村村长、多名护法人员和清真寺的教长以及文化宫主任。”反恐委员会指出，这个匪帮实施了一系列犯罪行为，包括破坏移动通信基站和敲诈勒索企业家。

斯塔夫罗波尔：4月11日，斯塔夫罗波尔边疆区诺沃谢利茨基地区的内务部分局大楼发生5起爆炸。当时有3名恐怖分子试图冲进内务部大楼，被护卫大楼的警察栏住。其中两名恐怖分子被警察当场击毙，另一名恐怖分子引爆了身上的爆炸物。但幸好没有任何居民受伤，只有几辆警车和大楼外部受损。根据俄罗斯调查委员会的信息，3名恐怖分子系当地基塔耶夫斯基村的村民扎乌尔·阿卡耶夫、拉马赞·哈伊布拉耶夫和伊萨伊·阿博杜拉提波夫。这3名恐怖分子都有前科，还有人涉嫌杀人罪。

印古什：10月7日，俄罗斯国家反恐委员会发布消息称，在印古什共和国消灭6名武装分子，其中一名为来自叙利亚的“伊斯兰国”密使。

11月15日，俄罗斯联邦安全局发布消息称，该部门拘留了5名与“伊斯兰国”有关联的组织成员，他们准备在莫斯科和印古什共和国发动恐怖袭击。该组织由“伊斯兰国”密使组建，该密使在印古什共和国10月初举行的特别行动中被消灭。消息中称：“俄罗斯联邦安全局制止了为在印古什和莫斯科实施恐怖而成立的组织，该组织与国际恐怖组织‘伊斯兰国’有关”。该组织的5名成员已经被拘留。在他们之前隐藏的房屋内发现了武器库，其中包括5支枪，2个已经制造好的简易炸弹，每个约为10千克TNT当量，此外还有狙击步枪的零件。11月24日，在印古什共和国纳兹兰被消灭的匪帮分子居住地发现了他们藏在屋中的自制炸弹和恐怖组织“伊斯兰国”的旗帜。在对匪帮分子藏身的房屋进行查看的过程中发现了一个密室，密室中有大量的武器和弹药。此前，警方在纳兹兰的特别行动中消灭了2名匪帮分子，但有2名特种部队队员在行动中牺牲。消息中指出，“俄联邦安全局工作人员在密室中清除了2个自制的炸弹，2个炸弹的威力相当于20公斤TNT炸药的威力，5个三硝基甲苯炸药块，4支AK—47突击步枪，超过1500发不同口径的子弹，带有“伊斯兰国”标志的射击消声装置。”

三、“伊斯兰国”渗透威胁

2016年，俄罗斯反恐工作的一项重要任务就是防止“伊斯兰国”恐怖分子的回流和渗透。据俄联邦安全局和俄总参谋部情报总局消息，目前叙利亚境内来自俄罗斯的武装分子达4000人，来自前苏联加盟共和国的有5000人。俄罗斯国家反恐委员会副主席库利亚金表示，近年来国际恐怖组织加大了对俄罗斯的渗透，加强了网络宣传力度。此外，恐怖组织改变了以往派遣有经验团队赴俄的做法，而更倾向于在俄临时招募、培训人员来完成单次恐怖袭击。近年来，俄罗斯反恐形势严峻。俄媒体认为，当前俄境内恐怖分子活动频繁，且与境外恐怖分子遥相呼应，恐怖袭击不但次数增多且有向莫斯科等大城市蔓延的迹象。

7月26日，俄内务部发言人伊琳娜·沃尔克表示，特维尔州护法人员拘捕了恐怖组织“伊斯兰国”支持者，他们涉嫌在中亚移民中招募新武装分子。沃尔克透露，“俄内务部和俄联邦安全局的工作人员在特维尔进行了搜查行动，拘捕了在俄被禁止活动的恐怖组织‘伊斯兰国’的支持者。”沃尔克指出，在调查该恐怖组织期间发现，其分支成员在特维尔租住的公寓里秘密聚会。大部分嫌疑人在此居住。搜查住所时发现并没收了大量极端主义材料。

俄罗斯逮捕12名涉嫌参与极端主义活动人员。

8月11日，俄罗斯联邦安全局公共关系中心发布消息称，已取缔宣传恐怖主义和招募“伊斯兰国”恐怖组织武装分子的“伊斯兰国指南”（Rohnamo）互联网社团活动，并在乌拉尔的3个州——斯维尔德洛夫斯克州、秋明州和车里雅宾斯克州对社团成员居住地址开展了27次搜查。俄联邦安全局表示：“缴获含有恐怖分子宣传视频的电脑、手机，极端主义书籍、银行卡以及大量武器贮备，其中包括3把手枪、4枚手榴弹、约500克塑料炸弹、5块总重1千克的TNT爆破药块及配套电雷管。[①]

8月17日，卡巴尔达—巴尔卡尔共和国执法部门透露，在圣彼得堡特别行动中被消灭的一名武装分子曾是该共和国地下团伙的头目。卡巴尔达—巴尔卡尔共和国首脑尤里·科科夫认为，防止加入“伊斯兰国”队伍的北高加索武装分子返俄是打击国际恐怖主义的主要任务之一。“据初步信息，在圣彼得堡被消灭的武装分子中有29岁的扎利姆·舍布祖霍夫，是卡巴尔达—巴尔卡尔共和国一地下团伙的头目，该团伙从属于在俄罗斯被禁止的‘高加索酋长国’国际恐怖组织。”

① http：//sputniknews.cn/russia/201608111020479380/.

第二节　俄罗斯主要反恐措施

2016年，俄罗斯继续深化反恐机制改革，完善法律法规体系，强化技防人防措施，加强网络监管，推动国际反恐合作等领域向着更高层次发展，以满足日益变化的反恐斗争新需求。随着俄罗斯武装力量赴境外反恐，俄最高领导人和反恐实务部门比以往更深切地体会到，国际反恐合作在打击跨国恐怖主义防网络，应对国际圣战狂潮中的极端重要性。因此，千方百计地扩大反恐“朋友圈”，建立最广泛的反恐联盟，开展最务实的反恐合作，就成为本年度俄罗斯在反恐工作的中心任务。

一、继续完善反恐法律体系

俄罗斯每年通过的反恐法修正案都会引发广泛关注，2016年的反恐法修正案也不例外。6月25日，俄罗斯议会下院批准了新版反恐法修正案。俄罗斯总统新闻秘书佩斯科夫对媒体表示：“政府将密切关注该法律的实施情况，如果发现确实有什么不良影响，政府将按总统指示采取相应措施。”

新修订的反恐法强化了一系列反恐措施，包括：对国际恐怖主义罪犯判处终身监禁。在俄罗斯境外实施恐怖活动或威胁实施恐怖活动，造成俄罗斯公民死伤，破坏国家和平及俄罗斯联邦利益者，应负刑事责任。年满14岁即须为恐怖主义罪行承担刑事责任。14—17岁之间的俄罗斯公民的刑事责任从原来的22项增加到了32项等内容。其中，最令人关注的是修正案对电信领域监管的强化。以议案发起人之一、俄罗斯党下院议员伊莲娜·亚罗瓦娅命名的这项法案（简称“亚罗瓦娅法案”）要求电话公司和互联网服务公司将所有客户的相关资料和数据（照片、视频、对话录音和信息）保留 6 个月的时间、综合资料保留 3 年。一旦俄罗斯情报部门提出要求，每一家公司都必须按照要求提供资料。如果用户采用了加密程序，那么互联网公司需提供解密锁。一旦未能提供上述信息，将可被处于 1.4 万欧元以上的罚款。

法案的出台，立即遭到业界的强烈不满。签署这一法规的消息传出后，莫斯科证券市场电话公司股指应声暴跌。人们普遍害怕会要求电话公司购置具备满足反恐法规需求的新服务器，那么所需成本自然会加在消费者身上、话费自然上涨。俄罗斯电话公司已经表示，因为经济和技术原因这一法规“无法实施”。并警告说，可能会重创整个电讯业的发展。为此，甚至威胁将重新考虑赞助俄联邦将于 2018 年主办的世界杯足球赛的资金问题。另据俄罗斯最大移动运营商之一俄罗斯移动电信系统公众股份公司统计，仅“保存”相关数据 6 个月一项就需要 3000 万美元。普京要求俄联邦安全局负责人博尔特尼科夫在两个星期之内找到监督全国互联网用户网络信息的必要方式。同时，下令政府监督反恐法落实，采取一切必要措施“降低（此法案）对经济的影响”。

此外，反恐法还将一些新罪行纳入了俄罗斯刑法，如可被判 5—10 年徒刑的“煽动或者参与组织群众动乱罪”；有关包庇犯罪的新条文规定，隐瞒他人“策划、实施或既已实施”进行恐怖活动而未向执法当局检举者，应负刑事责任。如果拒绝提供恐怖活动、政变或者阴谋暗杀国家领导人的信息，也都会受到严惩。反恐法修正案还严格限制了宗教活动。新措施中重新定义了传教活动，禁止在宗教活动场所以外进行传教活动。凡是参加宗教游行的人，必须得到相关团体负责人的许可。

二、加强网络监控和管理

为落实 5 年来最严厉的反恐法新要求，俄罗斯联邦安全局、通信部和工贸部正在研究一系列技术措施以解密并掌握俄罗斯人的所有网络信息。他们打算利用通信运营商现已使用的DPI系统，通过比如“炸弹”之类的关键词搜索，查找可疑用户的信息。不久前通过的“亚罗瓦娅法案”要求运营商保存网络流量信息，但如不对其解密则毫无用处。专家认为，这一探讨中的模式最终不仅有助于预防潜在威胁，还能建立用户在网络中的行为肖像，甚至评估其心理状况和饮食偏好。接受《生意人报》记者采访的某设备生产商高管说，联邦安全局协同通信部和工贸部正在探讨的问题，不仅包括录取并保存数据，还包括解密并分析所有网络流量信息，以执行“亚罗瓦娅法案”。据总统办公厅人士说：“保存海量的加密流量信息毫无意义，你在里面什么也找不到。联邦安全局的想法是实时解密所有流量信息并根据关键参数对其进行分析，但通信部和工贸部则坚持仅针对引起执法机关注意的用户进行流量信息解密。”根据“亚罗瓦娅法案”，信息传播运营商，即进行电子讯息传递的网络平台所有人，如谷歌、Yandex、Mail.ru集团、Whatsapp、Telegram、Viber、Facebook、VK.com等，从2016年7月20日起须根据联邦安全局的要求交出秘钥。《生意人报》的另一位消息人士介绍说：“外国公司根本不会遵守这条规定，俄罗斯公司则可能会在多次要求后交出秘钥。但在网络中有大量网站不属于信息传播运营商，并使用受保护的https连接。不进行流量解密，就无法实时监控用户进入了哪个网站，更不用说了解他们在网站里做什么了。”上述两位消息人士认为，探讨中的解密方法之一，是在运营商网点中安装可执行MITM（中间人）攻击的设备。一位消息人士说：“对用户来说，该设备被伪装成被访问的网站，对网站来说它又被伪装成用户。也就是说，用户先于该设备建立SSL连接，然后设备与用户要访问的服务器建立连接。设备先对从服务器拦截的流量信息进行解密，在发送给用户之前，使用俄罗斯认证中心签发的SSL证书对其进行重新加密。为了使用户浏览器不向用户发出危险连接的警告，用户应当在其电脑中将俄罗斯认证中心加入受信任的根证书中心库。”但一些专家认为，该流量信息解密模式并不完美。RCNTEC公司总经理丹尼斯·涅什通（Denis Neshtun）说：“这一模式一旦被发现，在阅读加密流量信息的所有电脑中，类似认证中心的证书就会在下次更新时被删除。这是正确的，因为创建‘不合法’证书会破坏整个电子商务体系的信誉，原因是所有用户在所有系统中的银行信息和登记信息都会被泄露。”思科公司网络安全顾问阿列克谢·卢卡茨基（Aleksey Lukatsky）说：“MITM很好，并且在某些地方合法用于SSL基础的客户—服务器技术。但越来越多的公司开始拒绝SSL，转而使用目前不会受到MITM攻击的TLS技术。对大部分即时通讯工具使用的端到端（end-to-end）加密技术来说，MITM是完全不可实现的。”[①]

三、严厉打击极端主义传播

尽管相关法律措施日趋严厉，但极端主义思想蔓延的势头仍未得到有效遏制。情报与执法部门全年在俄境内共发现约2.6万个极端主义和恐怖主义网络资源，该数字比2015年增长1倍。俄内务部长弗拉基米尔·科洛科利采夫表示，2016年屏蔽了3000多个传播极端主义和用来为一系列激进组织招募成员的网站。“正在监控各个网站上的信息，以便发现极端性内容并采取法律规定的回应措施。”据他称，2016年俄执法机关“查获200多起恐怖活动帮凶行为”。[②] 俄联邦安全总局局长博尔特尼科夫还透露，内务部与联邦安全局8月在俄罗斯境内摧毁了1个国际极端组织的支部，该组织在全世界拥有超过10万追随者，他们传播极端思想，为国际恐怖组织招募武装分子，还为“伊斯兰国”国际恐怖组织

① http：//tsrus. cn/shizheng/2016/10/10/636285.

② http：//sputniknews. cn/russia/201703091022052378/.

筹集资金。

目前，俄罗斯因网络极端主义立案的刑事案件数量激增。越来越多的人不是因编发而是因转推、点赞和转发相关内容而受到处罚。2 月 20 日，一位 46 岁的单身母亲叶卡捷琳娜·沃洛格任诺娃因在社交网站上转发了一张貌似普京的人正手执匕首对着顿巴斯地图的漫画而被判处 320 小时的社区服务，其使用的笔记本电脑则被法官责令销毁。这种事情最近在俄罗斯越来越常见。俄罗斯有很多禁止煽动仇恨和敌对情绪的法律，上述情况符合其中的一个部分，即宣传网络极端主义。令公众和自由媒体越来越不满的正是网络极端主义案件。点赞和转推不再是小事，为此可能被抓，也确实有人被抓，但多数情况是罚款了事。

过去 5 年来，俄罗斯对网络极端主义的审判增加了 3.5 倍。据俄罗斯经济和政治改革中心专家统计，2011 年根据这部分法律立案的刑事案件只有 82 宗，到 2015 年就激增到 369 宗。一多半触犯刑律者是不到 25 岁的年轻人，大部分被判有罪的人是其案件不受媒体关注的普通人。索瓦信息分析中心主任、人权活动家亚历山大·维尔霍夫斯基说："这其中大多数内容是种族主义，比如唆使攻击移民的视频。"第二大类内容是教唆人们参加圣战或加入在俄罗斯被禁止的组织，如"伊斯兰国"。以较大差距排在第三位的是不容忍言论，但不含任何教唆。从 2014 年春天开始，与乌克兰事件有关的"分离主义"案件被列为单独一类。执法机构通过犯罪指控禁止传播克里米亚领土所属的争议。5 月，特维尔机械工程师安德烈·布别耶夫因两次转发被判处两年零三个月监禁即为一例。转发的内容一是题为《克里米亚属于乌克兰》的文章，二是一张牙膏上写有"把俄罗斯从你身体里挤出来"字样的漫画。索瓦中心专家说，欧洲承担刑事责任的是更危险的极端主义行为，在俄罗斯则思想本身也被认为是危险的。不过，俄罗斯制度的一个最大吊诡之处可能是其惩罚的是传播而非编创极端主义内容。反极端主义立法专家马特维·津说："比如有人写了一篇教唆种族主义和种族灭绝的文章《我的奋斗》，然后让朋友进行传播，根据俄罗斯法律，犯罪的是他的朋友。”津介绍说：“反极端主义中心在每个州都有分支机构，莫斯科则是每个区都有。中心的每位工作人员都有额定任务，每月必须抓到多少名犯罪分子。”报告中则只需要汇报本地区发生的犯罪。他说：“但破坏社会安定的实际行为和转发被认为是等效的。因此侦查员们更省事的做法就是在 VK 等社交网站上寻找倒霉蛋。”①

7 月 15 日，俄罗斯总检察院发布消息称，应该院要求，“伊斯兰国”恐怖组织的相亲网站已被关闭。该网站主要用于发布征婚启事，向女性提议嫁给‘伊斯兰国’参加对抗异教徒圣的‘圣战者’。”相应文件已提交俄罗斯侦查委员会鞑靼斯坦共和国侦查局，以便就是否开展刑事检察的问题作出决定。

12 月 7 日，内务部反极端主义中心与联邦安全局执法人员在莫斯科逮捕了 12 名涉嫌参与极端主义活动人员。内务部表示，被捕人员是一个“恐怖主义团伙”的领导人和参与者。初步调查显示，这些嫌疑人曾组织宣传活动，鼓动他人加入极端组织。执法人员在他们的住处发现了极端主义性质的资料和书籍，联邦安全局将以此对他们提起刑事诉讼。但内务部没有说明搜捕行动开展的时间。莫斯科梅谢夫斯基区法庭发言人博恰罗娃说，执法部门已向法庭递交了要求拘押嫌疑人的请求。落网嫌疑人中包括女性。执法人员在莫斯科及其郊外数十处地点展开大规模搜捕行动，逮捕超过 25 名涉嫌参与或协助极端主义活动的犯罪嫌疑人。

四、继续强化各层级的国际反恐合作

2016 年，俄罗斯继续在独联体、集体安全组织、上海合作组织以及

---

① http：//tsrus.cn/shizheng/2016/08/19/617659.

数个多边、双边合作架构下，加强国际反恐合作。俄罗斯联邦委员会主席瓦莲金娜·马特维延科表示，俄已经建立了可靠而有效的保护本国公民免受恐怖主义威胁的体系，包括通过立法措施。她在《议会报》上撰文称："国际恐怖主义日趋活跃是人类面临的最大的现代挑战之一，并且恐怖分子在法国、比利时、伊拉克和其他国家犯下的可怕罪行表明，国际社会暂时还不能出台有效措施，建立阻挡这一'全球性邪恶'的坚固屏障。"马特维延科强调："俄罗斯一贯建设性地主张深化国际社会在该领域的合作。尽管有所迟滞，但国际社会似乎听到了我们的意见。"

在中东，俄罗斯通过与叙利亚、伊朗以及伊拉克结成的反恐联盟，不但有效地遏制了"伊斯兰国"势力的扩张，还在与美西方的地缘政治博弈中占了上风。3 月 8 日，伊拉克总统福阿德·马苏姆表示，巴格达不反对俄罗斯、叙利亚和伊朗组成的反恐联盟，但这并不意味着巴格达支持大马士革政府。马苏姆说："达伊沙（即"伊斯兰国"）的危险性是主要的，对伊拉克和叙利亚尤为如此。我们无论如何也不会反对俄罗斯、伊朗和叙利亚之间现有的联盟。这不意味着我们支持叙政权，但反恐是首要的，这比什么都重要。"俄罗斯、伊朗、伊拉克和叙利亚此前在巴格达成立信息中心，以便协调打击"伊斯兰国"。该中心的主要职能将是在打击武装分子背景下收集、处理、总结和分析有关中东局势的当前资料、按用途分配信息并及时转交给上述国家的总参谋部。四国的安全合作主要是为了"收集有关极端组织'伊斯兰国'及其从属组织的信息"。俄罗斯此举意味在中东开始构建一个新的反恐联盟，这个新联盟的成立是微妙的。因为巴格达一直与美国合作。显然，巴格达转向了俄罗斯，从而显示以美国为首的西方联盟在打击 IS 上的无能。另外，俄罗斯此举还把叙利亚政府引入对抗"伊斯兰国"的国际力量中。此前，西方一直宣称不承认叙利亚巴沙尔政府。

在中亚，俄罗斯通过加强与上合组织、集安组织以及独联体框架下的国际反恐合作，正在重新找回地区安全事务主导权。与此同时，中俄两国特种机构在最近一些年里，无论在双边还是在上合框架下，在打击恐怖主义方面均合作顺利。信息在不断交换，两国认同的国际极端组织清单也在不断协商。5 月 25 日，车臣共和国领导人拉姆赞·卡德罗夫的代理新闻发言人阿尔维·卡里莫夫表示，中国欲借鉴车臣共和国在打击分裂主义方面的经验。中共中央政治局委员、中央政法委书记孟建柱率领中国代表团赴车臣首府格罗兹尼出席第七届安全事务高级代表国际会议。卡德罗夫与孟建柱举行会晤，就中方安全问题进行了讨论。卡里莫夫称："中国代表团对俄罗斯及车臣在解决分裂问题上取得的特别经验予以了高度评价，并指出，这种经验应该加以利用。"他表示，中方非常希望能够吸取这种经验。卡德罗夫建议中方代表特别要积极培养传教士，让他们在新疆维吾尔自治区宣传真正的伊斯兰教，以对抗激进的瓦哈比教派。

7 月 6 日，中国武警部队与俄罗斯国民近卫军"合作－2016"联合反恐训练在莫斯科近郊的捷尔任斯基独立师驻地进行。此次联合训练主要围绕反恐怖行动具体战术问题展开，目的是巩固和发展中俄全面战略协作伙伴关系，加强两军友好务实合作，探索联合反恐作战、训练方法和手段，提高联合反恐训练水平和反恐作战能力。

10 月 27 日，上海合作组织地区反恐怖机构执行委员会主任叶夫根尼·瑟索耶夫表示，中亚各国前往俄罗斯的列车上的国际恐怖组织招募渠道被这些国家特工部门切断。他说："2015 年塔吉克斯坦、吉尔吉斯斯坦和哈萨克斯坦执法部门制止了从上述国家途径哈萨克斯坦开往俄罗斯的国际列车上国际恐怖组织使者的活动。"他表示，2015 年俄联邦安全局与中亚各国同行合作抓获约 80 名该地区公民，他们是不同的恐怖组织成员。乌兹别克斯坦国家安全局资料显示，2015 年在俄罗斯抓获 8 名乌兹别克斯坦公民。据反恐怖机构资料显示，2015 年俄联邦安全局与塔吉克斯坦各机关共同查明并抓获50名不同恐怖组织成员，与吉尔吉斯斯坦同行共同制止了20名恐怖分子的活动。

11月3日，俄罗斯副外长里亚布科夫表示，莫斯科与北京签署的合作反恐协议可以使双方在两国以外的地区开展这方面的合作。里亚布科夫在国家杜马国际事务委员会就批准该协议举行会议期间发言说：“协议具有双边性质，为两国合作建立了法律基础，包括有关部门针对俄罗斯和中国面临的威胁采取措施。该协议没有地域限制，我们打击恐怖主义、分裂主义和极端主义，包括敌对的意识形态和实际行动政策等现象。我的出发点是，这些威胁的源头在很大程度上来自俄中两国以外的地区，这份协议允许我们在更加广大的地理范围内开展反恐合作。”

11月16日，俄罗斯联邦委员会国防安全委员会第一副主席克林采维奇称与中国反恐合作协定为重要先例，该协议对世界政治气候带来重大影响。俄罗斯联邦委员会11月16日批准了与中国打击恐怖主义、分裂主义和极端主义的合作协定，该文件于2016年9月在北京签署。克林采维奇向记者表示：“这当然是先例，两国首次签署类似的非集团协议，并对全球政治气候带来重大影响。”他表示，未来该协议将具有示范性，该协议没有任何意识形态的色彩。他指出：“期待俄罗斯、美国、中国和欧盟能够成立反恐四角形。”

11月28日，上海合作组织成员国反恐军事演习在新疆库尔勒开训，参训官兵将主要围绕战斗体能、战斗技能、综合演练三大类15项内容，进行为期7天的训练和交流。此次联训根据上海合作组织成员国国防部2016—2017年度合作计划开展，旨在提升实战化训练水平，加强各成员国之间的军事交流，共同应对安全威胁。此次联训是继“和平使命—2016”联合反恐军事演习之后，各成员国武装力量联合军事训练的有益实践。联训中将开展互学训练技能、互教训练方法等互动交流活动，以进一步提升各成员国参训分队的训练水平，加强拓展各成员国之间军事交流合作的渠道，提高各成员国军队之间的指挥协同和实战能力，并进一步加深彼此互相了解、巩固传统友谊、促进合作共赢、凝聚上合共识、维护区域和平。

12 月 23 日，国家主席习近平在俄联邦驻土耳其大使安德烈·卡尔洛夫遇害的慰问电中写道："中方有决心与俄罗斯和国际社会加强合作，打击恐怖主义，保障共同安全。"

五、继续优化整合反恐力量

2016 年，俄罗斯在改革反恐力量方面也有大的举措。酝酿多年的组建"国民近卫军"的构想终于成为现实。7 月 3 日，普京总统正式签署法律文件，授权建立俄罗斯"国民近卫军"。普京正式提出组建这一强力部门是在 2016 年 4 月，并向俄罗斯国家杜马（议会下院）提交相应法案。6 月 22 日国家杜马通过法案，国民近卫军组建进入实质阶段。

《独立报》当时特别指出，这个主张早就提出来了，但一直未能如期落实，原因是军队改革的复杂性。俄罗斯领导人组建近卫军的决心，是在总结多次反恐失败教训后得出的。1995 年 6 月，在俄罗斯布琼诺夫斯基发生的恐怖袭击导致约 200 名平民和军人失去生命；1996 年冬天在基兹利亚尔和"五一"村，数十名特种兵和 90 名平民丧生；1999 年 8 月和 9 月，包括莫斯科在内的多个城市发生数起恐怖事件，死亡总人数达到数百人。俄罗斯警察、联邦安全局和其他情报机构承受来自各方的压力，因为他们未能阻止大批武装分子的袭击。在这种情况下，俄联邦内务部、联邦安全局、联邦保卫局的结构改革提上议事日程。

目前组建的俄罗斯"国民近卫军"的职能没有明晰公布。从国家杜马 6 月 22 日三读通过的法案，相较最初版本，这一新强力部门的权限有所扩大。据塔斯社报道，"国民近卫军"的职能包括有权对公民证件、车辆进行强行检查；突击逮捕并拘押犯罪嫌疑人；有权为公众安全强行进入住宅房屋；有权在紧急情况下实施戒严；有权为制止大规模骚乱实施包围行动；有权通过武力实施反恐行动，并在威胁迫近时无需警告就动用武力等。这些职能以前分属于内务部内卫部队、特警部队、快速反应部队等，新的“国民近卫军”则同时具有上述权限，并在特殊情况下拥有更大的行动权。

俄罗斯内务部内卫部队总司令佐洛托夫将出任“国民近卫军”首任总司令，直接对普京总统负责。对佐洛托夫的任命是普京2016年4月宣布组建“国民近卫军”时就做出的，足见其职责之重要。“国民近卫军”的总司令也是总统卫队长、内卫部队总司令，以保证普京总统能够直接领导，要对普京的安全负责。

组建“国民近卫军”进入实质阶段，是缘于俄罗斯总理德米特里·梅德韦杰夫领导下的国家智库现代发展研究所两年前提交的报告。报告指出，应该对权力执行部门进行改革，取消刑事犯罪警察局，成立保护宪法局和金融警察局、反侦查局，在地方也相应成立这些机构的分支机构；报告提出“国民近卫军”组建的重要性。

2016年普京正式提出组建计划，很快国家杜马通过法律程序，其主要原因，首先是当前反恐形势严峻，有组织犯罪猖獗。通过授予特殊权限和拥有特别武装力量，近卫军更灵活机动，具备打赢局部战术行动的特殊能力。其次是出于应对国内政治社会稳定的需要，着眼于2018年总统大选布局。俄罗斯要确保政局稳定，要保卫最高权力。①

六、俄罗斯在叙利亚反恐行动成绩斐然

2016年，俄罗斯反恐工作的另一大“亮点”就是直接出兵叙利亚执

① http：//www.chinanews.com/gj/2016/07－05/7927523.shtml.

行反恐任务。从2015年9月30日俄罗斯出兵叙利亚，开始对叙境内“伊斯兰国”恐怖组织目标实施精确打击到2016年3月15日普京下令从叙境撤出主要作战力量，俄在叙作战行动共持续5个月零14天。总体看，俄军入叙作战，除了较好地完成了既定反恐作战任务外，还达到了多重目的。

一是将大批俄籍恐怖分子消灭在境外，沉重地打击了恐怖组织势力。3月25日，车臣共和国代理行政长官的拉姆赞·卡德罗夫在接受“卫星”新闻通讯社采访时表示，大多数在叙利亚境内参战的车臣裔武装分子已经被击毙，仅剩下约200人。他们是从欧洲前往叙利亚参战的。他们有的是20人一组，有的是30人一组。卡德罗夫说：“根据我们掌握的信息，大多数在叙利亚作战的车臣人都已被击毙，因为那里的阿拉伯人和其他外国雇佣兵都是让车臣裔武装分子冲在前面。”卡德罗夫认为，西方的特工部门利用了在欧洲境内居住的车臣裔人士。“欧洲、土耳其、乌克兰等地居住着数万至数十万车臣人。这些车臣人都与特工部门有关联。他们被允许做任何事情，发给他们武器，训练他们。”卡德罗夫表示，至于从车臣本土很少有人前往海外参战。他说：“我们控制着所有人，很少有人去海外参战”。他还指出，俄罗斯开始在叙利亚境内开展军事行动之后，企图前往叙利亚参战的人员大幅减少，不仅仅是车臣共和国，整个俄罗斯都是这种情况。

7月15日，俄国防部长绍伊古在总结叙战成果时指出：“根据评估，在叙境‘伊斯兰国’及其他恐怖组织阵营里有约4500名俄罗斯籍和其他独联体国家公民，如果叙利亚国家崩溃，则这些武装分子回国后的后果将不堪设想。”根据俄新网数据，截至2016年9月28日，俄空天军共出动了超过1.5万次的战斗飞行，摧毁的武装分子目标总量超过了3万个。据俄国防部副部长安东诺夫2016年10月7日公布的数据，俄空天军在叙战场上共消灭恐怖分子约3.5万人，其中包括了来自俄罗斯及其他独联体国家的恐怖分子 2700 多人。另外，俄空天军还轰炸了 287 个恐怖分子控制的石油开采、加工设施，以及 2912 件石油产品运输工具。在俄空天军支援下，叙利亚政府军解放了 1.2 万多平方公里的领土、586 个居民点，其中包括 150 座城市，加入停火进程的居民点已经增加至 783 个。俄军行动使“伊斯兰国”恐怖组织把伊拉克与叙利亚作为建立“大哈里发”国家基础的企图破灭。

二是挽救了阿萨德政权，避免了叙利亚国家解体。俄在叙展开军事行动时，叙局势非常危急，恐怖分子已经控制了超过 70%的领土，大多数专家预言叙利亚未来将按利比亚模式发展，阿萨德将难以避免卡扎菲的命运。俄著名专家卢基扬诺夫在总结俄军入叙反恐作战一周年成果时明确指出：“俄罗斯的主要成就在于，成功避免了叙利亚国家完全崩溃。如果俄罗斯 1 年前不介入，则大概不论是巴沙尔·阿萨德政权还是叙利亚国家本身，可能都已不复存在。”如今，在俄军事支持下，阿萨德政权不仅已经稳固，而且已成为政治解决叙利亚问题的中心角色。普京 2016 年 3 月份在下达撤军命令时指出，在俄军驻叙集群的参与下，叙利亚军队与爱国力量成功地、根本地扭转了反恐战争的局面，几乎在所有方向都掌握了主动权。目前，阿萨德政权的巩固进一步巩固了中东什叶派的力量，有利于俄罗斯在中东地区保持持久、重大的影响力。

三是维护了俄地缘政治利益和全球政治大国地位。俄军强势入叙作战也标志着多年以来美国在国际舞台上垄断实施军事行动的时代已经结束。对俄而言，入叙作战行动是一场重要的地缘政治行动，俄通过这场行动从西方国家抢到了在全球政治中的发言权。前俄国家杜马国际事务委员会副主席卡拉什尼科夫认为，“俄罗斯在叙利亚境内展开军事行动，第一次鲜明地在国际舞台上展示了自己的性格与力量，并以此赢得了世界和邻国的尊重”。从战略高度看，俄在叙军事行动的意义还在于，其终结了美国凭借强大实力，特别是军事实力在世界上一国说了算的时代。

至少在中东，俄罗斯与美国成为平起平坐的全球性大国。此外，俄军入叙参加反恐作战最主要的成果之一，就是俄军扩大了在叙境的军事存在，增加了驻赫梅米姆航空兵基地，并把原驻塔尔图斯港俄海军物资技术保障站升格为海军基地。英国皇家三军防务研究所高级研究员伊格尔·苏佳金认为，在叙利亚留下2个军事基地，"这是俄罗斯在叙利亚军事行动最主要的军事成果，因为这些军事设施不仅能够保持其在地中海的存在，而且能够为这一存在提供空中掩护，这一点在当今条件下极其重要。"

四是叙利亚成了锤炼俄罗斯军事装备和反恐能力的练兵场。自3月15日回撤在叙主要军事力量以来，俄方在叙利亚驻留部队的实力规模和行动样式就成为各界关注的焦点。3月17日，俄总统普京宣布，俄军特种部队、无人机部队和炮兵仍在叙利亚执行作战任务，官方首次明确了俄在叙兵力以特战人员为主的事实。自介入叙利亚危机以来，俄特种部队曾在海港防护、定点清除、敌后渗透和情报支援等方面发挥过积极作用。在主要兵力撤出后，其仍在中东地区执行培训、情报和直接作战等任务，并成为俄掌控新一轮叙利亚反恐形势的关键力量。

经过俄方持续5个多月的空袭，"伊斯兰国"基本转入地下运作，因其组织力量分散，游击性强，空袭和大规模地面力量的正面出击效果未必太好。俄选择特战力量，意图以小规模兵力投入，通过实施空袭引导、目标斩首和侦察伏击等战术活动，配合空中打击力量和叙政府军的行动。值得一提的是，特战部队整个行动中分别建立专线通往莫斯科、南部军区和驻罗斯托夫指挥部，单线联系、扁平指挥体系更利于反恐行动的策划组织。而俄将特战人员编入地区反恐力量，有利于整合反恐联盟力量优势，并在确保俄方主导反恐话语权的同时，不致陷入中东反恐乱局。此外，俄还对特战人员在中东地区的反恐行动进行积极宣传，发挥信息优势，抢夺舆论主动权。在"伊斯兰国"通过社交网络发布照片，"宣扬"杀害5名俄军特种兵后不久，俄主流媒体便报道了"5名英雄士兵血战到最后一滴血的事迹”。俄国内各大媒体还纷纷引述普罗霍连科的事迹进行爱国主义教育，称他是“军人家族的骄傲，民族的骄傲”；普京还拟为其追授俄最高荣誉的“俄罗斯英雄”勋章。

总的来看，俄调整此前体系化反恐思路，侧重依托特种部队行动来牵引战场态势发展，在追求获得高调空袭极端组织核心机构的反响效应后，转而注重争取地面优势的实际效益。同时，俄借宣扬特战人员事迹，再次拉高国内民族主义情绪，为灵活实施中东政策寻求民意支持。可以预期，特战人员的行动将成为俄继续撬动中东反恐战局走向的杠杆。[①]

① http：//www. conmilit. com/a/swfc/tbbd/dte/162261. html.

第五章　中亚地区恐怖主义和反恐怖斗争形势综述

2016 年，中亚地区的反恐形势依然严峻复杂。中亚五国除了受到宗教极端主义的严重冲击以外，“圣战者”回流问题以及南亚阿富汗恐情恶化，都对中亚地区的安全形势产生了巨大影响。中亚与阿富汗接壤的塔吉克斯坦、乌兹别克斯坦与土库曼斯坦在防止恐怖分子渗透方面面临巨大压力。哈萨克斯坦两次发生重大暴恐事件，中国驻吉尔吉斯斯坦大使馆遭遇中亚地区首次车弹袭击，都标志着中亚恐情发生了新变化。与此同时，为应对恐情的迅猛发展，继续深化反恐机制改革、健全法律法规体系，完善反恐反极端措施，通过加强反恐国际合作，联合应对恐怖主义和极端主义的挑战，已经成为各国共识。

第一节　中亚地区恐怖主义形势

中亚的恐怖主义形势深受阿富汗安全形势的影响。2016 年，中亚地区继续面临来自阿富汗北部恐怖组织的严重威胁。资料显示，阿富汗塔利班与政府军交火的近60%发生在塔吉克斯坦与阿富汗的交界处。2016年，阿富汗地方恐怖势力不但为“伊斯兰国”武装分子从阿富汗东部向北部转移提供帮助，包括“伊斯兰国”在内的恐怖势力还积极向瓦罕走廊、昆都士、巴德吉斯等阿富汗北部边界地区渗透，虎视中亚。

尽管各国在与阿富汗接壤的边界地区重兵布防，但还是难以完全阻止恐怖分子的小股渗透。恐怖分子沿着人迹罕至的瓦罕走廊，越过喷赤河，穿过帕米尔高原的山间小路就可到达塔吉克斯坦和吉尔吉斯斯坦腹地。情报机构还多次发现武装分子持中亚国家的假护照，借道中国新疆，抵达哈萨克，之后继续向俄罗斯渗透。

2016年，中亚各国分别面临不同程度的恐怖主义威胁。五国中，塔吉克斯坦和吉尔吉斯斯坦由于国力有限，国情复杂，所受恐怖威胁程度较深；哈萨克斯坦和乌兹别克斯坦因国力较强，控制较严，因而控局能力也较强；土库曼斯坦是中亚各国中唯一与阿富汗朝野均保持良好关系的国家，但近年来，由于地区形势和土自身国情的变化，土库曼斯坦与阿富汗之间的脆弱安全平衡正被打破。总体而言，中亚地区的恐情日趋严峻复杂。

哈萨克斯坦：在总结过去一年哈萨克斯坦的反恐形势时，国家安全委员会反恐中心指挥部副主任谢尔盖·什维金表示：“过去一年，哈萨克斯坦承受了艰难的局面，所谓‘独狼’圣战的问题开始在哈萨克斯坦显现。”什维金透露，2016年哈警方提前打掉12起暴力极端案件，182人因涉嫌恐怖主义犯罪被起诉，3名恐怖组织的帮凶因资助恐怖主义获刑，5名外国极端分子被引渡回国。在外国安全机关的帮助下，14名国际恐怖组织的成员被抓获并判刑。此外，经过7个月的“黄色”（中等）恐怖威胁预警期，居民的警觉性得到明显提高。这一时期居民反映的信息增长了2倍，每个月收到的涉恐人员和行动信息超过50条，行动部门对这些信息都给予了回应和处理。①

在阿斯塔纳举行的国际反恐圆桌会议上，哈萨克斯坦副总检察官安德烈·卡尔维琴科表示："国际恐怖主义组织的活动范围正在日益扩大，公众受到的恐怖主义威胁与伤害不断增加。最近两年间，在不包括'伊斯兰国'组织的情况下，全球也有至少3000人因各种恐怖袭击而遇害。而在近5年内，哈萨克斯坦境内便发生了9起恐怖袭击。这一全球性的威胁，正在要求我们以实际行动做出反击。"卡尔维琴科透露，目前国际恐怖主义组织正通过互联网招募人员。"根据分析，80%的恐怖分子是通过互联网加入这些组织的。联合国的相关报道称，恐怖组织仍在不断地招募人员。仅'伊斯兰国'组织的成员便来自全球80多个国家，且其数量正在通过非法移民的方式不断增加。此外，恐怖组织的资金来源体系也日益完善，贩毒、军火交易、抢劫、石油贸易、人口交易等都是他们获得金钱的渠道。要对这些问题进行针对性的打击，只有在各国联合行动的前提下，才有可能实现。"在圆桌会议上，卡尔维琴科提议建立一个国际反恐大会。"目前对恐怖主义的定义存在着诸多争议，有必要对这些观点进行统一的整合，而建立一个统一的国际反恐大会，或许将对此起到重要的助力。"②

6月5日，哈萨克斯坦西部中心城市阿克托别发生一起恐怖袭击，造成6名军人和平民身亡，12名恐怖分子被击毙。哈萨克斯坦官员称，恐怖分子是受到了"伊斯兰国"的影响。当天，一伙不明身份人员袭击了阿克托别市的两个武器商店，将商店的武器洗劫一空。随后恐怖分子袭击了一处军队驻地。在混乱中，一家武器商店的1名售货员被打死，1

① 12 терактов предотвращено в Казахстане за 2016 год, https://365info.kz/2017/01/12-teraktov-predotvrashheno-v-kazahstane-za-2016-god/.

② http://lenta.inform.kz/cn/5-9_a2994435.

名售货员受伤。在当地军队与发动袭击者进行交火后，“1名军官和1名辅助军事人员牺牲，9名士兵受伤”。此外，1名袭击者被捕，3名被击毙，1名受伤，部分人员逃匿。阿克托别系哈萨克斯坦西部的经济文化中心，北临俄罗斯，建市于1874年。从流出的现场监控录像可以发现，袭击者在20人左右，服装各异，但均带有面罩。哈法律网援引哈内务部新闻发言人萨杜巴耶夫的话说，袭击者很可能是非传统宗教的极端主义追随者。哈萨克斯坦全国随即启动反恐黄色警戒状态，阿克托别市启动红色警戒。6月6日，内务部部长哈勒穆汗别克·哈斯莫夫表示，这起袭击事件毫无疑问是一起恐怖主义行为，并将据此启动相应应对程序。目前国内所有相关执法单位，均已进入戒备状态。据其透露，国家安全委员会副主席已在阿克托别建立指挥部，统筹指挥各项反恐工作。内务部部长还表示，指挥部所需的人员和装备需求均已得到补充。“我们并未集结大批部队，包括阿克托别在内的各地部署的应急反恐部队，均有能力应对各类问题。”

7月18日，哈萨克斯坦阿拉木图市中心遭到武装袭击，哈萨克斯坦总统纳扎尔巴耶夫称阿拉木图事件为恐怖袭击。当地时间18日上午11时左右，枪手在劫车时打死一名公众，在攻击警察局时打死一名警察和夺取他的佩枪，在逃跑时又开枪击中两名警员。俄罗斯卫星网援引阿拉木图反恐总部的最新消息称，枪击案已导致5人死亡，7人受伤。据悉，警方已逮捕一名27岁枪手和一名嫌疑犯，后者在枪击事件发生时“站在枪手旁边”。内务部文告说：“初步调查显示，被扣留的27岁男子有前科。”枪手上周末涉嫌杀害了一名妇女。事件发生后，阿拉木图阿布莱汗大街、阿拜大街和市内务部门附近被封闭。内务部随即宣布阿拉木图进入反恐红色警戒状态，全城搜捕在逃武装人员。在先后逮捕两名嫌犯后，阿拉木图城市反恐总部称，该市恐怖威胁“红色”级别已被取消。内务部公告中说：“目前市内局势稳定并受到执法机关控制，有关阿拉木图数区似乎发生枪击事件的消息不属实。”哈萨克斯坦总理马西莫夫表示，总统纳扎尔巴耶夫责成内务部长卡西莫夫飞往阿拉木图。他呼吁公民不要在“信息空间”中屈服于挑衅，还严令禁止传播惊慌谣言并找出煽动者。

吉尔吉斯斯坦：吉尔吉斯斯坦副总理热尼什·拉扎科夫在审议国家2016年社会经济发展报告时说，在2016年，国家安全机构认定了24个恐怖组织和27个极端组织，其中15个恐怖组织和27个恐怖组织已被禁止。[①] 据吉尔吉斯斯坦内务部消息，2016年，吉尔吉斯斯坦发现了约300家宣传恐怖主义和极端主义的网站，警方关闭了21家极端主义网站，还有8家网站仍在等候法院的判决。此外，警方还“跟踪监测了57家网站的270多条信息、68幅照片和19个互联网视频”。[②] 6月，警方打掉一个在奥什和比什凯克从事盗窃活动的犯罪团伙，该团伙的目的有二：一是为“圣战”筹集资金；二是在清真寺和体育馆等公共场所招募18—22岁的年轻人参加“圣战”。

2016年，吉尔吉斯斯坦发生了中亚地区首次针对外国使馆的恐怖袭击，标志着中亚地区反恐形势进入新的阶段。当地时间8月30日上午9时30分左右，一辆载有炸弹的三菱皮卡冲进位于首都比什凯克南部的中国驻吉尔吉斯大使馆内，在行驶约50米后引爆车上的炸弹。爆炸现场发现1名遇难者遗体，后经证实为袭击者本人，3名使馆工作人员受伤，现场被吉警方封锁。吉尔吉斯斯坦紧急服务机构指出，爆炸发生后，中国大使馆及邻近的美国大使馆都疏散了人员。有报道指，炸弹威力相等于6—7公斤或以上的TNT炸药。爆炸导致嫌疑人当场死亡，受伤的3人中有2人为使馆警卫、1人为园丁，根据吉方证实，伤者均为吉尔吉

① http://russian.news.cn/2017—01/07/c_135961846.htm

② http://knews.kg/2017/01/v—2016—godu-gknb-vyyavil—24—terroristicheskih-organizatsij/Правительство

斯斯坦公民。吉尔吉斯斯坦总理新闻处 8 月 30 日向俄新社表示，中国外交官未在中国大使馆爆炸中受伤。但是据中国中央电视台记者和使馆大使秘书确认，有使馆馆员家属受伤，伤者都在医院接受治疗，但并没有透露中方具体的受伤人数。

吉尔吉斯斯坦国家安全委员会新闻处称，袭击者是佐伊尔·哈利洛夫（祖里拉·哈利莫夫），东突分子，1983 年生，维吾尔族，拥有塔吉克斯坦护照，在叙利亚活动。背后是活跃在叙利亚的、属于“努斯拉阵线”的维吾尔组织。叙利亚恐怖组织“Dzhebhat EN-Nusra”（“波利萨里奥帮助伟大的叙利亚人民”）的使者通过“统一圣战组织和基地圣战组织”的阿布·萨罗哈下达指令，并为此提供了资金支持。同时通缉吉尔吉斯斯坦人奥什·伊佐基洛·萨提巴耶夫，此人在叙利亚经过恐怖袭击培训，6 月 16 日持塔吉克斯坦护照进入吉尔吉斯斯坦。吉尔吉斯斯坦 KABAR 通讯社援引该国国家安全委员会报道，吉方要求土耳其交出正在伊斯坦布尔的事件同谋，其中一人将恐怖分子调往叙利亚。他们从伊斯坦布尔协调资助袭击。袭击者在土耳其被招募，招募他的人名叫布尔汉特迪纳·扎穆图拉耶夫，持塔吉克斯坦护照。吉尔吉斯斯坦警方已经将涉案的 5 名嫌犯拘捕，另有 4 人在逃，警方已发出国际通缉令。

塔吉克斯坦：2016 年，塔吉克斯坦 400 余人因涉嫌恐怖主义和极端主义活动被逮捕。塔吉克斯坦共和国内务部长拉马赞·拉希姆佐达表示，2016 年全年内务部制止了 36 起恐怖袭击案件，逮捕了 50 余名准备在国内发动恐怖袭击的匪徒。拉希姆佐达表示，警方的打击效果已经显现，参加恐怖组织的人数正在减少，2016 年仅发现 41 起试图参加恐怖组织的事件。在谈到阿塔边境地区的恐情时，内务部长说，情况依然困难，“尽管这一领域的阿富汗安全部队加强了工作，但情况依然严峻复杂。当地还有各种恐怖组织，也有塔吉克斯坦公民”。“我们一侧的边境已受到控制，我们正会同阿富汗同事一起采取措施来发现和摧毁恐怖分子。”[①] 2016 年上半年，“伊斯兰国”成员在塔吉克斯坦策划了 4 次袭击。5 月，内务部在杜尚别阻止了一起由“伊斯兰国”支持者发动的代号为“红色婚礼”的恐怖袭击。拉希姆佐达说，恐怖分子计划袭击杜尚别和索格特洲，但他们都被捕了。经过审判，发现他们都是“伊斯兰国”的支持者。

乌兹别克斯坦：2016 年，乌兹别克斯坦的反恐形势总体可控。在卡里莫夫总统去世后，乌政府实现了政权平稳交接，从而保证了安全形势的稳定。当前，对乌兹别克斯坦最大的威胁是小股恐怖分子偷渡入境与境内恐怖分子合流作案。因此，乌兹别克斯坦高度重视边境管控，严防伊、叙“圣战者”从阿富汗北部越境向乌渗透。目前，乌兹别克斯坦的边境防护情况较好。乌兹别克斯坦与阿富汗的边界线共 137 千米，是与阿富汗接壤的中亚三国中边界线最短、也是三国中边境防护能力最强的国家。乌兹别克斯坦在边境线上建了两道隔离铁丝网，其中一条是电网，并布设了雷区。加强乌阿边境的目的不仅是防止极端分子的冲击，还有阻挡非法移民和难民从阿富汗进入的考虑。该国通过加强边防部队与“志愿者”（护边员）队伍建设，实现了对边界的全面监控。目前，乌兹别克斯坦在边境上布署了 1 万名国家安全局工作人员以及 6 万名军人，这些力量足够应对装备低劣的阿富汗极端分子的攻击。10 月 17 日，乌兹别克斯坦总检察长伊赫吉耶尔·阿卜杜拉耶夫称，该国将制订一份涉嫌参加恐怖组织和扩散大规模杀伤性武器人员的“黑名单”。名单由安全部门和外国相关部门提供。乌兹别克斯坦没有加入集安组织，与集安组织只进行有限合作，与独联体只交换战术级情报。2015 年秋，在塔利班进攻昆都士后，乌兹别克斯坦与土库曼斯坦就应对“阿富汗威胁”组建

---

① http：//avesta. tj/2017/01/20/glava-mvd-v－2016－godu-my-predotvratili－36－teraktov/.

了非正式中心。

土库曼斯坦：自2014年底以来，土库曼斯坦和阿富汗的边境安全形势一直十分严峻。该国的军事力量在中亚地区最弱，但土阿边界线却长达744公里，防卫土阿边境的俄军撤走后，仅凭一己之力土库曼斯坦武装力量难以有效应对阿富汗武装力量的威胁。因此，土库曼斯坦近年十分重视加强对土阿边界的管控，并与乌兹别克斯坦、伊朗等国开展防卫合作。目前土阿边境的主要问题有：守卫能力弱；沙漠地区居民分散，难以有效组织当地武装防御；强力部门同社会上一样，分属不同的宗族，矛盾重重；在防御和国家安全方面缺乏保障；政治上停滞促使年轻人激进化，土库曼斯坦很可能成为“伊斯兰国”觊觎的目标。从历史上看，该地区是所谓“呼罗珊”的核心区域，具有意识形态的意义；从现实看，土库曼斯坦的“中立国”地位难以保障自身免遭恐怖分子的袭击，如果土库曼斯坦不能适应地区安全形势的新变化，则土阿边界很可能成为地区极端势力向中亚渗透的突破口。

专家认为，土库曼斯坦有极端组织存在，但由于土库曼斯坦信息封锁，其存在程度并不明朗。近年来，土境内与“伊斯兰解放党”、“乌伊运”、“努尔西”有关的极端组织核心已被消灭。土库曼斯坦境内的恐怖组织成员多来自阿富汗至土库曼斯坦走私毒品的犯罪团伙，以及在土耳其等国接受过宗教教育、受极端思想影响的青年人。此外，政府的外交“中立”在一定程度上庇护了从巴基斯坦和叙利亚回国的激进分子。①

① 参见戴艳梅：“中亚地区恐怖活动与反恐形势分析”，《中亚研究》2016年第3期。

第二节 中亚地区主要反恐措施

2016年，中亚五国继续完善各项反恐措施，以应对越来越严重的地区反恐形势。各国在继续保持对各类暴恐团伙高压严打态势的同时，更加注重源头治理，完善各项法律法规，通过国际合作走联合反恐之路，已成为各国共识。

一、继续建立健全反恐反极端主义法律体系

2016年，哈萨克斯坦两次发生暴恐袭击引起各界广泛关注。阿克托别暴恐案后，总统纳扎尔巴耶夫批准了议会早先通过的加强与恐怖主义斗争的新法律。根据新法，哈政府将强化对枪支弹药的管理，严格查控恐怖主义的资金来源，严厉打击毒品走私和非法倒卖武器，加大对极端主义和恐怖主义犯罪的处罚力度，禁止宣扬极端主义和恐怖主义宗教团体活动等。该法令还简化了哈安全部门为打击恐怖主义和极端主义犯罪采取特别行动的相关程序。

11月28日，塔吉克斯坦内务部新闻秘书乌马尔忠・埃莫马利表示，塔吉克斯坦已开始公民指纹采集工作。塔吉克斯坦议会批准了《国家指纹登记法》修正案，按照修正案，所有16周岁以上的公民在获取护照、驾驶证或其他证明身份的文件时必须进行指纹登记。“获取身份证件时录入的指纹数据将保存在各执法机关，这些数据有助于破获犯罪案件并从总体上协助调查。”塔吉克斯坦于1999年通过《国家指纹登记法》，并于2015年针对当前情况和为执法机法打击犯罪提供帮助的目的对该法进行修改。

二、加强反恐人防、技防措施建设

7月18日，塔总统埃莫马利·拉赫蒙签署总统令，要求国家安全委员会和其他强力部门加强国内有关重点场所的安保工作，包括强化在各机场和飞机上的反恐措施。根据指令，安全部门官员应该对机场工作人员、外国航空公司人员、公司和组织代表等所有与机场工作相关的人员进行核查，并定期进行飞机和机场反恐演习。此外，还还要求有关单位在三个月内制定出新的机场工作与政府部门联系机制。

8月，中国驻吉尔吉斯斯坦大使馆遇袭后，阿塔姆巴耶夫总统立即责成政府与强力部门加强首都与地方的反恐行动，保护特别重要设施与外交代表机构，确保在国家独立25周年纪念日和第二届世界游牧民族运动会期间人员密集场所的安全。

三、加强边境管控，防范“圣战者”从阿富汗向中亚渗透

长期以来，有关盘踞在阿富汗的极端势力是否会大举进攻中亚的议论一直不绝于耳。2015年之后，随着“伊斯兰国”恐怖势力在阿富汗崛起，这种担心再次引发各方的关注。基于现实威胁，中亚各国均加强了边境反恐措施，以防范“圣战者”入境。

（一）塔吉克斯坦采取多种措施加强边境安全

一是重新借重俄罗斯力量。塔吉克斯坦与阿富汗的边界线长达1344千米，一直由俄罗斯第201摩托化步兵师守卫。前几年，为显示国家主权，塔政府与俄政府签署协议，俄军不再承担守卫塔阿边境的任务，转由阿本国边防部队戍卫。但塔军队只有不到1万人，且装备落后，人员训练不足，难以抵御极端分子从阿富汗向塔吉克斯坦渗透的重任。所以

目前根据两国达成的新协议，守卫边境和国内治安的任务改由俄罗斯第201摩托化步兵师和塔吉克斯坦边防军共同承担。俄罗斯国防部长绍伊古称，到2025年俄罗斯将为塔吉克武装力量现代化项目花费2亿美元，以抵御阿富汗极端势力入侵的风险。二是大力加强边境检查站的扩点建设，织密防卫网。为了防止贩毒和武装团伙找到突破口，塔吉克斯坦加速推进边境检查站布建，2015年塔吉克斯坦边境仅有84个检查站，目前已有超过100个边防设施建立起来。2016年3月14—22日，塔吉克斯坦与俄罗斯在塔阿1300多千米的边界线上举行了有史以来最大的一次联合边境演习。参加的塔吉克斯坦军人有1.5万名，预备役军人有3万多名，俄罗斯军人有2000多名，武器装备约1000多辆坦克、大炮与各型运输车辆，约30架飞机。演习模拟歼灭了约2000名入侵者。

（二）乌兹别克斯坦重视界河管控

乌阿边界线总长仅137千米，但却拥有中亚地区最好的防护力量。乌兹别克斯坦拥有常备军队6万人，边防军1万人，足够应对装备低劣的阿富汗极端分子的攻击。乌兹别克斯坦十分重视对界河阿姆河的巡视，乌边防力量还包括专门负责界河巡逻任务的“安全局边境保卫委员会河上力量”。这支河上力量对于保障乌阿界河安全，防止毒品、武器走私，非法移民和极端分子渗透，起到了十分重要的作用。

（三）恢复并加强了吉尔吉斯斯坦与乌兹别克斯坦以及吉尔吉斯斯坦与塔吉克斯坦国界的划定和标定工作

根据这项工作，吉乌有49段边境划定，总长度236千米。吉塔970千米长的边界有520千米划定。

三、重拳出击，严厉打击各种暴恐组织和极端团伙

1月5日，吉尔吉斯斯坦内务部第十局新年节日期间在吉南部地区实施了打击极端主义分子和恐怖主义分子的特别行动。行动期间，第十局联合地方内务局和国家安全机构在吉南部奥什州和贾拉拉巴德州查处了19宗犯罪案件，“均具极端主义和恐怖主义性质”。并指出，“在贾拉拉巴德州发现了17起煽动宗教仇恨和敌对情绪的事件”。吉内务部介绍说，该行动发现相当数量的民众“支持极端主义组织的思想，且往往是整个家庭和整个街区都支持”。此外，还发现并缴获了大量宣传宗教极端思想的书籍、传单和录像带，以及猎刀、炸药、带消音器的自动步枪和左轮手枪等武器。

12月23日，哈萨克斯坦国家安全委员会联合哈内卫部队展开捣毁“赎罪与迁徙组织”地下窝点的行动。哈萨克斯坦国家安全委员会发布消息说，这一行动在阿拉木图州、阿克托别州、阿特劳州以及阿拉木图市同时展开。33名“赎罪与迁徙组织”成员因涉嫌“煽动宗教仇恨以及参与极端组织”被哈安全机构逮捕，其中包括7名该组织的头目和骨干成员。“赎罪与迁徙组织”是由一名埃及人创建的极端组织。2014年，哈萨克斯坦政府将该组织列为恐怖组织，禁止其在哈境内活动。美国、俄罗斯、埃及、塔吉克斯坦等国家也将其列为恐怖组织。

12月，乌兹别克斯坦内务部组织了“清洁”行动，对700万个目标进行了检查。与此同时，乌兹别克斯坦还积极发挥人力情报优势，密切监视着南亚恐怖形势发展。

塔吉克斯坦执行了更为严厉的去极端化与反恐措施，包括禁止蒙面，小于40岁的人不许出国朝觐等。

四、多管齐下，综合治理，铲除恐怖主义滋生土壤

在中亚五国中，吉尔吉斯斯坦遭受恐怖主义和极端主义的威胁较为严重。吉尔吉斯斯坦总统阿尔马兹别克·阿塔姆巴耶夫丝毫不掩饰对国家阿拉伯化以及外来思想入侵造成的宗教狂热、民族认同感丧失和文化信仰遭侵蚀的担忧。阿塔姆巴耶夫说："国家在法律遭到破坏时，有权采取最严厉的措施"。"今后，国家在宗教领域的调控只会增加，但同时会考虑到信仰和人权自由的基本原则"。"在国家、社会和宗教团体的共同努力下，在民主、公开原则的指引下，共同寻找保护吉尔吉斯斯坦民族独特性和一致性的方法，是抵御极端主义的最好方案。"

2014 年吉尔吉斯斯坦第一次出现吉公民赴叙利亚参加"圣战"的情况后，总统阿塔姆巴耶夫就签署了《国家宗教政策纲领 2014—2020 年》，根据该纲领的要求，2016 年，有关部门陆续出台了一系列细化措施，以应对吉国内日益复杂的极端化形势，这些措施包括：

1. 内务部向居民发放 5 万本《伊斯兰反对极端主义》手册，以提高居民对极端主义的认知度。2. 负责打击恐怖主义和极端主义的内务部第十管理局创建了一个网上巡视项目，实时监控视频和聊天室，防止利用互联网招募"圣战者"。3. 内务部会同国家宗教管理局连续第二年推出《我们反对恐怖主义和极端主义》系列课程，邀请专家在全国各大专院校举办了 50 多场报告会和讲座。4. 在全国各地定期举办各种训练班和圆桌会议，吸引包括居民、地方管理机构、强力部门、专家、官方宗教机构以及非政府组织在内的各方代表共同商讨抵御极端主义的措施和方法。5. 吉国家安全委员会反恐中心会同独联体反恐中心专家定期到大学校园举办宣讲见面会，主要讲述当前伊拉克和叙利亚的恐情，"伊斯兰国"如何招募年轻人，这些宣讲在教职员工和学生中反应良好。6. 类似措施还

走进了中小学校园，让学生们了解真实情况，以抵御北高加索或其他基金组织宣教者或网上阿訇的教唆。7. 推出中学宗教文化基础课程。加强对宗教机构认证工作和标准化管理。从2015年9月开始对神学院学生进行监管，防止学生脱离社会生活。此外，国家还开办了穆斯林管理局干部培训学院。8. 根据国家宗教委员会倡议，国家将在比什凯克和奥什开设“转化中心”，中心配备心理学家、宗教人士。建立热线，为受激进分子骚扰的人提供帮助。9. 吉议会批准《反极端主义法》修正案。修改刑法中“关于打击极端主义活动”的条款，授予检察机关关闭网站的权力。10. 修改刑法，增加“剥夺赴战乱地区公民国籍”条款。赞成在刑法中增补“对前往热点地区的未成年人进行处罚”以及“处罚公开鼓吹恐怖主义或极端主义”等内容。

11. 国家惩戒局将犯有恐怖主义和极端主义罪的罪犯单独关押，使其他犯人免遭这些犯人极端思想的蛊惑。2015年10月，比什凯克9名受极端分子蛊惑的刑事犯越狱，杀死4名监狱管理人员。

值得注意的是，由于这些措施的陆续实施，吉尔吉斯斯坦的恐情得到了一定缓解。据英国经济与和平研究所“全球恐怖主义指数”排名，2014年吉尔吉斯斯坦排在160个国家中的第112位，而2015年，已经排在162个国家中的第86位。

五、加强各层级的反恐国际合作

2016年，中亚各国越来越认识到，加强国际反恐合作，是应对恐怖主义唯一正确的道路。吉尔吉斯斯坦内务部第十管理局局长拉赫马诺夫表示，吉尔吉斯斯坦与俄罗斯及中亚国家的合作在打击恐怖主义与极端主义方面具有重要意义。拉赫马诺夫在内务部公共委员会会议上说：“单个国家不可能对恐怖主义和极端主义造成有效打击，因为恐怖分子的活动具有跨国性质。中亚国家联合具有重要意义，因为恐怖主义与极端主义对中亚各国的威胁具有一系列共同特点。因此，与俄罗斯、哈萨克斯坦及其他中亚国家共同讨论反恐问题意义重大。”

（一）集体安全条约组织在中亚反恐中作用突出

集体安全条约组织是中亚地区唯一存在的军事联盟组织。该组织对于保卫中亚地区的安全具有重要意义。目前，该组织计划统一制定恐怖组织名单，以解决各国反恐目标不一致的问题。集安组织秘书长博尔久扎表示：“我们建立了一项机制。世界上还没有任何一家国际组织制定过统一的恐怖组织名单，承认所有成员国领土上的恐怖组织，我们是第一个这样的组织。”

哈萨克斯坦总统努尔苏丹·纳扎尔巴耶夫认为，世界大国行动不协调是战胜“伊斯兰国”的障碍。世界主要大国如果能克服分歧就能够战胜“伊斯兰国”。纳扎尔巴耶夫表示，一旦叙利亚和伊拉克境内的“伊斯兰国”遭到失败，武装分子很可能会转移到与中亚各国—塔吉克斯坦、乌兹别克斯坦和土库曼斯坦接壤的阿富汗。纳扎尔巴耶夫说，在这种情况下，将由集体安全条约组织回击这一威胁。

（二）上合组织重点加强反恐务实合作

上合组织也是中亚地区重要的安全合作机制。近年来，上合组织的使命和任务虽然在不断拓展延伸，但打击“三股势力”一直是该组织的核心任务。同时，上合组织成员国的反恐合作也在不断深化，上合组织与集安组织和独联体反恐中心的合作日益密切，确保中亚地区稳定，已经成为各方共识。

9 月 15—21 日，“和平使命—2016”上合组织成员国联合军演在吉尔吉斯斯坦巴雷克奇市“埃杰里维斯”训练场举行。上合组织成员国哈萨克斯坦、中国、吉尔吉斯斯坦、俄罗斯、塔吉克斯坦派武装力量参加此次演习。此次联合演习是2003年以来上海合作组织成员国武装力量举行的第六次多边联合军演，系“和平使命”系列第八次演习，旨在共同应对恐怖主义、分裂主义、极端主义“三股势力”威胁，维护上合组织所在地区和平与稳定，提高参演国军队协同实施反恐任务的能力和水平，对于深化上海合作组织防务安全领域合作及该组织框架内联合反恐军事演习机制化具有重要意义。

（三）加强双边层面的反恐演练

塔吉克斯坦境内驻扎的俄罗斯第201军事基地的官兵参加塔吉克斯坦“盾牌—2016”演习。此次演习共有超过1万名俄罗斯和塔吉克斯坦的官兵参加，此外还有超过1500部武器装备。9月26日，塔吉克斯坦政府通过新的协议草案，批准中国在塔吉克斯坦和阿富汗边境援助建造4座边检站以及1座军事训练中心，以增强塔吉克斯坦边境防御能力。

第六章　南亚地区恐怖主义与反恐怖斗争形势综述

2016年南亚整体恐怖主义形势仍然比较严峻。巴基斯坦持续推进“利剑行动”，虽取得一定成效，但整体形势仍难言乐观；阿富汗塔利班再度更换头目，阿国内面临突出的内外暴恐威胁，安全形势深度恶化；印度仍然面临左翼激进势力、宗教极端势力和东北部分裂势力的严重威胁；孟加拉国安全形势不稳，暴恐组织较为活跃，国内教俗矛盾尖锐对立，极端化情绪不断蔓延。

第一节　南亚地区恐怖主义形势

2016年南亚国家面临的恐怖主义威胁有升有降，印巴反恐争执更为复杂，国际恐怖势力对该地区的渗透加重，地区恐怖和极端势力加速整合，整体安全形势不容乐观。

一、巴基斯坦恐怖主义形势

整体形势进一步好转。自2014年巴军发起代号为“利剑行动”的大规模军事反恐攻势，以及当年12月底军政当局推出反恐新政以来，巴国内反恐形势逐步好转，恐袭案发量以及致伤亡人数连年下降。巴基斯坦和平研究所（PIPS）统计数据显示，2016年巴境内共发生441起恐袭案件，造成908人死亡，较2015年分别下降28%、12%，较近年来反恐形势最严峻的2013年则分别下降了72%、63%，较反恐形势急剧恶化的2008年分别下降了83%、89%。巴国内反恐形势已出现大幅改善，恐袭案发量及致伤亡人数降至2006年水平，基本遏制了因2007年“红色清真寺”事件而起的恶化势头。全境各地区恐患压力普遍缓解。省级层面，除开伯尔—普什图省（“开普省”）以外，各省级行政区、首都地区、联邦直辖部落地区（FATA）恐袭案发量均出现下降。区级层面，2016年爆发恐袭的地区从2015年的76个降至57个。

不过，恐怖主义活动仍对巴国家安全构成严重挑战。一方面，西部地区恐患压力增大。2016年，开普省恐袭案发量增加2%，造成伤亡人数分别上升5%、63%，俾路支省恐袭案发量虽然减少29%，但造成伤亡人数分别上升63%、116%。西部三省地（开普省、俾路支省、FATA地区）共爆发377起恐袭案，造成764人死亡、1278人受伤，占到全国的85.5%、84.1%及78.6%，其中尤以俾路支省恐情最为严峻，凸显了巴西部地区恐患压力增大。另一方面，暴恐活动更加残暴，大案要案多发。2016年，在恐袭案发量减少28%的情况下，恐袭致死人数仅减少12%、致伤人数增加18%。其中一大原因就是暴恐势力采取了更加残暴的手法，制造了诸多性质恶劣、单起伤亡惨重的严重恐袭。从袭击目标来看，针对军警执法力量及设施的袭击占到恐袭案发量的48%，较2015

年增长6个百分点、较2014年增长13个百分点，显示了暴恐势力仍具备策动针对“硬目标”高调袭击的能力和意愿。从袭击手法来看，“定点清除”式袭击占到案发量的49%、使用临时起爆装置（IED）的袭击占到39%，与上年水平基本持平，且“定点清除”式袭击的占比小幅增多，显示了暴恐势力仍具备较强行动和后勤能力。

从威胁来源看，宗教极端武装和暴力分离势力是两大主要威胁。其一，宗教极端武装仍是最大威胁。2016年各宗教极端武装制造了310起恐袭案，造成744人死亡、1378人受伤，分别在总量中占比70%、82%及85%。其中，尤以“巴基斯坦塔利班运动”（TTP、“巴塔”）及其分支为头号威胁。2016年，“巴塔”及其分支组织共制造了257起恐袭，占到案发量的58%。“巴塔”及其分支组织的活动能力虽有所减弱，但在其老巢开普省、FATA以及卡拉奇市仍显示了存在，并且在俾路支省活动也有所增多。其中一分支组织“自由党”（JuA）活动空前猖獗。该组织极端暴力、具有较强的独立性，在2016年制造了66起恐怖袭击，较上年增加了136%，造成了292人死亡、541人受伤，比“巴塔”主体组织制造的伤亡还多，其中包括了针对帕夏汗大学、拉合尔玫瑰公园、奎达公立医院等多起大案要案。

教派冲突多发。2016年，针对伊斯兰教不同派别的袭击共有34起，其中既有针对什叶派、苏菲派群体和宗教场所，也有针对逊尼派群体，共造成104人死亡、162人受伤。尽管案发量和伤亡人数均较上年大幅下降，但仍呈现地域集中、要案频发、影响恶劣的形势，严重冲击社会稳定。在34起袭击中有81%和84%的伤亡发生在俾路支省的胡兹达尔和信德省的卡拉奇两地。其中，2016年11月发生在胡兹达尔针对苏菲圣人沙·努拉尼圣墓（麻扎）的袭击造成了54人死亡、上百人受伤。在19起发生在信德省的袭击中，有11起集中发生在2016年10月和11月。此外，还有针对其他宗教少数群体（印度教、基督教、阿赫默迪亚教派）的袭击5起，共造成82人死亡、236人受伤。其中，2016年3月，在拉合尔伊克巴尔玫瑰公园发生的针对基督教群体的袭击造成了74人死亡、236人受伤。

其二，暴力分离势力活动猖獗。以俾路支、信德为代表的暴力分离势力制造了131起袭击，较上年下降44%，占到恐袭案发量的29.7%，与上年水平基本持平。俾路支分离势力制造了117起袭击，均在俾路支省境内。“俾路支斯坦解放军”（BLA）是最残暴的分离组织，在俾路支省多个地区均有活动，制造了55起袭击，但较上年下降37.5%，可见其行动能力受到很大打击。“俾路支斯坦解放阵线”（BLF）则可谓最活跃的分离组织，制造了27起袭击，较上年下降11起，可见其实力尚存，主要活动在莫克兰海岸等南部地区，对瓜达尔港及周边地区构成直接威胁。而信德分离势力威胁有限，在信德省境内制造了6起小规模袭击，其中4起由“信德国解放军”（SDLA）制造。值得指出的是，2016年5月，一股新现的“信德国革命军”（SRA）在卡拉奇市郊针对中资项目技术人员策动路边炸弹袭击，造成轻伤，并在现场留下传单公开挑衅中巴合作和“中巴经济走廊”建设，其反巴反华的作案动机值得警惕。该组织活动比较神秘，外界知之甚少，从其认领的案件来看，其政治动机、作案手法均与“信德国解放军”类似，或与之关系密切。

从活动特点来看，暴恐活动呈现“再网络化”加强的趋势。一方面，组织人员的再网络化。在“利剑行动”的高压打击下，“巴塔”等暴恐组织越过管控不善的巴阿边界，进入阿富汗境内。为了维持在巴境内的行动能力，这部分暴恐组织与巴境内本土的教派极端组织勾连加强，进而将部分行动能力转移到俾路支省、信德省交界等安保薄弱地区。据称，巴境内的若干宗教极端武装重新结成暴恐行动同盟，其中包括“巴塔”及其各分支组织和“坚格维军国际派”（LeJ-A）。在此背景下，各暴恐组织转入深度再网络化，出现了意识形态、作案目标和手法趋同，暴力化加剧的态势。之中，尤以“坚格维军国际派”为代表。“坚格维军”本是以教派袭击为主要作案目标的极端组织，其高层头目先后遭巴警方击毙后，陷入了“群龙无首”的状态，一股所谓“国际派”乘机兴起，更加极端暴力，意识形态更加“国际化”，作案目标也不限于教派袭击，与巴境内外诸多暴恐组织建立了联系，制造了多起大案。该组织扬言“要与一切反巴组织合作”，成为各暴恐组织的“平台”和“打手”。此外，“巴塔”在 2016 年底发布视频称支持俾路支分离势力，企图拉拢其共搞恐袭。不过鉴于悬殊的意识形态差异，这两股势力深度勾连的可能性有限。

另一方面，境内外勾连的再网络化。在本地暴恐组织乱中求生之际，“伊斯兰国”趁机向巴境内渗透。有数据显示，约有 150 名“伊斯兰国”分子在巴境内被捕，另有约 1200 名巴基斯坦人在阿富汗参加了“伊斯兰国呼罗珊省”。虽然巴官方曾多次否认“伊斯兰国”在巴境内存在，但事实上巴执法部门已破获多起涉“伊斯兰国”案件。例如，2016 年 11 月，旁遮普省反恐部门抓捕 8 名“伊斯兰国”分子，其中包括其所谓在拉合尔的“头目”，涉嫌为“伊斯兰国”招募成员并安排外逃伊拉克、叙利亚。而白沙瓦警方也抓捕了当地“伊斯兰国”分子，发现他们每月能够收到 200—300 美元的“薪金”。侦破的这些案件均显示了“伊斯兰国”在巴境内潜在的招募和资金能力。而且，由于“伊斯兰国”大肆鼓吹教派仇恨，也吸引了巴本土的教派极端武装挂靠，一些袭击出现了由本土极端武装和“伊斯兰国”共同认领的情况。其中，2016 年 10 月，“坚格维军国际派”袭击奎达警察学院，手法带有典型的“伊斯兰国”特征，“伊斯兰国”宣布认领此案，而“坚格维军国际派”则承认与“伊斯兰国”联手策动了此次袭击。还有报道称，在阿富汗东部楠格哈尔省，“伊斯兰国呼罗珊省”已经与藏匿于该地的“坚格维军国际派”“巴塔”等武装分子共同活动，甚至互相渗透。“基地”组织在 2016 年则没有直接策动袭击，但继续在网络空间煽动极端思潮，鼓动在巴境内针对巴军队发动“圣战”。

此外，俾路支分离势力活动背后的境外黑手若隐若现。2016 年 3 月，一名印籍人士亚达夫在俾路支省被捕，随后巴方发布其认罪视频，视频中该人自称系现役印度海军军官，为印度对外情报部门研究分析局（RAW）服务，任务是与俾路支分离势力联手作乱。2016 年 8 月，印度总理莫迪在独立日发表讲话中，专门提及“俾路支省、吉尔吉特、巴占克什米尔（原文如此）人民对我本人表达的感谢与良好祝愿”，称“这是（印度）国人的光荣”。2016 年 9 月，俾路支分离势力头目布拉哈姆达格·布格迪提出向印度申请政治避难。这一系列事态令巴国内进一步加深了对印度插手俾路支省事务的看法。

二、阿富汗恐怖主义形势

2016 年，阿富汗反恐形势更趋严峻。阿富汗塔利班第二任头目曼苏尔被美越境击毙，阿富汗塔利班推选出海图拉达为新任头目，放弃和谈，在阿境内各地发动进攻。同时，受巴基斯坦打恐行动波及，中东恐情外溢传染，“基地”组织和“伊斯兰国”等国际暴恐组织也在阿兴风作浪，阿富汗安全形势急剧恶化，各大暴恐组织的暴恐活动进入新的高潮。据联合国报告显示，2016 年阿富汗平民死亡人数达 1.15 万人，创造了新的记录。①

首先，阿富汗塔利班再换头目，持续攻城略地。2016 年 5 月 21 日，经奥巴马授权，驻阿美军无人机越过巴阿边界进入巴基斯坦俾路支省，炸毁一辆行进中的汽车，击毙车内 2 人。5 月 23 日，美国国防部、白宫先后发布防长和总统声明，宣布美军在空袭中斩首阿富汗塔利班大头目

---

① “11500 Afghan civilians killed in 2016：UN”，http：//nation.com.pk/international/06－Feb－2017/11－500－afghan-civilians-killed-in－2016－un

阿赫塔尔·曼苏尔。此前，阿政府长官阿卜杜拉·阿卜杜拉、国家安全局均证实美军空袭打死曼苏尔。自此，上任不足一年的曼苏尔夭折，塔利班再遇变故。随后，塔利班内部召开紧急会议，推选出原二号头目海巴图拉（前司法负责人）出任新的头目。其上台后继续推动“春季攻势”，不接受和谈，大肆发动恐袭报复，连续袭击境内外国目标、宗教场所等地，同时向昆都士、赫尔曼德和坎大哈等多地发起攻击，造成巨大伤亡。如，11 月 10 日深夜，德国驻阿富汗马扎里沙里夫领事馆遭遇阿富汗塔利班武装人员的汽车炸弹袭击。袭击造成至少 6 人死亡、100 多人受伤。同时，在阿富汗塔利班的攻势下，阿政府控制区域缩水。驻阿美军数据显示，从 5—8 月，阿政府失去对 2％领土的控制权。所控制和影响的区域从 5 月的 65.6％降至 8 月的 63.4％。[①] 7 月，阿“独立治理委员会”数据显示，阿 116 个县面临严重安全威胁，其中有 10 个遭阿富汗塔利班控制，主要位于赫尔曼德、查布尔、帕克提卡、加兹尼、巴达赫尚及萨尔普勒省。此外，还有 91 个县面临中度安全威胁。[②]

此外，阿富汗塔利班一直是南亚暴恐势力的带头大哥，常年在阿富汗为其他国际恐怖组织提供庇护。新头目海巴图拉上台后，该组织依然受“拥戴”。“基地”“巴塔”和“伊斯兰圣战联盟”等表态支持或效忠，与之共组暴恐同盟。目前在阿有来自中东、中亚与巴基斯坦约 7000 名外籍恐怖分子，大部分都归属阿富汗塔利班。同时，大量外籍圣战势力参与“阿塔”的“春季攻势”。外籍势力受“阿塔”庇护，共同参加战斗，已成搅乱阿局势的重要力量。

其次，“伊斯兰国”稳扎稳打，根基渐牢。其一，重新扩张。2015

---

① http：//uk. reuters. com/article/uk-afghanistan-usa-security-idUKKBN12U0PA

② http：//www. tolonews. com/farakhabar/farakhabar-over－30－districts-under-serious-threat-idlg

年初“伊斯兰国”在阿巴建立“呼罗珊”省，后遭“阿塔”等势力打压，快速发展势头一度受挫，被压制在楠格哈尔省和库纳尔省。不过，随阿巴局势变化，“伊斯兰国”正多方结交，卷土重来。2016年8月，“阿塔”宣布与“伊斯兰国”止兵息戈，共同对付驻阿美军及阿政府军，“伊斯兰国”在原“阿塔”地盘扎布尔省的哈克埃地区新建总部，以协调该组织在阿活动。随后，“伊斯兰国”重启阿北、东和南部的巴达赫尚、昆都士、楠格哈尔、努尔斯坦、库纳尔、赫尔曼德和法拉赫等省据点，并深入首都喀布尔搞恐袭，威胁扩散。其二，大搞教派冲突。“伊斯兰国”思想极端，认定所有非穆斯林为异教徒，尤其要将什叶派异端赶尽杀绝。阿巴教派林立，宗教冲突不断，“伊斯兰国”与阿巴境内专门袭击什叶派的恐怖组织狼狈为奸，借此兜售极端思想，扩大影响，在南亚制造更大的宗教混乱。2016年7月23日，“伊斯兰国”在阿富汗首都喀布尔对哈扎拉示威人群发动自杀式袭击，造成81死、260余伤。11月21日，喀布尔市区西部一座什叶派清真寺遭遇自杀式炸弹袭击，导致至少27人死亡，64人受伤。“伊斯兰国”宣称对袭击负责。其三，加大宣传招募。前驻阿美军司令约翰·坎贝尔估计阿境内“伊斯兰国”武装有1000—3000人，美2016年对其发动约140次空袭，“伊斯兰国”折损较大。为此，“伊斯兰国”一面加大网络渗透，设立“哈里发之声”无线广播电台，在其所控的楠格哈尔省等地循环播放，捕获大批拥趸。另方面，“伊斯兰国”已在巴达赫尚省和昆都士省建立多个武装训练营，参训者近5000人。其四，联系中东核心。扩张伊始，“伊斯兰国”仅有约70名伊叙人员进入南亚，重在纠合“阿塔”、“巴塔”等残余重组包装，推动“伊斯兰国”在南亚的本地化。目前，“伊斯兰国”位于伊叙的人员赴南亚的案例大增。据阿地方官员透露，手中握有“伊斯兰国”南亚人员与总部往来的直接证据，“伊斯兰国”总部为南亚扩展提供直接支持。同时，“伊斯兰国”

麾下的车臣裔和中亚裔等成员也赶赴支援。其五，吸纳其他暴恐势力。此前，从巴部落区逃窜至阿东北部的“乌兹别克斯坦伊斯兰运动”（“乌伊运”）以及脱胎于“乌伊运”的乌兹别克裔“真主军”均已效忠“伊斯兰国”，并以“伊斯兰国”旗号活动，在社交网络大搞暴恐煽动和人员招募。同时，已有部分来自阿东北部巴格兰、昆都士等省的乌兹别克、塔吉克青年赴楠格哈尔为“伊斯兰国”卖命。

再次，国际暴恐势力扎根阿富汗。受巴基斯坦打恐行动和中东“暴恐并发症”的影响，阿富汗成为众多恐怖势力的逃难天堂，并在此发展壮大。

一是“基地”组织暗流涌动，加速崛起。其一，开辟巴阿暴恐走廊。为躲避打击，“基地”加速从巴向阿转移，势力范围由北部库纳尔、努尔斯坦等省向阿南部省份和一些偏远地方渗透。美 CNN 于 2016 年 4 月表示，“基地”在阿非常活跃，多处城市设有重要据点。美国驻阿富汗军官布坎南在节目中表示，他们在坎大哈歼灭了一个“基地”组织次大陆分支训练营，里面人员达 150 名。[①] 其二，人员隐藏，数目巨大。目前美国军方预测，阿富汗仍遍布至少 300 多位“基地”核心领袖。阿富汗国防部部长斯塔内克扎伊 2016 年 4 月也表示，“基地”开始躲在偏远城镇培养势力，外界难以发现，在阿拥有巨大关系网，将以新的形式继续扩大，并策划下一轮更大规模的反攻。[②]

二是巴基斯坦塔利班在阿重组力量，跨境威胁大增。“巴塔”大量从部落区向巴腹地和阿境内逃窜，现任头目法兹卢拉在阿遥控指挥，“巴塔”常借巴阿边境的暗道小径搞游击骚扰战，“打了就跑”令人难以防范。同时，“巴塔”逃往阿后勾连“基地”、阿富汗塔利班等组建地方同

① http：//edition. cnn. com/2016/04/13/middleeast/afghanistan-al-qaeda/

② http：//edition. cnn. com/2016/04/13/middleeast/afghanistan-al-qaeda/

盟，此前从“巴塔”脱离的分支“自由党”等也重新入伙，“巴塔”实力得到补充，对巴阿两国的安全威胁增加。

三是“东伊运”流窜加剧，结交各方。其一，逃窜阿富汗北部。巴开始“利剑”反恐行动以来，“东伊运”在北瓦济里斯坦米兰沙阿的营地被毁，大部随“乌伊运”从巴部落区窜逃至阿毗邻省份。2015年9月“乌伊运”倒戈支持“伊斯兰国”后，“阿塔”追剿讨逆，驱赶“乌伊运”和“东伊运”向北转移，俄媒称有外国势力插手助其转运至与中亚接壤的阿北省份。阿副外长卡尔扎伊2016年4月称，阿安全部队在巴达赫尚、库纳尔和努尔斯坦省发现“东伊运”活动。其二，追随“基地”投身“印度圣战”。“基地”组织与“东伊运”均在阿富汗东北部活动，双方活动地点和营地有重叠，两者狼狈为奸。同时，“东伊运”支持“基地次大陆分支”在南亚搞“印度圣战”（范围包括印、巴、阿、孟、缅），或借后者渠道向印、孟和缅渗透，以打通从东南亚到南亚的外逃通道。其三，图谋与阿富汗塔利班恢复关系。2016年5月末阿富汗塔利班头目曼苏尔遭美斩首后，“基地”组织头目扎瓦希里宣誓效忠新头目海巴图拉，“东伊运”也发布悼念声明，期望“基地”斡旋恢复与“阿塔”关系。6月初，“东伊运”头目阿卜杜尔·哈克发布视频，指责“乌伊运”背叛阿富汗塔利班，发出与后者和解信号。

最后，阿富汗军警力量有限，难以遏制暴恐态势。2014年底，美及北约军队结束作战任务，此后阿军警全面承担国土安防责任。尽管阿军警组织阿富汗塔利班控制人口中心及交通要道，但遭严重伤亡。2012—2014年，阿安全部队伤亡分别为2765人、4350人、4634人。2015年高达7000名阿军警丧生，另有1.2万人受伤，同比增长27%。2016年1—8月中旬，多达5523名阿军警阵亡，另有9665人受伤，同比再增 9%。[①] 鉴于阿军警规模有限，无法承受如此高战损。此外，阿军警在火力支援、后勤保障、医疗救护和空中力量方面依然依赖外部支持。

三、印度恐怖主义形势

2016 年印度安全形势稳中有忧，全年未发生大规模平民伤亡的恐怖主义袭击事件，但恐袭压力略有上升。据“南亚恐怖主义门户”（SATP）网站统计，2016 年印国内各类暴恐事件共造成 893 人死亡，高于 2015 年的 722 人。其中恐怖分子死亡 515 人，安全部队死亡 179 人，平民死亡 199 人，相比 2015 年均有所增加。[②] 印度东北部安全形势持续好转，左翼激进组织遭到强力打击，但印控克什米尔地区安全形势恶化，成为印度国内安全与印巴关系稳定的主要威胁。此外，“伊斯兰国”仍在加紧对印进行渗透。

印控克什米尔安全形势严峻。2016 年印控克什米尔地区恐怖主义活动造成 267 人丧生，其中平民死亡 14 人，较 2015 年有小幅下降，但安全人员阵亡人数由 2015 年的 41 人骤升至 88 人，为 2009 年以来最高。6 月 25 日，极端组织“虔诚军”武装人员在该地区帕姆波雷（Pampore）伏击印度中央后备警察部队（CRPF）车队，造成 8 名士兵丧生，20 多人受伤。9 月 18 日，4 名武装分子袭击了印度陆军位于印巴实际控制线附近乌里（Uri）的军事基地，造成 19 名印军士兵丧生，“虔诚军”宣称

① Weekly Anslysis/179，Center for Strategic and Regional Studies，PP. 4－5

② “South Asia Fatalities 2005 － 2017”，South Asia Terrorism Portal，Mar. 5，2017，http：//www. satp. org/satporgtp/southasia/datasheets/Fatalities. html.（上网时间：2017 年 3 月 6 日）

对此负责。[①] 此袭亦成为近 20 年来印度武装力量在印控克什米尔伤亡最大的事件。[②] 当月 29 日，印军为报复乌里恐袭，高调宣布对巴控克什米尔境内目标实施跨境“外科手术式打击”，致使印巴关系跌入自 2008 年 11 月孟买恐袭事件之后的最低点。11 月 29 日，3 名身着印度警察制服的“虔诚军”武装分子对讷格罗达（Nagrota）的印军营地发起袭击并挟持人质，造成包括 2 名少校军官在内的 7 名印军丧生。[③] 此外，印控克什米尔内部骚乱亦加剧该地区的紧张局势。自 2016 年 7 月印度安全部队打死当地分离主义武装头目布尔汗·瓦尼（Burhan Wani）以来，克什米尔山谷陷入持续数月的骚乱，至少造成近 90 人丧生。[④] 印度军警使用霰弹枪镇压抗议活动，造成大量示威者失明致残，引发警民严重对立，激化分离主义情绪，致使当地恐怖主义威胁加剧。

左翼激进势力遭到强力打击。印度左翼激进势力以“纳萨尔派”（又称“毛派”）武装为代表，主要活跃于印东部地区。受政府强力清缴行动的影响，2016 年印度因“纳萨尔派”武装而丧生的人数由 2015 年的 251

---

① “In posters pasted on Gujranwala streets，Lashkar claims responsibility of Uri Attack”，*Indian Express*，Oct. 26，2016，http：//indianexpress. com/article/india/india-news-india/exclusive-uri-attack-in-posters-pasted-on-gujaranwala-streets-lashkar-claims-responsibility—3101738/.（上网时间：2017 年 3 月 6 日）

② “Militants attack Indian army base in Kashmir ‘killing 17’”，*BBC News*，Sep. 18，2016，http：//www. bbc. com/news/world-asia-india—37399969.（上网时间：2017 年 3 月 6 日）

③ “Nagrota attack：Army releases list of 7 martyrs killed in terror strike”，*Indian Express*，Nov. 13，2016，http：//indianexpress. com/article/india/india-news-india/nagrota-terrorists-attack-army-camp-martyrs-list—4402101/.（上网时间：2017 年 3 月 9 日）

④ “Kashmir unrest：What was the real death toll in the state in 2016?”，*Firstpost*，Jan. 02，2017，http：//www. firstpost. com/india/kashmir-unrest-what-was-the-real-death-toll-in-the-state-in—2016—3183290. html.（上网时间：2017 年 3 月 9 日）

人骤升至430人，其中包括平民120人，安全人员66人。[①] 全年共有244名“纳萨尔派”成员被打死，远高于2015年的101人，另有819名成员遭警方逮捕，2281人投降。[②] 10月24日，印度安全部队在奥里萨邦和安德拉邦边界附近打死包括多名核心成员在内的24名“纳萨尔派”武装人员，并缴获250万卢比现金。此外，受莫迪11月废除旧版大额卢比钞票政策冲击，“纳萨尔派”因无法通过合法渠道处理旧钞而陷入严重财政危机。据印媒报道，“废钞”造成“纳萨尔派”约5.5亿卢比的资产被冻结，[③]“废钞令”颁布仅28天，就有564名“毛派”分子及其支持者向政府投降。[④] 尽管遭受重大打击，“纳萨尔派”仍然活跃于切蒂斯格尔邦、恰尔肯德邦、奥里萨邦等地。2017年3月11日，“纳萨尔派”武装在切蒂斯格尔邦南部苏格马（Sukma）地区伏击中央后备警察部队，造成12名军警丧生。[⑤]

---

① “Fatalities in Left-wing Extremism：2005—2017”，South Asia Terrorism Portal，Mar. 5，2017，http：//www. satp. org/satporgtp/countries/india/maoist/data_ sheets/fatalitiesnaxal05—11. htm.（上网时间：2017年3月6日）

② “Arrests/ Surrender of LWE Insurgents”，South Asia Terrorism Portal，Mar. 5，2017，http：//www. satp. org/satporgtp/countries/india/maoist/data _ sheets/arrsurrender. htm.（上网时间：2017年3月6日）

③ “Demonetisation：Maoists feel the heat as Rs 55 crore frozen”，*Economic Times*，Dec. 20，2016，http：//economictimes. indiatimes. com/news/economy/policy/demonetisation-maoists-feel-the-heat-as-rs — 55 — crore-frozen/articleshow/56081170. cms.（上网时间：2017年3月9日）

④ “Demonetisation leads to highest ever surrender of Maoists in a month”，*Times of India*，Nov. 29，2016，http：//timesofindia. indiatimes. com/india/Demonetisation-leads-to-largest-Maoist-surrenders/articleshow/55675983. cms.（上网时间：2017年3月9日）

⑤ “12 CRPF personnel killed in Maoist ambush in Sukma”，*Times of India*，Mar. 12，2017，http：//timesofindia. indiatimes. com/india/12 — crpf-personnel-killed-in-maoist-ambush-in-sukma/articleshow/57600501. cms.（上网时间：2017年3月12日）

印度东北部安全形势大幅改善。受2015年8月莫迪政府与主要分离主义组织“那加兰民族社会主义委员会—伊穆派”（NSCN-IM）达成和平协议的积极影响，以及政府继续强力打击各类反叛组织的共同作用，东北部整体安全形势大幅好转。2016印东北部分离主义活动共造成160人死亡，远低于2015年的273人，为1992年以来死亡人数最少的一年。[①] 但在阿萨姆邦与曼尼普尔邦，针对政府军警的袭击事件仍有发生。2016年5月22日，武装分子在曼尼普尔邦昌德尔（Chandel）地区伏击印度准军事力量“阿萨姆步枪队”，造成6名军警丧生。[②] 11月19日，分离主义组织“阿萨姆联合解放阵线”（ULFA）联合“那加兰民族社会主义委员会—卡派”（NSCN-K）在阿萨姆邦东部袭击印军车队，造成印军3死4伤。[③] 此外，邻国孟加拉国恐怖势力溢出也对印度东北部安全形势构成潜在威胁。印度警方已在阿萨姆邦逮捕多名极端组织“孟加拉国圣战者”（JMB）成员。[④]

“伊斯兰国”持续渗透。2016年11月，美国驻印度大使馆首次对在

---

① “Fatalities in Terrorist Violence in India's Northeast 1992－2017”，South Asia Terrorism Portal，Mar. 12，2017，http：//www. satp. org/satporgtp/countries/india/database/fatalitiesnorteast2006. htm.（上网时间：2017年3月17日）

② “Manipur ambush：6 Assam Rifles personnel killed in Chandel district”，*India Today*，May. 22，2016，http：//indiatoday. intoday. in/story/manipur-ambush-six-assam-rifles-personnel-killed-in-chandel-district/1/674696. html.（上网时间：2017年3月17日）

③ “Assam：Three army jawans killed，police blame ULFA”，*Indian Express*，Nov. 20，2016，http：//indianexpress. com/article/news-briefs/assam-one-jawan-killed-four-others-injured-in-encounter-with-suspected-ulfa-terrorists－4383684/.（上网时间：2017年3月17日）

④ “Assam：7 more with ‘jihadis’ JMB links arrested”，*Indian Express*，Apr. 22，2016，http：//indianexpress. com/article/india/india-news-india/assam-jihadis-jmb-arrest-total-catch-rises-to－29/.（上网时间：2017年3月17日）

印美国公民发布“伊斯兰国”袭击警告。[①] 同月，印内政部国务部长阿希尔（Hansraj Ahir）称，截至 2016 年 11 月，印度已累计逮捕 68 名印度籍“伊斯兰国”支持者，其中 50 人都是在 2016 年被捕，近半数以上来自经济相对发达的马哈拉施特拉邦、特伦甘纳邦、卡纳塔克邦与喀拉拉邦。[②] 南印度旅游大省喀拉拉邦与特伦甘纳邦首府、科技重镇海德拉巴已成为“伊斯兰国”活动的“重点区域”。据印度国家调查局（NIA）2016 年 10 月发布的报告，已有超过 30 名喀拉拉邦穆斯林青年进入“伊斯兰国”在阿富汗的训练营，一批受过高等教育、有海湾国家工作背景的该邦青年同“伊斯兰国”建立了联系。[③] 2016 年 6 月，国家调查局在海德拉巴挫败一起恐袭事件，逮捕 5 名“伊斯兰国”嫌疑人并在现场缴获用于制造炸弹的原材料以及 150 万卢比现金。[④] 此外，印度本土发生首起与“伊斯兰国”关联的恐袭事件。2017 年 3 月 7 日，一个宣誓效忠“伊斯兰国”的小组在印中央邦首府博帕尔开往乌贾因的火车上放置小型炸弹并引爆，致 10 名乘客受伤。随后，印度中央邦、北方邦警方发起联

---

① “U. S. cautions its citizens on IS threat in India”, *the Hindu*, Nov. 1, 2016, http://www.thehindu.com/news/national/us-warns-citizens-of-isis-threat-at-popular-spots-in-india/article9292404.ece.（上网时间：2017 年 3 月 17 日）

② “So far 68 supporters of ISIS arrested in India: Government”, *Indian Express*, Nov. 22, 2016, http://indianexpress.com/article/india/india-news-india/so-far－68－supporters-of-isis-arrested-in-india-government－4389615/.（上网时间：2017 年 3 月 17 日）

③ “Over 30 youth from Kerala attended ISIS camps in Afghanistan: NIA”, *Deccan Chronicle*, Oct. 26, 2016, http://www.deccanchronicle.com/nation/current-affairs/261016/over－30－youth-from-kerala-attended-isis-camps-in-afghanistan-nia.html.（上网时间：2017 年 3 月 17 日）

④ “NIA arrests five in Hyderabad, says Islamic State attacks were imminent”, *Indian Express*, Jun. 30, 2016, http://indianexpress.com/article/india/india-news-india/islamic-state-nia-hyderabad-terror-module-isis-terrorism－2884665/.（上网时间：2017 年 3 月 17 日）

合行动逮捕 8 名小组成员，另有 1 名成员在北方邦首府勒克瑙与反恐小组（ATS）特警对峙 12 小时后被击毙。[①]

四、孟加拉国恐怖主义形势

反恐形势空前敏感。据“南亚恐怖主义门户”网站统计，2016 年，共有 43 名平民、4 名军警因宗教极端暴恐死亡，另有 74 名恐怖分子死亡，这些数据较上两年均出现大幅增长。[②] 重要原因在于国内教俗矛盾趋于尖锐。人民联盟政府继续推动“国际刑事法庭”审判在 1971 年独立战争中涉嫌支持巴基斯坦当局、反对独立的“战争罪犯”，多名伊斯兰大会党（“伊大党”）、民族主义党高级领导人被定罪。2016 年 5 月，最高法院驳回“伊大党”前最高领导人、已于 2014 年 10 月被判处死刑的穆蒂·拉赫曼·尼扎米的上诉，后者于当月被执行绞刑。2016 年 9 月，“伊大党”另一名高级领导人米尔·卡西姆·阿里被执行绞刑。这挑动孟国内教俗矛盾尖锐对立，煽起极端化情绪不断蔓延。

恶性暗杀袭击频现。自 2013 年以来，孟国内不断出现针对世俗派活动家、博客写手、宗教少数群体、性边缘群体、外国人乃至警察的恶性暗杀事件。这些案件通常由“基地”组织、“伊斯兰国”及本土暴恐组织各自认领，但孟执法当局通常认为系国际恐怖组织的本土附庸作案。而且，暴恐势力犯案工具出现从冷凶器向热凶器的变化，反映了暴恐势力

---

① “Lucknow encounter ends, terror suspect linked to Bhopal-Ujjain train blast killed”, *Times of India*, Mar. 8, 2017, http://timesofindia.indiatimes.com/india/lucknow-encounter-ends-terror-suspect-linked-to-bhopal-ujjain-train-blast-killed/articleshow/57527277.cms.（上网时间：2017 年 3 月 17 日）

② “Fatalities-Islamist Terrorism 2005－2017”, *South Asia Terrorism Portal*, http://www.satp.org/satporgtp/countries/bangladesh/database/Fatalities-Islamist%20Terrorism%202010.htm.

活动能力的强化。

达卡恐袭案成为重大转折。2016年7月1日，孟首都达卡使馆区的“多孔匠人茶餐馆”遭5名武装分子袭击，30余名人质被劫持，其中大部分是在孟的外籍人士。在警方与袭击者对峙期间，极端组织“伊斯兰国”宣布对此事件负责，随后又登出疑似人质遇难现场及袭击者的照片。事件中20名人质遇害，主要是来自意大利、日本等的外籍人士，而“伊斯兰国”也不惮于承认其目标就是所谓“十字军国家”的公民。尽管孟政府否认“伊斯兰国”肇事，认为系本土暴恐势力作案，但此案确乎带有“伊斯兰国式”特征，不同于此前各类暗杀式袭击。“伊斯兰国”反宣机器反应之迅速、准确也令人咋舌。此案标志着孟国内恐怖主义活动已出现重大变化。

本土暴恐组织蛰伏、重组。孟执法当局认为，孟本土最大暴恐势力“孟加拉国圣战者组织”（JMB）仍有能力通过犯罪活动筹集资金，并蛰伏重组。该组织有大批头目被捕在狱，但该组织活动仍比较活跃。2016年6月，该组织宣布前高层头目萨拉胡丁任大头目①，这均显示了其苟延残喘中不断重组的迹象。② 孟执法当局还注意到，该组织将招募恐怖分子的黑手伸向妇女，多名女性武装分子被捕，甚至发现武装分子强迫其女性家眷加入该组织的情况。③ 据称，“孟加拉国伊斯兰圣战行动”

---

① Tipu Sultan：“JMB resurfaces menacingly after 11 years”, *Prothom Alo*, August 17， 2016. http：//en. prothom-alo. com/bangladesh/news/116861/JMB-resurfaces-menacingly-after—11—years

② Mohammad Jamil Khan, Arifur Rahman Rabbi： “Old JMB gaining strength”, *Dhaka Tribune*, October 18, 2016. http：//www. dhakatribune. com/bangladesh/2016/10/18/old-jmb-gaining-strength/

③ Arifur Rahman Rabbi, Mohammad Jamil Khan： “Women being ‘forced’ into New JMB”, *Dhaka Tribune*, October 11, 2016. http：//www. dhakatribune. com/bangladesh/2016/10/11/recruiting-women-now-new-goal-terrorists/

（HUJI-B）也在吉大港周边不断重组。[①]

“伊斯兰国”加紧渗透。实际上，2015 年以来“伊斯兰国”在伊拉克、叙利亚核心地带转入收缩，加大外线“扩张”力度，孟方才成为“伊斯兰国”炒作、渗透的热点。2015 年 9 月以来，“伊斯兰国”各类孟加拉语反宣材料增多。2016 年 4 月，在其“官方”杂志《达比克》第 14 期上，更是罕见刊出 2 篇涉孟文章。一篇是对所谓“伊斯兰国”在孟头目艾布·易卜拉欣的访谈，后者在访谈中鼓动孟及邻国穆斯林加入“伊斯兰国”，大谈孟作为“伊斯兰国”渗透印度、缅甸前哨的地理重要性。另一篇则是关于孟籍赴叙“圣战”分子，借机鼓动外逃“圣战”。同时，“伊斯兰国”也借认领孟国内恐怖袭击自我炒作。孟媒体报道，自 2016 年 1—9 月，“伊斯兰国”在孟肇下至少 20 起针对宗教少数群体的袭击。[②]达卡恐袭案从侧面也证明了“伊斯兰国”与孟本土暴恐势力的联系正在加强。有估计认为，已经至少有 50 名孟籍人外逃至叙利亚，而在孟至少有 50—60 名“伊斯兰国”活跃分子。[③]

“基地”组织巩固存在。“基地”组织与孟本土暴恐势力的联系可以追溯到苏联阿富汗战争时期。“基地”组织主要依托“孟加拉辅士”组织（ABT）存在，但也与“孟加拉国圣战者组织”和“孟加拉国伊斯兰圣战行动”保持长期联系。自 2013 年以来，“基地”组织在孟以“亵渎”为

---

① FM Mizanur Rahaman：“HujiB den busted in Chittagong”，*Dhaka Tribune*，December 09，2016. http：//www.dhakatribune.com/bangladesh/crime/2016/12/09/hujib-den-busted-chittagong/

② “Bangladesh 2017 Crime & Safety Report”，*Bureau of Diplomatic Security*，*Untied States Department of State*，February 1，2017，p5. https：//www.osac.gov/pages/ContentReportDetails.aspx？cid＝21165

③ Iftekharul Bashar：“Bangladesh”，*Counter Terrorist Trends and Analyses*，Volume 9，Issue 1，January 2017，p44.

名制造了12起暗杀。[①] 2016年，“基地”组织仅制造1起袭击，针对同性恋权利活动家及其友人。此外，“基地”组织也长于利用本土语言和网络媒介，向孟国散布极端思想，鼓动其国内极端化氛围。

暴恐势力内外联动势头加强。孟境内极端组织及武装的跨国联系增强，出现境内外联动趋势。其一，本土与国际暴恐势力勾连渐深。孟国内暴恐案逐渐出现由国际暴恐势力策划、认领，但由其本土附庸实际执行的形态。孟执法当局也否认国际暴恐势力在孟存在，认为所谓“基地”组织就是本土的“孟加拉国辅士”组织，而所谓“伊斯兰国”则是“孟加拉国圣战者组织”中附庸于其的部分，故又将其称为“新圣战者组织”（Neo JMB）。这客观上也反映了孟境内暴恐势力深度勾连、盘根错节的现实。其二，孟印边界跨境流动增多。孟执法当局在调查2016年7月达卡恐袭案中也发现，袭击者使用的火药武器系从印度比哈尔邦走私而来。[②] 孟执法当局甚至认为“圣战者组织”头目萨拉胡丁已经逃窜至印境内，同时控制着边界两侧的暴恐势力。其三，孟缅边境罗兴伽人问题升温。缅境内的罗兴伽人极端组织“罗兴伽团结组织”（RSO）活跃于孟缅边界，被缅政府认定是最主要恐怖威胁，自20世纪90年代便与孟国内极端武装便与勾连。2016年10月，缅境内一自称为“确信行动”（HY）的极端组织发布视频，在“基地”组织和“伊斯兰国”相关的网络频道流传，引起包括美欧在内的广泛关注。视频中，极端分子持AK—47自动步枪，混用孟加拉语、若开语和阿拉伯语，号召罗兴伽人

---

① Iftekharul Bashar：“Bangladesh”，*Counter Terrorist Trends and Analyses*，Volume 9，Issue 1，January 2017，p44.

② “Gulshan Attack：Firearms came from border”，*Daily Star*，November 4，2016. http：//www. thedailystar. net/frontpage/gulshan-attack-cops-arrest－4－arms-suppliers－1309357

和全球“圣战者”赴缅甸若开邦抵抗缅军。[①] 该组织被认为是由从孟非法潜入缅甸若开邦的孟加拉人组成，凸显罗兴伽人问题已成国际恐怖势力最新的炒作热点，抬升地区恐怖威胁。

第二节　南亚地区主要反恐措施

一、巴基斯坦军政当局“软硬结合”深入推进反恐

自 2014 年 6 月发动“利剑行动”以及 2014 年 12 月推出“全国（反恐）行动计划”以来，巴军政当局采取了“软硬结合”、综合整治的方式深入反恐，取得了一些成就。

巴军警持续高压打击恐怖分子。据巴基斯坦和平研究所统计，2016 年共有 809 名武装分子被巴军警力量击毙；其中，在巴军警主动发起的 95 次突击行动中，共有 481 名武装分子被击毙，在 105 起遭遇冲突中，共有 328 武装分子被击毙。[②] 巴军警主动发起的行动遍及巴国内四省和 FATA 地区，其中尤以俾路支省和 FATA 地区为主。巴军警力量针对俾路支省境内的暴力分离及恐怖势力发起了 38 次行动，击毙 140 名恐怖分子。[③] 在 FATA 地区，巴军在北瓦济里斯坦部落区持续推进“利剑行动”，在开伯尔部落区围绕提拉山谷打响了“开伯尔 III 号”行动（即

---

① Jasminder Singh, Muhammad Haziq Jani: “Myanmar's Rohingya Conflict: Foreign Jihadi Brewing”, *RSIS Commentary*, October 18, 2016. https://www.rsis.edu.sg/wp-content/uploads/2016/10/CO16259.pdf

② Muhammad Amir Rana, Safdar Sial: “State responses: anti-militant operations and National Action Plan”, *Pakistan Security Report* 2016, pp. 79—82.

③ *ibid*. p. 79.

“开伯尔行动”第三阶段），旨在控制巴阿边界形势。[①] 旁遮普警方反恐部门在旁遮普省境内、信德省警方及准军事部队在卡拉奇市也发起了各类突击行动，有效打击了藏匿的“巴塔”“基地”组织、“坚格维军”等暴恐势力。此外，巴军警在 315 次搜捕行动中逮捕了 1418 名恐怖嫌疑人，挫败了 55 起恐袭阴谋。[②] 总之，巴军警力量持续高压打击是巴反恐形势连年好转的直接原因。

与此同时，巴军政当局围绕“全国行动计划”深入推行反恐新政。

军法审判恐怖分子。2015 年，巴通过宪法第 21 修正案，设立军事法庭审理涉恐案件，同时恢复对恐怖分子执行死刑。至 2016 年底，军事法庭至少已经判处 157 人有罪，其中 153 人被处以死刑。[③] 2017 年 1 月 5 日，宪法第 21 修正案到期，军事法庭也将失去法律效力。目前，执政党有意再次推动宪法修正案，将军事法庭的法律效力延期 2 年，但仍未与巴基斯坦人民党等反对党达成一致。[④]

综合打击暴恐势力。2016 年，巴政府将“坚格维军”的新分支“国际派”和“巴塔”新分支“自由党”纳入被取缔组织名单。根据巴国家反恐总局（NACTA）网站，名单中所列被取缔组织已经达到 63 个。同时，巴政府采取了一系列手段整治恐怖融资。国家反恐总局设立一个全国工作组，专责打击恐怖融资。巴基斯坦国家银行（央行）要求各银行

---

① “Army mounts Khyber-III to secure Pak-Afghan border”, *the Express Tribune*, August 17, 2016. https://tribune.com.pk/story/1164279/army-mounts-khyber-iii-secure-pak-afghan-border/

② Muhammad Amir Rana, Safdar Sial: “State responses: anti-militant operations and National Action Plan”, p. 79.

③ Reema Omar: “Unfair Trial”, *TNS*, December 18, 2016. http://tns.thenews.com.pk/unfair-trials/#.WMjl4WR96Rs

④ Fahad Chaudhry: “PPP rejects bills tabled by federal govt for revival of military courts”, *DAWN*, March 10, 2017. https://www.dawn.com/news/1319609/

冻结2021个涉嫌恐怖活动的个人银行账户，并加强反洗钱措施。巴总统也签署“公司法令2016”，授权巴证券交易委员会（SECP）调查恐怖融资、洗钱等案件。此外，巴电信局（PTA）还关停了阿富汗电信运行商在巴国内的漫游服务。

管控宗教极端化势头。巴内政部国务部长巴利格·拉赫曼指出，在全国范围内立案侦查了共1365起涉嫌散布仇恨言论的案件，逮捕了2454人。① 巴政府还推出了《预防电子犯罪法》，加强对互联网和社交网络相关信息的管控和调查。同时，巴政府也在努力探索对宗教学校的管理方式。信德省已经出台了该省的“宗教学校注册条例”。内政部也与“宗教学校联合组织”（ITMP）就宗教学校管理达成一致，国家反恐总局与“宗教学校联合组织”制定了新的宗教学校登记注册办法，正在各级政府机构征求意见。同时，政府还关停了254所未登记注册或有恐怖嫌疑的宗教学校。②

提升反恐能力建设。2016年，国家反恐总局工作有一定进展。该局开通了公开网站，公布了被取缔组织名单和登记注册的宗教学校名单，整理了恐怖分子信息的“红皮书”等。据内政部长尼萨尔披露，反恐总局主责的联合情报局也将筹建完成，很快将投入工作。而且，反恐总局正在着手制定“反极端主义政策”。此外，继旁遮普省和俾路支省之后，伊斯兰堡也建立了反恐快反力量。信德省也在筹划建立专门的反恐部门。

推动治理改革。可以说，巴国内、尤其FATA地区和俾路支省恐患

---

① Zulfiqar Ahmad：“Aitzaz demands minister's removal over Quetta carnage report”，*Business Recorder*，http：//epaper. brecorder. com/2016/12/23/5－page/831159-news. html.

② Riazul Haq：“Over 250 madrassas shut down countrywide”，*the Express Tribune*，February 25，2016. https：//tribune. com. pk/story/1053991/national-action-plan-over－250－madrassas-shut-down-countrywide/

严重与当地治理落后状况有着密切关系。2016 年，巴政府委任的 FATA 地区改革委员会工作取得重大进展。2017 年 3 月 2 日，巴内阁会议正式批准 FATA 改革方案。该方案主张实现 FATA 地区治理的正常化和法制化，在 5 年内将 FATA 地区纳入开普省，在 2018 年大选后举行地方政府选举，将巴国家司法权拓展至 FATA 地区，同时拨款 1100 亿卢比推行十年发展计划。这一改革有望极大推进 FATA 地区治理现代化，有力改善该地区落后和动荡形势，进一步巩固军事反恐成果。近期，新任陆军参谋长卡马尔·巴杰瓦也表达了与俾路支分离势力政治和解的意愿，和解事宜或有望提上日程。此外，巴政府还在推动留居境内的阿富汗难民自愿归国，至年底已有 38 万在巴的阿富汗难民归国。

除了力推"全国行动计划"，巴当局还强化"中巴经济走廊"安保。在 2017 年新年谈话中，巴军宣传部门三军公共关系部指出，"走廊"安保到位是 2016 年巴军几项重大成绩之一，专责"走廊"安保的（陆上）"特别安保师"及（海上）"第 88 特遣部队"顺利部署[①]。根据内政部于 2016 年 9 月向国民议会提交的一份文件指出，政府拨款 230 亿卢比组建特别安保师，下辖 9 个混成步兵营和 6 个准军事联队，由艾比德·拉菲克少将指挥，部署在全国四省；其中，旁遮普省兵力超过 6300 人，保护该省 176 个项目的约 3800 名中方人员，开普省兵力约 2000 人，保护该省 19 个项目的 700 余中方人员，俾路支省兵力约 3200 人，保护该省 8 个项目的约 700 名中方人员，信德省兵力约 2640 人，保护该省 103 个项目的约 1140 名中方人员，首都伊斯兰堡部署警力 439 人，保护 6 个重大项目的 900 余中方人员，兵力 1270 余人，保护 15 个项目的约 1700 名中

① "Missile development, CPEC security termed major successes", *DAWN*, January 1, 2017. https://www.dawn.com/news/1305699

方人员，FATA 地区兵力 667 人，保护 1 个项目的 13 名中方人员。[①] 2015 年 12 月 13 日，在瓜达尔举行的“中巴经济走廊国际海洋会议”上，巴海军正式向第 88 特遣部队授旗。据悉，该部队将主责保卫瓜德尔港及周边航路，装备有快速攻击艇、快艇、侦察机、无人机等。[②] 另外，旁遮普省、信德省政府也准备准备组建专门安保力量保护该省境内的“中巴经济走廊”项目和人员。

二、阿富汗及相关国家深度调整反恐策略

阿政府发动军事围剿。加尼政府的和谈意愿减弱，倾向于通过军事行动打击阿富汗塔利班，尤其重点扫除盘踞在昆都士的阿富汗塔利班。11 月，阿富汗政府军在阿富汗北部的昆都士开展代号为“沙法克—2”的定点清除军事行动，目的是扫清盘踞在昆都士周边的塔利班武装。阿富汗政府军曾在 10 月初对昆都士发动进攻，当时塔利班武装人员在政府军的四面猛攻下被迫退出昆都士城区，但此后一直盘踞在该市周边。为防止该地的恐怖外溢效应，美国驻塔吉克斯坦大使馆日前对外发布恐怖袭击预警。预警称，阿富汗恐怖分子或将越过阿富汗—塔吉克斯坦边境，在塔境内实施恐怖袭击。

与“伊斯兰党”签署和平协议。经过一年多的艰苦谈判，阿富汗高级和平委员会与该国第三大反政府武装“伊斯兰党”9 月 22 日在首都喀布尔达成和平协议草案，为实现阿富汗和平进程迈出重要一步。这是自

---

① Zahid Gishkori：“Pakistan raises Special Security Division successfully”，*the News*， September 3，2016. https：//www. thenews. com. pk/print/147475 — Pakistan-raises-Special-Security-Division-successfully

② “Task force equipped with drones to protect Gwadar”，*the News*，December 14，2016. https：//www. thenews. com. pk/print/171815 — Task-force-equipped-with-drones-to-protect-Gwadar

2001年塔利班政权被推翻以来，阿富汗新政府与当地武装组织达成的第一份和平协议草案。“伊斯兰党”代表团团长卡里姆说：“这不仅是伊斯兰党同阿富汗共和国政府间的和平协议，也将在全国范围内全面开启和平进程。”卡里姆同时呼吁其他反政府武装组织放下武器，停止战斗，通过和平谈判的方式与政府一道为实现阿富汗的持久和平而努力。不过，卡里姆同时表示，“伊斯兰党”不会停止斗争，直到阿富汗境内所有外国军队离开。阿富汗高级和平委员会主席吉拉尼说：“战争的唯一后果就是毁灭。因此，我呼吁所有的反对派通过和平、和解的方式寻求达成各自的目标。”

“伊斯兰党”是阿富汗境内继塔利班、极端组织“伊斯兰国”之后的第三大武装组织，一直与政府军以及以美国为首的北约联军进行战斗。该党由希克马蒂亚尔领导，他曾率领游击队抵抗入侵阿富汗的苏联军队，一度获得美国政府支持，出任阿富汗总理。眼下，他被美方认定为“全球恐怖分子”。和平协议草案的要点包括：“伊斯兰党”承诺，停止一切军事行动、解散旗下武装团体、与恐怖组织划清界限并遵守阿富汗宪法；同时，该党将以“活跃政治党派”身份参加国家各层级选举，希克马蒂亚尔本人则可能以“顾问”角色参与政府决策讨论。作为回报，阿富汗政府将赦免“伊斯兰党”成员以往罪名、释放该组织在押人员、帮助安置大约2万名来自巴基斯坦的难民，其中很大一部分人据信是希克马蒂亚尔的追随者。另外，阿富汗政府还要向希克马蒂亚尔等人提供安保服务。对于希克马蒂亚尔的全球恐怖分子身份，阿富汗政府无法单方面予以撤销，但承诺将提供帮助。

美国打死曼苏尔，调整对阿战略。5月，美越境击毙曼苏尔，表明抱对和谈已不抱期望。6月10日，美防长卡特证实，总统奥巴马已授权驻阿美军更大的灵活性，放松对其空袭的限制，对阿安全部队进行更大支持，以更加积极地打击塔利班。此前，美军在阿军事行动仅限于向阿特种部队提供支援，且美军只有在其地面部队受到威胁、剿灭“基地”组织残余力量以及阿军面临被塔利班武装击溃的三种情况下，才能获得空袭授权。6月15日，卡特参加在布鲁塞尔举办的北约防长会议后进一步解释，称“新授权意味着美军可以陆空两路更为主动地支援阿安全部队，可以自主决定何时打击塔利班，以维护阿稳定”。近来，美军方人士、智库和媒体又进一步呼吁奥巴马加大对阿投入，保证阿的安全稳定。美智库和媒体分析认为，奥巴马或在7月8日华沙北约峰会前后进一步调整其对阿政策，一是在奥巴马卸任和下届政府产生前维持9800人的驻军规模。根据原计划，美2016年年底驻军规模将减少至5500人。二是扩大行动对象。不仅打击“基地”组织和“伊斯兰国”，奥巴马还将推动国会授权打击“阿塔”和“哈卡尼网络”等恐怖势力。三是加强对阿富汗安全力量的各项援助。包括培训、情报、空中和地面行动支援以及财政支持。美国及其盟国计划募集150亿美元用以向阿富汗安全力量提供金融援助直到2020年。11月9日，美国防部长卡特再次突访阿富汗。此访是卡特担任现职以来第四次、也是最后一次访问阿富汗。卡特当天表示，美国将继续支持阿富汗打击恐怖主义。卡特当天在喀布尔与阿富汗总统加尼进行了会谈，并出席联合记者会。卡特在记者会上表示，在美国新总统上任后，美国将继续支持阿富汗打击恐怖主义。他表示，美国在阿富汗的目标非常明确，美国将竭力避免本土再次发生类似“9·11”事件的恐怖袭击，同时美国将帮助阿富汗政府维护国家的长期稳定。卡特重申，为支持阿富汗维护国家安全，以美国为首的北约将在2020年前每年向阿富汗提供50亿美元的资金援助。

国际社会加强对阿富汗的援助。为期两天的阿富汗问题国际会议10月5日下午在布鲁塞尔闭幕，与会的75个国家和26个国际组织承诺将在2017—2020年向阿富汗提供152亿美元援助。会议公报说，阿富汗在重建国家的道路上已取得重要进展，但在政治、经济、地区安全领域仍面临严峻挑战。国际社会承诺将继续帮助阿富汗落实新制定的国家和平与发展战略，通过相互问责机制敦促阿富汗不断增强自主管理和自我发展能力。公报强调，国际社会承诺为阿富汗政府主导的和平与国内和解进程提供政治支持。9 月 29 日，阿富汗政府与该国反政府武装“伊斯兰党”签署和平协议，国际社会对此表示欢迎，并希望阿富汗政府能将国内其他武装团体纳入政治和谈进程。公报指出，国际社会支持阿富汗不断融入区域经济，利用其地理位置优势加强物流、交通和能源走廊建设。国际社会希望阿富汗与周边国家加强区域合作，共同对抗恐怖主义、应对难民危机。与会各方还呼吁国际社会在阿富汗问题上加强合作与协调，确保阿富汗平稳过渡到和平、安全、经济持续发展和繁荣的状态。本次阿富汗问题国际会议由欧盟和阿富汗政府共同举办，旨在通过整合国际资源帮助阿富汗实现经济发展和社会稳定，包括美国、中国等 75 个国家以及欧盟、北约、世界银行、国际货币基金组织等组织的代表出席。

三、印度反恐措施

强化反恐能力建设。2008 年孟买恐袭案后，时任内政部长奇丹巴拉姆提出建设国家情报网（NATGRID）和犯罪追踪网络系统（CCTNS）等一系列反恐机制，以实现不同政府部门间的信息资源共享，提升印度反恐能力。计划中的国家情报网一期建设将整合金融、电信、出入境、税收、犯罪等来自 10 个机构的 21 个敏感信息数据库，为反恐情报部门获取信息提供便利。犯罪追踪网络系统将连接全印度约 1.5 万个警察局和 5000 个治安网点的信息，建立全国犯罪信息与警务数据库。2016 年 1 月，印度西北部旁遮普邦的伯坦果德空军基地遭到恐怖分子袭击，再次暴露印度内政部与军方在反恐情报共享与后勤协作上的诸多不足，促使莫迪政府继续推进此前因政府换届和执行力不足而停滞的反恐机制建设。

2016 年 6 月，印度总理莫迪重新评估国家情报网和犯罪追踪网络系统的建设进展。[①] 7 月，政府任命阿肖克·帕特奈克（Ashok Patnaik）为国家情报网首席执行官，继续推进国家情报网建设。[②] 根据印度内政部 11 月提供的公开信息，2016/2017 财年印度政府为国家情报网拨款 10.4 亿卢比，项目设在德里和班加罗尔的两个数据中心将分别于 2018 年 7 月和 2017 年 10 月完工，全部项目有望在 2018 年 9 月 30 日实现正式运行。[③] 此外，计划于 2017 年 3 月完成的犯罪追踪网络系统也已在陆续接入各地方警局。[④]

加强国际反恐合作。一是与周边邻国尤其是孟加拉国深化反恐机制建设，共同打击跨境恐怖活动。此前印度已多次从孟加拉国引渡东北部分离主义武装组织头目，并与孟方联合监控“孟加拉国圣战者”组织在两国接壤地区的活动。2016 年 7 月，孟加拉国达卡恐袭时间发生后，印度国家调查局在第一时间派出调查人员前往达卡协助孟方，与孟方共享

① “PM Narendra Modi reviews working of NATGRID，CCTNS，disaster meet”，*Economic Times*，Jun. 10，2016，http：//economictimes. indiatimes. com/news/politics-and-nation/pm-narendra-modi-reviews-working-of-natgrid-cctns-disaster-meet/articleshow/52693406. cms.（上网时间：2017 年 3 月 17 日）

② “All you need to know about NATGRID and its new CEO Ashok Patnaik”，*Business Standard*，Jul. 14，2016，http：//www. business-standard. com/article/current-affairs/all-you-need-to-know-about-natgrid-and-its-new-ceo-ashok-patnaik — 116071400134_1. html.（上网时间：2017 年 3 月 17 日）

③ “Status of NATGRID”，Press Information Bureau，Ministry of Home Affairs，India，Nov. 23，2016，http：//pib. nic. in/newsite/PrintRelease. aspx? relid＝154193.（上网时间：2017 年 3 月 17 日）

④ “Sanjauli police post becomes first in India to be linked with CCTNS”，*Hindustan Times*，Mar. 15，2017，http：//www. hindustantimes. com/india-news/sanjauli-police-post-becomes-first-in-india-to-be-linked-with-cctns/story-nb4jG1L5jdPXTJtGOKw4cK. html.（上网时间：2017 年 3 月 17 日）

恐袭嫌疑人相关情报。同月，印度内政部长辛格会晤来访的孟加拉国内政部长阿萨杜扎曼·汗，两国同意立即实施《打击恐怖主义、有组织犯罪和毒品贩卖协定》，商议简化两国间引渡流程，加强两国边界管理。[①] 12 月两国内政秘书在印度首都新德里举行年度对话，继续强化两国在反恐机制层面的合作。[②] 二是与主要国家加强反恐合作，开展“反恐外交”。2016 年 6 月莫迪访美期间，与时任美国总统奥巴马签署反恐合作备忘录，允许印度情报局（IB）与美方共享反恐情报信息，强化两国反恐合作。[③] 2017 年 3 月，印度国家安全顾问多瓦尔访美，继续巩固与美新任总统特朗普在反恐合作上的共识。[④] 此外，莫迪还在与英国、沙特阿拉伯等众多国家首脑的会晤中承诺加强国际反恐合作，并将反恐作为 2016 年 10 月印度果阿“金砖国家”领导人峰会的主要议题。值得一提的是，在中印关系遇冷的情况下，两国于 2016 年 9 月 27 日在北京举行首次中印反恐安全对话，双方交流了各自的反恐体制、机制和法律，深

---

① “Indo-Bangla meet: Delhi, Dhaka talk anti-terror cooperation, border management”, *Indian Express*, Jul. 29, 2016, http://indianexpress.com/article/india/india-news-india/indo-bangla-meet-rajnath-singh-asaduzzaman-khan-discuss-cross-border-terrorism-drugs-smuggling-delhi—2941381/.（上网时间：2017 年 3 月 17 日）

② “India-Bangladesh decides to strengthen anti-terror mechanism”, *Indian Express*, Dec. 5, 2016, http://indianexpress.com/article/india/india-bangladesh-decides-to-strengthen-anti-terror-mechanism—4412151/.（上网时间：2017 年 3 月 17 日）

③ “Modi, Obama embrace history as India, US ink defence, counter-terror pacts: Highlights”, *India Today*, Jun. 8, 2016, http://indiatoday.intoday.in/story/as-modi-obama-embrace-history-india-us-decide-to-boost-defence-counter-terror-measures-highlights/1/686896.html.（上网时间：2017 年 3 月 17 日）

④ “Doval's US visit reinforces counter-terrorism cooperation”, *Times of India*, Mar. 25, 2017, http://timesofindia.indiatimes.com/world/us/dovals-us-visit-reinforces-counter-terrorism-cooperation/articleshow/57822691.cms.（上网时间：2017 年 3 月 28 日）

入讨论了在加强反恐安全合作、共同应对安全威胁方面的具体举措，达成重要共识。① 11 月 15—27 日，两国陆军在印度浦那地区举行第六次“携手”反恐联合训练，两军各派出 173 人参训，完成“半城镇条件下联合反恐作战”课题训练，共同提高应对恐怖威胁能力。②

四、孟加拉国加大力度反恐

孟加拉国当局为打击恐怖主义、遏制宗教极端主义，加大力度采取反恐措施。

更加重视反恐。2016 年 7 月，在全国区（县）行政长官会议上，总理哈西娜就地方行政长官履职尽责发表 19 点指示，其中有 2 点专门指出，“要更加细致、严格地履行在社会各领域维护和平、治安与稳定的职责，消除（极端）武装、恐怖主义、地方主义”，“要采取措施维护工业带和平，确保商品进出口转运顺畅，打击勒索、暴力犯罪及恐怖主义”。③ 10 月，她指出，“政府历来严厉打击恐怖主义和（极端）武装，并将继续铁拳出击，在孟土地上不留余地”。④ 12 月，哈西娜再次强调，“我们都要保持警惕，发动反对恐怖主义和极端主义的舆论和社会运动，让无人再入此歧途。我们需要和平，没有和平就没有发展。恐怖主义和

---

① 《中印举行首次反恐安全对话》，新华网，2016 年 09 月 27 日，http：//news. xinhuanet. com/legal/2016－09/27/c_1119634767. htm。（上网时间：2017 年 3 月 17 日）

② 《“携手－2016”中印陆军反恐联合训练开训》，人民网，2016 年 11 月 17 日，http：//military. people. com. cn/n1/2016/1117/c1011－28875913. html。（上网时间：2017 年 3 月 17 日）

③ “PM's 19－point directive to DCs”，*the Independent*，July 27，2016. http：//www. theindependentbd. com/printversion/details/53055

④ “PM：No place for religious terror”，*Dhaka Tribune*，October 9，2016. http：//www. dhakatribune. com/bangladesh/2016/10/09/pm-no-place-religious-terror/

极端主义不是伊斯兰之路，伊斯兰是和平之路，容不下恐怖主义和极端主义”。[①]

强化反恐执法。2016 年 6 月，因暗杀恐袭频发，孟当局发起新一轮反恐严打，从快从严处理涉恐嫌疑人，短期内抓捕了至少 1.4 万余人。达卡恐袭案之后，孟执法当局新组建“反恐怖主义与跨境犯罪部”（CT-TC），在孟境内发起了 8 次大规模执法行动，击毙至少 30 名恐怖分子，其中包括“伊斯兰国”在孟头目之一塔米姆・艾哈迈德・乔杜里。[②]“孟加拉国圣战者”组织也遭到重挫。8 月 27 日，警方突击该组织一处藏匿据点，击毙 3 名恐怖分子，其中包括涉嫌参与达卡恐袭案者。10 月 8 日，反恐部门在突击该组织一处藏匿据点，击毙至少 7 名恐怖分子。

专群结合防恐。达卡恐袭案后，达卡警方反恐部门、专责反恐的准军事部队“快速行动营”（RAB）先后推出手机移动应用，方便民众向执法部门提供极端分子及其他罪犯相关信息、报告其犯罪活动。此外，各地警方也加强与当地居民联络，增强信息收集能力。

综合整治极端化。孟执法部门已与教育部联合在各教育机构开展反恐反极端的教育讲座。达卡恐袭案前，孟当局还推动著名宗教学者发布“法特瓦”（教令），谴责针对非穆斯林、世俗人士的恐怖袭击为“非伊斯兰”，呼吁抵制恐怖主义和宗教极端主义。该“法特瓦”已经获得超过 10 万名宗教学者及人士联署。[③]

扩大国际合作。2016 年 7 月，美国时任负责中南亚事务的助理国务

---

① “Mobilise public opinion against extremism：PM”，*New Age*，December 29，2016. http：//www.newagebd.net/article/5859/articlelist/323/Cartoon

② Iftekharul Bashar：“Bangladesh”，p44.

③ Maaz Hussain：“Anti-Terror Fatwa Endorsed by 100000 Bangladeshi Islamic Scholars”，*Voice of America*，June 21，2016，http：//www.voanews.com/a/fatwa-endorsed-by-bangladeshi-islamic-scholars-aims-to-curb-terrorism/3384976.html.

卿比斯瓦尔访孟加拉国，提出加强与孟加拉国的反恐合作。2016 年 8 月，美国时任国务卿克里首次访孟，将反恐设为首要议题。美方承诺将继续支持孟加拉国各项反恐努力，并愿与孟加拉国探讨改善合作策略、分享情报信息等具体问题。

第七章　东南亚地区恐怖主义与反恐怖斗争形势综述

2016 年，东南亚地区仍面临严峻的恐怖主义形势，尤其是“伊斯兰国”在东南亚地区的扩张与渗透进一步扩大，出现了一系列恐怖袭击活动。但东南亚各国政府也高度重视，加大了防范和打击工作，一定程度上遏制了恐怖主义的发展势头。

第一节　东南亚地区恐怖主义形势

东南亚地区有 2.4 亿穆斯林，占全球 16 亿穆斯林人口的 15%左右，他们主要聚居在印度尼西亚（简称印尼）、泰国南部、马来西亚及菲律宾南部的广阔群岛上，极易成为国际恐怖主义势力渗透和拉拢的重点对象。自 2014 年 6 月宣布成立以来，“伊斯兰国”就通过招募人员、宣扬极端主义思想、提供资金援助等手段，吸引了大批追随者，并阴谋在东南亚发动暴力恐怖活动。① 2016 年，东南亚地区的恐怖主义形势依然严峻。

一是“伊斯兰国”扩张在东南亚地区的影响。据“埃及地区战略研究中心”（RCSS）“伊斯兰运动研究项目组”（Islamic Movement Studies Program）发现，“伊斯兰国”主要通过以下几种手段扩大在东南亚地区的影响。② 一是宣传策略，即利用网络媒体传播极端主义思想，吸引支持者。据印尼国家反恐局防恐和去激进化部门副主任阿都拉曼 2016 年 5 月透露，这类宣扬极端主义的网站在印尼累计约达 1.5 万个。③二是利用当地有影响力的“圣战”分子招募新人。如默罕默德·阿里·塔姆巴科（Mohammad Ali Tambako）④、巴赫伦·纳伊姆（Bahron Naim）⑤ 等。三是依靠从叙利亚和伊拉克返回东南亚地区母国的“圣战”分子，扩大

① 中国现代国际关系研究院反恐怖研究中心编：《2015 年国际恐怖主义与反恐怖斗争年鉴》，时事出版社，146—153 页。

② “ISIS’ Increased Presence in Southeast Asia”，http：//www. rcssmideast. org/en/Article/30833/ISIS-Increased-Presence-in-Southeast-Asia ＃ . V2ieSlR94dU（上网时间：2016 年 6 月 20 日）

③ “15000 Rradical Sites Created to Recruit New Followers：BNPT”，http：//www. thejakartapost. com/news/2016/05/01/15000 — radical-sites-created-to-recruit-new-followers-bnpt. html（上网时间：2016 年 6 月 20 日）

④ 塔姆巴科是菲律宾南部恐怖组织头目，2014 年在菲南建立“为伊斯兰运动谋求正义”组织（Justice for Islamic Movement），曾涉嫌向马来西亚籍头号恐怖分子祖基菲里（Zulkifli）等提供庇护，2015 年 3 月为菲律宾军警逮捕。参见：Who is Mohammad Ali Tambako? Leader of Violent Muslim Rebel Group Arrested by Philippines Forces， http：//www. ibtimes. co. in/who-mohammad-ali-tambako-leader-violent-muslim-rebel-group-arrested-by-philippines-forces－626342（上网时间：2016 年 6 月 20 日）

⑤ 纳伊姆是印尼人，曾经是一名计算机技术人员，2010—2011 年以非法持有枪支罪入狱，出狱后前往叙利亚，现是“伊斯兰国”马来群岛单位（Katibah Nusantara）的头目之一，据称幕后策划 2016 年 1 月 14 日印尼雅加达恐袭案。参见：8 things to know about Muhammad Bahrun Naim，alleged mastermind of Jakarta attack，http：//www. straitstimes. com/asia/se-asia/8 — things-to-know-about-muhammad-bahrun-naim-alleged-mastermind-of-jakarta-attack。

“伊斯兰国”在当地的影响。四是利用穆斯林少数派所遭遇的困境，打着“保护被压迫的穆斯林”等口号来吸引支持者。例如，操弄罗兴亚问题[①]等。首先，在此背景下，一大批东南亚地区的穆斯林深受“伊斯兰国”宣传蛊惑，走上与其沆瀣一气的道路。据澳大利亚安全政策研究所介绍，印尼至少约有 2000 人公开表示支持“伊斯兰国”，“伊斯兰法倡议者论坛”（FAKSI）等伊斯兰团体甚至公开集会声援“伊斯兰国”。[②] 据澳大利亚媒体摄录，“伊斯兰国”支持者甚至在印尼首都雅加达的清真寺集会，开展宣传活动并招募新人。[③] 而在马来西亚，据美国皮尤研究中心 2015 年民调，有超过 10％的马来西亚人对“伊斯兰国”抱有好感，还有 1/4 的受访者表示不知道如何评价“伊斯兰国”，但也有 64％的人明确表示对“伊斯兰国”不抱好感。[④] 2016 年 1 月，马来西亚吉打州一名深受“伊斯兰国”影响的 16 岁少年以假枪和小刀挟持一名女子，只是想证明自己有资格成为“伊斯兰国”成员，这成为了马来西亚首例“伊斯兰国”支持者挟持人质的事件。此外，除了普通民众之外，个别公务员、警察

---

① 罗兴亚人（Rohingya People），是缅甸若开邦的一个穆斯林族群。据《联合早报》介绍，“由于他们（罗兴亚人）信仰伊斯兰教，始终无法得到信仰佛教的主流社会的接纳，从军人时代至今，缅甸政府也从不承认他们是缅甸公民，而是把他们当成是非法入境孟加拉人，凸显宗教的不容忍。罗兴亚人因此成了无国籍的游民，备受歧视和压迫。”参见《联合早报》2015 年 5 月 15 日社论“从源头解决罗兴亚难民问题”，http：//www. zaobao. com/forum/editorial/story20150515－480411

② Peter Chalk，“Black Flag Rising：ISIL in Southeast Asia and Australia”，https：//www. aspi. org. au/publications/black-flag-rising-isil-in-southeast-asia-and-australia/Black-flag-rising_ISIL. pdf

③ “伊国组织雅城清真寺招新血画面曝光”，http：//www. zaobao. com/special/report/politic/attack/story20160223－584370

④ “In Nations with Significant Muslim Populations，Much Disdain for ISIS”，http：//www. pewresearch. org/fact-tank/2015/11/17/in-nations-with-significant-muslim-populations-much-disdain-for-isis/

和军人也同情甚至支持“伊斯兰国”。2016 年 3 月，马来西亚抓捕的恐怖分子嫌疑人中竟有一名女警，还有 1 人竟是负责检查国家政要的专机是否安全及适合飞行的飞机工程师。

其次，部分受“伊斯兰国”宣传影响的穆斯林还前往或试图前往叙利亚和伊拉克参加“圣战”。目前，这些人的数目统计尚不确定，有人估计为 600—700 人，也有人估计约达 1000 人之多。新加坡安全问题专家廖振杨（Joseph Chinyong Liow）2016 年 4 月在参加美国国会听证会时指出，最合理的人数估计应在 700—800 人之间，其中除了 100 多名马来西亚人和零星的几个新加坡人和菲律宾人外，其余大多数为印尼人。[①] 据马来西亚情报机构透露，马来西亚和印尼已有 200 多名“战士”加入了“伊斯兰国”的东南亚分支机构——“马来群岛单位”（Katibah Nusantara）组织。[②] 印尼警方则估计 2016 年共有 600 名印尼公民前往叙利亚，加入“伊斯兰国”进行恐怖活动。他们表现积极，经常参与暴恐事件。2016 年 1 月，2 名加入“伊斯兰国”的马来西亚人分别在伊拉克和叙利

① Joseph Chinyong Liow, “ISIS in the Pacific: Assessing Terrorism in Southeast Asia and the Threat to the Homeland”, Testimony before the Subcommittee on Counter-terrorism and Intelligence Committee on Homeland Security United States House of Representatives, April 27, 2016.

② “马情报机构：马印逾 200 人加入马来群岛单位恐怖组织”，http://www.zaobao.com/special/report/politic/attack/story20160119-572429；“马来群岛单位”（Katibah Nusantara）是一些在中东参战的马来西亚人和印尼人于 2014 年 9 月建立的，以讲马来语和印尼语为主，主要帮助来自东南亚地区的武装分子在当地落脚，训练他们具备作战能力，并与在叙利亚活动的、与“伊斯兰国”关系密切的团伙网络进行接触。详见：Joseph Chinyong Liow, “ISIS in the Pacific: Assessing Terrorism in Southeast Asia and the Threat to the Homeland”, Testimony before the Subcommittee on Counter-terrorism and Intelligence Committee on Homeland Security United States House of Representatives, April 27, 2016.

亚发动自杀性炸弹袭击，炸死了 33 人。[①]

不过，随着“伊斯兰国”在中东遭遇挫折，其在东南亚地区的扩张手法也出现了些微变化，开始主动扩大影响力。据报道，“伊斯兰国”已经在菲律宾南部的巴西兰岛建立分支组织“卡迪巴阿慕哈吉尔”（或称“外籍兵团”），并号召本区域民众到该处“效力”，并已有 10 名马来西亚人加入该分支组织。[②] 同时，“伊斯兰国”还在社交媒体发布“宣战短片”，散播制作简易爆炸装置的视频及手册，鼓励东南亚的支持者展开“独狼式”袭击。2016 年 6 月，互联网上出现一段“伊斯兰国”接受阿布沙耶夫成员宣誓效忠的视频，这是“伊斯兰国”第一次正式将一个东南亚武装组织纳入麾下。菲律宾武装分子阿达拉（Abdallah al-Filipini）据称已被“伊斯兰国”委任为亚洲首领。一份由印度尼西亚、马来西亚、新加坡和澳大利亚等国准备的地区性风险评估报告则显示，包括“伊斯兰国”在内的一些恐怖组织正通过向东南亚运输资金来资助恐怖活动。此外，“伊斯兰国”还推出马来文报刊，以吸引马来语支持者，加强该组织在东南亚地区的影响力。这份名为“Al Fatihin”（阿拉伯语“征服者”之意）的马来文报刊于 6 月 20 日出版创刊号。有分析认为，“伊斯兰国”愿意出版马来文报刊，证明它已认可东南亚地区“伊斯兰国”成员的实力，也凸显该组织在东南亚的影响力已不容小觑。[③]

二是地区恐怖组织和恐怖分子也日趋活跃起来。它们打着“伊斯兰国”的旗号，要么宣誓向其效忠，要么宣布成立新组织，企图借着“伊

---

① “马两国民赴中东参与自杀式恐袭 纳吉震惊指不符伊斯兰教义”，http://www.zaobao.com/special/report/politic/attack/story20160112－569747。

② “恐怖威胁不断升级，马将取消一些中东国家免签”，http://www.zaobao.com/special/report/politic/attack/story20160711－639664

③ “图加强在东南亚影响力，伊国组织推出马来文报讯”，http://www.zaobao.com/special/report/politic/attack/story20160712－640078

斯兰国”的发展势头卷土重来。例如，印尼的“东印度尼西亚圣战者组织”（Mujahidin Indonesia Timur）、菲律宾的“阿布沙耶夫”组织等都宣誓效忠“伊斯兰国”，前者甚至计划在印尼的波索地区打造根据地，后者则欲在菲律宾南部地区（简称“菲南”）“设省”。2016年3月，新加坡《联合早报》报道，马来西亚警方还发现一个以东马为基地的新恐怖组织——“米拉·阿布拉罕”（Millah Ablaham）。[①] 另有报道介绍，“米拉·阿布拉罕”是个源自印尼的伊斯兰教派，其实已在印尼西加里曼丹岛省首府坤甸立足，吸引了6000名追随者，甚至在2012年就建立名为“曙光群岛运动”（Gerakan Fajar Nusantara，简称Gafatar）的行政体系。目前，该组织正在积极筹购军火，试图“在婆罗洲这个上苍应许之地建国”。[②] 2016年2月，印尼政府在反恐行动中发现一个名叫“马来群岛伊斯兰国辅士团”（Jamaah Anshar Khilafah Daulah Nusantara，简称JAKDN）的伊斯兰极端组织网络，该组织网络包括主导亚齐武装训练营的“西印尼真主伊斯兰游击队”、桑托索领导的“东印度尼西亚圣战者组织”，以及“伊斯兰祈祷团”精神领袖阿布巴卡创建的唯一真主游击队（JAT）。[③]这些组织显然受到了仍身陷囹圄的恐怖主义头目的影响。据报道，“伊斯兰祈祷团”精神领袖及唯一真主游击队创办人阿布巴卡虽身陷囹圄，但每年仍能会见900多名访客。[④] 而据印尼反恐专家和警方透露，

---

① “马国出现新恐怖组织”，http://www.zaobao.com/realtime/world/story20160320－594928

② “大马新恐怖组织「米拉」崛起 自组政府买军火”，http://www.ettoday.net/news/20160322/666776.htm

③ “印尼逮捕41伊斯兰极端分子，其中五人或涉雅城恐袭”，http://www.zaobao.com/sea/politic/story20160222－583978

④ “印尼或立法禁参与海外极端组织公民回国”，http://www.zaobao.com/special/report/politic/attack/story20160120－572819

目前在监狱里的极端伊斯兰教士阿曼如同“伊斯兰国”在印尼的“主教”一样，他宣扬的思想比“基地”组织更危险，连阿布巴卡也深受其影响。① 不过，据菲律宾反恐官员介绍，这些极端组织之间分歧甚多，以致“群龙无首”，相互竞争成为整合地区极端主义势力的头领。② 此外，一些本土恐怖组织虽然不以“伊斯兰国”为幌子，但也在积蓄力量。据路透社 2016 年 2 月报道，印尼土生土长的“伊斯兰祈祷团”正暗中养精蓄锐，为东山再起悄悄做准备，据称，该组织成员多达约 2000 人，实力已恢复至巴厘岛恐怖主义袭击之前的水平。③ 新加坡安全问题专家廖振杨也警告称，“尽管‘伊斯兰国’是当前的主要忧虑，但长远看，该地区的恐怖主义威胁更可能来自“伊斯兰祈祷团”而非‘伊斯兰国’”。④

而随着东南亚国家打击“伊斯兰国”力度的加大，一些恐怖组织也不断创新手法。例如，为掩人耳目，这些恐怖主义组织采取化整为零的策略，成立了名目繁多的小分支，例如，“黑旗军团”、“真主军团”、“救世主马赫迪军团”，以及马来西亚“伊斯兰国”等。⑤ 而针对警方对社交媒体的严密监控，马来西亚恐怖分子则开始转用私密性较强的通讯软件

---

① “专家：将异议者视为该杀叛教者 狱中教士阿曼如同伊国组织印尼‘主教’”，http：//www. zaobao. com/special/report/politic/attack/story20160127－575428

② “彼此不服闹分歧，东南亚恐怖分子抢当区域老大”，http：//www. zaobao. com/special/report/politic/attack/story20160120－572817

③ “积极招募新人，印尼回祈团拟东山再起”，http：//www. zaobao. com/special/report/politic/attack/story20160216－581847

④ Joseph Chinyong Liow，“ISIS in the Pacific：Assessing Terrorism in Southeast Asia and the Threat to the Homeland”，Testimony before the Subcommittee on Counter-terrorism and Intelligence Committee on Homeland Security United States House of Representatives，April 27，2016.

⑤ “假借伊斯兰之名招募新成员，伊国组织在马国设立多个细胞组织”，http：//www. zaobao. com/special/report/politic/attack/story20160215－581493

“Telegram”进行交流和招募新人。[①]

三是成功制造了多起恐怖袭击活动，恐袭威胁越来越大。继 2015 年 11 月的巴黎恐袭案后，东南亚恐怖分子在 2016 年 1 月发动了类似的恐怖主义袭击活动，在印尼首都雅加达市制造了连环爆炸与枪击事件。随后“伊斯兰国”发表声明，声称对此袭击事件负责。[②] 据雅加达警察首长透露，该案背后是身在叙利亚的纳伊姆所指使的，是“伊斯兰国”恐怖分子首次在印尼作案。[③] 同年 4 月，“伊斯兰国”首次声称其“菲律宾省”分支袭击了巴西兰省的一处“十字军”军事据点。[④] 6 月 24 日，马来西亚警方透露，“伊斯兰国”支持者可能会在 6 个月内，在马发动“独狼式”恐怖袭击。[⑤] 28 日，马来西亚就遭遇了第一次“伊斯兰国”发动的恐怖主义袭击，恐怖分子用手榴弹袭击了雪兰莪州蒲种山庄一家酒廊外的露天餐桌，导致 8 人受伤。[⑥] 7 月 5 日，印尼再次遭遇恐怖袭击，一名男子骑着电单车试图闯入位于梭罗市的中爪哇警察总部，遭拦截后发

---

① “社媒被警方监控，马恐怖分子转用 Telegram 进行交流招募新血”，http：//www. zaobao. com/special/report/politic/attack/story20160216－581855

② “Jakarta Attack Raises Fears of ISIS’ Spread in Southeast Asia”，http：//www. nytimes. com/2016/01/15/world/asia/jakarta-explosion. html? _r=0

③ “连环爆炸造成至少七死，伊国组织首次恐袭雅加达”，http：//www. zaobao. com/special/report/politic/attack/story20160115－570973

④ “Report：ISIS Franchise in the Philippines Carries out its First Attack”，http：//www. jpost. com/Middle-East/ISIS-Threat/Report-ISIS-franchise-in-the-Philippines-carries-out-its-first-attack－453604

⑤ “警方情报：在半年内马国或遭‘独狼式’恐袭”，http：//www. zaobao. com/special/report/politic/attack/story20160624－632761

⑥ “雪州一酒廊遭手榴弹袭击，伊国组织成员宣称干案”，http：//www. zaobao. com/special/report/politic/attack/story20160629－634711

动自杀性炸弹袭击。[①] 8月11—12日，泰国南部接连发生爆炸袭击及纵火事件，导致4人死亡、30多人受伤；14—15日，泰南再次发生至少5起爆炸袭击事件，造成2人受伤；23日深夜，泰国南部北大年府发生2起炸弹袭击事件，导致1人死亡、30人受伤。[②] 8月27日，大约50名穆斯林极端分子袭劫菲南一座监狱，释放了8名在押的反政府武装组织“马巫德”（Maute）的成员，另有至少20名其他拘留犯趁机越狱。9月2日晚，暴恐组织“阿布沙耶夫”炸弹袭击了菲律宾总统杜特尔特的家乡达沃市，造成至少14人死亡。10月9日，自称“坚定信仰运动”（Harakah al-Yakin）的武装组织袭击了缅甸若开邦孟都镇（Maungdaw）的3个哨站，导致9名警员身亡。10月20日，印尼雅加达1名男子向警员抛掷2枚管式炸弹并挥刀刺伤3名警员，被击毙，案发现场附近发现一枚未引爆的管式炸弹和一张“伊斯兰国”贴纸。11月8日，美国驻菲律宾大使馆附近发现一枚炸弹，所幸安全引爆，未造成人员伤亡。11月29日，菲律宾总统杜特尔特在去南部城市马拉维军营视察途中，其负责先导的总统府卫队车队遭遇武装分子袭击，7名保镖和2名士兵受伤。同时，他们的作案方式也不断翻新，让人防不胜防。例如，弃用较难取得的枪支弹药转而改用不易追查的刀械、成立更小更难被发现的组织并招纳女性作为自杀式炸弹手、在供应给军警的食物中掺入氯化物以毒害军警、用三过氧化三丙酮（triacetone triperoxide，简称TATP）制造“压力锅炸弹”等，甚至密谋使用火箭炮，等等。8月5日，印尼警方逮捕6

---

① “印尼中爪哇警察总部遭自杀式恐袭”，http：//www. zaobao. com/special/report/politic/attack/story20160706－637646

② “泰南又有连环炸弹袭击，酿一死30伤”，http：//www. zaobao. com/special/report/politic/attack/story20160825－658204

名与“伊斯兰国”有联系的嫌犯，他们密谋发射火箭炮袭击新加坡滨海湾。[①] 菲律宾南部的恐怖分子还多次实施海上绑架活动，并在未获得赎金后发布残忍杀害人质的视频，使菲律宾南部的苏禄海域日渐沦为“第二个索马里”。2016 年 12 月 23 日，菲律宾军方透露，截至当时仍有 23 名人质被“阿布沙耶夫”恐怖组织挟持，其中有 18 名为外国人质。[②] 此外，东南亚地区因其地理位置与宗教特征，日益成为国际暴恐势力走廊。2016 年 1 月，印尼警方在追捕恐怖分子时，再次逮捕了 1 名维族极端分子。[③] 3 月，印尼警方确认又有 4 名维族极端分子加入印尼恐怖组织“东印尼真主伊斯兰游击队”（MIT）。4 月，泰国警方透露有 2 名与恐怖组织有关联的维族男子途径普吉岛。5 月，新加坡警方捣毁了一个由孟加拉籍劳工组成的名为“孟加拉伊斯兰国”（ISB）的激进组织，抓捕了 8 名男子。[④] 同样是 5 月，马来西亚警方也抓获了 3 名俄罗斯车臣恐怖分子，并将其遣送回国。[⑤]

从目前的发展趋势来看，穆斯林聚居的东南亚地区的恐怖威胁将会不断上升，安全形势日益严峻。一是随着“伊斯兰国”在伊拉克、叙利亚战场受挫，未来恐怕会有越来越多的恐怖分子回流到这一地区，伺机

---

① “要从峇淡炮袭我国 印尼六嫌犯落网”，http：//www.zaobao.com/special/report/politic/attack/story20160806－650568

② “菲軍方：阿布沙耶夫放兩印尼漢，仍挾 23 人質”，http：//hk.on.cc/int/bkn/cnt/news/20161213/bknint－20161213103807528－1213_17011_001.html

③ “两国合作反恐，中印要阻维族武装分子加入印尼激进组织”，http：//www.zaobao.com/special/report/politic/attack/story20160107－567981

④ “涉筹钱购买武器，八孟籍客工或被控触犯恐怖主义法令”，http：//www.zaobao.com/special/report/politic/attack/story20160504－612694

⑤ “马警遣返三外国恐怖分子”，http：//www.zaobao.com/special/report/politic/attack/story20160514－616709

发动更多恐袭，使地区安全形势雪上加霜。[①] 据新加坡《亚洲新闻频道》报道，专家估计已有数百名恐怖分子返回印尼、马来西亚和菲律宾，但警方只能掌握到少数人的动向。而随着摩苏尔和拉卡市这两个“伊斯兰国”控制的领土遭到打击后，恐怕会有越来越多的恐怖分子回流到母国。[②] 二是东南亚目前虽然处于“伊斯兰国”和“基地”组织的双重影响和渗透之下，深受影响的各个恐怖主义组织之间也展开激烈的竞争，但随着来自政府的打击力度加大，东南亚地区的恐怖组织可能会很快走向联合，形成更大的“圣战”网络，加强协调行动。[③] 三是制造或利用政治议题，煽动社会极端主义和宗教不宽容主义情绪。例如，伊斯兰极端主义分子利用钟万学 2016 年 9 月在北雅加达市一处岛屿会见居民时引述《古兰经》一事大做文章，指责其亵渎《古兰经》，号召并多次组织大规模穆斯林集会，发布“煽动性文宣与影响”，扩大印尼社会的种族、宗教矛盾，并试图从中渔利，制造恐袭。2016 年 11 月 11 日，雅加达举行了大规模“反钟万学示威”，警察逮捕了 9 名与“伊斯兰国”有关联的恐怖主义嫌犯。[④] 面对严峻的恐怖威胁，该地区任何国家的政府都应保持高度警惕，不可掉以轻心。

---

① “ISIS Targfts Southeast Asia”，http：//www. asianpacificpost. com/article/7550－isis-targets-southeast-asia. html

② 2017 look ahead：Southeast Asia’s fight against terrorism，http：//www. channelnewsasia. com/news/asiapacific/2017 － look-ahead-southeast-asia-s-fight-against-terrorism/3395978. html

③ Bilveer Singh，*The Jihadist Threat in Southeast Asia*：*An Al Qaeda and IS-centric Architecture*？RSIS Commentary，No. 025－8 February 2017.

④ “印尼警方在反钟万学示威中捕 9 名 IS 嫌疑人”，http：//www. zaobao. com/realtime/world/story20161127－695328

第二节　东南亚地区主要反恐措施

东南亚地区的恐怖主义形势日益严峻，引起地区各国政府的高度重视。新加坡总理李显龙在2016国庆日献词中，把恐怖主义放在今后挑战的第一位。马来西亚总理纳吉布则呼吁民众应拒绝所有极端及恐怖主义，抱持中庸及各族间平等的原则，以作为国家的基础。印尼总统佐科亦呼吁社会各界和民众发挥积极作用，打击恐怖主义犯罪。菲律宾总统杜特尔特则誓言将恐怖组织“阿布沙耶夫”“生吞活剥”。过去一段时间，东南亚主要国家加强防恐和打恐工作，极力遏制恐怖主义的发展势头。

第一，加大情报侦察，挫败了多起恐怖袭击阴谋。1月15日，马来西亚警方在吉隆坡市中心的一个轻快铁站逮捕一名企图实施自杀式炸弹袭击的“伊斯兰国”支持者，并在他身上搜出刀械等武器及与“伊斯兰国”有关的文件。1月24日，马来西亚警方宣布逮捕7名“伊斯兰国”成员，再度挫败该组织意图发动恐袭的阴谋。3月22—24日，马来西亚警方再次先发制人，逮捕15名企图发动恐袭的“伊斯兰国”成员。5月17—20日，马来西亚警方再度展开大行动，在多处出击逮捕了14名“伊斯兰国”成员，其中8人涉嫌企图暗杀首相纳吉布与全国警察总长卡立·阿布巴卡。8月27—29日，马来西亚警方逮捕了3名“伊斯兰国”恐怖分子，挫败了其企图在国庆日前夕发动恐袭的阴谋。11月30日，泰国警方逮捕3名涉嫌策划在曼谷及周边省府旅游景点发动炸弹袭击的恐怖嫌犯。同日，印尼警方宣布侦破了一起重大恐怖袭击阴谋。据介绍，这起阴谋由一个4人恐怖主义小组策划，企图在年底攻击目标位于雅加达的国会大厦、警察总部、电视台和缅甸大使馆等。12月10日，印尼警方又粉碎了一个阴谋袭击雅加达总统府的计划，先后逮捕了9名嫌犯，其中包括 3 名女性。12 月 21 日，印尼反恐特遣队在雅加达以南市郊一所房子与恐怖嫌犯发生枪战，击毙 3 人，生擒 1 人，并发现多枚炸弹，成功挫败拟在圣诞节及元旦跨年期间发动自杀式炸弹袭击的阴谋。据报道，2016 年以来，印尼反恐特遣队挫败了至少 15 起袭击图谋，并逮捕超过 150 名恐怖嫌犯。[①]

第二，加大打击力度，抓捕大批涉恐嫌犯。印尼从 2016 年初起发起一场名为“提弄巴拉”的联合行动（Operation Tinombala），旨在围剿盘踞在波索的由桑托索领导的“东印尼圣战者”组织。到了 7 月 20 日，印尼警方证实，该组织头目桑托索已被击毙。[②] 而 1 月份雅加达恐袭案发生后，印尼也加大搜捕力度，逮捕了十几名涉及该案的恐怖嫌犯。在雪州夜店遭袭之后，马来西亚也加大搜捕力度，逮捕了数名嫌犯。马来西亚官员称，自从 2013 年以来，马警方已经逮捕 260 名左右恐怖嫌犯，挫败了至少 10 起恐怖袭击。[③] 同样，菲律宾也对菲南地区的恐怖组织发起了攻击，例如，2016 年 5 月底和 6 月初，菲政府军对南拉瑙省的马巫德（Maute）叛军训练营发起攻击，并声称击毙了 54 名武装分子。据称，马巫德叛军与“伊斯兰祈祷团”有关联，并宣誓效忠“伊斯兰国”。[④]

第三，加快防恐举措，提升安全警戒。一是进一步加强立法。自 2015 年以来，马来西亚和印尼就开始着手制定新的反恐法。2016 年 1 月

---

① “反恐特遣队粉碎 54 起恐袭阴谋”，http：//www. zaobao. com/special/report/politic/attack/story20161227－706374

② “警方证实印尼头号恐怖分子桑托索被击毙”，http：//www. zaobao. com/special/report/politic/attack/story20160720－643332

③ 2017 look ahead：Southeast Asia's fight against terrorism，http：//www. channelnewsasia. com/news/asiapacific/2017 － look-ahead-southeast-asia-s-fight-against-terrorism/3395978. html

④ “菲政府军捣毁极端武装组织训练营”，http：//www. zaobao. com/special/report/politic/attack/story20160605－625268

雅加达恐袭事件后，印尼政府拟推行更严厉的反恐法令，包括把未经审讯关押和防范性拘留的时限从目前的1周分别延长至3个月和120天。据悉，印尼新的反恐法将赋予执法部门更大的权力，并有望在未来几个月内获得通过。[①] 马来西亚政府也已经采取了多项防范措施来对付潜在的恐怖分子，重典用刑。5月12日，马来西亚法院宣判4名马来西亚男子阴谋进行恐袭的罪名成立，两人被判监25年，另两人判监20年，成为马来西亚法庭有史以来对恐怖嫌犯判刑最重的一次。二是严密监视互联网。例如，2016年4月，马来西亚成立了“区域数码信息反击通讯中心”（Regional Digital Counter-Messaging Communications Centre，RDCM-CC），旨在更好地监督网上涉恐言论并进行回击，来防止民众因误信恐怖分子的宣传而入歧途。[②] 三是密切跟踪返国的武装分子。例如，印尼反恐部门正密切追踪约40名从叙利亚返国的武装分子，这些人可能试图联系印尼国内的武装组织，以取得发动大规模袭击所需的技术与武器。四是加强易受攻击地区的军事威慑与戒备。例如，印尼在2016年1月遭受雅加达恐袭之后，政府要求加强对全国192座机场的安保措施，包括根据国际民航组织的标准，在所有机场设围篱、装置先进的行李X光检测机及重新培训机场人员。印尼政府2016年还拨出约1亿美元提升海陆空交通安全。[③] 其他国家也提高警惕，提升防范意识，尤其在节假日期间加强交通枢纽、旅游景点等公共区域的安保力度。五是加快监狱改造，避免监狱成为极端主义思想传播的温床。印尼除了积极采取行动直击恐

---

① “印尼拟颁布更严厉反恐法，料数月内通过”，http：//www. zaobao. com/special/report/politic/attack/story20160218－582622

② “监督网上涉恐言论，马国下周设立反恐信息中心”，http：//www. zaobao. com/special/report/politic/attack/story20160327－597555

③ “印尼加强全国192机场保安防恐袭”，http：//www. zaobao. com/special/report/politic/attack/story20160215－581499

怖活动，也加大了改造激进分子的力度，将于 2017 年启用一座专门监禁恐怖分子的监狱。这座监狱将成为去激进化计划的中心，将关禁在全国各个监狱里的恐怖分子全都集中到这里。① 马来西亚也计划重开甘文丁扣留营，将其变成专门关押恐怖分子的地方。此外，马来西亚还计划在沙巴拿笃兴建一座新监狱。②

第四，加大反恐投入，强化军警能力。据 2016 年 2 月报道，印尼政府将在调整财政预算案时，额外拨款 1.4 亿美元给反恐部队，以购买武器、装备及完成“88 反恐特遣部队”新总部的建筑工程。③ 印尼国家反恐局局长蒂托 2016 年 4 月在负责法律事务的众议院第三委员会工作会议上，要求政府将反恐局 2017 年的预算从 2016 年的 5320 亿盾增至 8264 亿盾，使反恐局可以加大反恐工作，包括展开反恐宣传、去激化计划、监控与情报搜集，以及与军警部门配合的打恐行动等等。④同样，马来西亚也计划加大反恐投入。马来西亚警察总长卡立 2016 年 3 月表示，警方已计划扩充反恐小组，除武吉阿曼警察总部外，全国各州的警察总部都有反恐小组。他表示：“恐怖活动和威胁越来越频繁，反恐小组的工作量也越来越大，所以增加人手是必要的。扩充行动刻不容缓，调派工作已在进行中。”⑤ 此外，新加坡等国还试图加强民众的防恐应变能力。2016

---

① “印尼总警长：明年着重对付恐怖主义及网上造谣者”，http://www.zaobao.com/special/report/politic/attack/story20161231－707999

② “马甘文丁扣留营将专门关押伊国组织分子”，http://www.zaobao.com/special/report/politic/attack/story20160721－643733

③ “购武器配备等，印尼将额外拨 1.9 亿元给反恐部队”，http://www.zaobao.com/special/report/politic/attack/story20160222－583980

④ “加强打恐与去激进化，印尼反恐部门要求拨款增半”，http://www.zaobao.com/special/report/politic/attack/story20160416－605767

⑤ “图在马发动恐袭，马捕 15 名伊国组织成员 包括一名警察”，http://www.zaobao.com/special/report/politic/attack/story20160325－596813

年5月起，新加坡内政部与人民协会开始携手推出改良版“紧急应变日”，民众可在活动当天免费学习心肺复苏术、包扎技巧和逃生技能等紧急应变知识，以备不时之需。9月，新加坡正式启动“全国保家安民计划”（SG Secure），即确保每户人家至少有一名成员有防范和应对危机的能力，以及确保在发生大规模事故时每个社区有一批居民能随时提供实际救援。①

第五，积极争夺思想阵地。东南亚国家对“伊斯兰国”在思想方面的渗透保持高度警惕。例如，印尼政府反复强调“伊斯兰国”的理念与做法违背印尼“潘查希拉”，即印尼“建国五原则”，指其是对印尼内在文化和宗教多样性的直接威胁；鼓励社区领袖、穆斯林长者和伊斯兰教士发声，反对“伊斯兰国”的极端主义思想；追踪伊斯兰网站和社会媒体，关闭那些涉嫌包含极端主义言论的网站和社交媒体。2016年1月，马来西亚总理纳吉布在接受采访时表示，为配合联合国安理会2178决议案，马来西亚已制定了“特别改造模式”课程，以便打击暴力极端以及把恐怖主义追随者引返正途，此课程已翻译成英语、阿位伯语和法语版本。②印尼最大的伊斯兰团体——伊斯兰教士联合会（Nahdlatul Ulama）则组织了一个500人的网络大军，效仿“伊斯兰国”的做法，通过传播印尼温和派伊斯兰主义的信息，在虚拟世界对抗极端主义与恐怖主义。③此外，马来西亚、印尼、新加坡等国都高度重视青年人的思想动向，加强对青年人的教育引导工作。如，马来西亚青年及体育部长凯利表示，

---

① “全国保家安民计划启动”，http：//www. zaobao. com/realtime/singapore/story20160924－670164

② “纳吉：马采取防范措施遏制恐怖主义威胁”，http：//www. zaobao. com/special/report/politic/attack/story20160126－575031

③ “印尼在网络宣扬温和伊斯兰教义对抗极端主义”，http：//www. zaobao. com/special/report/politic/attack/story20160509－614670

该部高度关注青年思想激进化的情况，将通过青年组织安排警方及反恐专家与青年对话，让青年了解激进思想的危险性。

第六，加强国际间的反恐合作。正如新加坡总理李显龙所指出："恐怖分子无国界意识，因此对抗恐怖主义的合作就必须超越国家。"近年来，东南亚国家不仅强化了相互间的防恐、反恐合作，并不断强化与域外大国之间的合作。一是东南亚国家之间特别是马来西亚、印尼等国之间的合作。1月12日，新加坡外长维文访问印尼，强调新加坡、马来西亚和印尼政府高层"坚定不移持续推进合作"，共同应对恐怖主义、原教旨主义和极端主义，以及管理年轻人流动特别是前往中东和从该地区返国的青年等挑战。2016年以来，鉴于印尼、马来西亚和菲律宾三国交界的苏禄海和苏拉威西海不时发生绑架事件，印尼、马来西亚和菲律宾三国商讨加强合作，建立联合巡逻机制。6月20日，三国采取了联合海空巡逻等协调行动，以阻止"阿布沙耶夫"组织等的跨界绑架和武装劫船等非法行为。[①] 12月，菲律宾和新加坡也就携手打击恐怖主义和毒品达成合作。二是与域外国家进行反恐合作。长期以来，地区国家与域外国家已经开展了很多合作。1月初，由美国资助并由美国烟酒枪炮及爆炸物管理局（ATF）的专家讲授的培训课程在泰国举行，此课程每年在泰国至少举行一次，主要讲授爆炸案调查技巧等。7月6日，马来西亚政府还促请由穆斯林人口占多数的国家组成的伊斯兰合作组织召开紧急会议，商讨对策以应对多个伊斯兰国家频繁遭袭的问题。9月7日，日本首相安倍晋三承诺提供4.4亿美元协助亚洲国家增强反恐措施，包括加强机场边检设施和提高治安部门职员的办案侦查能力。澳大利亚总理特恩布尔也表示将在反恐方面向东南亚国家提供帮助，并扩大与印度尼西

① "Philippines, Indonesia, Malaysia Agree to Act vs Abu Sayyaf", http://www.therepublic.com/2016/06/20/as-philippines-cross-border-attacks/

亚、马来西亚和其他邻国的反恐合作。新加坡总理李显龙则在10月访问澳大利亚时建议，马来西亚、印尼、文莱、新加坡和澳大利亚可合作制定一套互换情报的机制，一同打击恐怖主义。此外，东盟还利用该地区的多边平台，包括东盟防长扩大会等，推动各国加强反恐合作。

不过，也有学者总结了印尼、马来西亚等国在反恐问题上存在的不足。例如，有学者认为，印尼狱警对囚犯的电子通讯和阅读材料疏于管理，对囚犯组成的“学习”团体监视不够，以致监狱渐渐成为“伊斯兰国”成员招募和思想传播的集散地；法律政策不到位，对极端意识形态的支持者缺乏惩戒，对广泛散播的伊斯兰教出版物缺乏管理，阻止国人前往中东地区的措施软弱无力，或者新修订的相关法律过于严厉，以致侵害到基本的个人自由与权利。另有学者认为，东南亚国家在与“伊斯兰国”等极端组织争夺思想阵地方面显得苍白乏力，不能向目标人群提供其所接收的替代性意识、理论和说辞；还有人认为，马来西亚的纳吉布政府为证明自身比政敌更具宗教合法性，在国内有意营造保守的政治气氛与环境，这反而更有利于极端主义的发展。[①] 而随着越来越多的恐怖分子从叙利亚、伊拉克战场返回国内，东南亚国家还面临着法律、技术等方面的缺失。因此有学者指出，处理“回流者”问题将面临两大挑战：一是证据的问题，即在缺乏充分证据的情况下如何对返国的恐怖嫌犯采取先发制人的行动；二是缺乏使他们改过自新与重回社会的能力。[②]

不管怎样，东南亚面临的恐怖主义形势不容乐观，而且恐怖主义在东南亚的滋生与蔓延有着深刻的历史、文化、政治及社会根源，深受国

① Peter Chalk，“Black Flag Rising：ISIL in Southeast Asia and Australia”，https：//www.aspi.org.au/publications/black-flag-rising-isil-in-southeast-asia-and-australia/Black-flag-rising_ISIL.pdf

② Indonesia and the Islamic State Threat，http：//thediplomat.com/2017/03/indonesia-and-the-islamic-state-threat/

际恐怖主义与国际反恐进程的影响，正如台湾学者刘复国所指出的，“东南亚恐怖主义的根源掺杂着许多历史性难以解决的复杂情结与因素，再加上宗教和宗族因素，在每个国家内部一直存在极大的争议与不平。东南亚国家中有许多政府本身便是这些特殊利益团体和社区权益的剥夺者，美国到东南亚进行反恐与当地政府的结合，便直接涉入每个复杂的争端当中。在以美国或西方传媒为主的媒体中，美国反恐已经被塑造成打击邪恶的国际恐怖主义，东南亚当地的激进团体或叛乱组织发动的抗争却鲜少被正面看待过”①，而这只会使恐怖主义在该地区愈演愈烈。因此，在应对地区恐怖主义时，东南亚国家应认识到，单纯的遏制与打击等手段顶多只能取得治标的效果，而要尽可能地实现治本的目标，则需要东南亚各国一方面努力消除本国恐怖主义产生与发展的根源，另一方面则需要与国际社会开展广泛的合作，努力寻找一条解决恐怖主义威胁的根本之道。

---

① 刘复国著：《东南亚恐怖主义与亚太安全》，财团法人两岸交流远景基金会，2007 年版，第 21—22 页。

第八章　中东地区恐怖主义与反恐怖斗争形势综述

2016 年，中东恐怖主义与反恐怖斗争形势依旧复杂严峻，诸多新情况、新特点、新措施相继涌现。“伊斯兰国”在伊拉克、叙利亚地盘不断缩水，组织形态被迫转型，作战方式回归传统，人员外溢趋势加强。“基地”组织内部求变心态加强，与“伊斯兰国”既有争夺，又有勾结。中东多国仍处于暴恐高发期、高危期，对周边及全球反恐形势构成严重威胁。美、俄两大国各自组建两大反恐联盟，在打击“伊斯兰国”上竞争大于合作，中东地区强国在反恐上也难以形成合力，国际反恐合作虽有成果，但根除恐患仍遥遥无期。

第一节　中东地区恐怖主义形势

一、“伊斯兰国”在战场上走向守势，被迫加速转型

2011 年“阿拉伯之春”爆发后，叙利亚、利比亚等国陷入持续内

战，整个中东地区的地缘政治秩序都濒临坍塌。在此背景下，“伊拉克和叙利亚伊斯兰国”（ISIS）趁势崛起，四处征伐和抢掠，先后攻占费卢杰、摩苏尔、提克里特等伊拉克大城市，并于2014年6月29日宣布建立“伊斯兰国”（IS）。随后，“伊斯兰国”继续扩张，占领大片领土，其控制区面积、人口数量、武装人员数量都堪比部分中小国家。“伊斯兰国”的崛起及其政治野心、暴力极端主义理念，不仅引发了伊拉克、叙利亚政府及库尔德人等众多当地势力的恐惧，也让美国等西方国家政府甚至整个人类社会感到不安。此后，伊拉克政府、库尔德武装、美国及西方盟友、俄罗斯等各方势力虽心思各异，但均不同程度地加入到反击“伊斯兰国”的行列，“伊斯兰国”的战场攻势遭到遏制。2015年以来，在美、俄等国空袭及伊拉克政府军、库尔德武装等力量的地面打击下，“伊斯兰国”开始在战场上受挫，进而不断失利，逐渐走向守势。2016年“伊斯兰国”在战场上颓势更趋明显，各方反恐势力酝酿对其盘踞的伊拉克、叙利亚据点进行最后的总攻，此行动将对中东恐怖主义形势构成新挑战。

（一）所控地盘不断缩小，丧失大规模进攻能力

“伊斯兰国”在其活动的“鼎盛”期曾控制大片领土，成为在领土面积方面堪比国家的“超级”恐怖组织。2014年9月，据时任美国国家反恐中心主任马修·奥尔森（Matthew Olsen）透露，当时“伊斯兰国”控制了两河盆地（幼发拉底河与底格里斯河）的大部分地区，其控制区面积达21万平方千米，与英国的领土面积相当。[①]在各方联合反恐打击下，“伊斯兰国”的控制地盘从2015年下半年起不断缩小。到2016年初，美国官员估计“伊斯兰国”在伊拉克的控制区比起鼎盛时期缩小了40%，

① “What is 'Islamic State'?” December 2，2015，http：//www.bbc.com/news/world-middle-east—29052144.（上网时间：2017年1月31日）

在叙利亚的控制区缩小了10%—20%。[1]美国领导的反“伊斯兰国”联盟总统特使布雷特·麦格克（Brett McGurk）也曾在2016年中期公开表示，“伊斯兰国”正在退缩，所控地盘不断缩小，大体上处于防守态势。[2]英国IHS Markit公司安全防务分析师2017年1月发布总结报告称，“伊斯兰国”整个2016年在战场上节节败退，在叙利亚、伊拉克被迫放弃诸多城镇、据点，全年放弃的地盘面积达1.8万平方千米，2016年全年领土缩小约23%，该数字明显大于2015年的14%，证明“伊斯兰国”在2016年战场颓势更加明显。截至2017年1月，“伊斯兰国”所控制的领土面积为6.04万平方千米。[3]

从战场态势看，“伊斯兰国”面临两大反恐联盟的共同打击，一方面是以美国为首的反恐联盟，伊拉克政府军、叙利亚库尔德武装是美国的地面盟友；另一方面是以俄罗斯为首的反恐集团，以叙利亚巴沙尔政权、伊朗、黎巴嫩真主党为地面部队。在伊拉克，2015年底，“伊斯兰国”丢失重镇拉马迪，2016年6月进一步从费卢杰败退，10月17日，伊拉克总理阿巴迪宣布正式打响夺取摩苏尔之战，力图动兵3万兵力收复被“伊斯兰国”占据两年多的伊拉克第二大城市。美国时任防长卡特也表示这是“决战时刻”，是击溃“伊斯兰国”的关键之战。截至2017年1月底，伊拉克解放摩苏尔的的战斗进展顺利，已经攻占摩苏尔东部区域。在叙利亚，美国支持的“叙利亚民主军”2016年11月开始在叙北部多

---

① Christopher M. Blanchard, Carla E. Humud, "The Islamic State and U. S. Policy," CRS Report, February 9, 2016, p. 2.

② Holly Yan, "ISIS ramps up attacks, but U. S. says terror group is 'on the defensive'," May 16, 2016, http://edition.cnn.com/2016/05/16/middleeast/iraq-violence-isis/index.html.（上网时间：2017年1月31日）

③ Islamic State group 'lost quarter of territory' in 2016, BBC, 19 January 2017.（上网时间：2017年1月31日）

个地点对“伊斯兰国”展开进攻，不断逼近其自称的“首都”拉卡。同时，“伊斯兰国”在叙利亚还面临北部土耳其军队、南部巴沙尔政府军的进攻，战略资源、兵力调配更趋捉襟见肘。IHS Markit 公司预测，2017 年中期摩苏尔将被伊拉克政府彻底解放，解放拉卡的战役虽也会打响，但过程恐怕更加艰难。尽管如此，还应注意到“伊斯兰国”虽然战场失利，但困兽犹斗，2016 年 12 月反而逆势重新占领了帕尔米拉。此次战役情况表明，“伊斯兰国”在战场上尽管重重重压，但仍可利用各个反恐力量之间的矛盾在其间游走。

（二）领导层接连遭“斩首”，作战人员数量持续下降

“伊斯兰国”兴起之初之所以能够一路攻城掠地，很大程度上因为该组织建立了一套完整且相对有效的指挥体系，其中的关键是其高层领导和军事指挥官。然而，当前这一指挥体系面临的一个重要挑战便是美军的“斩首”行动。虽然“伊斯兰国”能够在高层人员遭“斩首”后迅速进行填补，但毕竟指挥有方、经验丰富的高层人员的流失对该组织而言确实是一个重大打击。美国防长阿什顿·卡特（Ashton Carter）2016 年 3 月曾表示，美军已击毙“伊斯兰国”多名高级指挥官，其中包括主管财政事务的副头目卡杜里；我们正系统地击毙“伊斯兰国”的“内阁”。[①] 8 月，“伊斯兰国”官方发言人、国际恐怖行动策划人阿布·穆罕默德·阿德纳尼在阿勒颇附近被击毙，该头目的阵亡将直接削弱“伊斯兰国”在西方国家发动“独狼式”恐袭的能力。12 月，美军又宣布在拉

---

① 文山：《多名 IS 高层被击毙，帕尔米拉古城正收复》，2016 年 3 月 25 日，http：//www.dw.com/zh/%E5%A4%9A%E5%90%8Dis%E9%AB%98%E5%B1%82%E8%A2%AB%E5%87%BB%E6%AF%99-%E5%B8%95%E5%B0%94%E7%B1%B3%E6%8B%89%E5%8F%A4%E5%9F%8E%E6%AD%A3%E6%94%B6%E5%A4%8D/a-19143317.（上网时间：2017 年 1 月 31 日）

卡附近的空袭中消灭了3名“伊斯兰国”高层头目，其中2名萨拉赫·高马特和萨米·吉杜尔直接参与了2015年11月的法国巴黎恐袭，而另一名瓦利德·哈马姆则参与了比利时恐袭的策划。[①] 在作战人员数量方面，据美国中央情报局2014年9月估计，“伊斯兰国”在叙利亚和伊拉克境内的武装分子数量多达2万—3.15万人；在叙利亚境内的1.5万名外国武装分子中，来自西方国家的就有2000人。[②] 2016年2月初，美国国防部官员透露，当前叙利亚和伊拉克境内“伊斯兰国”武装人员已由先前估计的2万—3万人缩减到1.9万—2.5万人。[③]此后，美国常务副国务卿安东尼·布林肯（Antony Blinken）2016年4月表示，“伊斯兰国”在叙利亚和伊拉克境内的战斗人员数量比过去两年中的任何时候都少。[④] 美国领导的反“伊斯兰国”联军副司令彼得·格斯滕（Peter E. Gersten）2016年4月底透露，当前每月前往叙、伊加入“伊斯兰国”的武装分子数量已由一年前的1500—2000人降至200人。[⑤] 在此背景下，“伊斯兰

① “Pentagon：3 ISIS leaders killed in airstrike”，CNN，December 13，2016. http：//edition. cnn. com/2016/12/13/politics/isis-leaders-killed-airstrikes/，（上网时间：2017年1月31日）

② Jim Sciutto，Jamie Crawford and Chelsea J. Carter，“ISIS can ‘muster’ between 20000 and 31500 fighters，CIA says，” September 12，2014，http：//www. cnn. com/2014/09/11/world/meast/isis-syria-iraq/.（上网时间：2017年1月31日）

③ Andrew Tilghman，“Size of ISIS force declining in Iraq and Syria，according to new intel，” February 4，2016，http：//www. militarytimes. com/story/military/2016/02/04/new-intel-shows-isis-force-declining-iraq-syria/79819744/（上网时间：2017年1月31日）

④ 《美副国务卿称“伊斯兰国”人员数量为两年来最低水平》，2016年4月13日，http：//cn. reuters. com/article/mideast-crisis-usa-state-idCNKCS0XA02G.（上网时间：2017年1月31日）

⑤ Ryan Browne，“ISIS internal docs show struggle to retain fighters，cut costs，” April 27，2016，http：//edition. cnn. com/2016/04/26/politics/isis-documents/index. html.（上网时间：2017年1月31日）

国”迫切需要补充作战人员，因而对外国武装分子的需求更加强烈。据日本《外交学者》杂志载文称，为解决战斗人员不足问题，“伊斯兰国”正在改变其在中亚的招募策略，由初期鼓动极端分子就地推翻本国政府、建立伊斯兰法秩序转为鼓励他们及家人赴叙利亚和伊拉克生活并保卫“伊斯兰国”。[①]

（三）组织形态、行为方式上被迫转型

一是通过发动更多恐袭减轻战场压力、激化教派矛盾，以浑水摸鱼、提振士气。“伊斯兰国”分子面临战场不利局面，明显加大在伊拉克、叙利亚等城市的恐怖袭击。在伊拉克，2016 年 5 月 10 日以来，“伊斯兰国”在伊拉克首都巴格达的自杀式爆炸攻击就从未停止，共造成近 150 名平民丧生，成为 2016 年来伊拉克“最血腥的一个月”。其中，仅 5 月 17 日一天巴格达便出现 3 起连环爆炸案，造成至少 77 人丧生，150 人受伤。在叙利亚，“伊斯兰国”的恐袭数量也明显上升。5 月 23 日，“伊斯兰国”在拉塔基亚省的阿拉维派聚居区发动了 4 起自杀性爆炸，其中一起利用汽车冲入人群引爆炸弹；另有 3 起利用自杀式背心，造成至少 73 人死亡。这次袭击距离俄罗斯空军所在的阿萨德机场不足 3 英里。同样在 5 月 23 日，“伊斯兰国”在叙利亚港口城市塔尔图斯也发动了的 3 起连环自杀式袭击，造成 48 人死亡，而塔尔图斯则是俄罗斯海军基地所在地。“伊斯兰国”随后在网站上声明称，同一天两座城市的恐怖袭击都是由新成立的“萨赫勒分支”制造的。[②]对比自“伊斯兰国”2014 年宣布所谓“建国”以来伊拉

---

① Uran Botobekov，“ISIS and Central Asia：A Shifting Recruiting Strategy，” May 17，2016，http：//thediplomat. com/2016/05/isis-and-central-asia-a-shifting-recruiting-strategy/.

② The Institute of the Study of War，Syria Situation Report，May 21－27，2016，http：//iswresearch. blogspot. com/search/label/Syria，（上网时间：2016 年 6 月 2 日）

克、叙利亚的恐情可看出，当前伊拉克巴格达的恐怖袭击是自 2014 年以来最严重的一波；叙利亚塔尔图斯、拉塔基亚等则遭受了自 2011 年叙利亚危机爆发以来最严重的恐怖袭击。美国政治风险分析师索维尔（Kirk Sowell）5 月 16 日称，地盘丧失正刺激“伊斯兰国”改变战术，包括激活其潜伏分支、对软目标发动恐袭。①

另一方面，“伊斯兰国”将实施战略转移，加大对外渗透力度。“伊斯兰国”在 2014 年能够一路势如破竹，很大程度上源于叙利亚、伊拉克局势的混乱，以及美国、伊拉克政府军、库尔德武装缺乏防备。如今，伊拉克政府军、库尔德武装及部分什叶派武装虽然各有各的利益和需求，但面对“伊斯兰国”这一共同威胁，只能共同对敌。在此背景下，“伊斯兰国”在叙利亚、伊拉克境内可以说已四面楚歌，四处受敌，即便能够发起某些战术层面的反击，也无法再像以往那样在军事上取得重大突破。因此，面对越来越大的军事、财政和资源压力，“伊斯兰国”只能寻求“突围”或“转移”，即通过四处渗透和扩张，并在欧美等地实施恐袭等方式转移国际社会的注意力，在叙利亚和伊拉克之外建立新基地、开拓新的生存空间。事实上，“伊斯兰国”已经开始了其战略转移进程，大力经营其在北非、南亚、东南亚等地的据点，这些地区的“伊斯兰国”武装分子及追随者数量有明显增加。根据联合国安理会 2016 年 1 月底发布的一份报告，截至 2015 年 12 月中旬，世界范围内共有 34 个组织宣布效忠“伊斯兰国”，预计 2016 年“伊斯兰国”的附属组织数量将继续增加，

① Holly Yan, “ISIS ramps up attacks, but U. S. says terror group is ‘on the defensive’,” May 16, 2016, http://edition.cnn.com/2016/05/16/middleeast/iraq-violence-isis/index.html.（上网时间：2016 年 5 月 31 日）

其成员也将继续增多[①]。以北非为例，据美军非洲司令部司令大卫·罗德里格斯（David Rodriguez）2016年4月初透露，根据美国情报部门的估计，当前利比亚境内“伊斯兰国”武装分子数量在过去12—18个月内翻了一番，达到4000—6000人。[②] 德国美因茨大学中东问题专家梅耶尔（Günter Meyer）称，“伊斯兰国”虽遭削弱，但并未被战胜；数千名“伊斯兰国”武装分子已从叙撤至利比亚，“伊斯兰国”显然认为他们在利比亚拥有不错的前景。因此，即使他们在叙利亚和伊拉克遭遇军事失利，并不意味着“伊斯兰国”的终结。[③] 更值得警惕的是，“伊斯兰国”还得到了“博科圣地”、“伊斯兰教法斗士”、“耶路撒冷支持者”等当地极端组织或恐怖组织的效忠或支持，这为其在北非的渗透和扩张提供了巨大的助力。

二、“基地”组织分支改头换面、趁机壮大

2014年“伊斯兰国”迅速崛起“蹿红”以后，“基地”组织在中东

---

① United Nations Security Council, “Report of the Secretary-General on the threat posed by ISIL (Da'esh) to international peace and security and the range of United Nations efforts in support of Member States in countering the threat,” January 29, 2016, p. 3, http: //www. un. org/ga/search/view _ doc. asp? symbol = S/2016/92&referer = http: //foreignpolicy. com/2016/02/11/the-islamic-state-will-survive-americas-military-onslaught/&Lang=E.（上网时间：2017年1月31日）

② Nicole Gaouette, “U. S. general: Number of ISIS fighters in Libya doubles,” April 8, 2016, http: //edition. cnn. com/2016/04/08/politics/libya-foreign-fighters-isis-doubles/index. html.（上网时间：2017年1月31日）

③ 《“伊斯兰国”财政收入大幅减少》，2016年4月24日，http: //www. dw. com/zh/%E4%BC%8A%E6%96%AF%E5%85%B0%E5%9B%BD%E8%B4%A2%E6%94%BF%E6%94%B6%E5%85%A5%E5%A4%A7%E5%B9%85%E5%87%8F%E5%B0%91/a-19208429.（上网时间：2017年1月31日）

及全球的影响力明显下降，在行动能力、资金来源、兵力规模、宣传效果等诸多方面都不如以往，甚至有被取而代之的危险。但随着2016年“伊斯兰国”势力遭削弱，“基地”组织看到趁机壮大、重回“中央舞台”的机会，一年来动作频频，暴恐威胁有增无减。

（一）“支持阵线”更名为“征服阵线”，意图实现“二次壮大”

经历一定时期的沉寂后，“基地”组织在叙利亚分支“支持阵线”在2016年实现了较大突破。2月，“支持阵线”吸收3支在大马士革活动的“圣战”组织，大幅充实了自身队伍，同时还向叙全境的其他反对派组织发出其仍有活动能力的“积极信号”。7月28日，“支持阵线”领导人朱拉尼罕见公开露面，宣称已脱离“基地”组织，并改名为“征服沙姆阵线”（以下简称“征服阵线”，Jabhat Fateh al-Sham）。朱拉尼在卡塔尔半岛电视台播出的一段视频中说，其领导的组织已不再使用“支持阵线”的名义进行活动，“征服阵线”是一个新的组织，与境外组织不存在联系。朱拉尼还直言不讳地表示，脱离“基地”组织可以让美国和俄罗斯没有理由继续空袭“支持阵线”目标。在这一消息公布后不久，“基地”组织高层就已表态支持“支持阵线”的决定，希望“支持阵线”联合叙境内其他武装组织继续进行武装活动。[①]“支持阵线”改头换面为“征服阵线”主要出于三大原因。

第一，摆脱“恐怖组织”标签，实现身份的“洗白”，以获得更多的外部资助。一直以来，“征服阵线”都受到海湾国家非官方层面的资助，其中尤以来自卡塔尔的基金会为主。随着近年来反恐局势的恶化，海湾

---

① “叙利亚努斯拉阵线宣布与‘基地’组织分裂”，BBC中文网，2016年7月28日。http://www.bbc.com/zhongwen/simp/world/2016/07/160728_syria_nusrafront_rename，（上网时间：2017年1月31日）

国家越来越受到西方及国际社会的指责，认为其向“基地”组织或“伊斯兰国”有联系的恐怖组织提供援助。迫于外部压力，海湾国家“金主”只能减少或者停止资助。而通过宣布与“基地”在组织上、表面上、形式上“切断联系”，“征服阵线”自认为可以更加“光明正大”地与资助国往来，同时在思想上、意识形态上仍然可以获得“基地”组织上层的认可与肯定。2016 年 9 月 26 日，“征服阵线”在接受德国媒体采访时透露，他们得到了多国政府的军事支援。利比亚通过土耳其提供坦克和多管火箭炮给“征服沙姆阵线”，而美国则通过第三方提供武器。其中，美国提供的陶式反坦克导弹成为“征服沙姆阵线”多次战胜叙政府军的关键因素。除此以外，土耳其、卡塔尔、沙特阿拉伯、以色列和美国也有派遣专家指导“征服阵线”使用卫星、导弹、热成像摄像机和其他侦察工作。①

第二，躲避美俄的双重空袭，在国际反恐斗争中企图蒙混过关。虽然美、俄在认定何为恐怖组织问题上存在分歧，但“征服阵线”及其前身“支持阵线”早已被美、俄列入恐怖组织名单，联合国也将“支持阵线”明确定性为恐怖组织。2016 年以来美俄达成的两次停火协议中均将“支持阵线”排除在外，对该组织的空袭、地面行动都不算破坏停火。因此，“征服阵线”此举试图混淆视听，躲避在军事上被美俄继续轰炸。但美国对“征服阵线”此举并不买账，据报道，美国白宫发言人欧内斯特 7 月 28 日在一场新闻发布会上说，“支持阵线”仍继续对西方构成威胁。9 月 9 日，“征服阵线”在推特上证实，其最高军事指挥官萨拉凯卜死于

① Tyler Durden,“America Is On Our Side”: Al-Nusra Commander Tells German Press US Is Arming Jihadists, September 26, 2016. http: //www. zerohedge. com/news/2016 — 09 — 26/america-our-side-al-nusra-commander-tells-german-press-us-arming-jihadists,（上网时间：2017 年 1 月 31 日）

美军在叙利亚北部阿勒颇的一场空袭。11 月 16 日，俄军航母航母“库兹涅佐夫”号出动舰载机，也对“征服阵线”目标实施了攻击，击毙该组织重要头目阿里·阿斯法里。

第三，在叙利亚战后重建进程中扮演更大角色，拉拢民心。事实上，“征服阵线”长期标榜自己为“叙利亚本土的反抗组织”，其内部成员均为叙利亚本国人，这一特点与“伊斯兰国”形成鲜明对比。此次切断与“基地”组织的关系后，可以实现更加彻底的“本土化”，而可以更方便地与其他反对派组织进行联盟，共同对抗巴沙尔政府，提升其在叙本土的形象和影响力。此外，同时，“征服阵线”一直认为自己在行动方式上与“伊斯兰国”的“残暴”、“反人类”有天壤之别，此次更名行动还有助于“征服阵线”更好凸显其“温和”反对派形象，通过“合法”、“正常”途径在未来的叙利亚战后进程中分得一杯羹。2016 年“征服阵线”与叙利亚其他反对派武装虽然利益不尽相同，但总体呈现合作关系。2016 年下半年中，“征服阵线”曾与“沙姆自由人”、“圣战军”、“努尔丁津基旅”等组成“征服军”对叙政府发起进攻，共同抵抗政府军对北部重镇阿勒颇的收复行动。“沙姆自由人”甚至还一度以阿斯塔纳和谈不接受“征服阵线”为由，拒绝参加和谈。

（二）“基地”组织阿拉伯半岛分支以退为进，图谋长远规划

自从也门内战陷入僵局以来，“基地”组织阿拉伯半岛分支（Al-Qaeda in the Arabian Peninsula，AQAP）利用哈迪政府和胡塞武装间的冲突生存下来，同时利用也门东部部落势力稳住阵脚，图谋扩大阵脚，试图争取更多地盘。2015 年 3 月，就在沙特发动干预也门的“决心风暴”行动不久，“基地”组织分支便趁机占领了也门第五大城市穆卡拉。为了显示自身的“治理能力”，“基地”在穆卡拉迅速恢复了秩序，成立“长老委员会”维持当地治安。“基地”在也门吸取了此前的教训，并没有迅

速施行严厉极端的“沙里亚法”统治，而是采取相对温和的方式拉拢当地部落的人心。

占领穆卡拉一年多的时间里，“基地”组织并未受到当地民众大规模反抗。据BBC独立调查称，“基地”组织半岛分支充分利用了也门乱局，在胡塞武装和沙特支持的哈迪政府军之间生存，以穆卡拉城为基地，向也门东、西、南部全面渗透。2016年1月，“基地”组织阿拉伯半岛分支开始将作战主力和重装备有秩序地撤离穆卡拉，输送至“基地”在也门阿比扬、舍卜瓦等省的其他据点。2016年4月，沙特、阿联酋支持的政府军重新夺回了被“基地”占领的穆卡拉市，沙特官方将此战视为反恐的重大胜利，自称击毙了“基地”组织阿拉伯半岛分支的800多名武装分子。但该组织称此战是“战略性撤退”，主动撤离是因为其不想“殃及无辜”，实际上在战斗中仅仅损失了10人。[①]但是此举并没有削弱这一组织的战斗实力。相反，“基地”组织阿拉伯半岛分支反而在此后的战斗中证明自己拥有极强的组织能力，并且也获得了地盘上的扩张。就目前情况看，“基地”组织阿拉伯半岛分支在哈德拉毛省的行动大多属于“战略性撤退”，其真实意图是保存实力，在也门内乱中获得自身利益最大化。

事实表明，“基地”组织阿拉伯半岛分支从穆卡拉运走了大量武器装备，而且攫取了也门中央银行大约1亿美元资金。这些资源被“基地”组织用于给当地提供援助、分配粮食，同时给内部发放军饷。在占领穆卡拉一年的时间里，该组织一直与哈德拉毛省的部落保持密切联系，维持在当地的影响力。据BBC报道，由于也门内战长期胶着，哈迪政府军

① “Speculation surrounds coalition claim of 800 al-Qaeda fighters killed”, the New Arab, April 25, 2016. https: //www. alaraby. co. uk/english/news/2016/4/25/arab-coalition—800—al-qaeda-fighters-killed-in-yemen,（上网时间：2017年1月31日）

试图避免与胡塞武装和“基地”组织半岛分支双线作战，在也门内战中刻意避免与“基地”势力交火；“基地”组织半岛分支为了“回报”政府军，也故意避免与政府军发生冲突。[①]在也门内战的前线中，“基地”组织更是不甘寂寞。在塔伊兹、贝达等西南部地区的战斗中，“基地”组织半岛分支都发挥着重要作用，这些据点都是连接也门南北的咽喉要道。“基地”组织充分利用也门乱局，在两面讨好。

就目前局势看，也门内战很可能仍将持续多年，未来或将进入低烈度持久战阶段。这一发展趋势对“基地”组织阿拉伯半岛分支而言为大好机会。由于目前也门将近80%的人口面临严重人道主义危机，“基地”组织可以通过提供经济实惠的手段招揽源源不断的新鲜血液，同时还可以彰显出其在乱局中的“治理”能力。而且，也门内战长期化将使得该国成为中东各类武器走私的目的地。目前也门战场上可以发现性能先进的反坦克导弹，这些都是“基地”可以长期保持战斗力的重要条件。从2016年“基地”组织阿拉伯半岛分支的表现形态看，该组织虽然和伊、叙战场活跃的“伊斯兰国”、“征服阵线”等恐怖组织相比略显“低调”，但其在人员规模、经济实力、作战能力、武器数量方面相当可观，对也门、中东乃至世界的恐怖威胁不容小觑。

在与“伊斯兰国”关系方面，“基地”组织阿拉伯半岛分支总体上持观望态度。2014年“伊斯兰国”在伊拉克、叙利亚攻城略地的高潮时期，也曾蓄谋将也门变成新的暴恐策源地，加强了与在也门的“基地”组织阿拉伯半岛分支的联络。“基地”组织阿拉伯半岛分支的部分中层官员也曾宣誓效忠“伊斯兰国”，但是在组织上二者仍保持着一定程度的距

---

① “Yemen conflict：Al-Qaeda seen at coalition battle for Taiz”，BBC News，February 22，2016. http：//www. bbc. com/news/world-middle-east－35630194，（上网时间：2017年1月31日）

离。与“伊斯兰国”的极端暴力相比，“基地”组织阿拉伯半岛分支重视拉拢当地社会，因此希望被外界视为“温和派”代表。“伊斯兰国”在也门主要为小股部队的恐怖袭击，主要针对胡塞武装及其支持者，但与亲哈迪政府民兵、当地部落的关系若即若离。2016 年 9 月，“伊斯兰国”甚至针对亚丁的亲政府武装人员发动了一次恐怖袭击。从目前态势看，“基地”组织阿拉伯半岛分支与“伊斯兰国”的关系走向是观察也门乃至中东反恐局势的重要指标。有学者认为，“基地”组织阿拉伯半岛分支在也门活动时间已长达 20 余年，期间合并、融合了诸多中、小型极端组织，因此“基地”组织有可能在适当时机吞并“伊斯兰国”在也门的分支。[①]但总体看，“基地”组织阿拉伯半岛分支仍然倾向于“长线经营”，即使未来吞并“伊斯兰国”的一部分战斗人员，仍不会改变其立足也门本土、务实主义的整体策略。

三、中东多国暴恐频发，安全环境极端恶劣

根据美国“和平宗教”网统计显示，2016 年全年中东国家（含北非）可统计的恐怖袭击数量为 1424 起，与 2015 年相比下降 11%；共造成 1.5 万人死亡，同比下降 5%。2016 年的中东恐怖袭击中，绝大多数发生在伊拉克、叙利亚两大战乱国家，伊拉克暴恐 799 起、叙利亚 309 起，两国造成死亡人数近 1.3 万人，占中东因暴恐死亡人数的 86%。除上述两国以外，2016 年发生暴恐数量较多的国家还有埃及 94 起、也门 68 起、利比亚 56 起，虽然造成伤亡人数远低于伊、叙，但对当地安全

① Michael Horton，“AQAP in Southern Yemen：Learning，Adapting and Growing”，October 14，2016. https：//jamestown. org/program/aqap-southern-yemen-learning-adapting-growing/，（上网时间：2017 年 1 月 31 日）

环境有致命的负面影响。[①]整体看，虽然中东诸国的恐怖主义绝对数量较上年略有下降，但仍远远高于全球其他地区；而且从土耳其、沙特、埃及等“非战乱国”情况看，几起暴恐大案的冲击力较以往甚至有所提高，中东仍处于恐怖主义高发期。

土耳其经历“血腥、恐怖之年”。土耳其地处中东乱局核心，深受叙利亚危机外溢影响，其安全形势自 2015 年 7 月以来急剧恶化，至今没有丝毫缓解迹象，暴恐袭击趋于“常态化”，其中规模较大的就有数十起之多，由土叙边境地区日益向安卡拉、伊斯坦布尔等中心城市扩散。2016 年对于土耳其来说是血腥、恐怖的一年，几乎每个月都会发生袭击事件，暴恐数量有增无减。1 月，伊斯坦布尔旅游胜地苏丹阿赫迈特广场发生自杀式爆炸袭击，造成 10 死 15 伤；2 月，首都安卡拉红新月广场再发恐袭，汽车炸弹造成 28 人死亡、61 人受伤；3 月，安卡拉和伊斯坦布尔在一周之内先后遇袭，袭击造成 37 人死亡；6 月，位于伊斯坦布尔的土耳其第一大国际机场阿塔图尔克机场发生自杀式炸弹袭击，至少 36 人死亡、140 多人受伤；8 月，土东南部城加齐安泰普一处婚礼现场遇袭，导致包括数名儿童在内的 50 多位平民遇难；10 月，一辆装有 5 吨爆炸物的卡车冲向土耳其东南部塞姆丁里的一座警察局，袭击造成至少 18 人死亡，包括 8 名平民和 10 名士兵。塞姆丁里距离伊拉克只有 77 千米。12 月，恐袭频率有所提高，10 日伊斯坦布尔一处体育场附近发生连环爆炸，17 日一辆运送休假士兵的大巴在中部城市开塞利被袭击，19 日俄罗斯驻土耳其大使卡尔洛夫又在安卡拉遇刺身亡。除上述见诸报端的大规模恐袭之外，小规模、低烈度的恐怖袭击更是不可胜数。据不完全统计，2016 年土境内直接死于恐袭的人数已多达四五百人，国民经济遭受重

① “List of Islamic Terror：2016”，htps：//www. thereligionofpeace. com/attacks/attacks. aspx? Yr=2016，（上网时间：2017 年 2 月 1 日）

创，社会恐慌情绪不断蔓延。这些恐怖袭击的目标不同、方式各异，也并非都出自一家之手。其中一些由库尔德工人党及其附属的青年激进组织“库尔德自由之鹰”策划发起，另一些则应归咎于极端组织“伊斯兰国”。2016 年 7 月 15 日土发生未遂军人政变后，土政府又把“居伦运动”列入了严厉打击的恐怖组织黑名单，致使原本就多线作战的反恐战场上再添劲敌。

沙特“三城连袭”震动伊斯兰世界。“阿拉伯之春”后，沙特安全形势明显恶化，特别是 2014 年 6 月“伊斯兰国”在沙特邻国伊拉克兴风作浪后，进一步冲击沙特国内安全。“伊斯兰国”头目巴格达迪曾公开自称“哈里发”，妄称将“攻占麦加和麦地那”，不仅在恐袭上挑战沙特国内安全，而且挑战沙特王室、瓦哈比家族宗教合法性。2014 年以来，沙特国内出现多起暴恐大案，搅动社会不安全感激增。“伊斯兰国”恐怖分子专门针对东方省什叶派聚集区下手，意在挑起沙特国内教派矛盾，从而趁乱渔利。2016 年，沙特国内恐情仍未明显好转。据沙特内战部统计，2016 年沙特国内遭遇恐怖袭击数量高达 128 起，共造成 1147 人伤亡，其中尤以 7 月 4 日的“三城连袭”最为突出。当天，沙特三地同一天遭到自杀爆炸袭击，其中包括伊斯兰教第二大“圣城”麦地那，造成 4 人死亡、5 人受伤。这次恐袭对沙特及伊斯兰世界震动巨大，其一，发生暴恐的地点在先知清真寺附近，该地为伊斯兰教先知穆罕默德安葬之处，为“伊斯兰教最神圣地点之一”。阿拉比亚电视台称，这是恐怖分子首次针对伊斯兰教“圣地”开展恐袭。其二，三起暴恐发生时间为伊斯兰教最神圣的斋月期间，凸显“伊斯兰国”分子激进化程度较以往空前提高，气焰极其嚣张，无异于直接挑战沙特国王的“两大圣地守护者”地位。

约旦“安全绿洲”地位一去不返。约旦紧邻叙利亚、伊拉克等局势动荡国家，在国王阿卜杜拉二世的治理下，约旦国内政治、安全局势一度相对稳定。但在中东乱局持续升级的背景下，约旦越发难以自保。卡塔尔半岛电视台援引接近“伊斯兰国”的消息人士的话称，目前有大约4000名约旦人加入了该组织。随着“伊斯兰国”在伊、叙战场不断败退，约旦面临越来越大的恐怖分子回流风险。同时，约旦为美国在中东重要盟国，积极配合美国主导的打击“伊斯兰国”行动，从而招致极端分子的仇恨。另一方面，约旦境内接收有上百万叙利亚和巴勒斯坦难民，若约旦局势出现动荡，或将使得本就恶劣的难民生存环境雪上加霜，引发新一轮人道主义危机。2016年6月，约旦首都安曼西北方向的约旦情报总局驻巴卡难民营办公室遭恐怖分子突袭，5人遇害；11月4日，美国国防部证实，3名美国军人当天在约旦的一个军事基地外遭枪击身亡，此为美军在约旦基地近年来的最大伤亡；12月18日，约旦南部城市卡拉克再次发生系列恐袭，造成6名警察、3名约旦平民以及1名加拿大游客丧生，另有27人受伤。枪手在发动袭击后，躲进了约旦著名的旅游胜地卡拉克城堡，随后安全部队包围城堡并发起进攻，经过持续数小时的交火，4名武装分子被击毙，城堡内被劫持的游客安全获救。约旦安全部门当天还在城堡附近的一处武装人员藏匿点发现了包括自杀式爆炸装置在内的大量武器。

埃及恶性暴恐从边远地区向全国蔓延。埃及国内长期受到西奈半岛恐怖主义困扰，对其旅游业和国内秩序构成严重威胁，2016年埃及国内恐情仍不容乐观，恐患从西奈半岛开始向大城市蔓延。1月，3名外国游客在红海海滨旅游城市胡尔加达的酒店内遭刺伤；4月，亲塞西的前大穆夫提阿里·戈马遭枪手袭击，9月，埃及助理总检察长阿齐兹遭遇炸弹袭击。12月11日，开罗市一所教堂发生爆炸，爆炸造成24人死亡、近50人受伤。自杀式袭击者是一名叫马哈茂德·沙菲克的年轻人，另有4名涉案人员被捕，安全部门正在追捕其他两名嫌疑人。埃及内政部13日在一份声明中指称，埃及“穆斯林兄弟会”（“穆兄会”）头目与11日发生在开罗市区的教堂爆炸袭击案相关联，涉嫌向袭击者提供培训和资金支持。此外，埃及航空业也成为恐怖分子下手的重要目标。5 月 19 日，埃及航空公司 MS804 航班从巴黎飞往开罗，接近埃及领空时突然坠入地中海，66 名机组人员和乘客全部遇难。12 月 15 日，埃及调查人员宣布，5 月埃航坠海客机的部分乘客遗体上有爆炸物痕迹，但尚未有组织“认领”此次袭击事件。埃航客机还多次遭遇“诈弹”，2016 年 3 月亚历山大至开罗航班因此迫降塞浦路斯，6 月开罗飞北京航班迫降乌兹别克斯坦。尽管埃方加强了针对重点地区和领域的安保，包括与欧洲国家政府和安全顾问合作，强化机场安检，在热门旅游景区加派旅游警察、增加检查站和安检设备等，但埃安保人员工作懒散、安保意识淡薄、很多安保措施和准则形同虚设，未来旅游场所和外国目标仍将是恐袭重点。

利比亚乱局吸引大量“伊斯兰国”分子。在国际社会对伊拉克和叙利亚境内的“伊斯兰国”武装持续打击下，极端武装分子被迫选择向处于安全真空、各派斗争激烈的利比亚转移，企图在利比亚建立另一个大本营。2016 年全年利比亚各类暴恐导致 732 人丧生，比 2015 年增长 36%。[①] 有报道称，利比亚的“伊斯兰国”分支正成为该极端组织多个海外分支中最重要的一支。“伊斯兰国”一些高级头目陆续从叙利亚和伊拉克等地转移到利比亚，其新招募的武装人员也被要求在利比亚集结，而不是前往叙、伊两国。当前，“伊斯兰国”在叙利亚和伊拉克的武装人员数量有所下降，但在利比亚的武装人员却在增多。美军非洲司令部司令罗德里格斯 2016 年 4 月证实，在过去 12—18 个月间，“伊斯兰国”在利比亚的武装人员人数翻了一倍。据美国情报部门数据，“伊斯兰国”在利比亚的武装人员有 4000—6000 人，主要来自伊拉克、叙利亚以及北非

① “List of Islamic Terror：2016”，htps：//www. thereligionofpeace. com/attacks/attacks. aspx? Yr=2016，(上网时间：2017 年 1 月 31 日)

其他地区，也包括一部分利比亚当地武装人员。[①]“伊斯兰国”在利比亚的扎根和壮大不仅对该国安全造成严重危害，而且对与利比亚一海之隔的欧洲国家构成威胁。该组织利用利比亚漫长的海岸线向欧洲国家输送极端分子并发动恐怖袭击。作为一项重要的收入来源，该组织还有计划、分批次地组织来自非洲南部的非法移民向欧洲偷渡，加剧了欧洲的难民危机。2016年5月以来，利比亚民族团结政府组建卫队，对“伊斯兰国”占据的苏尔特发起攻势。12月5日，随着“伊斯兰国”在苏尔特的最后一个据点被攻克，利政府军取得了最终胜利。但“伊斯兰国”在利比亚的边境地带仍然活动猖獗，对利全国及北非周边国家仍有巨大威胁。

突尼斯恐怖阴云未消。突尼斯2011年政治变革以来，社会治安不稳，经济发展停滞，极端思想和恐怖主义逐步渗透。2015年，突尼斯先后遭遇三起大规模恐怖袭击，导致70多人死亡，其中以外国游客和安全人员为主。2016年，法国尼斯和德国柏林分别遭遇恐怖袭击，凶手均为突尼斯裔“恐怖分子”。突尼斯政府尽管不断加大反恐力度，但受到周边利比亚乱局拖累，突国内恐患威胁仍远未消除。3月7日，距离利比亚边界25公里的突尼斯边境城市本加尔丹爆发严重恐怖事件，恐怖分子与治安部队直接对抗。恐怖分子针对突军队的一处军营、国民警卫队总部发动长达数小时的突袭，至少30多名“伊斯兰国”恐怖分子参加了战斗。此次事件共造成28名袭击者、7名平民死亡。治安部队、内政部和国防部则有6名宪兵、2名警察、1名海关人员和1名士兵死亡。内政部长马吉杜卜在接受当地媒体《马格里布报》采访时说，安全部门已把2929人定性为“恐怖分子”，其中超过1000人在叙利亚，500人在利比

---

① “ISIS fighters in Libya surge as group suffers setbacks in Syria，Iraq”，CNN，February 4，2016. http：//edition. cnn. com/2016/02/04/politics/isis-fighters-libya-syria-iraq/index. html，（2017年1月31日）

亚，近150人在伊拉克。另外，大约400名“恐怖分子”行踪不明。另有媒体报道，约800名“恐怖分子”已潜回突尼斯，分布在突全国各地，以首都突尼斯城地区最多。

第二节 中东地区主要反恐措施

“伊斯兰国”暴恐威胁日益向全球蔓延、渗透，美、俄两大国各自组建两大反恐联盟，在打击“伊斯兰国”上竞争大于合作，中东地区强国在反恐上也难以形成合力，国际反恐合作虽有成果，但根除恐患仍遥遥无期。

一、美、俄组建两大对立联盟，大搞中东反恐竞赛

（一）美国调整中东反恐策略，取得初步成效，但前景仍不乐观

2016年，美国在中东的反恐上较以往明显加强了力度，尤其是进入下半年以后，美军在叙利亚、伊拉克、利比亚三大中东反恐战场同时发力。12月，奥巴马在任内最后一次针对国家安全发表的讲话中，赞扬了美国特种作战司令部以及美国中央司令部的工作，称美国在打击“伊斯兰国”与“基地”组织恐怖网络的事业中取得进展是得益于策略转变，即本届美国政府将美国独自承受战斗的冲击转为“在当地政府的参与下形成一支多国部队”。

首先，在空袭上保持打击力度不减。根据美国军方公布的统计数字，2016年美国共在海外7国展开了反恐空袭行动，共投下各类炸弹26172枚，该数字比2015年多3028枚。从国家分布上看，美国的主要反恐火

力集中“倾泻”在伊拉克、叙利亚战场，其中对叙空袭12192枚炸弹、对伊拉克空袭12095枚。从空袭次数上看，美军2016年共发动空袭7473次，其中对伊拉克、叙利亚战场空袭5904次，占总量的79%。除了伊拉克、叙利亚以外，美国对外投弹量最大的国家还有阿富汗、利比亚、也门、索马里、巴基斯坦等国。①此外，美军对中东的无人机空袭战略始终未停止。如，9月20日、28日，美国中东地区中央司令部两次对也门境内的“基地”组织阿拉伯半岛分支发动了空袭，击毙其4名成员。

其次，加强对地面武装的援助力度。2016年，美军除了加大了对伊拉克政府军、叙利亚库尔德武装的空中支持，加强了与这些地面亲美武装的作战、情报、后勤协调。在叙利亚方面，4月25日，奥巴马授权美军向叙利亚北部地区追加部署250名特种部队士兵，加入已经在当地活动的50名美军队伍，他们的主责为向叙利亚北部库尔德武装的反“伊斯兰国”战斗提供建议和协助，并鼓励更多叙利亚阿拉伯人加入亲美反恐队伍。12月10日，美军宣布再向叙利亚追加200名特种部队士兵，使得驻叙利亚美军数量达到500人。时任美国防部长卡特称，特种部队的任务与此前类似，主要是为叙利亚当地武装提供训练、培训、组织工作，为“叙利亚民主军”解放拉卡做好准备。在伊拉克方面，美国不断加强对伊拉克政府军、伊拉克库尔德“自由战士”的军事支援，2016年4月以来，美军3次向伊拉克增兵。截至2016年12月底，美国驻伊拉克军事人员总数达到5262人，其中2/3的任务是向伊拉克当地武装提供军事建议和培训，剩下1/3的任务是保护美国在伊拉克的人员、财产安全。据美军自称，截止到2016年底，伊拉克已经有6.5万人次的当地武装人

① Micah Zenko，“How Many Bombs Did the United States Drop in 2016?”，CFR，January 5，2017. http：//blogs. cfr. org/zenko/2017/01/05/bombs-dropped-in－2016/，（上网时间：2017年1月31日）

员接受过美军培训，其中包括伊拉克安全部队、警察、库尔德“自由战士”以及逊尼派部落民兵等各类人员。[①]此外，据美国国防部发言人杰夫·戴维斯（Jeff Davis）2016年4月称，鉴于埃及境内特别是西奈半岛“伊斯兰国”武装分子活动的增多，美国已开始与埃及、以色列协商调整驻扎在西奈半岛的美军的规模和职责，包括动用无人机、卫星加强对埃及—以色列边境的监控，以应对“伊斯兰国”的威胁。

第三，拉拢中东盟友支持。一年来，美国在中东反恐上保持了与地区盟友密切沟通，其中尤其重视与沙特为首的海湾国家加强协调。4月20日，奥巴马和沙特国王萨勒曼在利雅得举行双边会谈；21日，他又亲自出席海湾合作委员会峰会，与沙特、巴林、科威特、卡塔尔、阿曼和阿联酋领导人会谈。据沙特《生活报》披露，美国—海合会6国峰会通过三场特别论坛，探讨三大议题：地区安全问题、伊核问题和打击极端组织“伊斯兰国”问题。同时美方将向海合会国家提出两点诉求：第一是在叙利亚和伊拉克境内对“伊斯兰国”作战时发挥更大作用；第二是对伊拉克给予“经济与政治层面上”的帮助。

第四，继续加大财政、后勤支持。自2014年8月8日美国宣布开始发动打击“伊斯兰国”的军事行动以来，至2016年10月15日，美国军事行动共花费100.6亿美元。国会又在2017财政年度批准了48.3亿美元拨款，用于在打击“伊斯兰国”上的人员报酬、军事行动、物资采购等，其中包括对伊拉克、叙利亚的反恐行动额外追加17亿美元。[②]由于

① Christopher M. Blanchard, Carla E. Humud, “The Islamic State and U. S. Policy”, Congressional Research Service Report, February 2, 2017. https://fas.org/sgp/crs/mideast/R43612.pdf,（上网时间：2017年2月4日）

② Christopher M. Blanchard, Carla E. Humud, “The Islamic State and U. S. Policy”, *Congressional Research Service Report*, February 2, 2017. https://fas.org/sgp/crs/mideast/R43612.pdf,（上网时间：2017年2月4日）

打击“伊斯兰国”行动进入最后攻坚关键阶段，不排除美国国会将在未来追加额外的财政拨款。

虽然2016年美军打击“伊斯兰国”行动较以往有些新起色，但未来发展仍不容乐观。首先，“伊斯兰国”的隐蔽性、抗打击性超过传统恐怖组织。从教派分布地图可以看出，“伊斯兰国”肆虐活动区大多为伊、叙的逊尼派传统聚居区，长期以来受到所在国当局政治、经济、宗教等方面的压制，“伊斯兰国”利用当地民众的怨恨乘虚而入，与当地社会、部落逐渐形成盘根错节的共生关系。在战场强力打击下，其可摇身一变混入民众之中，令外部势力难以甄别。

其次，控制区缩水对其实力影响程度有限。与2014年底的“鼎盛期”相比，“伊斯兰国”的控制面积虽有下降，但应注意到，原来其所谓“领土”多为人烟稀少的荒漠，战略、经济、军事价值较低。在外部势力强力打击下，“伊斯兰国”甚至有意放弃部分控制区。如2016年3月，英国“天空”电视台调查了“伊斯兰国”外泄文件后披露，“伊斯兰国”实际上与叙政府军秘密合作多年，叙政府军曾更多次进攻前通敌，而“伊斯兰国”则投桃报李，“交还”古城帕尔米拉。这一消息的真实性虽然存疑，但有类似报道说明，“伊斯兰国”在对待其所占领的“领土”问题上有着较高灵活性，为了维持生存，不排除其以领土进行利益交换，有“以空间换时间”的可能。

第三，“伊斯兰国”具有多头领导特点，领导层遭“斩首”可迅速实现补充更替。而且，目前尚无明确证据表明该组织高层运行体系遭到根本性破坏。“伊斯兰国”头目巴格达迪行踪极其诡秘，虽有媒体曾报道其一度被空袭所伤，但仍在发挥着指挥作用。

第四，“伊斯兰国”在作战方式上会因战场受挫而更肆无忌惮、不择手段。除了上文提到的该组织已加大制造暴恐力度以外，“伊斯兰国”还有可能采取更凶残手段进行战术反击。据美国及伊拉克情报官员分析，该组织内部有一个原萨达姆政权化武专家和其他外国化学家组成的特种部队，并且已经制造了一定数量的芥子气。①

（二）俄罗斯张弛有度，借反恐巩固中东“朋友圈”

2015 年 9 月底俄罗斯高调介入叙利亚战局以来，一直对外高举“反恐”大旗，并拉拢叙利亚政权、伊朗、伊拉克等地区国家组建了“俄版反恐联盟”，与美国分庭抗礼。回顾 2016 年俄罗斯在中东的“反恐成绩单”，可以说是可圈可点。

一方面，牢牢扭住叙利亚战争主动权，占领反恐道义制高点。俄在叙实际战略目标不仅仅是反恐，更重要的是保住巴沙尔政权，扩大自身中东影响力。通过几个月的猛烈空袭，巴沙尔政府军一扫此前战场颓势，在北、南、东北等多条战线均取得有利战果，极大地鼓舞了叙政府军的士气，提振了巴沙尔的信心，也使得叙反对派军心涣散、转入守势。而正在叙政府信心满满之际，俄看到其此前设定的战略目标已经达到，迅速将重点转向外交战线。在俄美力促之下，涉叙有关各方通过反复磋商，最终联合国安理会于 2015 年 12 月通过 2254 号决议，要求叙各方实现停火、重启和谈、启动过渡进程。到 2016 年 2 月底，叙利亚终于实现最终停火协议，并由俄美共同约束各自支持的一方，确保停火协议不会沦为一纸空文。虽然国际社会都认为停火协议脆弱不堪，交战各方都很难遵守，但实际情况却出乎外界猜测。在停火的前两周，叙政府军和反对派居然都保持了相对克制，美国国务卿克里甚至称暴力活动已经“减少了 80%—90%”。这个局面是叙利亚危机爆发 5 年来所罕见的，也让外界看

---

① The Guardian,“ISIS Launches Two Chemical Attacks in Northern Iraq,” March 12， 2016. http：//www. theguardian. com/world/2016/mar/12/isis-launches-two-chemical-attacks-in-northern-iraq. （上网时间：2017 年 2 月 4 日）

到叙利亚转危为机的一丝可能。

紧接着，普京突然在3月14日下令俄罗斯从叙利亚撤军，宣布叙利亚反恐取得阶段性胜利。这一举动进一步坐实了外界猜测的俄军事上“见好就收”的策略，美欧虽不明白普京葫芦里卖的什么药，但也都乐见俄及时收手，给反对派以喘息之机。随后，叙利亚进入“谈判时间”，叙政府与反对派在三四月间进行了两轮日内瓦谈判，虽然最后未取得任何实质性效果，但大家都没有离开谈判桌，叙利亚也迎来了难得的一段相对平稳时期。

进入5月以后，叙局势再次反转，其原因仍然是由于俄美博弈态势的变化。5月20日，俄罗斯政府建议与美国联手对叙利亚境内的“圣战分子”发动空袭，遭到美国五角大楼明确回绝，令俄碰了一鼻子灰。俄自然不会善罢干休，六七月间，俄空军连续两次轰炸了美中情局在叙培训反对派的秘密基地，炸死多名反对派士兵。事后，俄方称由于美国拒绝与俄分享情报，因此俄军无法区分反对派与“恐怖分子”，令美“哑巴吃黄连”。此后，俄空军再度加大对反对派武装的空袭，并协助叙政府军围困了阿勒颇东部反对派控制区。同时，俄海军在地中海、俄空军在叙拉塔基亚都加强了常态化部署，并于8月16日起在伊朗部署了新的远程轰炸机。此后，反对派武装在“征服阵线”（原基地组织分支“支持阵线”）主导下于8月打破重围，最终在阿勒颇东南角打开了一条运输走廊。尽管如此，反对派武装仍然无力扭转不利局面。

自9月下旬起，叙政府军在俄罗斯空军的协助下再次发动强大攻势，堵上了阿勒颇包围圈的缺口，实现了对阿勒颇反对派控制区的全面合围。在此后一个月的时间里，叙政府军在阿勒颇东部开始利用反对派防守薄弱之处进行小规模试探进攻，使得包围圈的“篱笆”越扎越紧。11月初，为了彰显俄罗斯“助叙反恐”诚意，俄军派出唯一一艘现役航母“库兹涅佐夫”号抵达地中海，对叙利亚境内“基地”分支目标发动空袭。在俄军全力配合下，叙利亚军队终于在12月中旬彻底收复阿勒颇全城，叙反对派失去了在叙境内的最大大本营。

另一方面，借反恐为名全面加强与中东强国的关系，扩大在中东的存在感和影响力。俄通过在中东联合反恐的根基进一步牢固，获得的支持也越来越大，2016年俄中东外交的最大亮点便是构筑了俄、土、伊“新联盟”。2016年8月，俄空军首次从伊朗空军基地起飞，对叙利亚境内的极端组织实施空中打击。这是伊朗近代史上首次允许外国利用其领土开展军事行动，之后俄战机又多次从该基地起飞执行空袭任务。俄战机使用伊朗基地大大提高了俄空中打击行动的效率：首先使俄得以部署重型战略轰炸机，这在俄驻叙利亚的赫迈米姆空军基地无法实现；其次，相比从俄本土起飞，这些威力巨大的战略轰炸机从伊朗起飞执行任务可大大减少其载油量，而以最大载荷携带武器，作战效果显著提升。美国《纽约时报》载文指出，凭借与德黑兰的合作，莫斯科得到了在叙利亚开展军事行动的回旋余地，并增强了火力。政治学家认为，俄伊新合作帮助俄扩大了在中东的政治影响力范围。虽然此后伊朗宣布暂停俄军使用其基地，但水面下的军事合作仍在继续深化。

与此同时，俄罗斯和土耳其的关系，自土耳其对2015年11月击落俄战机道歉以后，“剧情反转”向纵深发展。2016年7月土耳其发生未遂政变之后，美欧未在第一时间宣布支持土耳其民选政府，反而指责总统埃尔多安借机清洗异己，埃尔多安深感失望和不满，甚至怀疑美国操纵这场政变。在这种情况下，土耳其外交政策加速“向东进”。7月9日，埃尔多安访问俄罗斯并与普京会晤，双方同意修复两国关系，并就叙利亚问题达成诸多共识。10日，土耳其就派出一支由军方、情报、外交部门高级官员组成的代表团抵达圣彼得堡，与俄有关部门负责人进行谈判。双方同意在土耳其设立联合军事控制中心，以协调在叙军事行动。普京与土耳其总统埃尔多安会晤期间，埃尔多安表示土耳其可能向俄提供因吉尔利克空军基地。两国元首还宣布，两国已成立叙利亚问题联合委员会，共同打造解决叙利亚问题的有效机制。此外，伊拉克与俄罗斯的关系因反恐合作也明显升温。伊拉克总理阿巴迪曾表示，已经在一定程度上向俄开放伊领空。

二、中东多国反恐措施升级

（一）沙特恐怖袭击威胁陡增，当局加紧反恐行动

面对暴恐浪潮，沙特王室的反恐措施不断加码，各项安全政策从深度、广度看都较以往有所突破。一是保持对“伊斯兰国”等恐怖组织的高压严打态势。长期战斗在反恐前线的内政大臣小纳伊夫 2015 年 4 月升任王储以来，在反恐上更加注重实效，加强在沙特境内对恐怖嫌疑人的追查、逮捕。沙特内政部近日公布 2016 年“反恐成绩单”，政府发起了 8 次安全行动，成功摧毁了 12 起恐袭阴谋。通过反恐行动；沙特逮捕的“伊斯兰国”恐怖分子达 190 人，粉碎了针对清真寺的 7 起自杀式恐怖袭击；保护了清真寺 100 万穆斯林和吉达扎瓦哈（Jawhra）体育场 6 万名观众的生命安全。另据《沙特公报》2016 年 12 月 27 日报道，沙特内政部发布消息称，根据目前沙特内政部掌握的信息，目前共有 2093 名沙特人在海外恐怖组织活动，其中 1540 人在叙利亚活动，超过总人数的七成。同时，沙特加强国内个人、企业、基金会对涉恐团伙提供资金支持的管控，加大对社交媒体、网络平台传播极端思想的打击力度。二是沙特通过宗教、经济、社会等系统性改革，力图根除恐怖主义土壤。沙特 35 岁以下青年人占总人口将近 2/3，国内社会结构复杂，大批失业青年成为潜在的安全威胁。沙特近年来出台多项针对青年的“去极端化”政策。如加大对宗教势力的管控力度，约束宗教警察权力，提高国王、政

府对社会意识形态的主动权，对思想极端青年进行系统性“去极端化”教育；同时提高经济多元化程度，实施经济转型计划，壮大私营部门实力，以吸纳更多剩余劳动力。但上述治本之策落实难、见效慢，在可预期的未来，沙特国内安全局势仍不容乐观。

（二）土耳其入叙境内展开“幼发拉底河之盾”行动

2016 年 7 月成功平息政变后，埃尔多安的权力日益巩固，加大反恐力度、稳定安全形势遂成其当前政策的主要着力点。土政府部署大量军警力量多线作战，既要维持在东南部库尔德聚居区的军事高压，打击库工党游击队，又要在土叙边境应对“伊斯兰国”威胁，甚至深入叙利亚本土，支援所谓“温和反对派”武装。2016 年 8 月，土耳其发起代号为“幼发拉底之盾”的军事行动，派军队越境进入叙利亚北部，旨在清除“伊斯兰国”圣战分子和库尔德武装，压缩其控制区域。土总统埃尔多安在安卡拉表示，土耳其军队在叙利亚北部发动“幼发拉底之盾”军事行动，是为清除“伊斯兰国”和叙利亚库尔德武装的威胁。他还表示，安卡拉决心铲除从叙利亚边境地区向土耳其境内发起攻击的威胁，“军事行动还将继续下去”。在土耳其支持下，亲土的叙利亚反对派武装从极端组织手中夺取叙北部地区多座城镇。在军事行动中，土耳其军队伤亡不小，截至 2016 年 12 月底，已有 36 名土耳其士兵在行动中丧命。另一方面，土耳其政府还要在国内执行紧急状态，镇压“居伦分子”，强化对社会的管控，增加安防投入和警戒力量，防范随时可能发生的新恐袭。然而即便是在这样昼警夕惕的情况下，土国内恐情仍然大肆蔓延，暴力事件此起彼伏，频率不断攀升，目标人群悄然扩大，土政府的反恐政策陷入了越“反”越“恐”的尴尬局面。

（三）埃及坚持对西奈半岛恐怖分子高压严打

2016 年，埃及继续对西奈半岛恐怖主义保持高压严打。西奈半岛局势不稳由来已久。埃及自 1979 年同以色列缔结和平条约后，逐步收复整个半岛。由于条约对埃及在西奈的军力部署提出限制，加之这里山高路远，发展相对落后，恐怖势力逐步坐大。极端宗教思想传播和人民生活水平低下，导致西奈半岛北部恐怖活动频发。极端组织“西奈省”前身为“耶路撒冷支持者”，成立于 2011 年埃及政局动荡之后，主要在埃及西奈半岛活动，频繁发动针对军警的袭击，被埃及和美国等国列为恐怖组织。该组织 2014 年起宣誓效忠“伊斯兰国”极端组织，并更名为“西奈省”（Sinai State）组织；2015 年该组织曾宣称对 2015 年底的俄罗斯客机失事事件负责。

一方面，埃及加大军事打击力度。2016 年 8 月 4 日，埃及国防部发言人发表声明称，埃及军方在西奈半岛北部实施了一起“先发制人”的军事行动，消灭了恐怖组织“伊斯兰国”西奈分支。埃及军方的声明称，埃及空军和反恐部队联手在埃及北西奈省首府阿里什附近发动连串空袭，已炸死该组织首脑安萨里，有超过 45 名恐怖分子丧生。声明称，埃及军方是依据“精确情报”采取了这次行动，但没有提及空袭的具体时间和其他细节。军方最后在声明中称：“这次成功的军事行动证明，埃及武装力量有能力为烈士们复仇，无论恐怖分子在哪里，我们都能够坚持与他们斗争，直至将他们消灭殆尽，以保障埃及和埃及人民的安全和稳定。”《埃及人报》认为，这一行动的成功是埃及反恐事业的重大进展，有力压制了恐怖分子的嚣张气焰，充分展示了埃及军方的决心和毅力。2016 年 11 月，埃及检方将 292 名恐怖主义嫌疑人送交军事法庭，他们被指控涉嫌刺杀埃及总统塞西、沙特王储穆罕默德·本·纳伊夫及在西奈半岛制造恐怖袭击。这 292 名恐怖主义嫌疑人隶属于盘踞在埃及北西奈省的极端组织“西奈省”检方表示，这场调查历时一年多，对塞西的刺杀是该组织颠覆埃及现政权计划中的一部分。

另一方面，埃及官方寻求西奈反恐“治本之策”。2016 年，埃及政府将发展西奈提上日程，希望通过实现发展，从根本上消除恐怖主义滋生的源头。埃及总统顾问、前总理易卜拉欣·马赫莱卜表示，埃及总统非常重视发展西奈，将克服一切困难，在 18 个月内推动 19 个发展项目，包括开垦 1.9 万费丹（约合 7980 公顷）农田、建设 2000 所贝都因人（当地游牧民）住宅，以及为当地年轻人提供 1 万个就业机会等。“西奈的发展是应对恐怖主义最有力的武器”，同在阿里什视察的埃及国际合作部长萨哈尔 8 月 5 日说。该部也于近日提出了“同埃及一同前进”的倡议，大力发掘西奈省的投资潜力。据埃及《华夫脱报》报道，萨哈尔还公布了首批资金达 5 亿美元的西奈半岛发展计划和 15 亿美元的融资计划，以加速这一地区的发展。“埃及政府有能力将恐怖分子清除出西奈半岛地区。”

2016 年埃及反恐虽取得一定成绩，但也付出沉重代价。2017 年 1 月 10 日，埃及《金字塔》公布数据称，在 2016 年的反恐行动中，埃及警察、军人和平民牺牲 154 人：其中包括军官 35 人，其他为士兵和政府公务员及平民。自“1·25”革命以来，已有 1000 多人在恐怖袭击中丧生。受伤 2323 人：其中包括军官 452 人，其他为士兵和政府公务员及平民。

（四）伊朗挫败“40 年来最大恐袭阴谋”

2016 年 6 月 20 日，伊朗官方媒体称挫败一场针对首都德黑兰和国内其他省份的恐怖袭击阴谋。阴谋策划者原打算在斋月期间发动爆炸袭击。伊朗情报和安全部的声明报道：“一起由逊尼派极端分子策划的最大规模恐怖袭击阴谋已经被发现并遭挫败”，“一系列爆炸袭击已经在全国多地筹备好，特别是在德黑兰和其他一些省份……这起阴谋已经被挫败，恐怖分子遭到逮捕，若干制成的炸弹被起获。”声明没有交代其他情况，但称“随着国内外更多调查”的展开，伊方将会公开更多细节。伊朗最高国家安全委员会秘书阿里·沙姆哈尼告诉伊朗学生通讯社，这伙恐怖分子原打算趁斋月在德黑兰发动自杀式袭击。伊朗伊斯兰共和国通讯社的报道还说，恐怖分子打算在 6 月 23 日发动袭击，当天伊朗多地将举行小型的宗教纪念仪式。伊朗情报部的声明把恐怖分子称为“逊尼派极端分子”，但未明确指出是哪伙武装人员准备发动袭击。西方媒体报道，伊朗官方以往经常把极端组织“伊斯兰国”称为“逊尼派极端分子”。伊朗如今有大量军事顾问在伊拉克和叙利亚，帮助这两国政府打击“伊斯兰国”。伊朗最高国家安全委员会秘书沙姆哈尼先前说，“伊斯兰国”是伊朗的头号敌人。

（五）约旦加强打击本土恐怖主义

为打击境内暴恐抬头之势，约旦官方全面加强了国内安全反恐力度，对盘踞在约旦、叙利亚边境的恐怖分子窝点展开多项清剿行动，并从速从重判处恐怖嫌疑人。2016 年 12 月底，约旦国家安全法庭判处 5 名“伊斯兰国”分子死刑，同时还判处 16 人 3—15 年监禁。约旦法庭称其“从事恐怖主义活动”，包括制造爆炸物、“私藏武器、弹药用于恐怖主义活动”、招募恐怖分子。约旦官方称，这个 21 人团伙曾经在约旦、叙利亚边境的伊尔比德参与“伊斯兰国”暴恐活动。同时，约旦加强与美欧国家反恐合作。11 月 24 日，澳大利亚与约旦签署反恐合作备忘录，计划加强对恐怖组织金融活动的打击。

第九章　非洲地区恐怖主义与反恐怖斗争形势综述

2016年，恐怖主义、宗教极端主义、民族分离主义等非传统安全问题继续威胁部分国家的安全，极端组织“伊斯兰国”加紧在非拓展势力，与“基地”组织在非洲的竞争加剧，非洲反恐和安全形势更趋复杂难解。

第一节　非洲地区恐怖主义形势

2016年非洲尽管加大了对恐怖组织的打击力度，但反恐斗争形势依然严峻，其特点如下：

一是暴恐事件数量居高不下。澳大利亚经济与和平研究所（Institute for Economics and Peace）2016年11月发布的《2016年全球恐怖主义指数》报告指出，在全球十大恐怖主义最猖獗国家中，非洲占4个，尼日利亚、索马里、埃及和利比亚分别列第三、第七、第九和第十位。[1] 据“和平宗教网”（Thereligionofpeace）统计数据，2016 年全球共发生 2474 起恐怖袭击，其中非洲 457 起，约占全球总数的 18.5%。同年全球共发生 91 起穆斯林针对基督徒的恐袭，其中非洲 50 起，约占全球总数的 55%（2015 年非洲占 65%）。[2]

二是重特大暴恐事件频发。2016 年 1 月 15 日，布基纳法索首都瓦加杜古一酒店和咖啡馆发生恐袭，致 30 人丧生，71 人受伤。1 月 25 日，喀麦隆极北大区一个村庄遭多起自杀式炸弹袭击，造成至少 35 人死亡，60 人受伤。2 月 9 日，尼日利亚东北部博尔诺州迪夸镇（Dikwa）一处难民营发生自杀性袭击，导致 60 人死亡。3 月 13 日，科特迪瓦海滨胜地大巴萨姆三家酒店遭恐袭，共造成 19 人死亡（包括 3 名袭击者），近 30 人受伤。6 月 1 日，索马里首都摩加迪沙大使饭店发生汽车炸弹袭击，造成约 20 人死亡，60 人受伤。6 月 6 日，尼日尔迪法省博索市遭袭，造成至少 30 人死亡，70 人受伤。6 月 25 日，摩加迪沙市中心的纳萨一哈布罗德酒店遭武装分子袭击，造成 20 人死亡、30 多人受伤，死者包括索马里环境部长。7 月 19 日，马里政府军位于该国中部楠帕拉（Nampala）的一个军营遭武装分子袭击，致马军方 17 人死亡、35 人受伤。8 月 30 日，索马里摩加迪沙总统府附近一家酒店遭自杀式汽车炸弹袭击，造成 22 人死亡，30 人受伤。10 月 9 日，位于尼日尔的一座马里难民营遭袭，致 22 人死亡，多人受伤。12 月 9 日，尼日利亚东北部马达加利一个市场发生自杀式炸弹袭击，造成至少 56 人死亡，57 人受伤。

---

① Institute for Economics and Peace，“Global Terrorism Index 2016”，November 2016，http：// economicsand peace. org/wp-content/uploads/2016/11/Global-Terrorism-Index—2016. 2. pdf.（上网时间：2017 年 1 月 3 日）

② “List of Islamic Terror Attacks on Christians”，http：//www. thereligionofpeace. com/attacks/ christians-attacks. aspx.（上网时间：2017 年 1 月 3 日）

三是恐怖组织活动范围扩大。2016年，非洲三大恐怖组织在国内外力量联合打击下，并未被完全剿灭，反而从本土向外流窜，加强了对周边国家的渗透和袭击。“伊斯兰马格里布基地组织”（Al-Qaeda in the Islamic Maghreb，简称AQIM）活动范围从此前的马里、尼日尔向布基纳法索、科特迪瓦、塞内加尔等国拓展；尼日利亚“博科圣地”（Boko Haram）虽在本国被“击败”并“丧失所有控制区”[①]，但不时在喀麦隆、尼日尔等邻国发动袭击。索马里“青年党”（Al Shabaab）则多次在非盟驻索马里特派团派兵国肯尼亚发动袭击。10月，另一派兵国埃塞俄比亚从索马里陆续撤军后，“青年党”迅速“填补真空”，其活动区域很可能扩大。

四是“伊斯兰国”在非洲的势力有所拓展。2016年“伊斯兰国”（Islamic State）在东非、西非获得立足。在西非，自2015年尼日利亚极端组织“博科圣地”宣布向“伊斯兰国”效忠并宣布为“伊斯兰国西非省”（Islamic State's West Africa Province，简称ISWAP）之后，2016年“伊斯兰国”势力又扩展到萨赫勒地区（Sahel）。5月，在马里北部活动的“西非统一与圣战运动”（Mouvement pour l'unicité du djihad en Afrique de l'Ouest，简称Mujao）前头目阿布·瓦利德·萨赫拉维（Abou Walid el-Sahraoui）宣布向“伊斯兰国”效忠，他在9月首次以“伊斯兰国”的名义袭击布基纳法索的一个海关站点，10月底，总部位于叙利亚的“伊斯兰国”发表声明，表示承认该组织。这是“伊斯兰国”首次证实在萨赫勒地区存在。[②] 在东非，“伊斯兰国”索马里分支势力有所发展。2015

---

① “War with Boko Haram is won，says Nigerian state governor”，http：//www.news24.com/Africa/News/war-with-boko-haram-is-won-says-Nigerian-state-governor —20161215.（上网时间：2016年12月19日）

② “Mali：Le groupe Etat islamique officialise sa présence au Sahel”，http：//www.rfi.fr/afrique/20161031－mali-groupe-etat-islamique-officialise-présence-sahel-Abou-walid-sahraoui.（上网时间：2016年11月5日）

年 10 月，索马里“青年党”在邦特兰地区（Puntland）的头目阿布迪卡迪尔·玛明（Abdulqadir Mumin）宣布加入“伊斯兰国”，创建索马里分支，并鼓动同胞加入。2016 年 5 月，该组织成员已由成立时的大约 20—30 名发展到 100—150 名。[①]“伊斯兰国”欢迎索马里分支，并通过其也门分支为索马里分支提供物资。10 月，“伊斯兰国”索马里分支一度夺取邦特兰地区港口城市甘达拉（Qandala），这是其首次夺取索马里城市。

萨赫勒地区部分国家恐怖主义形势恶化。据 Long War Journal 统计，2016 年位于萨赫勒地区的马里、尼日尔、布基纳法索三国共遭受暴恐袭击 257 次，与 2015 年相比增加 150%。[②] 其中马里的恐情尤为严峻。马里政府与北方部分武装组织于 2015 年年中曾达成和平协议，但协议的落实步履艰难。2016 年以来，恐怖袭击频繁发生，伤亡远超 2015 年同期。不仅马北地区暴恐事件不断发生，中部近期也呈现暴力冲突、恐怖袭击增多趋势。袭击主要针对马里政府军、在萨赫勒地区开展“新月形沙丘行动”的法国军队、联合国马里稳定团。2016 年马里政府军、法军分别遭遇 88 起和 35 起恐怖袭击。同年联合国马里稳定团有 26 名士兵因恐怖袭击丧生，这一数字是 2015 年的 2 倍，马里维和行动成为联合国在世界最危险的维和使命；法军也有 4 名士兵丧生。[③] 马北问题由来已久，成因复杂，恐怖主义、宗教极端主义、民族分离主义、跨国有组织犯罪四股势力相互交织，和平协议既解决不了各族间长期存在的分歧矛盾，也

① “‘伊斯兰国’在索马里扩充势力”，http：//www. voachinese. com/content/islamic－20160505/3316333. html。（上网时间：2016 年 5 月 7 日）

② Al Qaeda linked to more than 250 West African attacks in 2016，http：//www. longwarjournal. org /archives/2017/01/ over － 250 － al-qaeda-linked-attacks-in-west-africa-in－2016.（上网时间：2017 年 3 月 8 日）

③ Ibid.

应对不了本地区日益猖狂的极端和恐怖势力。在萨赫勒地区，2016年“基地”组织下属分支“伊斯兰马格里布基地组织”、“穆拉比特”、“信仰捍卫者”及“马西纳解放阵线”十分活跃。其中“信仰捍卫者”势力从马里北部拓展到该国南部，并进一步向邻国布基纳法索拓展，是2016年在马里等国最活跃的恐怖组织，该组织宣称对84起恐怖袭击负责（详情见该组织相关内容）。分析认为，“基地”组织分支2016年在萨赫勒地区频繁发动袭击，并拓展活动范围，旨在与极端组织“伊斯兰国”竞争，宣示实力和存在。

2016年，中国在非洲利益面临的威胁新旧交织，海外利益保护面临更多挑战。其中在非恐怖组织袭击波及中国企业和公民。2015年11月，“基地”组织分支“伊斯兰马格里布基地组织”（AQIM）在马里首都丽笙酒店发动恐袭，造成22人死亡，其中包括3名中国公民；2016年1月15—16日，AQIM袭击布基纳法索首都瓦加杜古，30人丧生，71人受伤，并绑架126名人质，包括2名中国公民。2016年中国在非维和人员首次遇袭身亡。目前约有2400多名中方维和人员在南苏丹、马里、利比里亚等7个非洲国家和地区执行维和任务，面临复杂的部族、宗教冲突和恐怖主义威胁。2016年5月31日，“伊斯兰马格里布基地组织”袭击联合国马里稳定团驻地，造成1名中国维和士兵牺牲、5名中国维和人员受伤。自2016年5月（至2017年2月），中国第四批赴马里维和部队390余名官兵部署到加奥任务区以来，当地发生恐怖袭击超过240起，几乎每天1起。[①] 2016年，中国驻索马里使馆遭受数次袭击，使馆周边发生5次汽车炸弹袭击、7次迫击炮袭击。

① “赴马里中国蓝盔9个月直面恐袭240起”，新华网，2017年2月20日。

第二节　非洲地区主要反恐措施

面对恐怖主义在本地区加速蔓延，非洲国家更加重视打击恐怖主义和极端主义，将反恐作为政策优先解决的问题。2016年非盟、非洲次区域组织和非洲国家更加频繁地举行涉恐会议，共商对策，协调行动，加强合作。非洲国家除了加大军事打击力度外，还采取多种非军事手段消除恐怖主义滋生蔓延的根源，谋求战胜恐怖主义和实现持久和平。

一、加强地区反恐磋商

2016年非洲地区组织和非洲国家多次就反恐议题举行会议，加强相互之间的协调配合，共同打击恐怖主义威胁。从非盟层面看，2016年1月30—31日，非洲联盟（非盟）第26届首脑会议在埃塞俄比亚首都亚的斯亚贝巴举行。非洲地区安全问题是本次会议关注的两大重点议题之一。非盟各成员国表示希望进一步强化反恐合作，联合反恐成为各方共识。此次峰会期间，非盟委员会负责基础设施和能源事务的委员埃勒哈穆·易卜拉欣表示，非盟正在实施《2063年议程》，大力推进非洲国家基础设施现代化建设，进而促进非盟成员国贸易和工业发展，而恐怖势力对非洲国家的投资环境和工业发展环境构成了挑战，给非盟推动实施远景规划带来阻碍。面对恐怖势力给非洲发展带来的威胁，本次非盟峰会期间，众多非盟官员和非洲国家政府官员都表示将积极推动多层面反恐合作，联合力量打击恐怖主义。非盟和平与安全理事会主席、赤道几内亚总统奥比昂表示，非盟成员国已就打击“青年党”和“博科圣地”等极端组织统一立场，将采取新举措应对恐怖主义和地区冲突等威胁，维护非洲大陆稳定与繁荣。非盟负责和平与安全事务的委员斯梅尔·谢尔吉说，贫困是滋生恐怖主义的温床，非洲各国领导人同意加大对相关青年项目的支持力度，防止极端主义对青年的渗透和毒害。新任非盟轮值主席、乍得总统代比呼吁，非洲应掌握自己的命运，用自身力量保证安全，应当建设并发挥非洲常备军和快速反应部队的作用。分析人士指出，一些非洲国家边境管理松弛，各国之间反恐情报合作不够，这让恐怖组织有机可乘，导致当前非洲恐怖分子活动猖獗。如果非洲各国能强化反恐合作，将可以有效打击呈网络状分布的恐怖势力。

非洲次区域组织方面，非洲国家加强相互协商合作，共同维护地区和平稳定的意愿强烈，多次举办有关打击恐怖主义的会议。3 月 24 日，科特迪瓦、布基纳法索、马里和塞内加尔等西非国家在科特迪瓦经济首都阿比让召开安全部长会议，决定共同加强地区反恐合作。4 国安全部长表示将采取更多安保措施，包括密切各国安全部门间的联系、建立行动部门、实现涉恐信息共享和系统性合作、安全部长定期会晤、完善各国国内反恐立法、加快指纹身份识别工作、统一边境监控标准、广泛动员民众保持警惕和与安全部门合作等 9 项措施。3 月 24—25 日，“萨赫勒—撒哈拉国家共同体”28 个成员国的国防部长或代表在埃及沙姆沙伊赫开会，会议通过决议决定加强反恐合作，分享情报和边境联合巡逻，在埃及首都开罗设立一个反恐中心。5 月 14—15 日，在尼日利亚首都阿布贾举行乍得湖地区安全会议，商讨应对极端组织“博科圣地”及其他恐怖主义行为。尼日利亚、喀麦隆、尼日尔、乍得、贝宁、中非共和国、加蓬、加纳、赤道几内亚、塞内加尔、多哥等 11 个非洲国家总统、法国总统奥朗德及美（副国务卿布林肯）、英（外交大臣哈蒙德）、欧盟（外交和安全政策高级代表莫盖里尼）等西方国家官员与会。此次会议提出一些具体措施，加强西非地区国家同国际社会的反恐合作。会上，尼日利亚总统布哈里认为，贫困率高是尼日利亚滋生恐怖主义的重要原因之一。只有尼日利亚实现地区发展，妥当安置无家可归者和难民，才能使这一地区摆脱恐怖威胁，而这需要国际社会协同努力。法国总统奥朗德表示，应加强打击恐怖组织买卖武器和恐袭等行为。在这方面，国际社会必须加强在金融领域的协作，强化跨境监管，以切断恐怖组织的资金来源。会议发表公报，指出铲除极端组织“伊斯兰国”不仅依赖军事解决，而且依赖非洲国家政府旨在铲除其根源的发展行动。[①] 5 月 27 日，西非经济货币联盟区域安全与和平部长级会议在科特迪瓦阿比让召开，会议拟订“西非经济货币联盟安全与和平行动计划”以打击恐怖主义。科特迪瓦总统瓦塔拉在会议开幕式上说，西非经济货币联盟区域内恐怖主义行径愈演愈烈，特别是过去一年里，马里、布基纳法索和科特迪瓦分别遭到恐怖袭击。瓦塔拉说，恐怖主义，贩卖毒品、军火和人口以及宗教极端主义、海盗、洗钱等问题也对联盟成员国构成严重威胁。他呼吁各成员国加强相互协商，凝聚共识，维护地区和平、安全和稳定。塞内加尔总统萨勒在会上表示，联盟各成员国应共同努力应对安全局势挑战，采取有效应急行动，提高对现实或潜在安全威胁的认知、分析和预测能力。本次会议为期一天，与会各国负责国防、外交和安全事务的官员对区域内安全局势进行全面评估并商讨有效应对措施。会议拟订“西非经济货币联盟安全与和平行动计划”，并将提交下月在塞内加尔召开的西非经济货币联盟临时首脑会议。行动计划包括联盟成员国加强安全合作的 15 项措施以及促进和巩固发展、加深地区融合的 18 项措施。6 月 5 日，西非国家经济共同体（西共体）在塞内加尔首都达喀尔举行的峰会上通过决议，要求联合国增加马里稳定团的装备并提升该团执行任务的能力。决议指出，西共体考虑建立多国混合部队以共同打击马里的恐怖和极端组织。

---

① “国际观察 铲除‘博科圣地’生长之根刻不容缓”，http：//news. xinhuanet. com/world/2016－05/17/c_1118881080. htm。（上网时间：2016 年 5 月 18 日）

此外，苏丹举行反恐国际会议。4 月 27 日，“反恐怖主义、极端主义”国际会议在苏丹首都喀土穆开幕。本次会议由伊斯兰世界联盟与苏丹政府联合举办。会议探讨恐怖主义产生的根源以及打击威胁整个世界，特别是非洲地区的恐怖活动的途径，并寻求得到国际社会的更多支持。非洲及西亚部分伊斯兰学者与研究人员出席会议。苏丹总统巴希尔在开幕式上表示，苏丹历来反对恐怖和极端主义行为，“恐怖主义与极端主义是苏丹的敌人”。非洲青年群体须谨防陷入恐怖主义与文化异化的陷阱。与会者一致认为，极端组织背离伊斯兰教义，破坏地区国家稳定，使别有用心的外国势力有机可乘。与会者呼吁各相关国际组织协调行动，共同打击、抵制恐怖主义与极端主义。

二、加大军事打击力度

2015 年 2 月，尼日利亚、喀麦隆、尼日尔、乍得、贝宁等五国宣布组建一支 8700 人的多国联合特遣部队（MNJTF），对“博科圣地”实施军事打击。同年 5 月，尼日利亚新任总统布哈里上台后承诺，要在 2015 年内打败极端组织“博科圣地”，还国民安全生活。2016 年尼日利亚及其邻国继续武力清剿极端组织“博科圣地”，并取得一定成果。6 月 26 日，尼日利亚军方在基层安全部队成员的支持下，对 15 个村庄展开了突袭行动。期间，尼军方打死了 6 名“博科圣地”组织的恐怖分子，打伤多名恐怖分子，解救了 5000 多名被“博科圣地”劫持的人质。[①] 11 月 5 日，尼日利亚军方在尼东北部博尔诺州发动打击“博科圣地”的军事行动，打死 37 名该组织成员。12 月 24 日，尼日利亚总统布哈里宣布摧毁“博科圣地”最后一个基地（桑比萨森林），武装分子在逃且无处藏身。此外，2016 年乍得、

① “尼日利亚军队突袭恐怖组织：解救 5000 多名人质”，http：//www. chinanews. com/gj/2016/07－04/7926150. shtml。（上网时间：2016 年 7 月 6 日）

喀麦隆、尼日尔等尼日利亚邻国在本国或跨境展开武力清剿行动，歼灭一定数量的“博科圣地”极端分子。5月10—11日，西非多国联合特遣部队在尼日利亚的马达瓦亚捣毁三处“博科圣地”训练营，击毙58名武装分子，并抓获一名重要头目。5月28日，尼日尔军方在该国东南部边境地区击退“博科圣地”发动的攻击，并击毙10名武装分子。进入6月初，极端组织“博科圣地”在乍得湖地区接连发动袭击，并一度攻占尼日尔东南部博索镇，造成当地重大人员伤亡。在喀麦隆极北大区，“博科圣地”在沉寂了一段时间后又开始袭击村庄，杀害和绑架村民。“博科圣地”再度猖獗引起了乍得湖地区国家的警戒，该地区多国部队开始跨境打击极端分子。在尼日利亚和喀麦隆的协调下，乍得与尼日尔的军队进入尼日利亚境内博诺州打击“博科圣地”。乍得军方派出2000兵力驰援尼日尔边境地区，并携带了重型武器。尼日尔军方7月25日出动数十辆坦克和重型装甲车在尼日尔和尼日利亚边境地区展开大规模清剿行动，7月28日成功夺回“博科圣地”在尼境内占领的两处据点，包括武装分子活动的主要据点达马萨克。9月16日尼日尔军方宣布，尼日尔和乍得两国军队在尼东南部对“博科圣地”进行扫荡，击毙38名武装分子。

2016年索马里安全部队和非盟特派团加强了对索马里“青年党”的打击力度。2月8日，隶属于非盟驻索马里特派团的肯尼亚军队在索马里南部对“青年党”一处营地发动攻击，击毙该组织情报机构负责人默哈德·穆罕默德·卡拉特，另击毙10名中级头目及42名新招募的恐怖分子。4月2日，非盟驻索马里特派团宣布，“清除”了23名索马里“青年党”武装分子，其中包括一名名为阿卜杜勒·拉希德·巴克杜比（Abdel Rachid Baqdoubi）的“头目”。4月21日，索马里官员说，在非盟驻索马里特派团支持下，索马里安全部队4月20日晚在索马里中部埃勒布尔镇郊外共打死25名索马里“青年党”成员，并完全控制了战斗发生区域。随后，索马里安全部队和非盟驻索马里特派团已经向其他区域挺进，希望夺回更多被索马里“青年党”占领的土地。4 月 5 日，非盟驻索马里特派团发表声明说，非盟部队过去一周加大对索马里“青年党”的打击力度，共击毙 7 名不同级别的索马里“青年党”头目，其中包括一名炸弹专家和一名负责训练极端分子的主管。

三、提升安保警戒水平

自 2015 年 11 月 20 日，2016 年 1 月 15 日、3 月 13 日马里、布基纳法索和科特迪瓦先后遭受重大恐怖袭击后，有关国家均提升了警戒水平，以预防恐怖袭击发生。马里自 2015 年 11 月首都巴马科遭到恐怖袭击后，宣布实施紧急状态，首都巴马科提高了警惕，普遍提升了安保水平。安全部队对敏感区域进行巡逻，并加强了不同情报部门之间的协调。2016 年还计划新增警力 2000 人。布基纳法索安全部队加强了对东部靠近尼日尔边境地区的安全巡逻。同时，对旅游景点进行搜查，防止恐怖分子潜入。首都瓦加杜古还增加了警察与宪兵的巡逻，在全国范围展开清查行动，并成立情报协调部门。塞内加尔 2013 年便启动了反恐应急机制，在该地区多国遭受恐怖袭击后，反恐措施进一步加强。在首都达喀尔，全副武装的警察开始常驻各大酒店，宪兵对主要街道进行巡逻。在一些敏感区域也派驻了特别行动小组进行防范，法国的军事教官还对塞内加尔快速干预部队进行培训。国际危机组织前西非地区负责人吉勒·雅比表示，西非各国的安全机构一直重视安全问题，现在除了需要加强地区合作外，各个国家加强独自行动的能力也非常关键。“除了提高独自行动能力，西非各国还需要加强情报合作和信息沟通。”[①]

此外，肯尼亚作为非盟驻索马里特派团的主要出兵国为应对日益严峻

---

① “应对挑战 西非各国加大反恐力度”，http://news.xinhuanet.com/world/2016—04/08/c_128874325.htm。（上网时间：2016 年 4 月 10 日）

的恐怖威胁，采取多种安保措施，加强与地区和国际伙伴的合作，就打击索马里“青年党”分享情报，加大对边境地区的巡逻，在首都内罗毕和蒙巴萨利用摄像头加强监控，投入 986 万美元从美国引进“扫描鹰”无人机（ScanEagle），用于海上监视与观察、情报搜集、目标搜集和通信中继等。

四、运用非军事手段预防和打击恐怖主义

2016 年非洲国家在加大军事打击的同时，运用多种非军事手段预防和打击恐怖主义和极端主义。一是加大执法力度。10 月，突尼斯政府逮捕“伊斯兰国”在突头目 Abou El Barâa，此人是近期该国挫败的多起恐怖袭击的策划者。其中，突尼斯国民卫队破获一个 62 人的恐怖团伙，试图袭击该国国民议会所在地。10 月 12 日，摩洛哥警方破获一个与叙利亚、伊拉克的“伊斯兰国”有关的恐怖网络，该网络的任务是为“伊斯兰国”招募人员。二是推动经济社会发展。发展滞后、就业不足（尤其是大量年轻人失业）等是造成恐怖主义和极端主义在非洲一些国家和地区蔓延的根本原因。因此，他们试图通过推动经济社会发展，寻找铲除恐怖主义的根本解决办法。在 5 月 14 日尼日利亚首都阿布贾举行的乍得湖地区安全会议上，各方认为，国际社会近年在打击“博科圣地”方面取得一定成效，但仍需继续努力，以彻底消灭该组织并铲除极端主义滋生根源。尼日利亚总统布哈里强调说，当前最大的挑战便是被摧毁的基础设施重建工作，预计需要 9.6 亿欧元的救助资金，用于地区发展。三是抵御宗教极端思想的入侵。9 月 7 日，肯尼亚总统肯雅塔宣布一部“打击暴力极端主义国家战略”（National Strategy to Counter Violent Extremism，NCVE）。“去极端化”被肯尼亚反恐专家视为应对该国面临的恐怖主义威胁的关键，NCVE 强调采取措施“去极端化”，预防极端组织向肯尼亚公民传播极端思想是

其主要目标，重点防范索马里“青年党”及从索马里回国的肯尼亚籍“圣战”分子在学校和安全部队“渗透”和招募人员。在9月举行的第71届联大会议上，一些非洲领导人呼吁限制和禁止用于传播极端思想的社交媒体。埃塞俄比亚总理指出社交媒体虽然加强信息交换和公众参与，但也可能有负面影响，破坏国家稳定。埃及总统塞西要求国际社会阻止恐怖分子利用新信息技术，他呼吁关闭煽动暴力和极端主义思想的网站。马里政府开展为期数周的感化活动，当地政府官员、议员、宗教首领和知名人士参与其中，最终有200名青年放下武器、离开在马里中部活动的极端组织“马西纳解放阵线”。四是打击洗钱及恐怖主义融资。10月8日，西非经济货币联盟（BCEAO）代表参加24国集团（G24）、世界银行和国际货币基金组织（IMF）在秘鲁首都利马举行的G24—IMF年度高层圆桌会议，就组织内洗钱及涉恐资金问题商讨对策。早在2002年，BCEAO已经就此问题设立了相关法规及体制，而通过此次会议，相关措施得以更新并更加符合国际标准。会议通过了反洗钱改革，其中包括区域内各国须实时更新的国家级风险评估系统，采取适当措施以鉴定、评估及降低洗钱与涉恐资金风险。11月25日，科特迪瓦负责打击洗钱及恐怖主义融资、控制大规模杀伤性武器增长的“协调委员会”正式开展工作。根据2014年9月15日的法令，科特迪瓦政府组建了该协调委员会。科特迪瓦财经事务部长卡巴出任委员会主管，其常设秘书处设在科特迪瓦国家金融信息分析局（CENTIF），主要职责为：对相关金融机构反洗钱及恐怖主义融资工作进行评估，在全国范围内对国家面临的洗钱及恐怖主义融资风险进行定期评估。协调委员会将促进反金融犯罪组织和公共部门之间、私营领域和民营企业之间的联系，加强与各专业领域、公共和私营领域以及司法机构等针对洗钱、恐怖主义融资及大规模杀伤性武器等方面的协调工作。此外，肯尼亚政府关闭了涉嫌向索马里“青年党”提供汇款服务的公司，以切断该组织的境外资金来源。

五、大国加强在非洲反恐

2016年美国、欧洲、日本积极介入非洲军事、安全领域，谋求提升安全合作。韩国、以色列等新兴国家对非洲的安全合作也表现抢眼，力度空前。

一是美国外交、军事双管齐下加强对非洲的反恐合作。2016年8月，美国国务卿克里访问尼日利亚、肯尼亚，支持两国打击极端组织“博科圣地”、“青年党”。军事上，美国从战略角度出发继续在非洲投棋布子，扩大军事存在。5月，美国与塞内加尔签署允许美军常驻的防卫协议。据美军非洲司令部（Africom）的消息，目前约有40名美军人员驻扎在塞内加尔，协议签署后这一数字将增加。10月，外媒报道美国将在尼日尔投入5000万美元建设无人机基地。美国已在尼日尔首都尼亚美与法国在萨赫勒地区执行“新月形沙丘行动”的法军共享一个空军基地，新基地拟设在尼日尔中部的阿加德兹，将使美军具备向利比亚、马里、尼日利亚等国的极端组织武装发动无人机攻击的能力。为打击极端组织“博科圣地”，美国无人机已开始在喀麦隆北部的一个基地运行，美国军方还准备向尼日利亚北部派军事培训人员。

此外，2016年美军在索马里继续实施针对索马里“青年党”的无人机空袭，旨在击毙“青年党”武装分子。3月5日，美军在一次空袭行动中炸毁索马里“青年党”一个训练营，并炸死至少150名“青年党”武装分子。美国国防部发言人戴维斯当天说，此次空袭针对的是索马里首都摩加迪沙北部约193千米的一个“青年党”训练营。据美军估计，当时该训练营有约200名武装分子。戴维斯说，美军情报显示，这些武装分子当时正在接受训练，准备向美军和非洲联盟驻索马里特派团发动大规模袭击。3 月 31 日，美军一架无人机在索马里的空袭中击毙“青年党”一名高级成员、主管该组织暗杀行动人员的哈桑·阿里·多赫里。五角大楼新闻秘书库克确认美国与索马里军队共同发动空袭。他说，多赫里策划并主导了之前的一些袭击，造成至少 3 名美国公民丧生。他还涉嫌在索马里这个东非国家策划更多针对美国人的袭击。

二是法国高层频频访非，以强化对非安全合作。2016 年 2 月，法国总理瓦尔斯携防长勒德里昂访问马里、布基纳法索等两个近期遭受恐怖袭击的国家，瓦尔斯表示，“法国不希望萨赫勒一撒哈拉地区成为圣战分子的避难所和训练营，从此地区发动针对法国及其盟友利益的袭击，将加强与地区国家的安全合作”。3 月，法国外长艾罗和内政部长卡泽纳夫访问当月遭受恐怖袭击的科特迪瓦，表示法国将加强与受恐怖威胁的所有国家（尤其西非国家）的反恐合作。4 月，法国防长勒德里昂访问尼日利亚，与尼日利亚签署《军事合作文件》，法国将通过向尼日利亚提供装备、培训、咨询等加强两国在反恐、海上安全领域的合作。5 月，法国外长艾罗与德国外长施泰因迈尔联合访问马里、尼日尔，旨在表明法、德在稳定萨赫勒地区问题上有共同利益，希望加强与两国在打击恐怖主义和非法移民方面的合作。5 月 14 日，奥朗德总统出席在尼日利亚首都阿布贾举行的乍得湖地区安全会议，奥朗德表示，法国将继续在援助、培训和情报方面支持尼日利亚等多国部队打击“博科圣地”的军事行动。奥朗德还与尼日利亚总统布哈里签署了一份法国和尼日利亚两国防务协议的意向书。10 月，法国内政部长卡泽纳夫访问塞内加尔，与塞内加尔签署一份双边安全合作协议，该协议是 2013 年 11 月批准生效的两国合作议定书的延续，但新增了打击恐怖主义和有组织犯罪的内容。卡泽纳夫的发言人还宣布，法国将在 2017—2022 年投入 4200 万欧元为“萨赫勒五国集团”（Le G5 du Sahel，由乍得、马里、尼日尔、毛里塔尼亚和布基纳法索组成）和塞内加尔提供反恐训练。[①] 10月底，法国总理访问多哥、加纳和科特迪瓦三国，重点聚焦经济和安全议题，以推进与相关国家的安全合作。

此外，法军在西非萨赫勒地区继续开展反恐行动。2014年8月，法国在萨赫勒地区发起“新月形沙丘行动”（Opération Barkhane），维持约3000人兵力。“新月形沙丘行动”取代了2013年1月法国在马里发起的“薮猫行动”（Opération Serval），行动范围扩展至整个萨赫勒一撒哈拉地区，合作伙伴由马里扩大为“萨赫勒五国集团”所有成员国，将此前在非洲的军事资源整合至新计划。[②] 2016年法军在“新月形沙丘行动”旗下单独或与“萨赫勒五国集团”盟友共开展了125次军事行动。

三是欧洲国家加强与非洲国家的安全合作。近两年，因担忧难民危机及其本国遭受恐怖主义威胁，德国对非洲反恐、安全问题的关注明显加大。2016年3月，德国牵头召开欧盟28国大使会议，酝酿出一个秘密计划，内容是向8个非洲国家提供3500万欧元，让非洲国家阻止移民前往欧洲。[③] 10月，德国总理默克尔访问马里、尼日尔、埃塞俄比亚等非洲三国。访前默克尔在接受德《时代周报》采访时表示，“德国人应该更加关注非洲的命运”，“（非洲）大陆人民的福祉也是德国的利益，是具

---

① “法国将出资4200万欧元协助非洲抵御恐怖威胁”，http：//news. sina. com. cn/o/2016—10—09/doc-ifxwrhzc8783968. shtml。（上网时间：2016年10月10日）

② 参见《国际恐怖主义与反恐怖斗争年鉴2014/2015》非洲地区的恐怖活动与反恐斗争形势有关内容，法国：从“薮猫行动”到“新月形沙丘行动。时事出版社，2016年版。

③ “欧盟秘密计划遭泄露，欲同非洲8国合作阻移民”，凤凰网，2016年5月20日，http：//news. ifeng. com/a/20160520/48809875_0. shtml。（上网时间：2016年5月22日）

有重要战略性的问题，因为非洲人就在我们门口”。[①] 访问中，她强调军事支持应伴随发展援助，应通过发展从根源上应对安全、移民危机。2016年10月，驻尼日尔大使宣布，德国将在尼日尔建立一个军事基地，以开启德非合作的“新篇章”。[②] 12月，德国防长冯德莱恩访问尼日利亚时宣布，德国将向尼提供440万美元援助，用于打击当地恐怖主义。[③] 根据此计划，德国将向尼日利亚提供雷达站，探雷器、战地医院等军事装备。5月14日，在尼日利亚阿布贾举行的乍得湖地区安全会议上，欧盟表示愿意提供5000万欧元的援助资金，支持教育、减贫等方面的项目，以此瓦解极端组织毒瘤滋生的社会土壤。英国也开始准备向尼日利亚军队提供武器和培训支持。5月14日，英国外交部发表声明称，英国将在未来4年为尼日利亚提供4000万英镑的资金以打击“博科圣地”，并训练1000名尼日利亚的士兵。[④]

四是日本视非洲为实现军事大国“试验田”。2016年7月，日本外相岸田文雄主持安理会辩论会，宣布日本将提供140亿日元（约合8.8亿元人民币）援助，提高非洲的反恐能力。[⑤] 11月，日本自卫队第11批

---

① “L’Allemagne va construire une base militaire au Niger en appui à la Minusma”, RFI, 07/10/16, http://www.rfi.fr/afrique/20161007 — niger-allemagne-construire-base-militaire-appui-minusma.（上网时间：2016年10月22日）

② “L’Allemagne va construire une base militaire au Niger en appui à la Minusma”, http://www.rfi.fr/afrique/20161007 — niger-allemagne-construire-base-militaire-appui-minusma.（上网时间：2016年10月10日）

③ 王逸君：“打击恐怖主义德国在尼日利亚砸钱440万美元”，http://news.xinhuanet.com/world/2016－12/20/c_129411527.htm。（上网时间：2016年12月21日）

④ “乍得湖地区安全会议商讨打击‘博科圣地’，《人民日报》，2016年5月16日。

⑤ “日本外相主持安理会辩论会 宣布将援助非洲反恐”，http://news.xinhuanet.com/world/2016－07/29/c_129188480.htm。（上网时间：2016年7月30日）

部队先遣队抵达南苏丹，首次执行“驰援护卫”新任务。[①] 此后参加维和行动的日本自卫队使用武器的权限将从自卫扩大至向他国部队和平民提供武力保护。军事专家认为，“这对于日本自卫队综合作战能力会产生较大的松绑作用，让日本打着维和的外衣，实现军事走出去和其他目的，实现军事正常化”。[②]

五是新兴国家对非洲反恐安全合作抢眼。2016 年 5 月，韩国总统朴槿惠访问埃塞俄比亚、乌干达和肯尼亚三国，强化对非洲的军事、安全合作。访问期间，韩国与乌干达、埃塞俄比亚签署国防合作协议，取代朝鲜为两国提供培训、装备支持。朴槿惠称韩国将加大力度介入非洲安全事务，助非洲解决地区冲突和反恐。7 月，以色列总理内塔尼亚胡访问乌干达、肯尼亚、卢旺达、埃塞俄比亚等 4 国，此访为以色列总理时隔近 30 年首访撒哈拉以南非洲，意在全面提升以非关系。在安全领域，以谋求拓展反恐合作。内塔尼亚胡在乌干达与肯尼亚、卢旺达、埃塞俄比亚、赞比亚、坦桑尼亚和南苏丹 7 国领导人举行反恐峰会。会后发表联合声明，宣称以非将加强情报共享、战术培训、高新技术及网络安全合作。

美、欧、日等大国加大对非洲安全事务介入力度，虽在一定程度上弥补了非洲国家在资金和能力上的不足，有其积极一面；但另一方面，正如非洲学者指出的，这些国家出于“私利”对非洲进行军事介入，给

---

① “驰援护卫”指当联合国非政府组织工作人员或他国部队和平民，在远离日自卫队驻扎地遭遇武力袭击时，自卫队员有权携带武器赶赴事发地点对相关人员给予保护。此外，在执行“驰援护卫”任务时，使用武器的权限也将扩大至以完成任务为目的警告射击。而在 2016 年 3 月生效的“新安保法”实施前，日本自卫队只有在自己受到袭击时才能使用武器进行自卫。

② “日自卫队海外执行‘驰援护卫’任务被指战力松绑”，http：//www. chinanews. com/mil/2016/11－22/8071166. shtml。（上网时间：2016 年 11 月 23 日）

非洲“带来”甚至“加剧”了问题，而不是“解决”了问题。[①]

六是联合国支持非洲反恐。2016 年 1 月 29 日，联合国秘书长潘基文在埃塞俄比亚首都亚的斯亚贝巴出席非盟第 26 届首脑会议时表示，联合国支持非洲反恐和解决地区危机。潘基文在非盟和平与安全理事会当天举行的会议上说，恐怖主义和暴力极端主义对非洲的威胁不断增加，影响非洲地区安全和经济发展，联合国和国际社会支持非洲反恐。潘基文对非盟在反恐方面的努力表示认可。他认为青年极端化问题应当引起重视，呼吁非洲各国政府在军事打击恐怖势力的同时，注重经济发展，加大对青年教育的投入。

---

① ALASSANE SOUFOUYANOU Abdourahimoune，“Bases militaires occidentales au Niger：pour quoi faire ?”，http：//www. afrik. com/bases-militaires-occidentales-au-niger-pour-quoi-faire .（上网时间：2017 年 1 月 6 日）

第十章　拉美地区恐怖主义与反恐怖斗争形势综述

2016年，随着拉美民主政治制度的不断完善以及各国反恐维安力度加大，该地区传统的反政府游击武装受到极大遏制，几无重大恐怖活动发生，反恐形势总体趋稳向好。但以涉毒暴力、凶杀、绑架、走私等有组织犯罪为主体的新型恐怖活动愈演愈烈，中美洲“北三角”、墨西哥、委内瑞拉和巴西等国治安形势持续恶化，趋于失控。与此同时，国际恐怖主义势力加大对拉美渗透和活动，拉美反恐斗争面临内外双重压力和全新挑战。

第一节　拉美地区恐怖主义形势

2016年拉美地区未发生重大恐怖活动，但非传统安全威胁持续上升，暴力犯罪活动趋于恐怖化，且大有愈演愈烈之势。恐怖威胁主要源自三方面：一是哥伦比亚残余反政府武装实施的恐怖活动，属于传统意义上的恐怖威胁，随着和平协议的签署，其威胁已大大减弱。二是贩毒组织、洗钱团伙、黑帮等有组织犯罪集团实施的暴力恐怖活动，其与该地区残余反政府武装勾连，形成庞大而复杂的犯罪网络，对部分国家乃至地区的安全构成严重威胁。三是真主党和“伊斯兰国”等伊斯兰国际恐怖势力伺机向拉美渗透，带来的潜在威胁日趋严峻。

一、以反政府游击队为代表的本土恐怖组织多数“改邪归正”，但有极少数仍从事恐怖活动

随着近年拉美国家民主化和国内和谈进程的推进，拉美地区绝大多数反政府武装选择放弃武装斗争路线，纷纷放下武器，回归民主体制，组建政党参与政治，实现政治主张。但仍有极少数反政府武装或拒绝转型，继续从事贩毒、绑架、暗杀、爆炸等暴力恐怖活动，或趁与政府和谈之机寻求短暂停火间隙，积蓄力量，以求东山再起。目前被美国国务院列入“外国恐怖组织”名单的有“哥伦比亚革命武装力量”（FARC）、“哥伦比亚民族解放军”（ELN）、“哥伦比亚联合自卫军”（AUC）和秘鲁的“光辉道路”（SL），其中“哥伦比亚革命武装力量”位列全球最危险的 28 个恐怖组织之一。

“哥伦比亚革命武装力量”回归和平谈判。“哥伦比亚革命武装力量”是哥伦比亚人数最多、活动最频繁的反政府武装，是该国乃至整个拉美地区最大的安全威胁。其前身是农民武装自卫组织“南方集团军”，最初的政治纲领是“依托农村，包围城市，最后城乡结合，夺取政权”。1964 年 5 月改现名。该组织机构严密，包括由 7 名核心成员组成的最高领导机构——书记处和负责日常事务的总参谋部，下设 7 个集团军和数个纵队、连队，各自镇守一方。2001 年前后该组织鼎盛时期，人数达 2 万余人，曾攻打并试图夺取首都波哥大，最终功亏一

箦。2002年乌里韦上台，全面抛弃前任政府的绥靖政策，对其发起全面打击，“哥伦比亚革命武装力量”陷入重大生存危机，高层领导人损失惨重，中下层军官和士兵叛逃数量也急剧上升。2004年1月，“哥伦比亚革命武装力量”主要领导人西蒙·特立尼达在厄瓜多尔被捕，并以贩毒和绑架美国公民罪被引渡美国受审，成为该组织近40年来被逮捕的最高级别领导人，也是其倒下的第一块“多米诺骨牌”。2007年9月，“哥伦比亚革命武装力量”高级领导人、毒品生意负责人内格罗·阿卡西奥被击毙。2008年3月，三号人物劳尔·雷耶斯所在营地被政府军袭击，雷耶斯触雷身亡。5月19日，“哥伦比亚革命武装力量”最高级别女游击队员卡丽娜向政府军投降。此后不久，最高领导人马鲁兰达在丛林中死于心脏病。2010年，前国防部长桑托斯当选新一任总统，他选择“打谈结合，以打促谈”的中间路线处理“哥伦比亚革命武装力量”问题，政治上主动与“哥伦比亚革命武装力量”接触示好，但军事上保持持续打压态势，牢牢把握住斗争的主动权，逼迫“哥伦比亚革命武装力量”放弃武装斗争回归谈判桌。2010年9月23日，获线人举报后，政府军发动“索多玛”行动，将“哥伦比亚革命武装力量”军事领袖霍霍伊炸死于掩体中。桑托斯总统在随后讲话中指出，霍霍伊被打死“标志着“哥伦比亚革命武装力量”开始走向命运终点”。11月20日，“哥伦比亚革命武装力量”南部省份“二把手”、七大头目之一法维安·拉米雷斯被击毙。2011年11月4日，最高领导人阿方索·卡诺和多名资深游击队员在政府军“奥德修斯”行动中丧生，“哥伦比亚革命武装力量”高级领导层接连遭重创，几近瘫痪，中高层指挥官和经验丰富的游击队员损失殆尽，实力大幅削弱，士气严重受挫。2016年以来，随着“哥伦比亚革命武装力量”与桑托斯政府和平谈判的不断推进，双方数次达成临时停火协议，但桑托斯政府始终保持对“哥伦比亚革命武装力量”的高压态势，严密监视其一举一动，对包括敲诈、勒索、绑架、走私、贩毒、埋雷在内的任何违反停火协议的挑衅行为予以坚决回击。3 月 18 日，政府军在米塔省郊区打死“哥伦比亚革命武装力量”“菲利普·林孔”纵队一名资深游击队员。6 月 13 日，政府军在米塔省郊区清理可卡因种植田时遭遇“哥伦比亚革命武装力量”袭击，政府军反击中打死数名“哥伦比亚革命武装力量”成员。7 月 10 日，政府军与“哥伦比亚革命武装力量”小队在米塔省乌里韦镇遭遇，政府军遭袭击后打伤 2 名 FARC 成员。9 月，哥伦比亚政府逮捕国内最大的军火贩亚历山大·卡马乔，彻底切断“哥伦比亚革命武装力量”的军火来源。11 月 16 日，2 名“哥伦比亚革命武装力量”成员单方面违反停火协议，在玻利瓦尔省从事敲诈勒索时被政府军击毙。政府军在和谈停火期间以高压态势粉碎了“哥伦比亚革命武装力量”“借停火休养生息以求东山再起”的侥幸思想，也迫使其高层更加深刻认识到和谈是唯一出路。

为了应对政府军的清剿，同时配合和谈进程，获取更多谈判筹码，“哥伦比亚革命武装力量”也相应调整斗争战略和应对思路。一方面，承诺继续和谈进程，意在稳住桑托斯政府，以求实现暂时停火，保全实力。另一方面，避免与政府军正面冲突，化整为零，采取小股部队“打了就跑”，伏击、偷袭、骚扰政府军，使其猝不及防。同时采取布雷、炮击、狙击、设置路障和路边炸弹等低成本、大影响的战斗手段，恫吓哥伦比亚政府反恐决心，以求牢牢把握和谈的主动权。2016 年 4 月下旬，“哥伦比亚革命武装力量”第三纵队狙击手在考卡省两度偷袭政府军，造成一死一伤。6 月 12 日，“哥伦比亚革命武装力量”精英部队“特奥菲洛·弗雷洛机动队”在考卡省偷袭政府军“欧米茄”特种部队，2 名士兵受伤。8 月 10 日，对和谈颇为不满的“哥伦比亚革命武装力量”“叛军”第一纵队策动摩托车炸弹袭击，造成 2 名警察和 3 名平民受伤。

“哥伦比亚民族解放军”（ELN）强势崛起。“哥伦比亚民族解放军”是哥伦比亚第二大反政府武装，成立于1964年，鼎盛时期多达5000人，其意识形态与“哥伦比亚革命武装力量”接近，但战略目标和作战重点有所不同，侧重于政治活动而非军事行动，反对参与贩毒。近年来，在哥伦比亚军警打击下，“哥伦比亚民族解放军”实力不断削弱，损失和叛逃严重，成员大幅减少至1500—2000人左右，主要活跃在石油主产区的马达莱娜河谷，包括玻利瓦尔省、桑坦德省和安蒂奥基亚省，在阿劳卡省、纳里尼奥省和考卡省也有部分人员。2007年开始与政府谈判，并且宣布“暂时和实验性停火”，但以失败告终。2013年，该组织重新活跃起来，向与委内瑞拉边界和加勒比沿岸地区扩张。2014年6月桑托斯总统就职典礼前夕，“哥伦比亚民族解放军”在波哥大引爆5枚宣传弹，向外界展示其拥有对包括首都在内任何城市的攻击能力。2015年以来，“哥伦比亚民族解放军”以“哥伦比亚革命武装力量”为“榜样”，开始将重心从政治活动转向军事行动，不断强化军事行动的强度和频率，主要以石油管线、输电塔、军警机构和政府机关为主要袭击目标，同时辅以绑架、敲诈和勒索等手段。2015年1月，“哥伦比亚民族解放军”在北部桑坦德省绑架一名丹麦人质。2月2日和3月12日，“哥伦比亚民族解放军”先后雇佣黑帮在波哥大警局和政党总部设置简易爆炸装置，被警方破获。2月24日，“哥伦比亚民族解放军”绑架了正在野外执行科考任务的4名植物学家。7月2日，15名“哥伦比亚民族解放军”成员在交通高峰期于波哥大市中心设置爆炸装置，造成多人受伤。10月26日，“哥伦比亚民族解放军”在博亚卡省袭击了正在护送电力工人的军方巡逻队，导致11名士兵和1名警察死亡，2名士兵被俘。2016年“哥伦比亚民族解放军”实现“膨胀式”发展，借“哥伦比亚革命武装力量”与政府和谈之机，表面向桑托斯政府提出和谈停火，实则背地里大举招兵买马，扩张地盘，积极吸纳不愿放下武器的“哥伦比亚革命武装力量”

成员，抢占“哥伦比亚革命武装力量”全面收缩留下的权力真空。与此同时，开辟新“财路”，开始从事走私、敲诈、勒索等有组织犯罪，同时率先发难挑衅政府军，大规模发动针对政府军的攻击，其手段之残忍、武器之先进、技术之高明，比以往有过之而无不及，大有取“哥伦比亚革命武装力量”而代之的势头。2 月 3 日，当政府军拆除安蒂奥基亚省发电站内一处爆炸装置时，“哥伦比亚民族解放军”游击队员伺机绑架一名政府军士兵，并向桑托斯政府勒索巨额赎金。2 月 7 日，“哥伦比亚民族解放军”对阿劳卡省一处军事基地发动 8 次迫击炮偷袭，炸毁基地内大量设施。2 月 12—16 日期间，“哥伦比亚民族解放军”在纳里尼奥省、北桑坦德省和玻利瓦尔省发动 7 起针对军警和电力设施的袭击，造成 3 名警察丧生。2 月 27 日，“哥伦比亚民族解放军”在卡萨奈尔省发动路边炸弹袭击，3 名正在巡逻石油管线的警察被炸身亡。当天“哥伦比亚民族解放军”还在北部桑坦德省一条公路上发动对政府军的狙击偷袭，导致一名士兵。3 月 8 日，“哥伦比亚民族解放军”在安蒂奥基亚省下考卡地区伏击政府军巡逻队，造成 2 名士兵死亡。6 月 28 日，政府军一架米—17 直升机在中部卡尔达斯省清剿“哥伦比亚民族解放军”时遭袭坠毁，机上 17 名士兵全部阵亡。7 月 5 日，“哥伦比亚民族解放军”在多个省份同时发动袭击，打死 6 名政府军士兵。11 月 20 日，“哥伦比亚民族解放军”在考卡省和米塔省发动针对社会活动家和人权人士的袭击，造成 3 人死亡，2 人受伤。12 月 19 日，“哥伦比亚民族解放军”下属的“切格瓦拉游击队”在和谈期间单方面破坏停火协议，在阿劳卡郊区谋杀 2 名正在巡逻的政府军士兵。评论分析指出，近期“哥伦比亚民族解放军”在与政府开启谈判后突然大举扩充实力、发动袭击，旨在展示实力，以增加谈判砝码。

“哥伦比亚联合自卫军”（AUC）遗毒难清。该组织是右翼准军事组织，曾是哥伦比亚第三大反政府武装。冷战初期在美国授意下成立，以消灭“哥伦比亚革命武装力量”和“哥伦比亚民族解放军”等左翼游击组织为宗旨，鼎盛时期多达3.5万人，活动范围遍布全国。该组织血腥暴力，秉承“宁可错杀一百，不可放过一个”为作战准则，成员在战斗中时常残酷屠杀被其认为有通游击队嫌疑的无辜平民，对哥伦比亚民主化及和平进程造成严重威胁，美国国务院于2001年9月10日正式将其列为国际恐怖组织。2006年4月，“哥伦比亚联合自卫军”与政府达成协议，分期分批缴械投降、回归社会，以换取司法优待。但哥伦比亚政府“秋后算账”，以涉嫌贩毒、洗钱和资助恐怖分子等罪名，向美国引渡大量“哥伦比亚联合自卫军”前领导人，招致“哥伦比亚联合自卫军”成员的记恨。近年来，该组织不少成员以“前领导人遭到政府追杀，成员被社会遗弃”为由，重操旧业，成为大农场、大企业和大毒枭的雇佣军，以反政府武装成员、工会领袖、左翼知识分子、人权活动家和记者为目标，从事暗杀、绑架、勒索等报复活动。据哥伦比亚非政府组织“独立和平”预测，至少3000名前“哥伦比亚联合自卫军”成员已重新集结组成有组织犯罪团伙，欲填补“哥伦比亚革命武装力量”转型后留下的贩毒和非法采掘行业的真空。大赦国际称，在哥伦比亚发生的不少政治谋杀、私刑和失踪案件都与该组织有关。①

秘鲁左翼游击组织“光辉道路”（SL）垂死挣扎。SL成立于1969年，主张通过暴力革命的方式建立政权，并自1980年5月17日秘鲁首次民主选举起从事反政府武装斗争，80—90年代一度成为世界上最暴力的武装团伙之一，至少造成6.9万人丧生。1992年，包括该组织最高领导人古斯曼在内的多名高层被捕，SL遭受重创，从此销声匿迹。1993

① “Colombia ‘failed spectacularly’ to guarantee human rights：Amnesty International”， http：//colombiareports.com/government-strategies-combat-conflict-related-violence-working-effectively-amnesty-international-says/.（上网时间：2017年2月8日）

年与秘鲁政府签订放弃武装斗争协定，但一部分死硬顽固分子仍继续从事暴力恐怖活动。2005 年以来，SL 死灰复燃，频繁策动各种恐怖袭击活动，但整体实力大不如前。秘鲁军方估计，SL 核心成员仅 60—100 人，总人数约 250—300 人。其势力范围被限制在偏远的可卡因主产区阿普里克、埃内和曼塔罗河谷（VRAEM）内，大本营则设置在河谷内的维斯卡坦要塞，主要通过毒品生产、走私和从毒品贸易勒索“革命税”获得经济来源。2013 年以来，秘鲁反恐部队展开多次行动，成功击毙和逮捕多名 SL 头目，成功打压其东山再起的势头。9 月，秘鲁安全部队打死 SL 3 号人物奥拉多·博尔达和 4 号人物马丁·帕罗米诺，使 SL 行动能力遭受严重打击，元气大伤。12 月 8 日，秘鲁政府 30 年来首度宣布将取消曼塔罗河谷内的紧急状态令，并将派遣国家警察部队接管军队在该区域内的管理权。2013 年 7 月，乌马拉政府宣布改变原来的全面进攻策略，要求尽量减少正面武装冲突，重在以最低的人员伤亡，夺取 SL 在曼塔罗河谷内的实际控制区域，同时将解救人质和俘虏列为“重中之重”。2015 年，政府军继续贯彻乌马拉的策略，通过斩首行动打压 SL 气焰，同时解救人质稳定民心。6 月 17 日，警方在曼塔罗河谷抓获 SL 潜在“接班人”内马尔·马尔多纳多，缴获大批军火和文件。7 月 7 日，警方逮捕 SL 下属纵队领导人卡巴尼亚斯。7 月 27 日，军警突袭 SL 在胡宁省的一个基地，解救包括 26 名儿童在内的 54 名人质，其中部分人质已被绑架逾 30 年。8 月 8—9 日，秘鲁军方先后俘虏 SL 主要领导人之一的亚历山大·阿拉尔孔·索托及其副官拉莫斯。在军方的严厉打击下，SL 恐怖袭击的次数和强度急剧降低，规模也逐渐变小，手段也限于袭扰军警巡逻和固定军政目标，未造成较大人员和财产损失。据秘鲁政府统计，2015 年全年 SL 仅发动 13 次恐怖袭击，较 2014 年（20 起）和 2013

年（49起）大幅降低。[①] 3月21日，SL袭击胡宁省一个偏远的社区，打死一名社区领导人和一名法官。8月初，SL袭击胡宁省的反恐基地，打死一名士兵。9月2日，SL在阿亚库乔地区打伤5名政府军士兵。10月24日，约30名SL成员炸毁塔亚加哈地区一座通信塔。

“巴拉圭人民军”（EPP）死灰复燃。2008年以来，曾一度销声匿迹的武装团伙“巴拉圭人民军”在巴东北部重新活跃起来，频繁策动谋杀、绑架和破坏活动，偷袭政府军和警察执勤点，杀害与政府合作的农场主和农民。巴拉圭政府评估称，该组织目前规模仅20—100人左右。2015年1月，EPP在康赛普斯省杀害2名长期居住在当地的德国人。2月，EPP在该省4次袭击警察局，造成不少人员伤亡。3月，EPP在圣佩德罗省杀害4名与政府合作的农民。7月，5名巴拉奎国家警察在圣佩德罗省遭EPP杀害。8月，圣佩德罗省的一名农场主被杀害，农场雇员被EPP劫持为人质。同月，EPP使用爆炸装置炸毁佩德罗省一座输电塔。9月，2名农民在圣佩德罗省遭EPP杀害。

二、有组织暴力犯罪趋于失控，多国应对能力有限

近年来，拉美地区反政府游击队在政府严厉打击下，面临巨大生存压力，不得不依靠贩毒所得购买军火及维持基本生活开销，贩毒集团则借机吸收和收买训练有素的游击队员为贩毒活动“保驾护航”，雇佣职业杀手和黑帮成员以恐怖血腥手段报复政府的扫毒和打黑行动，两者勾连、合流、捆绑形成庞大的“利益共同体”，导致拉美反毒、反恐形势陷入“越反越恐、越反越毒”的恶性循环，地区安全形势难有改善机会，部分国家面临严重的社会安全危机。世界银行报告称，拉美占世界人口的

---

① IISS-Colombia，https：//acd. iiss. org/en/conflicts/peru。（上网时间：2017年2月10日）

9%，但暴力凶杀案占比却高达30%。墨西哥公共安全与刑事司法公民委员会2016年1月公布的调查报告中指出，全球最危险的50座城市中有多达41座集中在拉美及加勒比地区，其中21座位于巴西，6座位于哥伦比亚，4座位于墨西哥。①

中美洲地区安全局势略有好转。由危地马拉、洪都拉斯和萨尔瓦多组成的中美洲“北三角”地区历来是有组织犯罪的“温床”。三国经济欠发达、政府治理能力欠佳、司法体系落后、执法力量腐败，政府无实力清剿黑帮和贩毒集团，仅能与其妥协共生，勉强维持现状，致使中美洲成为“法外之地”和世界最暴力地区。其中，洪都拉斯是全球谋杀率最高的国家。2005—2016年，其谋杀率从10万分之37飙升至10万分之100。其中有组织犯罪团伙（Mara）是暴力犯罪的主要实施者，据统计中美洲地区有900多个有组织犯罪团伙，成员多达7万人，主要从事勒索绑架、贩卖人口、贩毒、收保护费等犯罪活动谋取非法利益。加上中美洲20世纪60—90年代经历内战，大量武器弹药遗留民间，导致涉枪暴力犯罪极度猖獗。据估计中美洲有超过450万件小型枪支。再加上中美洲连接世界最大毒品市场和产地的地理位置，90%的贩毒活动均取道中美洲，尤其是近年墨西哥强力扫毒，迫使跨国贩毒集团转向中美洲，加剧暴力犯罪势头。2016年以来，面对政府的强硬清剿政策，中美洲黑帮和反毒集团以政府要员、军警和社会活动人士为暗杀和袭击目标，疯狂反扑。1月12日，不明武装团伙在“世界第二大最危险城市”圣贝德罗苏拉当街射杀5名青年人。1月14日，武装团伙袭击萨尔瓦多一位军队指挥官的儿子所驾驶的皮卡车，导致一死一伤。7月7日，洪都拉斯

① “调查称全球最危险50座城市八成集中在拉美地区”，http：//www.huanqiu.com/www/mobilenews/hot/2016－01/8478911.html。（上网时间：2017年2月1日）

知名印第安权益活动家莱斯比亚·杰尼斯在拉巴斯省遭黑帮枪击身亡。仅萨尔瓦多全年就有44名警察和20名士兵死于暗杀。

帮派斗争成为巴西最大不安定因素。2016年，长期难以根除的黑帮问题终于爆发，成为压垮巴西治安状况的“最后一根稻草”。“首都第一司令部”是巴西最大的有组织犯罪集团，成立于1993年，老巢位于东南部的圣保罗。该组织有1.3万名成员，其中约6000人在监狱服刑，包括众多头目。他们在监狱里遥控指挥，策划针对警察的袭击事件，造成数百人伤亡。“北部家族”为两名毒枭2006年在亚马孙州首府马瑙斯创立。2016年10月，“首都第一司令部”结束与第二大帮派“红色司令部”的联盟关系，有意独自扩张势力至巴西北部。而在北部占有一席之地的“北方家族”则与“红色司令部”顺势结盟，双方开始缠斗不休。巴西警方报告指出，“首都第一司令部”与“北部家族”“争地盘”，导致巴西近期暴力犯罪频发，

委内瑞拉治安形势继续恶化。2016年，委内瑞拉延续上年经济颓势，政局激烈动荡难解，马杜罗政府深陷执政危机，反对派以国会为阵地“斗志昂扬”，府院围绕“罢免公投”斗争激烈，“体制内”方式难以和平解决国内政治争端，导致社会对立向极端化、暴力化和白热化方向发展，连累治安形势难有转机。2016年12月28日，非政府组织“委内瑞拉暴力犯罪观察站”公布的数据显示，2016年委内瑞拉共发生1.8万谋杀案，导致28479人死于暴力犯罪（平均每天有78人死于凶杀），比2015年增加604人，凶杀率则达到10万分之91.8，远高于拉美地区绝大多数国家，是哥伦比亚的3.6倍，位列世界第二大最暴力国家，仅次于中美洲的萨尔瓦多。从地域上看，阿拉瓜州、米兰达州和联邦区是委内瑞拉最暴力地区，其凶杀率分别达到骇人听闻的10万分之142、140和138。加拉加斯市蝉联“世界最暴力城市”，其凶杀率超墨西哥城15倍。3月初，特鲁西略州图梅雷默镇发生骇人听闻的集体屠杀事件，17

名矿工遭武装集团劫持后杀害，尸体被丢弃在坑洞中。3 月 30 日，塔奇拉州发生大规模游行示威，2 名警察被一辆遭劫持的巴士冲撞当场身亡。5 月 29 日，特鲁西略州再发惨案，包括 1 名哥伦比亚公民和 3 名未成年人在内的 11 人在家中遭武装人员射杀。12 月 16 日起，位于玻利瓦尔州的玻利瓦尔城、瓜西帕蒂、图梅雷莫等几个城镇部分民众，因不满政府废除面值 100 元的玻利瓦尔纸币后未按时投放新币，大规模砸抢商铺，骚乱中一男一女和一名 14 岁男孩死于枪击。此外，因对政府施政不当导致物资短缺和民众生活水平的下降极其不满，各种针对政府、军警部门和宣传机构的袭击频频发生，自 2015 年年中以来不下数十起。2016 年 9 月 14 日，中部瓜里科州圣胡安德洛斯莫罗斯监狱探监日发生手榴弹袭击爆炸事件，造成 1 名囚犯死亡、22 人受伤。“委内瑞拉暴力犯罪观察站”认为，有罪不罚是委内瑞拉暴力问题严重的主因之一。委内瑞拉每发生 100 件凶杀案例，只有 8—9 件的凶嫌被判刑。

拉美多国“监狱犯罪”频发，监狱已成“法外之地”。2016 年，仅巴西监狱内非正常死亡人数就高达 376 人，平均每天超过 1 人死于狱中。监狱暴力事件的死亡人数以塞阿拉州最多，达到 50 人；其次是伯南布哥州，监狱非正常死亡人数为 43 人；第三是北里奥格兰德州，有 31 名囚犯死于非命；非正常死亡“零记录”的只有圣埃斯皮里图州。9 月 29 日，巴西圣保罗监狱近 500 名囚犯集体暴动，纵火点燃监狱，最终成功越狱。10 月一周内，巴西接连发生 3 起监狱内帮派火拼事件，造成 25 人丧生，上百名家属沦为人质。2017 年 1 月 1 日，巴西亚马孙州首府玛瑙斯附近的阿尼西奥·若宾监狱不同派系囚犯间爆发冲突，并引发持续 17 个小时的监狱暴乱，造成 56 人死亡。1 月 6 日凌晨，巴西北部罗赖马州的蒙特克里斯托监狱内发现 33 名囚犯死亡，初步调查显示，囚犯可能死于内部凶杀。1 月 14 日，巴西北大河州阿尔卡苏斯监狱发生暴动，来自不同贩毒集团的囚犯在监狱内爆发武装冲突近 14 小时，逾 30 人死亡，不少死者尸体惨遭肢解，甚至身首异处，场面恐怖，举世震惊。拉美监狱凶杀和暴力犯罪由来已久，背后多种原因交织。以巴西为例：首先，监狱内帮派林立，派系斗争是首因。巴西司法部调查发现，全国大大小小监狱的在押犯人主要来自25个帮派，其中12个来自亚马孙州所属的北部和东北部地区。由于巴北部与拉美传统的毒品生产地哥伦比亚、秘鲁等国接壤，众多犯罪集团纷纷将势力扩展至此。“红色司令部”、“第一司令部”等势力强大的帮派进入北部地区后，为扩展地盘难免和当地原有帮派发生冲突。随着来自不同帮派的成员被捕入狱，监狱外帮派间矛盾随即成为引发监狱内部暴乱的导火索。2016年巴西监狱内非正常死亡人中的绝大部分都源于帮派冲突引发的暴乱。其次，监狱超员严重，人满为患。巴西国家司法委员会数据显示，巴西全国监狱人满为患，总体超容逾一半，约25万人，收押人员中42%的人在等待判决，远高于国际平均水平的20%。其中伯南布哥州情况最严重，监狱超员比例高达206.6%。再次，监狱缺乏资金、设备老旧。巴西近年经济陷入衰退，联邦政府拨款大量减少，导致包括金属探测仪和手机信号屏蔽器在内基本安保监控设备严重配备不足。巴西伊亚州和亚马孙州分别有95.4%和91.6%的监狱缺乏这两样设备。全国只有巴西利亚联邦特区监狱配有上述设备。最后，狱方疏于管理，难辞其咎。不少暴乱中使用的武器都是通过探视甚至狱方“内鬼”带入的。

三、墨西哥治安形势继续恶化，涉毒暴恐活动依旧猖獗

墨西哥是拉美国家中议会民主制度最为发达的国家之一，政局较为稳定。但近年成为涉毒暴力恐怖活动的重灾区。2000年以来，墨西哥社会安全形势急转直下，以涉毒暴恐活动为主的有组织犯罪遍及全国，成为威胁国家安全的最大毒瘤。培尼亚·涅托总统上台后对禁毒政策进行

了战略性调整，部分放弃前政府带有战争性质的军事打击，力图以全面改革、综合施策，扫除涉毒暴恐活动的基础和根源，取得不少成绩，但总体看墨西哥社会治安形势尚无明显好转迹象，打击涉毒暴恐活动将成为长期而艰巨的社会治理任务。

首先，犯罪率创新高。墨西哥内政部数据显示，2016 年全年凶杀案数量达 20789 件，同比大幅增长 22%，终结了自 2011 年以来的缓慢下降态势（2011 年凶杀死亡案 27213 起，2012 年 25967 起，2013 年 23063 起，2014 年 19669 起，2015 年 17034 起），远高于 2007 年的 8867 起。绑架案件数由 2015 年的 1067 件上升至 2016 年的 1128 件，增加了 6%，诈骗案件率为每 10 万人 4.4 件，车辆失窃率为每 10 万人 135 件，居家遭窃率为每 10 万人 69 件。据全球最大城市数据库网站 numbeo 统计的《Crime Index for Country 2016》显示，墨西哥 2016 年度每 10 万人犯罪率为 50.8，居世界第 38 位，在南美地区仅次于委内瑞拉和哥伦比亚。墨西哥国家数据和地理统计局报告显示，高达 72%的墨西哥人认为其所在城市不安全，高达 94%的犯罪案件处于未报案或未处理状态，其中居民不安全感最高的城市高达 95%。此外，有 78.6%的人认为在自动取款机操作时存在安全风险；71.3%的人认为在公共交通途中存在安全风险；66%的人认为在银行办理业务时存在安全风险；62%的人认为在公共场所存在安全风险；国内近 1/3 的组织机构成为物资被盗、人员信息被盗、现金被盗、腐败或贿赂等经济犯罪的受害人。

其次，涉毒暴恐组织掀起血腥报复潮。政府官员、军警机构、记者、人权活动家、驻墨外交官、社会名流成重点目标。前总统卡尔德隆时期的“禁毒战争”使贩毒集团与政府结下“血海深仇”，其不断报复上述群体以挑衅社会，恫吓政府和民众禁毒决心。据统计，仅 2007—2014 年间，贩毒集团共杀害 82 名市长、64 名政府官员、13 名候选人和 39 名政治领袖及社会活动家，仅 2016 年至少有 17 名市长级官员遇害，十多名地方市长宣称受到贩毒集团和犯罪团伙的死亡威胁，其中格雷罗州、锡那罗亚州等禁毒一线城市最为严重。2016年1月2日，莫雷洛斯州特米斯科市市长希塞拉·莫塔上任仅1天即遭枪杀遇害，举国震惊。7月21日，墨西哥知名歌手桑切斯·洛佩兹夫妇二人及年仅10岁的儿子在家中被贩毒集团虐杀，身首异处。7月23、24日两天，恰巴斯州圣胡安查莫拉市市长和格雷罗州阿尔塔米拉诺市市长二人先后遇害身亡。8月1日，普埃布拉州一名市长何塞·圣玛丽娅·萨瓦拉在车内遭人枪杀。9月19日，维拉克鲁斯州两名天主教神父遭绑架后曝尸街头。10月17日，曾任墨西哥州第五法庭负责上诉和民事案件的法官维森特·安东尼奥·贝穆德斯·萨卡里亚斯在梅特佩克市户外锻炼时遭枪击，不治身亡。其任内曾审理过有关“库伊尼斯”贩毒集团的案件。11月12日，米却肯州蒂基切奥市市长戈罗斯蒂埃塔第三次遭贩毒集团袭击，在公路上被绑匪从车中劫走，5天后尸体在郊区被发现，尸体明显有被虐待殴打的痕迹。2017年1月6日，美国驻墨西哥第二大城市瓜达拉哈拉领事馆的一名官员遇刺受伤。军警则由于长期处于禁毒斗争一线，成为贩毒集团的“眼中钉、肉中刺”。2016年9月6日，墨西哥警方在米却肯州解救人质的行动中，遭贩毒集团“哈利斯科州新生代”使用12.7毫米大口径“巴雷特”狙击步枪击落直升机，机上一名飞行员和3名警察当场死亡。9月19日，墨西哥南部的格瑞罗州警长马丁内兹在家中遭贩毒集团报复枪杀。9月30日，墨军警在押解毒贩时遭“锡那罗亚”贩毒集团袭击车队，致使5名士兵丧生，墨军方怀疑主谋为“矮子”古斯曼的儿子们。

四、国际恐怖主义势力加紧对拉美渗透和扩张

长期以来，拉美因其得天独厚的地理位置和相对包容的社会环境成为国际恐怖主义势力渗透和扩张的主要目标之一，尤其是“边境三角区”

更是黎巴嫩真主党和“基地”组织的地区“大本营”。2016年以来，国际恐怖主义组织“伊斯兰国”在叙利亚、伊朗等中东国家遭到沉重打击后，试图将触角转向拉美，加强对拉美渗透，甚至企图对美欧及以色列等驻拉美使馆、重要机构发动恐袭。

“伊斯兰国”在拉美愈加活跃。2016年，以“伊斯兰国”为代表的伊斯兰恐怖组织在正面战场上节节败退，几入绝境，转而采取更加极端化策略，鼓动其效忠者在全球发动疯狂反扑，拉美也难逃其渗透。美国南方司令部前司令约翰·克里表示，越来越多的拉美裔伊斯兰极端分子在中东接受军事训练，一些人正在参加叙利亚战争。纽约私人情报机构“Soufan Group”披露，南美地区共有76名青年加入了“伊斯兰国”。阿根廷情报部门也证实，约有23名阿根廷人参与叙利亚战争，但真实身份仍难确认。同时，有证据显示，赴中东受训的拉美裔极端分子有回潮之势。4月，美洲国家组织秘书长阿尔马格罗称，一些参加叙利亚战争的拉美裔恐怖分子开始回归，有可能在拉美发动恐袭。[①] 巴黎发生恐袭3天后，“伊斯兰国”著名法籍“刽子手”马克西姆·奥沙尔就扬言，“巴西是下一个袭击目标”。法国和以色列的军事情报机构也表示，有足够证据表明巴西籍“伊斯兰国”成员计划在奥运期间对法国代表团发动袭击。4月14日，巴西反恐事务主管萨利亚韦里表示，“伊斯兰国”对巴西发动恐袭的风险上升，伊泰普水电站等重要基础设施以及大型城市市中心是潜在恐袭目标。为此，巴西政府被迫采取多种安保措施应对。8月5—21日里约奥运会期间，巴西曾截获伊斯兰恐怖组织计划袭击奥运会场的

---

① “¿Es el terrorismo una amenaza real para América Latina?”，https：//actualidad. rt. com/actualidad/213343－terrorismo-amenaza-real-america-latina-isis。（上网时间：2017年3月1日）

情报[①]，警方被迫出动8.5万名安保人员全市巡逻，安保人数是伦敦奥运会两倍。[②] 阿情报机构也表示，拉美国家执法效率低下、腐败成风及缺乏反恐情报交流，为国际恐怖组织渗透提供了便利，目前仍难掌握恐怖分子的组织结构、物流渠道、行动信息、信仰理念及固定住所等情况。[③]

黎巴嫩真主党继续以“边境三角区”为大本营经营拉美。黎巴嫩真主党自20世纪80年代末开始在拉美活动。巴西、阿根廷、巴拉圭三国边境地区的阿拉伯人主要为黎巴嫩后裔，因此成为该组织活动的“大本营”。当地真主党组织曾涉嫌在20世纪90年代制造阿根廷首都布宜诺斯艾利斯市的两起大爆炸案：一起是1992年的以色列使馆爆炸案，造成30人丧生；另一起是1994年的“阿根廷－以色列交流协会”爆炸案，造成85人丧生。真主党在拉美有2个分部中心，一个在委内瑞拉，另一个在阿根廷。该组织通过“阿根廷阿拉伯人之家”和阿根廷伊斯兰协会与伊朗建立直接联系，宣称支持伊朗和伊斯兰革命。2016年，伊朗加大了对拉美的重视程度。8—9月间，伊朗外长两访拉美，先后到访古巴、尼加拉瓜、厄瓜多尔、智利、玻利维亚和墨西哥7国。9月，伊朗总统哈桑·鲁哈尼任内首访拉美，参加在委内瑞拉举行的不结盟运动峰会。2017年美国国会研究局在报告中明确指出，美国高度警惕伊朗和真主党

---

① “Amenaza yihadista：América Latina，el siguiente objetivo”，https：//mundo. sputniknews. com/americalatina/201607181062144832 － daesh-terrorismo-lationoamerica/。（上网时间：2017年3月1日）

② “恐怖袭击风险正在增加，巴西严防IS恐袭威胁”，新华社，http：//news. xinhuanet. com/world/2016－04/17/c_128901628. htm。（上网时间：2017年3月1日）

③ “¿Atacará IS en América Latina?”，西班牙《世界报》，http：//www. elmundo. es/internacional/2016/04/05/5702844a46163f05428b4597. html。（上网时间：2017年3月1日）

密切与拉美国家的关系。美国南方司令部司令科特也警告称，美国注意到伊朗正强化与拉美国家的经济、科技和文化交流，美对此深表忧虑。美方指出，“边境三角区”是穆斯林聚居地，巴拉圭的东方市和巴西的伊瓜卡港居住着大量中东国家穆斯林移民，“长期以来，边境三角区已成为真主党融资的中心，同时也是非法武器买卖、毒品和违禁品走私、证件和货币伪造、洗钱、制造和贩卖盗版商品的场所”。美国国务院《2015年国际恐怖主义报告》中指出，真主党利用“边境三角区”宽松的社会氛围，大肆招募成员，已汇集众多支持者和资金提供者，俨然成为伊朗在拉美的“代言人”。

第二节　拉美地区主要反恐措施

2016年，拉美各国致力于推动和解进程，打击恐怖主义，加强扫毒，改善社会治安，积极推动域内外尤其是与美国的反恐和安全合作，取得一定成效。

一、哥伦比亚和平进程“瓜熟蒂落”，和平协议正式签署

哥伦比亚因长达半个多世纪的国内武装冲突一直是拉美地区的“动荡源”。据统计，长期的武装冲突导致受害者达800万人，其中26万人死亡、4.5万人失踪、690万人流离失所。近4年来，哥伦比亚政府与国内最大反政府武装组织“哥伦比亚革命武装力量”（简称“哥武”）进行了长期而艰难的谈判。2016年6月双方签署“永久停火协议”，8月24日达成“永久和平协议”。9月26日，哥伦比亚总统桑托斯与“哥武”总司令隆多尼奥在历史名城卡塔赫纳签署和平协议，赢得哥伦比亚国内

外一致高度赞扬。哥伦比亚总统桑托斯表示“战争一页已翻过，哥伦比亚人民将书写和平篇章”，“哥武”总司令则称“和平是人民的胜利”。美总统奥巴马称赞和平协议为“历史性成就”；潘基文呼吁国际社会为哥伦比亚战后重建提供“有力帮助”。

10月5日，因推动国内和平进程功劳卓著，桑托斯总统荣获2016年度诺贝尔和平奖。但和平协议在哥伦比亚全民公投中却意外受挫，以前总统乌里韦为首的反对派以50.21%对48.78%的极微弱优势否决了协议，理由是政府让步过多，指责让“哥武”作为合法政党参与民主政治，是对“哥武”“犯反人类罪”的忽视。和平协议被否决，国际社会一片哗然。为拯救和平进程，桑托斯政府与“哥武”决定重启谈判，并决定对和平协议内容进行重大修改，包括公布“哥武”完整财产清单以作为对受害人的赔偿；审判“哥武”成员的特别法庭需接受外国观察员监督；对“哥武”参与的贩毒活动需提供“详尽”信息等。11月24日，经过一个多月的密集谈判，双方再次签署新的和平协议。11月30日，呈送给国会批准，并获得一致通过。[①] 12月1日，新的和平协议正式生效，赢得国际社会普遍称赞。11月13日，联合国秘书长潘基文发表声明，称“新协议为哥伦比亚和平发展带来新机遇”。奥巴马总统称新协议是“历史性成就”。欧盟宣布将“哥武”从“恐怖组织名单”中除名，国际货币基金组织也承诺向哥伦比亚政府提供110亿美元用于国内和平建设。和平协议签署并获得国会一致通过，标志哥伦比亚和平进程取得实质性进展，预示长达半个多世纪的国内武装冲突有望彻底结束，对拉美地区的和平稳定具有重大意义。

---

① “哥伦比亚国会通过哥政府与反对派达成的新和平协议”，新华网，http://news.xinhuanet.com/world/2016-12/01/c_129386304.htm。（上网时间：2017年3月1日）

但哥伦比亚能否实现真正和平仍有待观察。新的和平协议生效后，哥伦比亚“正式步入”和平新时代：“哥武”已于180天内在全国23个“集中区”向联合国特派团上缴全部武器，成员陆续遣散；“哥武”实现政党化，在国会拥有2名无投票权代表，2018年后可参加国会选举；政府对“哥武”成员的“战争罪行”予以适当赦免，并保障其人身安全；加快改善偏远地区经济，彻底解决毒品问题；未来10年政府年均投入GDP的1%用于对受害者赔偿。但哥伦比亚未来和平发展仍面临挑战：一是反对派强力阻挠。哥伦比亚反对党领袖、前总统乌里韦历来反对与“哥武”谈判，理由是作为恐怖分子，“哥武”曾先后招募近1.2万名青少年参与恐怖活动，无数妇女遭性侵，这些罪行不能一笔勾销，并称“墨西哥、秘鲁等均未对国内毒贩或恐怖分子实行大赦，而哥伦比亚作为毒源地却免除毒贩罪责”。二是“哥武”能否顺利“弃武从政”。“哥武”若走政党道路，需从偏远农村进入城市，发表政党纲领，建设干部队伍，此过程十分漫长，不仅一时难以让广大市民接受，而且也会让“哥武”原先的支持者难以接受。“哥武”内部可能分裂。三是第二大反政府武装ELN并不买账。ELN高层多次表示对FARC与政府达成的和平协议并不满意，声称不会签署类似协议，但仍同意与政府展开和谈。2月7日，在桑托斯的推动下，哥伦比亚政府与“哥伦比亚民族解放军”在厄瓜多尔首都基多举行和平对话启动仪式，正式开启旨在结束双方长达半世纪武装冲突的谈判。

二、加大反恐维安力度，健全反恐体系

墨西哥实施系列社会安全治理政策，从立法、机构改革、制度改革等方面采取系列措施：第一，修订宪法和法律，健全各级公共安全机构，强调相关机构间协同合作以共同打击犯罪。第二，加大对公共

安全管理机构的人财、物力投入，保障公共安全治理顺利推进。在联邦层面，公共安全事务机构主要是公共安全体系执行秘书处和公共安全部。公共安全部门人员从 2001 年的 16810 人增加至 2014 年的 51035 人。据墨西哥“2014 年全国州级政府、公共安全和监狱系统统计”，墨西哥各州和联邦区共投入 90.7881 万人次参与公共安全事务。用于司法、国家安全、公共秩序维护和国内安全项目的预算支出也逐渐增加，其中，用于公共安全项目的预算 2014 年达到 10.1505 万比索，创历史新高。第三，开展司法制度改革。联邦政府于 2008 年通过了司法改革方案，各州也于 2016 年内先后废除旧的审判程序，采用新的审判制度。司法改革几大要素包括：（1）在检察官指导下赋予警察更大的调查权力；（2）限制审前羁押在暴力犯罪中的运用；（3）为刑事诉讼的不同阶段更换不同法官；（4）使用多种手段处理案件；（5）公开听证；（6）公开审判和宣布审判结果；（7）尊重受害人权利；（8）尊重被告人权利。第四，加强监狱系统改革，改善监狱设施，确保执法惩戒效力。墨西哥监狱系统存在诸多问题，设施不足，超负荷运转严重，腐败问题突出，越狱丑闻屡见不鲜。此外，监狱系统还存在侵犯人权和工作人员缺乏专业性问题。近年来，墨西哥加强了监狱系统改革：（1）减少监狱在惩罚轻微犯罪和非暴力犯罪方面的作用；（2）发展法律和组织上可行的替代监狱的方案；（3）谨慎使用审前拘留；（4）推进社会再适应项目和技术，使其成为体制结构的组成部分；（5）加强全国监狱系统的基础设施；（6）监狱管理人员、技术人员和看管人员的专业化。第五，适时调整打击犯罪的重点和策略，提高社会安全治理成效。卡尔德隆政府的安全策略侧重打击最暴力的有组织犯罪集团，培尼亚政府则强调在公共安全问题上不只是打击毒品走私集团，同时要保障普通公民安全，与卡尔德隆政府注重抓捕犯罪集团头目不同，培尼亚政府转向打击犯罪集团的中间层，还依据不同犯罪类型和犯罪集团的势力将全国划分为5个不同区域，一边有针对性地进行打击，同时强调各区域内州与州之间建立合作制度，共同打击犯罪。第六，强调预防犯罪和公民参与。在反思政府公共安全治理策略过程中，政府意识到预防犯罪和让公民参与预防和打击犯罪的重要性，将预防犯罪的主要注意力放在青少年学生身上。卡尔德龙执政时期，公共安全部与社会发展部、教育部、健康部、全国体育委员会等部门开展合作，力图确保学校安全，倡导远离毒品以保证学生健康，恢复学校公共空间的安全和自由。培尼亚上任后提出系统的社会经济改革，采取措施促进就业增加，加大对基建、教育、卫生等领域的投资，开展促进社会发展的项目等，力图从根源上杜绝犯罪。培尼亚政府还强调要加强对人权的保护，并投入资金建设由市民参与的对各级警察等执法和司法部门的评价和监督体系。第七，加强信息平台建设，力图通过改善公共安全治理的技术手段增强打击犯罪的实效。从2007年起，墨西哥加大力度建设“墨西哥平台”“全国电信网络”和“全国公共安全登记系统”。“墨西哥平台”包括“犯罪信息统一系统”“地理信息系统”和“全国报案中心”。“全国电信网络”则包含“全国无线电技术交流网络”“全国交通网络”“全国音频网络”“全国紧急呼叫服务066”及“全国匿名报案系统089”等。“全国公共安全登记系统”要求进行公共安全个人信息登记、武器信息登记、车辆登记、被盗和重新找回车辆登记等。“伊瓜拉事件”发生后，培尼亚提出在全国设立统一的“911”报警系统。[①]

巴西圆满完成奥运安保任务。2016年4月25日，巴西奥运安保协调中心正式启动，与此同时，巴西大型赛事安全特别秘书处和里约州安全厅共同成立“里约奥运会公共安全和民事国防委员会”负责奥运安保。

---

① 袁艳：“墨西哥犯罪问题与社会治理”，《拉丁美洲研究》2015年第2期。

巴西政府表示，巴将执行“有史以来规模最大的安保联动计划”，来自联邦、州和市的军警总共8.5万人将协同作战，其中包括2万名军人和6.5万名警察。5月11日，巴西总统签署命令，授权巴西军队击落任何一架“怀有敌意、威胁奥运安全”的飞机，同时派遣4500名“精英部队”特警参与安保工作。7月7日，巴西国防部长容曼宣布增加3000名军人参与安保工作，使得奥运安保人数达到8.8万人，其中4.1万名军人（2万名军人在5座奥运足球协办城市、2.1万名军人在里约）和4.7万名警察，总人数达2012年伦敦奥运会的2倍。大部分军人负责保卫奥运场馆，而新增的3000名军人将负责国际机场、地铁站和街道的安保工作。警察则负责城市巡逻，包括地铁、公交和街道。奥运期间，巴西军方还调集12艘军舰、1169辆军车、70辆装甲车、28架直升机、48艘不同类型船只和174辆摩托车。除负责里约奥运会的四大赛区外，还负责在机场以及连接机场和奥运场馆的主要道路上巡逻。巴西还通过卫星、高空气球等先进设备对里约全城进行实时监控，构建“自上而下”的立体安保体系。特梅尔一再强调，里约奥运实行“最高级别安保计划”，保证巴西奥运“绝对安全”。此前，里约州政府因财政吃紧而宣布进入财政紧急状态后，联邦政府宣布下拨8.5亿美元的紧急财政资金一解燃眉之急。7月12日当天，联邦政府再度追加2400万美元的拨款以满足奥运安保需求，主要用于参加奥运安保的军队费用支出。7月15日，距里约奥运会开幕前20天，法国尼斯再现恐怖袭击。巴西代总统特梅尔紧急召集巴西国防、司法和情报三部门部长会议，要求重审奥运安保计划和安全情报配合，并宣布强化安保措施，包括增加检查站、设置更多路障和扩大限行范围。与此同时，巴西情报部门立即派员赴巴黎，与法国方面进行情报交流，尤其在保障法国奥运代表团安全方面落实细节。7月22日，巴西警方拘捕10名涉嫌计划在奥运期间发动恐怖袭击的准“伊斯兰国”成员，上述10名巴西籍犯罪分子尝试通过巴拉圭的武器网站购买

AK—47冲锋枪，并试图联系以加入“伊斯兰国”。7月28日，巴西警方在里约州再度抓捕一名效忠“伊斯兰国”的巴西籍嫌犯。此外，奥运期间巴西还与来自55个国家和地区的250名情报人员以及国际刑警组织密切合作，确保国际情报交流畅通，互通有无。

委内瑞拉多措并举稳定社会形势。马杜罗总统2013年上台后，政府把改善治安作为施政的主要目标之一，投入大量人力、财力、物力改善社会治安，欲改变凶杀率居高不下的势头。但2016年委内瑞拉反对派以国会为阵地与政府展开角力，委内瑞拉形势愈加混乱，加上马杜罗政府推出货币改革等新政，引燃民众不满情绪，治安形势随之趋于恶化。9月16日，位于玻利瓦尔州的玻利瓦尔城、瓜西帕蒂、图梅雷莫等几个城镇部分民众，因不满委内瑞拉政府废除面值100元的玻利瓦尔纸币后未按时投入新币，而大规模砸抢商铺，造成多家商铺损毁，社会治安形势急剧混乱。17日，委内瑞拉政府向发生砸抢地区增派兵力，并对玻利瓦尔城进行宵禁至19日，基本抑制了砸抢行为的蔓延趋势。马杜罗当天宣布，将原定于15日正式退出流通的面值100元的玻利瓦尔纸币使用期限延长至2017年1月2日，以缓解新币未按时流通造成的不满情绪。2017年1月18日，马杜罗总统宣布在“卡拉波波2021运动”框架内进行“六条社会安全保障计划”，并表示该计划为“有史以来拉美和委内瑞拉规模最大、级别最高的维护治安计划”，该计划包括：扩大社会文体娱乐设施，使未成年人远离暴力、毒品和武器；要求警察部队总参谋长采取必要措施，在街头部署所有执法力量，提高巡逻体系效率；在现有基础上设立更多由多个安全部门组成的“岗亭”，预计2016年年底总数将达到2300个；强化警民合作，与“爱国志愿者”加强沟通交流，及时获悉准军事团体和犯罪团伙的情报信息。据统计，包括该计划在内，委内瑞拉政府在过去17年间已实施多达17个治安计划，但收效甚微。

中美洲各国综合施策，逐步实现对局势的基本掌控。首先，将打击黑帮和反毒集团列为各国的基本国策。2015年底当选的危地马拉总统吉米·莫拉莱斯在就职典礼上誓言采取“最严厉措施”打击黑帮和执法腐败。上任第二天，他立即签署作战命令，要求部署特种部队，军民合作打击边境地区有组织犯罪。萨尔瓦多总统赛伦·桑切斯也强硬表示，政府绝不与黑帮签署任何停战协议，更不会改变既定的维安战略，“即便与黑帮开战也在所不惜”。其次，整风肃纪，强力打击军警贪腐，清除黑帮“保护伞”。萨尔瓦多内政部宣布，2010—2015年间已开除483名涉嫌勾结帮派的军警。最后，积极寻求域外力量支持和援助。1月19日，洪都拉斯总统埃尔南德斯与美洲国家组织签署为期4年的合作计划，旨在打击军警腐败和有罪不罚现象。2月24日，“北三角”国家元首集体赴美会见美国副总统拜登，各方同意利用“繁荣联盟基金”改善三国治安状况，并获得美国承诺在2017年预算外额外援助中美洲10亿美元。4月7日，中美洲经济一体化银行宣布贷款1亿美元用于萨尔瓦多打击黑帮暴力犯罪。5月3日，三国领导人再次赴美拜会拜登，各方商议完善“繁荣联盟”一揽子计划。拜登要求各国采取行动，增加政府财政收入，改善施政，加强对国内局势的掌控力。在域内国家的集体努力下，2016年中美洲安全局势略有好转，其中洪都拉斯改善最为明显。洪都拉斯总统埃尔南德斯在向国会的报告中指出，近年洪都拉斯打击有组织犯罪成绩突出，两年抓获3000名毒贩，凶杀案减少20%，毒品走私大幅减少70%。哥斯达黎加还一举抓获洪都拉斯有组织犯罪团伙“大西洋集团”头目维尔特·布兰科。

三、强力缉毒，取得初步成绩

拉美地区作为全球毒品的主要来源地之一，贩毒活动及相关的犯罪活动也十分猖獗。哥伦比亚、秘鲁、玻利维亚、厄瓜多尔等安第斯国家是全球大麻、古柯等主要生产地。墨西哥、中美洲和加勒比地区因地理上靠近美国成为毒品运输的必经之地。毒品已成为拉美暴力与恐怖活动的“祸根”。2016年，拉美各国花大力气查毒、缉毒，积极开展域内外禁毒合作，部分国家取得不俗成绩。

在墨西哥，培尼亚政府在延续了任内对贩毒集团领导层的高压打击态势，也加大对中层骨干的抓捕力度，抓获不少血迹斑斑的毒贩。1月8日，墨西哥海军和联邦警察在锡那罗亚州洛斯莫奇斯市多个区域内开展联合抓捕行动，将此前两度越狱的头号毒枭、“锡那罗亚”贩毒集团头目华金·古斯曼·洛埃拉再度抓获。3月12日，墨警方在哈里斯科州抓获“哈里斯科新一代”贩毒集团高级领导人米格尔·佩雷斯·孔特雷拉。3月28日，墨警方在南部瓦哈卡州逮捕为大毒枭“矮子”古兹曼洗钱的最主要人物、绰号为“迈达斯王”的印祖萨。4月27日，墨西哥海军陆战队在边境地区雷诺撒市交火中一次性击毙8名“海湾”集团骨干成员，沉重打击该集团在该地区的活动能力。10月30日，墨军方在锡那罗亚州与“锡那罗亚”贩毒集团所属武装团体发生交火，警方击毙包括该组织二号人物在内的4名成员，抓获该组织负责军事行动的高级领导人何塞·卡洛斯·洛佩斯·阿兰尼斯。2017年2月9日，墨海军陆战队在纳亚里特州首府特皮克镇的一栋房屋内击毙“贝尔特兰·莱瓦”贩毒集团的头目胡安·弗朗西斯科·帕特龙·桑切斯及其11名同伙。然而，墨西哥涉毒暴力犯罪问题有着较长的历史根源和深厚的社会根基，不可能一蹴而就，必须综合施策，以建设法治国家为目标，打击贩毒犯罪网络，促进社会凝聚力，鼓励民众参与，促进社会融合，禁毒战略才能取得更好的成果。有学者指出，墨西哥作为大麻和罂粟的传统生产国、冰毒的主要生产国和可卡因的运输国，必须审慎评估禁毒政策的成效和不足，继续实施适合墨西哥国情的禁毒政策。当前，墨西哥政府的目标是在减少国内冲突的基础上大力打击毒品犯罪。这其中包括贩毒集团之间的冲突、政府和贩毒集团之间的冲突以及贩毒集团和民众间的冲突。政府打击毒品种植者是为了减少毒品耕种面积，而政府打击毒品贩卖者则是为了切断贩毒路线。无论是减少毒品种植还是打击毒品贩运，政府都需付出大量人力、财力、物力。综上所述，墨西哥应集中力量和资源用于根除大麻和罂粟种植园，为生产者提供可持续的合法替代种植项目，进而缓解因打击贩毒而造成的暴力冲突。此外，非法作物种植者和毒品贩运者也拥有许多辅助设备。例如，可卡因种植者在加工过程中需要实验室、制毒化学品、微波技术、生物碱提取技术等，政府也可以上述环节为切入点，打击毒品的种植和加工。①

哥伦比亚是世界上可卡因产量最高的国家，年产量达442吨，其中2015年可卡因种植量就上升了39%。2016年，哥伦比亚政府加大查处贩毒力度，仅上半年就收缴可卡因160吨，抓获大量制毒贩毒团伙。哥伦比亚国家警察局局长称，哥伦比亚过去20年中捣毁制毒窝点16789个，缴获可卡因、海洛因等毒品10.1万吨，逮捕贩毒贩子97.7万人，堪称“禁毒典范”。3月4日，警方突击安提基亚省阿沃莱特斯一处牧场时击毙哥伦比亚规模最大贩毒集团“乌苏加”高级首脑、别名“洛伦佐”的鲁本·达里奥·阿维拉。哥总统桑托斯发推特表示，“乌苏加”集团遭重创。5月3日，桑托斯发表声明总结缉毒工作时表示，哥伦比亚政府自年初以来已查获87.5吨可卡因，创哥伦比亚40年来反毒优异成绩。5月15日，哥伦比亚警方在与巴拿马边境附近的乌拉巴地区一处香蕉种植园内一次性查获近8吨可卡因，这批毒品属于“乌苏加”贩毒集团，价值高达2.4亿美元，成为有史以来哥伦比亚破获的最大批毒品案件。5月18日，哥伦比亚安提基亚省图尔沃地区警方在一艘小船中查获2.45

① 丁波文：“墨西哥禁毒政策及其对中国的启示”，《中国人民公安大学学报》2016年第6期。

吨可卡因。12 月 4 日，哥伦比亚军队第五步兵师师长在新闻发布会上表示，哥伦比亚军队在波哥大附近一处仓库中发现一批藏匿在航海浮标货物中的可卡因，总重超过 2 吨，价值 1 亿美元。11 月 15 日，哥伦比亚警方在西北部海岸发现一架已拆开的无人机埋在沙中，起获 130 千克可卡因。11 月 22 日，哥伦比亚警方抓获“海湾”贩毒集团的 2 名头目和 20 名成员。与此同时，哥伦比亚政府改变以往单纯打击贩毒的策略，加大对毒品种植和制造环节的执法力度，摧毁 3000 个毒品实验室，销毁毒品种植地 10178 公顷。[①] 8 月 2 日，哥伦比亚缉毒警察署署长称，警方在南部丛林地区为期 5 天的清剿行动中连续摧毁产能为每年 100 吨的 104 个可卡因制造窝点。

秘鲁位于南美洲“银三角”毒品产区，是仅次于哥伦比亚的全球第二大可卡因产地，是拉美主要毒品种植和生产地。秘鲁缉毒检察院数据显示，秘鲁每年毒品交易额达 85 亿美元。2016 年 1 月 17 日，秘鲁缉毒警察部队在阿亚库乔省卡纳伊雷地区截获一架玻利维亚运送毒品的小飞机，并缴获 90 千克可卡因，飞机驾驶员伙同其他毒贩与警方交火后逃逸。5 月 15 日，秘鲁北部安卡什省钦博特区的警察局局长弗雷迪·图埃斯塔驾驶小型卡车偷运 109 千克可卡因，被缉毒特警当场逮捕。8 月，秘鲁警方表示里约奥运会前毒品走私呈抬头之势，自 1 月以来，警方已在首都利马机场逮捕了至少 98 名贩毒分子，查获 19.6 公吨毒品和制毒原料，数量同比增长 25%。10 月 26 日，越狱 36 年的秘鲁籍毒枭戈多斯·麦克布赖德在利马被捕。2017 年 2 月 14 日，秘鲁警方突击首都利马郊区一个食品出口商仓库，查获 2 吨多原本计划运到荷兰阿姆斯特丹

---

① “Los cultivos ilícitos en Colombia aumentaron un 39%，según la ONU”，西班牙《国家报》，http：//internacional. elpais. com/internacional/2016/07/08/colombia/1467941898_147420. html。（上网时间：2016 年 11 月 13 日）

的可卡因，抓获 5 名毒品走私贩。

玻利维亚是世界第三大可卡因生产国，也是可卡因交易的关键中转站，主要接收来自秘鲁的可卡因提炼成品。为了铲除涉毒犯罪根源，玻利维亚制定专门缉毒战略，计划未来 5 年投入 4.92 亿美元用于扫毒及打击涉毒犯罪。① 2 月 16 日，玻利维亚警方宣布缉毒特种部队在全国缉毒行动中共缴获 64.2 吨毒品，其中约 9.6 吨为可卡因，其余为大麻。此外，特种部队还摧毁了 11 个毒品实验室和 645 个可卡因加工厂，逮捕 302 名毒贩，其中 277 人是玻利维亚人，其余毒贩则来自阿根廷、哥伦比亚、巴西、秘鲁、巴拉圭、乌拉圭、厄瓜多尔、西班牙、法国、意大利和立陶宛等国。

四、凝聚合作共事，强化域内外反恐、反毒合作

面对日益猖獗的各种犯罪活动，拉美国家加强合作，携手打击贩毒、洗钱、暴力犯罪及跨境犯罪活动。2012 年，巴西、秘鲁和玻利维亚三国签署协议，成立专门工作组负责联合行动，打击边境跨国贩毒。2015 年 6 月 2 日—4 日，面对日益复杂的反毒斗争形势，哥伦比亚在卡塔赫纳举行第 32 届国际缉毒执法大会，作为国际贩毒、制毒的重灾区，拉美各国在大会上为制定禁毒新战略建言献策。哥伦比亚总统桑托斯呼吁各国达成共识，联合应对毒品议题。他强调“仅仅依靠军事打击无法杜绝毒品走私，各国应教育民众形成禁毒意识，全球协商一致共同行动”。桑托斯提出，应针对贩毒产业链各个环节采取不同的措施，例如，对吸毒者实

① “Lucha antidroga en Bolivia requerirá de US$492 millones en 2016－2020”，美洲经济网，http://www.americaeconomia.com/politica-sociedad/mundo/lucha-antidroga-en-bolivia-requerira-de-us492－millones-en－2016－2020。（上网时间：2016 年 8 月 6 日）

行预防、戒毒和健康计划；对种植环节坚决铲除并寻找最佳替代方案；对贩毒团伙明确禁令并彻底摧毁等，实现“以更加系统智慧的战略举措来代替单纯武装斗争”的根本目标。2016年8月23日，“北三角”三国领导人签署旨在联合打击边境地区有组织犯罪的《中美洲打击跨国有组织犯罪计划》，宣布成立由三国武装力量组成的“精英安全部队”，专门打击边境地区的黑帮和贩毒集团，该协议还包括情报共享和引渡犯罪分子。11月15日，三国进行协议签署后举行首次联合军事行动，沉重打击边境地区有组织犯罪。11月16日，巴西、阿根廷、玻利维亚、智利、巴拉圭和乌拉圭等国在巴西首都巴西利亚举行了“南美国家边界安全部长级会议”，决定联手打击贩毒、洗钱、跨境犯罪等活动，加强边境地区安全。[①] 11月21日，墨西哥召开第20届美洲地区移民会议，美国、加拿大、伯利兹、哥斯达黎加、萨尔瓦多、危地马拉、洪都拉斯、墨西哥、尼拉加瓜、巴拿马等10国首次达成合作打击非法移民的合作协议，决定通过共享情报、加强警务人员培训等举措加强合作，增加打进非法移民及相关犯罪的力度[②]。

五、美国与拉美反恐和安全合作面临全新机遇与挑战

2016年是美国大选年，奥巴马政府在任内最后一年延续了以往对拉

① “Presidente de Brasil defiende operaciones permanentes de seguridad en las fronteras para combatir el crimen”，人民网西班牙语版，http：//spanish. peopledaily. com. cn/n3/2016/1117/c31617－9143037. htm（上网时间：2017年3月1日）

② “NegocioMortal：Conferencia Regional de Migración adopta campaña de UNODC contra el tráfico de migrantes”，联合国反毒及犯罪办公室网，https：//www. unodc. org/unodc/es/frontpage/2016/November/adeadlybusiness_－regional-conference-adopts-unodcs-campaign-against-smuggling-of-migrants. html? ref＝fs1（上网时间：2017年3月1日）

美的安全政策，积极致力于深化美拉安全合作，成功促成“哥武”转型，取得的成绩有目共睹。但随着对拉美“不太友好”的特朗普上台，美拉安全合作前景面临较大不确定性。

一是继续加大对拉美反恐和安全援助力度。墨西哥、哥伦比亚、中美洲和加勒比地区是美国长期的重点援助对象。近年来，美国通过“梅里达计划”、“哥伦比亚计划”、“中美洲地区安全计划”和“加勒比安全计划”向上述国家和地区提供大量资金、技术、装备、培训等援助。美国国会研究局报告显示，2008—2016 财年，美国通过“梅里达计划”向墨援助金额高达 26 亿美元，仅 2016 年就多达 1.39 亿美元。奥巴马政府提交的 2017 财年预算案显示，美国对哥伦比亚各种援助项目总额高达 3.9 亿美元，同比大幅增长。除上述规模庞大的援助计划外，美国还通过国务院下属的“外交安全办公室”“反恐援助办公室”等机构，向拉美国家提供名目繁多的各类援助项目，如“反恐援助计划”（ATA）、“出口管制和相关边境安全计划”（EXBS）、“传统武器销毁计划”（CWD）。其中“反恐援助计划”聚焦向拉美国家提供应对恐怖主义威胁的训练和设备，以帮助其提高在港口管理、人质谈判、排查爆炸物以及查处资助恐怖主义等领域的能力，主要援助对象为国际恐怖主义渗透的重点目标阿根廷、巴西和巴拉圭等国。近年来，ATA 援助力度有所减弱，从 2014 财年的 800 万美元降至 510 万美元。“出口管制和相关边境安全计划”旨在帮助拉美国家加强出口和边境管控能力，防止恐怖分子利用制度漏洞获得大规模杀伤性武器和传统武器。2017 财年，阿根廷、巴西、智利和墨西哥等国将通过 EXBS 项目获得 287 万美元援助。“传统武器销毁计划”（CWD）则专门用于帮助哥伦比亚排除内战中遗留的地雷和爆炸装置，因哥伦比亚和平进程取得重大突破，2017 财年 CWD 援助规模大幅攀升至 2100 万美元，远超往年的 350 万美元。

二是强化美拉反毒和安全合作。“9·11”事件后，美国意识到仅靠一国之力维护西半球的安全稳定、抵御恐怖主义渗透势单力孤，自此视拉美国家为安全合作的重要伙伴，在国土安全部主导之下展开各类旨在反毒、反走私和管控非法移民等有组织犯罪的执法合作。截至 2016 年，阿根廷、巴哈马、巴拿马、哥伦比亚、多米尼加共和国、牙买加和巴拿马等 10 个拉美国家与美国国土安全部展开港口和航运安全合作项目——“集装箱安全计划”，上述拉美国家承诺与美国海关和边境保护局积极合作，保证本国港口集装箱船装船离港赴美前排除安全风险。为加强对跨国资金流的管控，美移民局与多个拉美国家组成“贸易透明机构”（TTU），加强信息交流和分享，打击“黑钱毒资”以国际贸易为幌子“洗白”。2016 年，美国国务院在其发布的《国际毒品控制战略报告》中指出，拉美 20 个国家的金融机构涉嫌参与毒品相关的洗钱活动，呼吁各国积极行动，打击洗钱和潜在资助恐怖主义的活动，并与美国展开积极合作。此外，美国还以美洲国家组织为平台，频频发号施令。2016 年，“美洲国家组织泛美恐怖主义委员会”举行第 16 次会议，聚焦应对愈加猖獗的互联网空间的恐怖主义和有组织犯罪。2017 年 1 月 19 日，墨西哥应美国要求，正式向美引渡在亚利桑那州、加利福尼亚州、得克萨斯州、伊利诺伊州等 6 个州涉嫌贩毒、共谋犯罪、敲诈勒索和洗钱等罪名的毒枭“矮子”古斯曼。

三是美拉移民矛盾集中爆发。2017 年 1 月 20 日，美国新一届总统唐纳德·特朗普正式就职，在遣返非法移民上对墨西哥不断发难。特朗普竞选期间就对墨西哥恶言相向，称墨西哥移民多是“强奸犯”，上任后还迅速签署“修墙”政令，招致墨西哥强烈反弹。墨西哥总统培尼亚单方面取消 1 月底访美计划，美墨关系陷入“冰点”。2 月 21 日，美国在多个大城市“围捕”非法移民，国土安全部亦颁布备忘录，扩大执法队伍和驱逐规模，尤其是考虑将“过境”墨西哥的中美洲国家非法移民也遣返至墨西哥，再度引发墨西哥强烈反对。22—23 日，美国国务卿蒂勒森及国土安全部长凯利联袂访墨，试图缓解墨西哥对特朗普政府的严重忧虑和质疑。双方承诺加强对话与合作，但在修建隔离墙、非法移民等问题上矛盾突出，双边关系短期恐难转圜，两国反恐安全合作前景存较大不确定性。

第十一章　东北亚地区恐怖主义与反恐怖斗争形势综述

2016 年，日本人在海外遭袭事件仍持续发生，国内因召开七国集团首脑峰会、2020 年东京奥运会面临恐袭风险增加，而一系列恶性刑事案件也显示日本国内防护薄弱。因此，2016 年是日本近年来强化反恐力度较大的一年。韩国面临的恐怖主义威胁主要是其作为美国盟国可能招致的间接安全风险，以及作为较发达的全球化国家，其人员或设施在海外受袭或国内举办全球性活动受恐袭的风险。

第一节　日本、韩国恐怖主义形势

新世纪以来，日本遭受恐怖威胁相对较轻。主要原因在于，国内原生的传统恐怖组织，如赤军、奥姆真理教或已实际停止活动，或处于严密监视当中；日本并非移民社会，来自恐怖高发地区的移民相对不多，形成社群规模较小；自卫队虽曾在阿富汗、伊拉克战争中为多国部队提供油料等补给，但并未真正进行作战，因此长期以来未被恐怖分子视为首选目标。尽管国内近年来未有恐袭事件发生，但日本政府认为日本所面临的恐怖威胁已是“现实性”的。[①] 2016 年，日本所面临的主要威胁：一是日本人不断在海外遭受恐袭；二是日本举行了多场大型外交活动，包括 5 月召开七国首脑峰会与美国总统奥巴马顺访广岛，11 月普京总统访日等，使恐袭风险增加。且国内已出现赞同、支持“伊斯兰国”的“独狼式”恐怖分子，且有试图出国参加的“圣战者”。从长期看，整个日本的反恐态势今后数年也将因 2020 年举办东京奥运会等变得更为紧迫。公安调查厅 2016 年 5 月发布的《国际恐怖主义要览》中写道：“东京奥运可能被国际恐怖组织视为绝佳的宣传机会”。[②] 三是部分恶性刑事案件暴露出日本国内防护薄弱的一面，也显示日本有出现“独狼式”、本土派恐怖袭击的危险性。

一、主要的既有威胁是海外日本人遭袭

日本本土近年来并未发生被政府定义为恐怖袭击的事件，所以因恐袭所受损失主要是日本人在海外成为恐袭目标或偶然被卷入恐袭。近年来较为典型的案例包括，2013 年 1 月阿尔及利亚东部油田 40 名工作人员被伊斯兰激进武装组织劫持后杀害，其中 10 名日本人死亡；2015 年初，“伊斯兰国”发布了武装分子劫持的两名日本人的录像，要求日本支付 2 亿美元赎金，在未得到正面回应后，将两名人质杀害并公诸于众。

2016 年，此类事件再次发生。3 月 16 日，2015 年 6 月在叙利亚失

---

① 警察厅：《平成 28 年警察白書概要》，第 1 页。

② “公安調査庁　平昌五輪に職員派遣　テロ対策で情報収集”，《读卖新闻》东京朝刊，2016 年 9 月 23 日。

踪的记者安田纯平的视频在网上被公开，证实此前其被“基地”组织分支绑架的传言属实。[①] 3 月 23 日，“伊斯兰国”恐怖分子制造了比利时布鲁塞尔机场、地铁同时爆炸案，导致 30 人以上死亡，200 人以上受伤。在这起事件中，一名日本人负重伤，一名日本人受轻伤。[②] 7 月 2 日，位于孟加拉国首都达卡外交机构聚集区的餐厅“多洞手艺面包房”遭大叫着“真主伟大”的伊斯兰激进分子袭击，多名外国人被劫持。孟加拉国军警与恐怖分子谈判未果后展开强攻，20 名人质不幸遇害，其中包括 7 名日本人、9 名意大利人、2 名孟加拉国人、1 名美国人、1 名印度人。13 名人质被解救，其中包括 1 名日本人。这是继 2013 年在阿尔及利亚发生的人质被劫持事件后，再次发生有多名日本人丧生的恐怖袭击。此次遭袭的日本人均为日本国际协力机构在当地开展的日元贷款项目有关人员，与日本帮助达卡市缓解交通拥堵有关。[③]

二、日本已成为恐怖分子攻击的目标，且在今后数年“恐袭”价值将进一步增加

2015 年 2 月 1 日，“伊斯兰国”发布的视频明确将日本政府作为“敌对势力”，表示日本人也是袭击目标。此后，“伊斯兰国”在其在线杂志《达比克》中对此进行反复重申。而美军在暗杀本·拉登行动中缴获的“基地”组织资料也表明，本·拉登曾要求“应重点针对韩国等非穆斯林国家的美国权益进行攻击”。目前关押在美国的“基地”组织头目哈

---

① “安田純平さんの動画か　ネットに　昨年、シリアで不明”，《读卖新闻》东京夕刊，2016 年 3 月 17 日。

② “同時テロ　2 邦人重軽傷　ベルギー　地下鉄で被害”，《读卖新闻》东京夕刊，2016 年 3 月 23 日。

③ “［社説］国際協力とテロ　邦人の安全確保に万全尽くせ”，《读卖新闻》东京朝刊，2016 年 7 月 8 日。

立德·谢克·默罕默德供认称其曾经参与袭击驻日美国使馆的计划。日本政府认为，鉴于日本国内有着美军基地等大量代表美国海外利益的设施，因此日本有遭受外来恐袭的危险。①

随着互联网发展，欧美发生了很多本国公民受“精神感召”赴海外参加“伊斯兰国”作战后回国发动恐怖袭击的事件。且出现了虽与“伊斯兰国”等无直接联系，但因受网络过激宣传而产生共鸣的“土生土长的”恐怖分子。日本国内也已经出现自称与“伊斯兰国”有联系者，有在互联网上公开宣称支持“伊斯兰国”者。2014 年，日本警方首次发现有试图参加“圣战”的日本人，阻止了一名试图前往叙利亚参加“圣战”的大学生出境。②

加之 2016 年日本国内举行了 G7 峰会等重大外交活动，就更让政府担心发生外来性恐怖事件与内部极端分子发动大规模示威甚至恐袭。为此，日本政府在全国开展了大量反恐训练与大规模反恐警备行动。且 2020 年东京奥运会召开前还将多方施策强化反恐措施。从目前看，大多数反恐措施的完成期限均为东京奥运会前。

三、有政治性诉求的刑事案件反映出防护薄弱，存在“独狼式”袭击风险

在日本国内，近期也发生了多起反映出硬目标、软目标防护薄弱的刑事案件，尽管日本政府未将其归类为恐怖袭击，但罪犯确有其政治主张。这些事件包括，首相官邸无人机事件、新干线自焚事件、养老院杀伤事件等。2015 年 4 月 22 日，首相官邸楼顶发现了携带采自福岛的核污染泥土的无人机。犯人在 4 月 25 日向警方自首，坦承 4 月 9 日即操纵

① 警察厅：《平成 28 年警察白書概要》，第 4 页。

② 同上。

无人机飞向首相官邸，没料到22日方被发现，希望日本政府正视核污染问题，修改核电政策。该男子在博客上自称“独狼”，“为阻止核电站重启不惜发动恐袭”。[①] 2015年6月30日，从东京开往大阪的新干线车内发生一男子自焚事件，男子在点火前有要求乘客躲避等明显征兆，但除男子本人外，仍有一名女性因吸入烟雾死亡，凸显出日本事实上无能力应对恶意破坏高铁的事实[②]。据自杀者姐姐表示，该男子制造该事件或有表达对退休金制度不满的意图。[③] 2016年7月26日，一男子在相模原市侵入此前曾供职的养老院，刺死刺伤45人，主要目标是无行为能力的老人。2月中旬，该男子曾持信前往众议院议长官邸请愿，明确表示将采取行动在该养老院“替天行道”，并要求允许对无行为能力的残疾人实施安乐死，且留下真名与住所。[④] 警方、院方虽采取措施，但仍未能阻止事件发生。上述行为都说明日本国内对“独狼式”、非外来恐怖袭击存在着较多应对漏洞。

四、韩国恐怖主义威胁不大

韩国基本不存在恐怖主义生根发芽的土壤，受恐怖主义威胁整体较低。一是韩国属东亚文化圈，民众不易受极端思想影响，距恐怖主

---

① “官邸ドローン　飛行直後　操縦不能　容疑者ブログ　昨年12月も計画”，《读卖新闻》东京夕刊，2015年4月25日；“官邸ドローン　ブログに「ローンウルフ」　容疑者、反原発に傾倒”，《读卖新闻》东京朝刊，2015年4月26日；“［テロ　日本の備え］（1）国内にも脅威の芽（連載）その2”，《读卖新闻》东京朝刊，2016年4月5日。

② “新幹線内で焼身自殺　71歳男　油まく　女性巻き添え死”，《读卖新闻》东京朝刊，2015年7月1日。

③ “新幹線放火殺人　姉に自殺ほのめかす　71歳容疑者　事件10日前に”，《读卖新闻》东京朝刊，2015年7月3日。

④ “検証・相模原19人刺殺事件”，《读卖新闻》东京朝刊，2016年7月28日。

义发源地也较远。二是韩国是受西方文化影响较大的单一民族国家，国内不存在民族或宗教矛盾。三是韩国作为发达国家，经济发展水平高，政府行政能力较强，治安环境整体良好。据澳大利亚经济与和平研究所（The Institute for Economic and Peace）发布的年度报告显示，韩国在“全球恐怖主义指数”列表中以 0.23 排名第 112 位，位居“受恐怖主义影响最低”（Lowest Impact of Terrorism）的国家之列①，近年来（2014—2016 年）在经合组织（OECD）国家中受恐怖袭击最少（与瑞士、芬兰相同）。②

不过，韩国近年来受恐袭风险也有所上升。韩国在美韩同盟框架下，一直积极谨慎地配合美国反恐，具体操作上主要以派遣后勤医疗部队为主，如伊拉克战争时，韩国就曾派出“徐熙部队”（建筑工兵团）和“济马部队”（医疗支援团）参加。加之韩国外籍务工人员众多，而来自穆斯林国家的人员日益增加，因此近年来，韩国受恐怖主义的威胁有所上升。

据韩国国会情报委员会议员李喆雨透露，2010 年起，韩国先后驱逐了 50 余名涉嫌与恐怖组织有关的外籍劳工，其中有 7 人离境后投奔“伊斯兰国”（IS）。③ 2015 年，“伊斯兰国”发布视频，威胁将在约 60 个国家发动袭击，韩国被列入其中。2015 年 1 月，时年 18 岁的韩国公民金某在与叙利亚接壤的土耳其南部基利斯地区失踪，一个月后，情报机构证实其已加入“伊斯兰国”极端组织。作为首名投奔“伊斯兰国”的韩

① The Institute for Economic and Peace，Global Terrorism Index 2016，p. 10.

② The Institute for Economic and Peace，Global Terrorism Index 2016，p. 44.

③ “韩情报机构称 7 名外籍劳工离境后加入 IS”，韩联社中文网，http：//chinese. yonhapnews. co. kr/newpgm/9908000000. html? cid = ACK20160120001300881（上网时间：2017 年 3 月 10 日）

国人，据韩外交部消息推测，金某可能已于同年年底死亡。① 据韩国会议员称，2015 年共有 10 名韩国公民公开在网络上对“伊斯兰国”表示支持并寻找加入方法，包括在网络上询问如何前往叙利亚、如何与“伊斯兰国”取得联系等。据韩国关税厅统计，2015 年韩国海关在各机场和港口缴获了大量枪械、子弹和爆炸物等恐怖主义物品，共计 1172 件，与 2014 年前相比增加了 30%，与 2012 年前相比增加了 2 倍多。2016 年初，“伊斯兰国”公布一份针对个人的袭击对象名单，上面有 20 名韩国人。9 月，韩国国家情报院称，“伊斯兰国”通过网络社交软件鼓动恐袭，目标是全球各地近 80 座美国和北大西洋公约组织的空军基地以及 21 个国家的一批民间人员，其公布的信息中包括韩国乌山空军基地等美军设施的卫星地图和详细坐标，以及一名韩国相关人员的姓名、电子邮件、住所等。除口头威胁外，2015 年 4 月 12 日，位于利比亚首都的黎波里的韩国驻利比亚大使馆遭武装分子枪击，造成在使馆哨所值勤的利比亚内政部所属 2 名警员死亡，另 1 名警员受伤。② 这是韩国驻外使领馆首次遭到恐怖袭击。

相关应对机制薄弱。与日益上升的恐袭威胁相比，韩国政府的反恐体系建设较为滞后，整体应对力量、意识均相对薄弱，无力适应形势的迅速发展。2015 年 3 月 5 日，美国驻韩大使李柏特在首尔世宗文化会馆出席活动时，遭左翼文化运动团体“我们院子”代表金基宗以利刃袭击，面部和左手腕受重伤，被紧急送医抢救，缝合 80 余针。犯罪嫌疑人金基

① “韩外交部推测投奔 IS 韩男青年已死”，韩联社中文网，http：//chinese. yonhapnews. co. kr/newpgm/9908000000. html? cid = ACK20151117001700881（上网时间：2017 年 3 月 10 日）

② “韩政府强烈谴责韩驻利比亚使馆遭恐怖袭击”，韩联社中文网，http：//chinese. yonhapnews. co. kr/newpgm/9908000000. html? cid = ACK20150413002300881（上网时间：2017 年 3 月 10 日）

宗被现场抓获。据悉，金被抓时大喊“反对战争训练、反对军演”。韩国检方将该事件定性为恐怖袭击，安排负责恐袭案件的检察厅公安部进行调查。[①] 同年 9 月，首尔中央地方法院以杀人未遂罪判处金基宗有期徒刑 12 年。李伯特遇刺反映出韩政府未能有效保障重要人物的恐袭安保工作，事件发生后数日内，有 8 个国家向韩国提出希望对本国大使提供警卫的请求。[②] 2016 年 1 月 29 日下午，韩国仁川国际机场警察队接到报警，称“机场 C 入境口旁男厕内发现疑似爆炸物”，该队遂派出特工队和爆炸物处理小组赴相关地点处理，发现一个点心盒子，内装小型丁烷气罐和一张纸条，纸条上用阿拉伯语写着“警告你们，这是神的惩罚，这是最后的警告”。[③] 事件暴露出韩国政府在重要公共场所对爆炸物等危险品的管控不严、安检措施执行不力。韩国国务总理黄教安当天紧急召开会议，就韩国机场接连曝出安检漏洞的情况表示，政府将同相关部门进行紧密沟通，全面加强机场安检工作，防止类似事件再次发生。5 天后，该案嫌犯刘某（韩国籍）落网。据刘某供称，其研究生毕业后未能找到理想工作、生活长期拮据，产生报复社会心理，遂谋划了这起事件。同年 5 月 17 日，刘某被仁川市地方法院判处有期徒刑 8 个月。[④] 韩国《亚

---

① “韩检方将美大使遇袭视作恐怖袭击，公安部负责调查”，韩联社中文网，http：//chinese. yonhapnews. co. kr/newpgm/9908000000. html? cid＝ACK20150305002900881（上网时间：2017 年 3 月 10 日）

② “多国请求韩政府保护本国大使，韩方将加大警卫力度”，韩联社中文网，http：//chinese. yonhapnews. co. kr/newpgm/9908000000. html? cid＝ACK20150311002400881（上网时间：2017 年 3 月 10 日）

③ “파리테러이은'P폭탄(?)'…인천공항과자폭탄미스테리”，헤럴드경제，http：//news. heraldcorp. com/view. php? ud＝20160131000231（上网时间：2017 年 3 月 10 日）

④ “인천공항화장실에폭발물의심물체설치한30대에징역8월선고”，http：//news. joins. com/article/20039354（上网时间：2017 年 3 月 10 日）

洲经济》评论称，面对恐怖袭击隐患，韩国政府的反应明显慢了一拍。无论是在基础设施，还是相关法律上，韩国都缺乏充分的应对能力。韩国恐怖主义学会长李万宗表示，“在人口流动量大的公共场所，韩国的反恐设施十分薄弱，如果在首尔广场、市厅站等地发生恐怖袭击的话，后果不堪想象”。

第二节　日本、韩国主要反恐措施

2015 年 2 月，考虑到将召开东京奥运会、海外日本人遭袭等事件，日本政府设立了“国际有组织犯罪与国际反恐对策推进本部”，该本部成为各省厅协调并强化反恐对策的重要机构。而反恐主责部门警察厅也由此成立“警察厅国际反恐对策推进本部”，于 2015 年 6 月出台《强化国际反恐纲要》。该纲要思路明确，将反恐措施大致分为：情报搜集与分析、边境管理、警戒警备、应对恐袭事态、政府与民间合作几大类。自 2015 年以来，日本确实在上述各方面有的放矢地强化了反恐对策。

一、完善并加强情报搜集、共享体制

跨部门、中央直管的情报搜集分析体制初步建立并获得增员。2015 年 12 月，受巴黎恐袭影响，日本政府提前成立了“国际涉恐情报搜集单元”，人员由外务省、防卫省、警察厅等 20 名人员组成。虽然名义上该部门属于外务省，但全部人员兼属于内阁官房，实际直接接受首相与官房长官指挥。20 人团队分为 4 组，分别收集东南亚、南亚、中东、非洲

北部与西部的涉恐情报。[①] 该部门设置的意义有二：一是能够与其他国家共享情报，1月雅加达恐袭事件、安田纯平在叙利亚被劫持事件发生后，该部门人员均直接前往当地与当事国情报机构进行了接触。二是打破日本内部涉恐情报多年来部门间藩篱。日本宣称对外情报搜集工作主要由驻外使领馆负责，但使领馆中的外交官并非全部来自外务省，而是来自外务省、防卫省、警察厅等不同部门，外务省出身的外交官的主要信息来源是驻在国政府，而防卫省出身的外交官则主要与军方接触，警察厅出身的外交官对口单位是情报机构。用不具名政府官员的话来说，各省厅出身者“各扫门前雪”的意识过强，因此设立首相官邸直辖的情报搜集机构的目的是将各省厅的情报集中起来。[②] 而情报分析则由官邸内的“国际涉恐情报集约室”负责。8月24日，首相官邸召开国际涉恐情报搜集、集约干事会，主持人为杉田和博官房副长官，宣布将国际涉恐情报搜集单元国内职员数由20人增至40人，针对前述4个地区的海外使领馆外派专门人员也由20人增至40人。[③] 不过，尽管上述体制建立，但日本在一线搜集涉恐情报能力仍然偏弱。时任国家公安委员长的河野太郎2016年4月接受采访时表示：“潜伏在恐怖组织中获取内部情报极为重要，但当前日本人还很难通过潜伏拿到情报。因此，与各国情报机构共享情报就变得很重要。这种情况既然从对方那里获得情报，自然也需要有所回报。日本需要考虑建立在自身擅长的领域搜集情报，与

---

① “〈解〉国際テロ情報収集ユニット”，《读卖新闻》东京朝刊，2016年1月4日。

② “［テロ　日本の備え］（3）情報収集　縦割り排除（連載）その1”，《读卖新闻》，2016年4月8日。

③ “テロ情報要員倍増を確認”，《读卖新闻》东京朝刊，2016年8月25日。

各国共享的情况”。[①]

开始对涉恐公开情报进行搜集。尽管河野并未明确表示日本究竟擅长何种领域，但 2016 年 4 月，警察厅警备局内设立了公开情报分析中心，从博客等个人发布信息源中搜集涉恐情报，以尽早发现可疑人员与恐袭征兆。[②] 而警察厅警备局中的外事情报部是与各国治安、情报机构交流的主要机构之一。[③] 因此，日本很可能将搜集涉恐公开情报视为自身“擅长领域”。

二、与相关国家合作并使用高新技术强化入境管理

因日本国内爆炸物、枪支管理严格，且本地土生土长的恐怖分子尚处于萌芽状态。因此日本政府认为危险人员、物品出入境管理是反恐的重中之重。时任公安委员会委员长河野太郎在谈及七国集团首脑峰会的警备时表示，“肉眼可见的警备当然是有必要的。但是对于自杀式袭击究竟有多少效果，恐怕是有限的。还是要靠入境管理局与海关合作，防患恐袭于未然。”[④] 1 月 22 日，安倍首相在提到国内反恐措施时的措辞是“边境管理的强化等国内反恐措施”，可见日本政府对边境管理的重视程度。[⑤]

---

① “［編集委員が迫る］テロ情報　共有がカギ　国家公安委員長　河野太郎氏 53”，《读卖新闻》东京朝刊，2016 年 4 月 2 日。

② “［テロ　日本の備え］（1）自国で過激化　把握急ぐ（連載）その1”，《读卖新闻》东京朝刊，2016 年 4 月 5 日。

③ 警察厅，《平成 28 年警察白書概要》，第 6 页。

④ “［編集委員が迫る］テロ情報　共有がカギ　国家公安委員長　河野太郎氏 53”，《读卖新闻》东京朝刊，2016 年 4 月 2 日。

⑤ “安倍首相の施政方針演説　全文”，《读卖新闻》东京朝刊，2016 年 1 月 22 日。

2016年，日本政府对边境管控的措施包括：进一步强化对乘机者与手提行李安检。1月12日，国土交通省宣布，全部有国际航线运营的机场在2020年前均将配备“身体扫描”设备，以进一步防止携带危险物品登机。该设备原理为发射微弱电波发现藏于服装下的危险品，能探测到金属探测器无法检查出的爆炸物。2015年10—12月，该设备已在关西、羽田、成田机场进行实用性试验，证实所需时间短，并不会导致安检处人员滞留。因此，日本政府决定2016年4月起在主要的4个国际机场正式配备该设备，在2020年东京奥运前，全部有国际航线的机场均导入该设备。[①] 7月，日本“国际有组织犯罪与国际反恐对策推进本部”宣布加速配备该设备，福冈、新千岁机场也将于年内配备该设备。[②] 8月，国土交通省又宣布新计划，2020年前将为主要机场的手提行李检查处配备爆炸物自动检验装置。新设备可以从各方向发射X光，更仔细地分析行李内部的可疑物品，并自动地更精确地判断是否为爆炸物，尤其利于发现经过伪装的液态与粉状爆炸物。迄今为止，这种装置仅配备在羽田、成田等5个主要机场用于检查托运行李。此外，国土交通省还有计划与厂商联合研发并在航站楼安装新型监控摄像头，以自动发现行为异常的可疑人物或弃置行李。[③]

预防“危险人物”入境。日本2005年已开始使用事前旅客信息系统，即航空公司向日方提供机组人员、乘客名单与护照号，入国管理局、海关、警方共享上述信息。4月6日，日警方正是利用该系统在羽田机

---

① “「服透視」国際線全空港で　2020年までに　テロ監視強化　国が購入補助へ”，《读卖新闻》东京朝刊，2016年1月12日。

② “空港テロ対策強化　機器配備を前倒し”，《读卖新闻》东京朝刊，2016年7月12日。

③ “手荷物の爆発物　自動検知　テロ対策　空港に設置へ”，《读卖新闻》东京朝刊，2016年8月17日。

场逮捕了曾在靖国神社制造抗议性爆炸事件，且计划进一步策划爆炸的韩国男子。但从日本警方的描述来看，似乎该系统给警方留下的办理手续的时间很少，在该男子起飞后，东京警方才向法院要求发放逮捕令。[①]而且，即使掌握人员名单信息，也面临无法判断哪些人物存在涉恐嫌疑的问题。因此，日方采取各方面举措：一是要求航空公司提供预约信息以获得更多反应时间。2016 年 1 月，入国管理局开始将从各航空公司获得的乘客预约记录与敏感人物清单比对，美国与亚洲的各航空公司已向日本提供预约信息。日本政府还计划与欧盟达成政府间协定，要求欧盟国家航空公司向日提供信息，避免有恐怖分子从欧洲前往日本。[②] 二是与外国合作并强化公开信息搜集，完善涉恐数据库。为充实涉恐数据库信息，法务省于 2015 年 10 月开设“出入境管理情报中心”，致力于搜集恐怖分子的脸部照片。主要信息来源是各国情报机构提供的与海外媒体刊载的涉恐人物照片。日本还试图实现与美国涉恐指纹数据库的实时连接，以利用美方积累的包括恐怖分子在内的 7500 万人的指纹信息进行比对，拒绝可疑人物入境。此前，日美虽缔结有《重大犯罪防止应对协定》，但通过书面申请获得美方答复有时需数月之久。三是采用脸部识别技术。2016 年秋季，日本在入境审查时采用了新的人脸识别系统，可自动与数据库进行比对。[③]

---

① “［テロ　日本の備え］（2）爆弾計画　羽田で阻止（連載）その2”，《读卖新闻》东京朝刊，2016 年 4 月 6 日。

② “欧州機の乗客情報　収集　政府、EUに要請へ　テロ対策強化”，《读卖新闻》东京朝刊，2016 年 3 月 4 日。

③ “［テロ　日本の備え］（2）爆弾計画　羽田で阻止（連載）その2”，《读卖新闻》东京朝刊，2016 年 4 月 6 日。

三、七国集团峰会前后加强警戒，尤其是将软目标作为国内防范重点

七国集团峰会的警戒主要包括会场周边、政府设施等硬目标与软目标警戒。峰会会场位于志摩市贤岛，出入岛上的主要通道只有两座大桥，有利于防范恐袭。日方在峰会前数日即停运通往贤岛的火车，禁止除居民与峰会相关人士之外的人登岛，并派船在附近海域巡逻。① 而在东京等地的政府设施，也新设置了红外线摄像机，派遣特警与应急部队 24 小时待命。② 而为保护奥巴马访问广岛，当地也动员了有史以来最多的 7000 名警力。

另一方面，日本政府也从近来在世界各地多发对地铁、学校、餐厅等软目标恐袭事件以及 2005 年英国举办七国集团峰会期间伦敦遭受恐袭的教训中意识到，距离会场较近的大城市名古屋、大阪以及首都东京才是重大活动期间的防范难点。5 月 23 日，官房长官菅义伟除指示强化会场周边警备外，还训示强化对新干线、百货店等软目标的警备。③ 警视厅也称“反恐主战场在东京”。④ 仅在名古屋，爱知县警察就在 2015 年 6 月后为应对可能的游行与恐袭训练约 800 次。⑤ 日本全国自 5 月 20 日起，

---

① “伊勢志摩サミット目前　賢島厳戒　警官　街中も海沿いも　住民　IDカード必要”，《读卖新闻》大阪夕刊，2016 年 5 月 13 日。

② “伊勢志摩サミット　テロ最大警戒　都心も　繁華街、イベント会場強化”，《读卖新闻》东京朝刊，2016 年 5 月 20 日。

③ “菅長官「テロ警戒徹底を」　サミット会場視察”，《读卖新闻》东京朝刊，2016 年 5 月 23 日。

④ 同上。

⑤ “伊勢志摩サミット　過激デモ　厳戒　大規模化懸念　過去には逮捕者＝中部”，《读卖新闻》中部朝刊，2016 年 5 月 17 日。

将警戒级别提至最高，派遣警察乘坐公共交通工具，撤去位于摄像头死角的垃圾箱，禁止使用临时行李寄存箱，还试验性地使用了自动感知被丢弃可疑包裹的电子系统与尽早发现人员聚集区异常的“人群行动解析系统”等。[①] 针对大阪水族馆、环球影城等知名观光景点，也采取暂时性的入场安检。[②] 警察厅长官表示，七国峰会期间，日本全国针对约3500个软目标部署警力约7万人。[③]

日本对软目标防护的警备并非仅针对七国集团首脑峰会，也有为2020年奥运会演练之意。2016年，日本主要围绕以下三类目标组织多次反恐演习：第一类是铁路设施，包括在东京站演练防范自杀式爆炸攻击，在新干线火车内模拟遭受毒气袭击[④]；第二类是地标性建筑，如东京“巨蛋”体育馆、大阪环球影城等地遭受恐袭时的与恐怖分子作战与医疗救援[⑤]；第三类是大型活动，如隅田川焰火大会、涩谷万圣节活动时，首次假设可能发生恐袭，采取设置路障防止出现恐怖分子开车撞击人群，让警察头戴摄像头巡逻，周边特警与防核、生化武器袭击部队待机等措施。[⑥]

---

① “伊勢志摩サミット　テロ最大警戒　都心も　繁華街、イベント会場強化”，《读卖新闻》东京朝刊，2016年5月20日。

② “伊勢志摩サミット　駅や商業施設　厳戒態勢”，《读卖新闻》大阪夕刊，2016年5月21日。

③ “［スキャナー］空前の同時警備作戦　サミット　オバマ氏広島訪問”，《读卖新闻》东京朝刊，2016年5月24日。

④ “東京駅　テロ対処訓練　警視庁”，《读卖新闻》东京夕刊，2016年3月28日；“新幹線車内　対テロ訓練”，《读卖新闻》西部夕刊，2016年4月2日。

⑤ “東京ドームでテロ訓練”，《读卖新闻》东京夕刊，2016年2月9日；“集客施設　テロ許すな　USJ周辺で訓練”，《读卖新闻》大阪夕刊，2016年2月3日。

⑥ “犬が爆発物捜索　暴走車の進入阻止　花火会場テロ警戒”，《读卖新闻》东京朝刊，2016年7月31日，“ハロウィーン　渋谷　車規制　警視庁28～31日　若者ら殺到予想で初”，《读卖新闻》东京夕刊，2016年10月24日。

四、出台新办法应对海外恐袭

孟加拉国恐袭中伤亡的日本人主要是从事援外工作的。此事发生后，日本政府中的援外主责机构外务省与负责执行的国际协力机构召开国际协力事业安全对策会议，出台最终报告。最终报告列举的主要措施包括：1. 增强涉恐情报搜集、分析、共享。除前文中业已提及的增加“国际涉恐情报搜集单元”人数外，主要是加强与相关国家反恐机构沟通；国际协力机构多听取地区研究专家、安全专家的意见；外务省、国际协力机构、相关省厅等定期开会共享反恐态势；政府派出的援外人员全部在专门网页登记出入境情况、联系方式等。2. 严格执行海外行为规范。让与国际协力机构签订合同从事援外工作的职员严格执行行为规范，鼓励其他援外职员执行该规范；向非政府组织提供涉恐信息与行为规范，外务省每年与非政府组织协商两次 NGO 协议；拓展外务省与国际协力机构的紧急联络网，让非政府组织等也能及时收到涉恐警告。3. 在硬件、软件两方面加强防护措施，强化研修、训练。采购通信器材与防弹车；强化援外机构、人员的防范恐袭的培训与训练；减轻企业，尤其是中小企业为履行政府开发援助而采取安全对策的财政负担。包括在援外金额中计入安全经费，敦促当地政府执行安全措施等，必要时动用民间保安公司。4. 恐袭发生后，对企业撤出当地予以资金补贴等。①

五、韩国反恐举措

针对反恐力量薄弱、资金投入不足、相关法规缺失等较为突出的问

---

① 外务省，《「国際協力事業安全対策会議」における新たな安全対策の策定（最終報告）》，http：//www.mofa.go.jp/mofaj/press/release/press4_003643.html，上网时间 2017 年 3 月 16 日。

题，韩国政府从 2016 年开始，主动出手、多管齐下，全面加强应对恐怖主义威胁。

制订实施《反恐法》。多年来，韩国一直没有专门的反恐法律，导致相关政府部门在搜集涉恐信息、追踪恐袭嫌犯等防恐、反恐工作上权责不明、“无法可依”，始终处于被动。其实，早在 2001 年“9·11 事件”发生之后不久，韩国政界就提出了制订《反恐法》的草案，但在国会搁置了 14 年都未能得以通过。究其原因，主要是韩国建国后数十年时间里一直由独裁政权统治，民众及民主势力对威权政治格外敏感、对《反恐法》的主要执行机构——前身为安全企划部的国家情报院余惧未消，担忧一旦法案通过，国家情报院将发展成为高高在上、享有诸多特权的机构，很有可能再度成为保守政府的“鹰爪”，以反恐调查为由滥用职权、排除异己，任意监视国民行动、调取金融账目、查阅监听个人通讯等。李明博政府及朴槿惠执政前期，在野中左势力坚持“如果不事先制定出防止国情院滥用职权的措施，就不能盲目出台反恐法案”，朝野就《反恐法》问题斗争日益激烈。进入 2016 年以来，执政党支持率日益走低，因担心输掉 4 月的国会选举、形成“朝小野大”尴尬局面后《反恐法》草案更难通过，3 月 2 日，执政的新国家党（现已更名为“自由韩国党”）当在野党进行了长达 192 小时的“拉布”（Filibuster）[①] 后，以国会席位优势强行通过《旨在保护国民与公共安全的恐怖主义防止法》(简称《反恐法》)。

加强反恐部署演练。2016 年 1 月 20 日，韩国外交部、警察厅（相当于公安部）、国家情报院和执政党举行联合会议，商定动员全国警力加强反恐应对力度，将原设于韩朝边境附近议政府市的警察京畿二厅升格为京畿北部地方警察厅，提高对朝戒备，同时计划在首尔、釜山、京畿

① 西方政治术语，指在议会故意发表冗长演说，以拖延表决。

警察厅新设网络反恐专门机，应对网络恐怖袭击。7月1日，韩国正式成立反恐“指挥塔”——国家恐袭对策委员会。该委员会由国务总理牵头，外交部、统一部、法务部、国防部等19个政府部门长官参与，任务包括预防恐怖袭击、完善反恐系统、加强国际反恐合作等。根据国家恐袭对策委员会制定的反恐基本计划，恐袭预警发布权限从国家情报院移交至国家恐袭对策委员会附属应对恐袭中心，并将向全体公民公开反恐情报相关情况。[①] 7月28日，韩国国务总理、国家恐袭对策委员会委员长黄教安视察了位于京畿道的国家反恐训练场，参观了狙击手射击、爆炸物处理、交通工具内扫荡作战和军警反恐特工队联合训练。黄表示，最近国外频繁发生针对民众的恐袭事件，反恐最重要的是防患于未然，望各相关机构加强信息共享和合作。

增加反恐预算。为避免2015年4月韩国驻利比亚使馆遭袭事件重演，2016年韩国企划财政部为其外交部增加了50％的反恐工作预算，总额达265亿韩元（约合人民币1.49亿元）。其中设在“伊斯兰国”实力范围内、治安较差国家的外交驻在机构安全预算从目前的70亿韩元增至161亿韩元；驻外外交机构特别警卫及安保设施相关预算增至79亿韩元；防弹车购买预算增至12亿韩元；用于韩国驻伊拉克使馆搬迁至巴格达安全地区的预算为60亿韩元；用于增加韩国驻阿富汗使馆警卫人员的预算为10亿韩元；为新增在海外发生紧急情况时负责应急工作的人员编制18亿韩元预算。[②]

---

① “韩政府启动国家恐袭对策委员会加强应对恐袭”，韩联社中文网，http：//chinese. yonhapnews. co. kr/newpgm/9908000000. html? cid＝ACK20160701005200881（上网时间：2017年3月10日）

② “韩政府2016年反恐预算较2016年增加50％”，韩联社中文网，http：//chinese. yonhapnews. co. kr/newpgm/9908000000. html? cid＝ACK20151230001100881（上网时间：2017年3月10日）

第十二章　大洋洲地区恐怖主义与反恐怖斗争形势综述

2016年，伴随“伊斯兰国”在伊拉克、叙利亚大本营节节败退，暴恐威胁加速外溢，给澳大利亚等大洋洲国家带来新的安全挑战。面对外国“圣战者”回流、本土极端主义者响应“伊斯兰国”号召就地发动“圣战”等恐怖威胁，澳大利亚等国一方面继续加强本土防范和打击举措，另一方面也着力提升与地区国家的合作水平。

第一节　澳大利亚恐怖主义形势

受极端主义和“伊斯兰国”煽动，澳大利亚有上百人赴中东参加“圣战”，国内也不乏恐怖主义的支持者，“伊斯兰国”甚至公开点名对澳大利亚实施恐袭，澳国内连续挫败多起恐怖预谋，更加凸显澳大利亚日益严峻的安全形势。

一、澳大利亚人鼓动或赴海外参加“圣战”

据澳大利亚移民部统计，目前已经确定有110名澳籍公民前往中东，为“伊斯兰国”等恐怖组织作战。[①] 另有60名澳籍恐怖分子在“圣战”中死亡，其中87%的人在30岁以下，最小的仅18岁。迄今，澳政府已取消165名澳人的护照，以阻止其前往海外参加恐怖组织。

在海外的“圣战士”中不乏恐怖组织的高级头目。如阿布·苏莱曼（Abu Sulayman）为“基地”组织中职位最高的澳大利亚人。苏莱曼真名为穆斯塔法·穆罕默德（Mostafa Mahamed），来自悉尼，现为“基地”组织叙利亚分支（“努斯拉阵线”，Jabhat al-Nusra）的高级头目。他1984年生于埃及，1985年获得澳护照并举家迁澳。苏莱曼在悉尼主要讲英语的南部郊区长大，是当时所在小学唯一的穆斯林；在高中期间，他组织成立了第一个伊斯兰学生社团。他曾是悉尼西部一家知名书店的牧师，该书店非常靠近澳大利亚极端穆斯林的社区。在移居叙利亚之前，他已是“基地”组织成员。2012年末，苏莱曼抵达叙利亚，很快被任命为“努斯拉阵线”最重要的宗教学者之一。2013年苏莱曼曾参与调和“努斯拉阵线”与“伊斯兰国”前身组织间的关系。2015年8月，外长毕晓普将其列入澳大利亚反恐制裁名单。2016年5月，美国也将其列为“全球通缉的恐怖分子”。[②]

2016年11月，在土耳其遭逮捕的尼尔·普拉卡什（Neil Prakash）

---

① Robert Spencer，“Australia to cancel citizenships of up to 110 Muslims who’ ve joined the Islamic State”，https：//www. jihadwatch. org/2016/04/australia-to-cancel-citizenships-of-up-to—110—muslims-whove-joined-the-islamic-state.

② Dylan Welch，“Abu Sulayman：The rise of Australia’s most senior man in Al Qaeda”，http：//www. abc. net. au/7. 30/content/2016/s4507224. htm.

则为“伊斯兰国”的高级招募者和恐袭煽动者，他在试图以假文件和假名字由叙利亚进入土耳其时被捕。普拉卡什现年23岁，为印度裔的斐济人，曾加入墨尔本备受争议的Al-Furqan伊斯兰中心。据悉，他于2013年到达叙利亚，并更名为Abu Khaled al-Cambodi。他涉嫌参与澳几起恐袭密谋及鼓动对美发动“独狼式”袭击。他还出现在“伊斯兰国”的宣传视频和杂志中，并积极招募澳大利亚男性、女性和儿童，鼓动他们进行恐怖袭击。他对海德尔（Numan Haider）产生了明显的影响，海德尔18岁，2014年在墨尔本刺伤两名警察后被枪杀。2016年5月，联邦政府曾宣称普拉卡什在美国对伊拉克城市摩苏尔的空袭中身亡，认为这是对招募澳大利亚人加入“伊斯兰国”的重大打击，但是随后显示他只是受了伤。[①]

除亲自赴中东参加“圣战”外，还有澳大利亚人在海外进行恐怖主义宣传与招募。2016年2月，印度当局曾驱逐澳籍男子阿汗迈德·阿旺（Ahmad Fahim Bin Hamad Awang）。该男子为马来西亚裔澳人，在珀斯飞抵新德里的英迪拉·甘地国际机场时遭到拘留。据称，在其手提电脑里发现了“伊斯兰国”宣传资料以及他跟枪械一起拍的照片。[②]

2016年7月，澳大利亚人、墨尔本拉筹伯大学博士生扎夫卡·穆罕默德·沙里夫（Zulfikar Mohamad Sharif）因涉恐活动被新加坡当局逮捕，其罪名包括宣传“伊斯兰国”和“圣战”。沙里夫为新加坡裔，拥有新加坡和澳大利亚双重国籍。在澳生活了14年，从澳政府获得国家救助和失

---

① Sean Rubinsztein-Dunlop & Dan Oakes & Sam Clark, “Islamic State: Australian fighter Neil Prakash alive, arrested in Middle East, counter-terrorism officials confirm”, http://www.abc.net.au/news/2016－11－25/australian-islamic-state-fighter-neil-prakash-arrested-in-turkey/8058658.

② Sagnik Chowdhury, “Australian national suspected to be Islamic State supporter deported from Delhi airport”, *The Indian Express*, Feb. 6, 2016.

业补贴。新加坡国土事务部声明称，他在2002年定居澳大利亚之前已经走上极端化的道路。新加坡当局指控这名44岁的男子在网上宣传和传播他的极端思想，鼓动追随者使用暴力以建立全球伊斯兰哈里发。新加坡政府还发布了一张沙里夫在脸谱上张贴的与他的孩子手持伊斯兰文旗帜的照片。早在2016年3月，扎夫卡在在澳时就向澳大利亚广播公司表示，新加坡歧视穆斯林，自己一点也不相信新加坡的司法体系。①

二、本土恐怖威胁日益严峻

早在2014年澳大利亚政府就评估认为，受极端思想蛊惑，国内有人试图、也有能力实施袭击，并于同年9月首次将恐怖威胁预警等级调至“高级”，称“很有可能”发生恐袭。2016年，自对“伊斯兰国”实施空袭行动开始以来，“伊斯兰国”的占领区域逐步缩小，进一步增加了恐怖分子在澳大利亚本土进行报复的风险，并借此展现他们的实力，以吸引更多的人加入组织以及募集资金。② 据澳大利亚官方统计，“伊斯兰国”在伊拉克、叙利亚败退，澳籍恐怖分子回流形势严峻，目前已有40名“外国战士”返回。澳大利亚移民部长杜顿称，澳大利亚联邦警察、安全情报局和其他机构已挫败了多起恐怖袭击，但仍有更多在酝酿中。③

---

① Sarah Hawke, “Australian citizen arrested in Singapore for promoting terrorism, Islamic State”, http://sglinks.com/pages/78565666-citizen-arrested-in-singapore-for-promoting-terrorism.

② Jacinta Carroll, “Brussels attack: Islamic State is moving the battle and Australia must be prepared”, http://www.abc.net.au/news/2016-03-23/carroll-australia-must-prepare-itself-for-brussels-style-attacks/7269440.

③ Stephanie Anderson, “Australia is Islamic State's third top target in the West, US committee says”, http://www.abc.net.au/news/2016-08-04/australia-ranked-as-islamic-states-third-top-target-in-west/7689612? WT.mc_id=newsmail.

2016年3月，澳大利亚警方在反恐突袭行动中逮捕墨尔本19岁青年塞夫代特·贝西姆（Sevdet Ramadan Besim），警方同一天还逮捕了另外4名嫌疑人。贝塞夫原计划在“澳新军团日”游行时用汽车冲撞警察并用刀割下受害人的头。澳法官迈克尔·柯拉策（Michael Croucher）称，这一预谋极其“邪恶”，将损毁澳政府机构的“权威”，“给社会带来恐慌”。2016年9月，因贝西姆认罪态度好，维多利亚州最高法院以预谋恐怖行为罪判处他10年监禁，这项罪名最高刑罚为终身监禁。贝西姆还是海德尔的朋友，后者于2014年袭击反恐警察时被击毙。①

2016年9月6日，“伊斯兰国”公开号召对澳大利亚发动恐怖袭击。其在线杂志Rumiyah当日宣布了墨尔本“圣战士”埃兹特·拉德的死讯。该杂志描述了拉德“如何被弹片开膛破肚”，并号召对澳大利亚的“异教徒”或“无信仰者”发动恐怖攻击。此外，该杂志还刊出前墨尔本公民、自杀式袭击者阿达姆·达赫曼的照片。2014年7月，18岁的达赫曼在巴格达引爆了自己身上的炸弹，致5人死亡。该杂志称拉德给达赫曼“带来了灵感”。该杂志还呼吁“独狼”追随者以墨尔本和悉尼的地标为目标，包括悉尼歌剧院、邦迪海滩、墨尔本板球场、春季赛马嘉年华等，“以刀刺、枪击、毒杀和车辆撞击等恐怖手段”袭击澳大利亚民众。② 澳司法部长基南表示，在丧失大片领地、外国战士日益减少的情况下，“伊斯兰国”发行杂志就是为了竭力吸引更多的支持者，“这不太可能是最后一次以澳大利亚为威胁焦点”，“每个人都要保持警惕，我们不希望人们

---

① “Sevdet Besim sentenced to 10 years’ prison over planned Anzac Day terror attack”, http://www.abc.net.au/news/2016－09－05/sevdet-besim-sentenced-over-anzac-day-terror-plan/7813506.

② “Islamic State call for attacks on specific locations in Australia ‘propaganda’, Victorian police say”, http://www.abc.net.au/news/2016－09－06/is-calls-for-attacks-in-australia-dismissed-as-propaganda/7819774.

害怕，但恐怖威胁是可能存在的，这意味着随时都可能发生什么”。维州警察局局长葛兰姆·阿什顿（Graham Ashton）称，这是警察第一次看到一个“伊斯兰国”的英文刊物发布如此威胁。9月7日，正在老挝出席东盟峰会的澳大利亚总理特恩布尔也对此威胁发出警告，表示应认真对待有关对悉尼和墨尔本地标进行“独狼”式恐怖袭击的呼吁。“由于伊斯兰国在叙利亚和伊拉克战场面临的压力越来越大，它会诉诸于在中东之外进行恐怖活动”，“我们需要对这些‘独狼’格外警惕，他们可能是由于各种原因被极端化的人。”①

在“伊斯兰国”公开对澳大利亚挑衅后，澳大利亚警方在悉尼、墨尔本等地接连破获多起恐袭阴谋，公共设施、普通路人、政要等均为目标，嫌犯不乏未成年人。9月8日，澳大利亚一名18岁男子因企图破坏悉尼歌剧院被新南威尔士州警方逮捕。这名18岁男子8日上午背着双肩包出现在悉尼歌剧院门口，引起安保人员警觉。在接受安保人员盘问的过程中，这名男子大喊极端言论，并称遵从“伊斯兰国”指示对澳大利亚展开袭击。警方在双肩包中发现两罐非易燃车辆制动液和一份死亡名单，名单上的一些人已经受伤甚至死亡。警方随后又在这名男子住处找到大量与“伊斯兰国”有关的宣传材料，包括威胁对澳大利亚展开袭击的刊物。据称，该男子早在2015年就曾因一个涉恐玩笑遭到指控，但是警方认为他患有精神疾病，“不具备发动恐袭的能力”。②

---

① Liam Cochrane, “Malcolm Turnbull says Australians should be ‘very alert’ after IS call for lone wolf attacks”, http: //www. abc. net. au/news/2016－09－07/turnbull-says-australians-should-be-very-alert-after-is-threat/7821218.

② Nic White, “Terror scare at the Sydney Opera House as 18－year-old man yelling ‘extremist comments’ and wearing a suspicious backpack is arrested”, http: //www. dailymail. co. uk/news/article － 3779047/Man-backpack-arrested-terror-scare-Sydney-Opera-House. html.

9月10日，“伊斯兰国”追随者伊萨斯·可汗（Ihsas Khan）在悉尼西南部行凶伤人，致使一名59岁男子严重受伤。警方随后赶赴现场，在附近逮捕了该名试图袭警的22岁嫌疑人，并从其身上搜到一把长刀。证据显示，这名嫌疑人是随机伤人。新南威尔士州警察厅副厅长凯瑟琳·伯恩（Catherine Burns）在新闻发布会上表示，这名嫌疑人并不隶属于任何恐怖组织，但他的行为“受到了所谓‘伊斯兰国’的鼓动”。伯恩表示这是一起有预谋的袭击，她同时强调这名嫌疑人属于“新面孔”，此前并不在警方的监控名单上。嫌疑人11日以“实施恐怖攻击及试图谋杀”的罪名被起诉并被帕拉马塔保释庭拒绝保释。据当地媒体称，这名嫌疑人因持极端宗教观点而被当地社区所熟知。①

10月12日，新州警察厅联合反恐小组在悉尼逮捕两名持刀少年，两人都携带包含极端主义内容的手写字条。有证据显示，两人计划于近日发动恐怖袭击，他们将以谋划发动恐怖袭击罪被起诉。②

随后，新州警方于11月8日再次进行反恐突袭，逮捕27岁男子索恩（Junaid Thorne）。警方怀疑索恩是一恐怖小组的头目，并在调查他是否“援助、教唆”了上月两位16岁悉尼少年的恐怖袭击。索恩出生于珀斯，9岁的时候和家人移居沙特阿拉伯并在当地居住了14年。2011年他的哥哥因涉嫌恐怖主义在沙特被捕，索恩因对此抗议而被监禁；2013年被遣返回澳大利亚；2014年底，他从珀斯移居悉尼。在澳大利亚，索恩一直在网上宣扬支持“伊斯兰国”的价值观，并在澳大利亚各地以强硬派观点著称的伊斯兰中心举办一系列讲座，赢得了年轻极端分子的追随。

---

① Nick Ralston & Rachel Olding, “Alleged terrorist Ihsas Khan chased Wayne Greenhalgh, then police in Minto attack”, *The Sydney Morning Herald*, Sep. 12, 2016.

② Liz Burke, “Two men arrested by counter-terror police in Sydney”, http://www.news.com.au/national/nsw-act/politics/two-men-arrested-by-counterterror-police-in-sydney/news-story/7a7ebcd39abc61bcfea20ddc2459933e.

2014年9月墨尔本少年海德尔在警局外攻击2名警察被击毙后，索恩还宣称海德尔也是他的追随者之一。索恩还对外宣称他不忠于澳大利亚或澳大利亚的法律，而是忠于他的信仰、宗教和穆斯林。2015年他曾因以假名订购从珀斯到悉尼的机票而被监禁4个月。[①]

12月23日，澳大利亚警方挫败一起以墨尔本市中心为目标的圣诞节恐怖袭击图谋，拘捕包括一名女性在内的7人，这也是近年来澳大利亚破获的最大恐怖密谋之一。澳大利亚警方初步调查显示，这些嫌疑人受到极端组织“伊斯兰国”及其宣传的影响。落网嫌疑人图谋在圣诞节引爆爆炸物，并使用枪支和刀具等武器发动袭击，袭击地点为墨尔本市中心几处繁华地点，包括联邦广场、圣保罗大教堂和弗林德斯火车站。遭逮捕的这7名嫌疑人年龄均在20多岁。20岁的女性嫌疑人和一名26岁的男性嫌疑人已被释放，其余5人被羁押。这5人中，有4人在澳大利亚出生、有黎巴嫩背景，余下一人是在埃及出生的澳大利亚公民。维多利亚州警察总监格雷厄姆·阿什顿事后称，“我们认定，这些嫌疑人是‘自我激进化’分子，但受到‘伊斯兰国’及其宣传的影响”，“（如果我们没有挫败这起阴谋）一起重大袭击无疑将会发生……很可能造成众多人员伤亡。”[②]

三、新西兰恐怖主义形势

2016年度，新西兰本土并未发生恐怖袭击，在澳大利亚经济与和平

---

① Sean Rubinsztein-Dunlop, “Junaid Thorne: Alleged terror cell leader believes it was his destiny to become counter-terrorism target”, http://www.abc.net.au/news/2016－11－08/junaid-thorne-denies-being-terror-cell-leader/8002588.

② “Melbourne terrorist plot: Four charged, one in custody over alleged Christmas Day attack plan”, http://www.msn.com/en-au/news/australia/seven-arrested-as-police-foil-alleged-christmas-day-terrorist-plot-in-melbourne/ar-BBxsuoy? li = AAgfYrC&ocid = mailsignout.

研究所《2016年全球恐怖主义指数报告》中紧跟冰岛、丹麦、奥地利之后，位居“最安全国家”第四。[①] 但随着恐怖活动不断向全球扩散，新西兰政府和民众对安全的认知也在不断进化。2016年，比利时、法国、德国和美国等欧美国家成为恐袭对象，尤其是邻国澳大利亚也难逃此劫，使他们愈加认识到新西兰并非与恐怖主义绝缘，传统意义上的地缘隔绝、天然屏障等在信息时代已不复存在。因此，新西兰政府应对恐怖主义举措不断升级，反恐进入了常态化、机制化时代，重视程度前所未有。

国内恐怖主义暗流涌动。首先，较上一年度，新西兰国内面临的现实威胁上升，针对小学生及机场、国内航班等平民的炸弹威胁、恐吓案件数量明显增多，恐怖主义特征明显。虽未造成实际伤害，但民众对此的恐慌程度在一定程度上加深。2016年11月9日，首都惠灵顿北部某小学收到恐吓邮件，称学校操场“已经被我们放上了4个炸弹，上午11点半将准时引爆”，该小学紧急通知所有家长接走孩子。类似针对中小学生的炸弹威胁事件，在3月、7月、10月均有发生，尽管警方排查并未发现炸弹，但当地民众对此产生一定恐慌。其次，新西兰国内对极端主义思想的支持者和传播者有增加趋势，而近年欧美接连发生的恐怖袭击使新西兰国内民众对穆斯林社区的看法分歧逐渐加大。新西兰长期以来是一个多元文化高度融合的社会，有学者担心，极端思想传播及对穆斯林社区的误解加深会对新西兰多元文化主义造成恶劣影响。此外，随着近年来比利时、伦敦等地相继发生恐怖袭击，新西兰海外人员和经济利益所受威胁也随之增加。

---

① “The world’s most dangerous and safest countries revealed”，http：//www.nzherald.co.nz/world/news/article.cfm？c_id=2&objectid=11610524（上网时间：2017年4月7日）

第二节　澳大利亚、新西兰反恐举措

面对迅速变化的国内外安全形势，澳大利亚政府积极采取多种反恐举措，除反恐突袭、取消国籍外，还着力起草新反恐法，严防大型公共场所遭受恐袭等，并加强区域合作，特别是与美国加强反恐合作来应对恐怖威胁。对此，司法部长基南曾自信地表示：“没有国家比澳大利亚在应对全球恐怖主义威胁方面做得更好。”①

一、国内多措并举预防和打击恐怖主义

（一）取消澳大利亚国籍

澳大利亚于 2015 年 12 月颁布新法令，规定持有双重国籍的国民若参与恐怖活动、加入恐怖组织或是因恐怖主义相关罪名定罪，将可能丧失公民权。澳大利亚政府认为部分与“伊斯兰国”并肩作战的澳大利亚公民持有双重国籍，他们的另一国籍包括黎巴嫩、伊拉克、埃及等。如果证实这些人确实加入恐怖组织，他们将被褫夺公民权。目前，澳大利亚政府正在严格执行该法令，并优先处理少数几名加入“伊斯兰国”的澳籍公民个案，因为“当局担心这些受过战斗训练、可能学会制造炸弹或策划恐怖袭击的极端分子一旦回国，将威胁国家安全”。据悉，澳大利亚政府目前怀疑约有 200 名澳大利亚人为国内恐怖威胁，另有 400 起与

---

① Stephanie Anderson, “Australia is Islamic State’s third top target in the West, US committee says”, http://www.abc.net.au/news/2016－08－04/australia-ranked-as-islamic-states-third-top-target-in-west/7689612? WT.mc_id＝newsmail.

安保威胁相关的案件正在调查当中。[①]

（二）严防大型公共场所遭受恐袭

2016年7月，法国尼斯（Nice）遭遇卡车恐怖袭击事件后，澳大利亚总理特恩布尔重新部署安全力量，采取措施保护人员密集的公共场所，并重点排查那些可能的恐怖袭击者，对其个人心理健康档案进行审查。政府的高级反恐顾问也被命令调查澳大利亚潜在的、患有精神疾病和有前科的恐怖分子嫌疑犯。特恩布尔称，“极端主义和‘伊斯兰国’的宣传在煽动着一些澳大利亚人支持恐怖主义，而他们正在显现出一些激进主义的征兆，或较易受到伊斯兰意识形态影响，我们要积极寻找所有区域存有的潜在脆弱性。”特恩布尔还呼吁大众：“如果你发现有人变得越来越激进，或他们的某种暴力行为可能引起你的注意，如果发现他们开始有伊斯兰意识形态的迹象，那你要做的重要事情是，马上联系安全机构。”[②]

（三）起草新反恐法

为应对世界范围内愈加频繁、伤亡愈加惨重的恐怖袭击，澳大利亚于2016年7月开始起草更加严苛的反恐法。澳大利亚总理特恩布尔指

---

① “Australia to strip citizenship of dual nationals involved in terror”, http://www.straitstimes.com/asia/australianz/australia-to-strip-citizenship-of-dual-nationals-involved-in-terror.

② Peter Devlin, “Will New Year's ever be the same again? Malcolm Turnbull warns security in big public events in Australia will change after Bastille Day terrorist attacks”, http://www.dailymail.co.uk/news/article－3702732/Terrorist-attacks-Nice-change-Australians-gather-public-spaces-Malcolm-Turnbull-beefs-security.html? ITO＝1490&ns_mchannel＝rss&ns_campaign＝1490.

出：“这些恐怖威胁真实存在，政府永不会甘于现状，而是时刻把重心放在最重要的义务上，即保护大众安全。”并警告称，恐怖袭击威胁正在增长，政府急需强化反恐法。根据新的反恐法，将新增两条核心法规：一是对有再犯倾向的恐怖分子进行刑满后预防性拘押的制度。该程序不仅全程由法庭监控，还要对犯人进行详尽的生理及心理检查。二是将青少年控制令的法定年龄由 16 岁降至 14 岁，还将倡导种族屠杀归为犯罪。特恩布尔表示，鉴于奥兰多、尼斯和其他地区的恐怖案件，以及澳大利亚自 2014 年 9 月以来的经历，政府需要确保当敌人采取新的威胁方式时，能够快速有效地反应。这些措施都旨在威慑恐怖主义，阻止恐怖主义，确保国家和人民的安全，让澳大利亚人能够继续他们的日常生活，并享受自由。[①]

二、加强国际反恐合作

（一）与美国加强反恐合作

“9·11”事件以来，澳大利亚与美国在反恐问题上合作紧密。2016 年 1 月特恩布尔出任总理后首次访美，反恐即为其中的重要议题。特恩布尔及奥巴马共同承诺，将增强反恐及打击“伊斯兰国”的合作。目前，澳大利亚是“打击伊斯兰国联盟”中贡献仅次于美国的国家。但特恩布尔同时也强调，打击“伊斯兰国”的地面战应以本土地面部队为主，不应由西方部队领导。[②] 除加入联盟与美、法等国加强对极端组织“伊斯

---

① Malcolm Farr, “Turnbull announces tough new laws to combat terrorists”, http://www.news.com.au/national/politics/turnbull-announces-tough-new-laws-to-combat-terrorists/news-story/475412cee06163dd46ade2a8852b59a6.

② Malcolm Turnbull, “America is stronger than ever”, CSIS, Jan. 19, 2016.

兰国”在伊拉克和叙利亚等地目标的打击外，澳大利亚还与美国一道对维持伊拉克形势稳定给予300万美元的资金支持。

（二）寻求区域合作打击恐怖主义

近年来，澳大利亚周边地区恐怖组织势力持续壮大，2015年12月，“伊斯兰国”已确定在印尼成立“哈里发”，成为在澳大利亚家门口发动攻击的滩头堡；2016年1月，“伊斯兰国”宣布在菲律宾南部的棉兰老岛建立“哈里发”政权，澳大利亚家门口又出现新的恐怖威胁。这给澳大利亚和东南亚构成了严重的安全威胁。对此，澳大利亚外长毕晓普2016年1月曾警告称，“伊斯兰国”在澳大利亚地区范围内“势力日益增强”，澳大利亚应与东南亚国家密切合作，共同面对回国的外国“圣战者”和国内极端主义者带来的威胁。司法部长基南对此也表示，本区域遭受着与全球一样的威胁，即在中东成立的恐怖组织“伊斯兰国”持续在全球散播恐怖。“澳大利亚已经好了准备，与区域政府分享专业技能，共同打击暴力极端主义的威胁。”“我们越紧密地合作去解决它，我们的人民就越安全。”除与印尼、菲律宾、泰国等东南亚国家联合训练反恐部队、制定反极端主义方案外，澳大利亚与中国的反恐合作也在不断加强。2016年11月，中国反洗钱监测分析中心与澳大利亚交易报告和分析中心在北京签署了《关于反洗钱和反恐怖融资信息交流合作谅解备忘录》。根据这份备忘录，双方将基于互惠原则在涉嫌洗钱和恐怖融资及其他相关犯罪的信息收集、研判和协查方面开展合作。备忘录的签署将进一步提升双边反洗钱合作水平，共同致力于预防和打击洗钱、恐怖融资及相关犯罪。

（三）为海外打恐扫清法律障碍

2016年9月，特恩布尔宣布澳大利亚国内法律将进行改革，以允许澳大利亚国防力量在伊拉克和叙利亚打击更多“伊斯兰国”战士，并降低澳大利亚空军被极端分子袭击的风险。改革的方向之一，就是要去除法律中的“模糊性”，而这种“模糊性”正是澳大利亚国防军所担忧的，因为士兵们在打击恐怖势力的同时，还要承担可能会被澳大利亚法庭以“导致平民死亡”为由起诉的风险，进而限制了他们的行动。一旦国内法庭起诉的风险降低，澳大利亚空军将可以对更多目标采取空袭。澳大利亚国防军在中东两年的行动中，集中打击了可以看到的敌人，包括驾驶装甲车或者有“圣战”旗帜的越野车，但军事指挥官认为，澳大利亚国内法律体制限制了澳大利亚国防力量在支持和后勤方面打击“伊斯兰国”的能力。2016 年 1 月，澳大利亚国防司令在特恩布尔访问中东看望澳大利亚空军、海军、陆军人员时，首次提出了这一法律变革的需求。鉴此，特恩布尔宣布，将改革法律以“赋予前线的澳大利亚国防军所需要的权力”。①

三、新西兰反恐进入机制化、常态化阶段

第一，启动高级别安保应对机制。2016 年 11 月，新西兰政府发布的《国家安全系统手册》中证实，恐怖分子曾策划针对新西兰本土的恐怖袭击，国家安全系统已被激活以应对“国内恐怖主义事件的威胁”。国家安全系统是新西兰对国家受到严重威胁的最高级别应急机制。它由新西兰总理和专门的委员会领导，情报部门、警察部门、军队和其他主要官员参与。国家安全系统将在新西兰公民及居民安全受到威胁、新西兰的主权、经济和环境及其有效运转存在风险时被激活。第二，发布新版

① Greg Jennett, “New laws will allow Defence to target more Islamic State fighters in Iraq, Syria”, http://www.abc.net.au/news/2016－09－01/new-laws-will-allow-defence-target-more-is-fighters-iraq-syria/7804432.

国防白皮书，调整力量部署应对恐怖主义。2016 年 11 月，新西兰国防军发布《国防能力计划 2016》，并在其中勾勒了 2030 年前投入 143 亿美元（约合人民币 984 亿元）资金来加强军事力量的计划。新西兰国防部长布朗利表示，国际战略环境不确定性和不稳定性虽然在不断增加，但大部分变化都较为“平缓而逐渐”，但是诸如“9・11”恐怖袭击、“伊斯兰国”及其他恐怖组织迅速壮大等带来的冲击则是“突然而震撼”的，新西兰的发展依赖于稳定安全的国际秩序和环境。因此，新版国防白皮书将确保提高新西兰国防军的现代化程度，以应对国家安全和防务挑战，包括恐怖主义威胁和网络威胁等。第三，继续参与国际反恐合作。新西兰目前虽未派出战斗力量参与打击“伊斯兰国”等，但从 2015 年起不断增加派兵人数参与军事训练。7 月，国防部长布朗利表示，在阿富汗的新西兰士兵将继续在当地直到 2018 年。[①] 新西兰也将积极支持国际社会关于核恐怖、网络恐怖等方面的努力。2016 年 4 月 2 日，时任总理约翰・基在参加核安全峰会时力推加紧对核材料的管控，“以免落入恐怖分子之手”。[②] 总理表示，新西兰没有核武器也没有核能源，尽管仅有少量放射性物质用于医学，但将增加 15 万美元捐赠给美国在伊拉克、约旦、柬埔寨的核安全项目，14.8 万美元给国际原子能机构的核安全基金。从 2010 年的第一届核安全峰会起，新西兰已贡献了超过 400 万美金。民众层面：恐怖袭击事件的增多使得新西兰民众对穆斯林的误解加深，促使新西兰穆斯林组织通过办展览、宣讲等各类活动，加大对伊斯兰教的正

① NZ Defence Force to stay in Afghanistan until 2018，http：//www. nzherald. co. nz/nz/news/article. cfm? c_id＝1&objectid＝11669128，（上网时间：2017 年 4 月 6 日）

② New Zealand doing its bit on nuclear power-John Key，http：//www. nzherald. co. nz/nz/news/article. cfm? c_id＝1&objectid＝11615796（上网时间：2017 年 4 月 7 日）

面宣传，消除民众“穆斯林或伊斯兰等于恐怖分子或恐怖主义”误解。5月6日，惠林顿穆斯林社区举办历史上第一个《古兰经》展，并组织讨论会从教义层面阐述《古兰经》的宽容性以及对恐怖主义活动的谴责，解答公众提问。伊玛目卡马尔（Mustenser Qamar）称，《古兰经》强烈谴责恐怖主义，但并非所有人都了解。“伊斯兰教从来不容许任何形式的恐怖主义，那些人（恐怖分子）不能称之为穆斯林。”①

① Terror attack prompts NZ Muslims to organise exhibition and seminar on Islam, http://www.nzherald.co.nz/terrorism/news/article.cfm?c_id=340&objectid=11826378（上网时间：2017年6月7日）

第二部分

国际恐怖主义组织

第十三章　主要国家与国际组织公布的恐怖组织名单

由于国际社会对恐怖主义并未形成统一的认识，因此对恐怖组织的界定也是各不相同。一些国家与组织为适应反恐斗争的需要，陆续公布各自认定的恐怖组织名单。研究分析不同的恐怖组织名单可以看出，对恐怖组织的界定虽然有共同点，但更多地是不同点，即各国界定的恐怖组织大多是对本国构成威胁的各类组织。换言之，各国都是以本国安全利益为最基本出发点，对恐怖组织作出的认定。为使广大读者对各国界定的恐怖组织有一个基本认识与参考，我们陆续把一些国际组织和国家公布的恐怖组织名单列出，如今后已列出的名单有变化则只增加变化情况。同时根据这些国家公布的相关材料，对一些恐怖组织作简单介绍（其中也包括一些新闻媒体经常提及并称为“恐怖组织”的团体）。需要说明的是：鉴于篇幅有限，在 2003 年《年鉴》的基础上，除新增恐怖组织外，今后的《年鉴》只介绍其他恐怖组织当年活动的最新情况。

2016 年度，世界各主要国际组织及国家如联合国、欧盟、美欧等国，均按照各自法律程序，对各自的“恐怖组织名单”进行审定、评估和更新。制定恐怖组织名单是国际反恐的重要举措。某个团体一旦被列入某国的恐怖组织名单，该国就将依法动用各国资源，对该组织的资金、人员等进行全面打击。因其牵涉面广，对其人权、国家安全乃至国际关系都会造成一定影响。因此，各国在制订恐怖组织的名单时，都采取慎重的态度，并依法定期会审。目前世界各国对恐怖主义、恐怖组织等概念分歧明显，各国的反恐法律及机制也不尽相同。因此，在制订所谓的“恐怖组织”名单方面没有统一模式。总体而言，国际上制订恐怖组织名单的国家大概可以分成两大类：一类是通过制定反恐法律（有些国家没有专门的《反恐法》，但包含在《刑法》等法律形式之中），通过法律程序认定“恐怖组织名单”，并对社会公开，比如美国、英国、澳大利亚、加拿大等；另一类是没有制订恐怖组织名单，或者有恐怖组织名单但没有向社会公开，而是执法单位或安全机构内部掌握，比如日本等国。但是所有国家（联合国成员）都承认联合国安理会 1267 号决议所设制裁委员会制定并每年更新的“属于或与塔利班、乌萨马·本·拉登和‘基地’组织有关的个人和实体名单”，并依法对相关恐怖组织或人员进行监控、制裁。

2016 年度联合国的恐怖组织名单有较大变化：与上年度相比，增加了许多与恐怖活动相关的个人及组织名单。与前几年相比，本年度除了联合国与欧盟外，多数国家的“恐怖组织名单”没有多大变化。纵观本年度各国恐怖组织名单的制定政策，其基本特点没有变。首先，各国的“恐怖组织名单”仍互不相同，且为本国政治需要服务的特点明显。各国制定恐怖组织名单的主要目的是为了国家利益和外交斗争需要服务。其次，恐怖组织名单以威胁本国利益的境内组织居多。英国恐怖组织名单则分两部分：国际恐怖组织及国内恐怖组织（北爱尔兰相关组织）。澳大利亚、加拿大等少数国内安全形势相对宽松的国家，则与美国类似：“国际性”明显，体现为“国际恐怖组织名单”，而没有国内恐怖组织名单。

最后，英、美等发达国家在制定“恐怖组织名单”上仍带有浓厚的西方色彩，双重标准的痕迹非常明显。

第一节　联合国安理会新增减的恐怖组织（实体）名单

联合国的“恐怖组织名单”主要指联合国安理会1267制裁委员会（根据联合国安理会第1267号决议设立）制定的关于“属于或与塔利班、乌萨马·本·拉登和‘基地’组织有关的个人和实体名单”，名单定期更新。截至2017年3月6日，《综合名单》上个人及实体总数已达600多个，其中新增实体名单23个，具体如下①：

1. 朝鲜国家防务科学院（Academy of National Defense Science，2016年3月2日）

2. 朝鲜清川江航运公司（CHONGCHONGANG SHIPPING COMPANY，2016年3月2日）

3. 朝鲜大同信贷银行（DAEDONG CREDIT BANK，DCB，2016年3月2日）

4. 朝鲜彗星贸易公司（HESONG TRADING COMPANY，2016年3月2日）

5. 朝鲜光鲜金融会社［KOREA KWANGSON BANKING CORPORATION（KKBC），2016年3月2日］

6. 朝鲜光星贸易会社（KOREA KWANSONG TRADING CORPO-

① https：//www. un. org/sc/suborg/sites/www. un. org. sc. suborg/files/consolidated. pdf（上网时间：2017年3月7日）

RATION，2016年3月2日）

7. 朝鲜原子能工业省（MINISTRY OF ATOMIC ENERGY INDUSTRY，MAEI，2016年3月2日）

8. 朝鲜军需工业部（MUNITIONS INDUSTRY DEPARTMENT，2016年3月2日）

9. 朝鲜国家宇宙开发总局（NATIONAL AEROSPACE DEVELOPMENT ADMINISTRATION，NADA，2016年3月2日）

10. 朝鲜劳动党39号室（OFFICE 39，2016年3月2日）

11. 朝鲜侦察总局（RECONNAISSANCE CENERAL BUREAU，RGB，2016年3月2日）

12. 朝鲜第二经济委员会（SECOND ECONOMIC COMMITTEE，2016年3月2日）

13. 大同信贷金融有限公司（DCB FINANCE LIMITED，2016年11月30日）

14. 朝鲜ILSIM国际银行（ILSIM INTERNATIONAL BANK，2016年11月30日）

15. 朝鲜光大银行（KOREA DAESONG BANK，2016年11月30日）

16. 朝鲜大成贸易总公司（KOREA DAESONG CENERAL TRADING CORPORATION，2016年11月30日）

17. 朝鲜外国技术贸易中心（KOREA FOREIGN TECHNICAL TRADE CENTER，2016年11月30日）

18. 朝鲜国际化工合资公司（KOREA INTERNATIONAL CHEMICAL JOINT VENTURE COMPANY，2016年11月30日）

19. 朝鲜普钢贸易会社（KOREA PUGANG TRADING CORPORATION，2016年11月30日）

20. 朝鲜兴进贸易公司（KOREA TAESONG TRADING COMPA-

NY，2016 年 11 月 30 日）

21. 朝鲜联合开发银行（KOREA UNITED DEVELOPMENT BANK，2016 年 11 月 30 日）

22. 朝鲜 SINGWANG 经济和贸易总公司（SINGWANG ECONOMICS AND TRADING CENERAL CORPORATION，2016 年 11 月 30 日）

23. 中非共和国圣主抵抗军（LORD'S RESISTANCE ARMY，2016 年 3 月 7 日）

第二节　美国新增减的恐怖组织（实体）名单

美国有多个“恐怖组织名单”。其中，美国国务院的“外国恐怖组织名单”（Foreign Terrorist Organization List，FTO）主要是根据《1996 年反恐怖及有效死刑法》和美国《移民及国籍法》（修正案）的第 219 节等制定，每两年重新评估一次。此外，美国还有“特别认定的全球恐怖分子名单”（Specially Designated Global Terrorists List，SDGTs）、“特别认定的恐怖分子名单”（Specially Designated Terrorists List，SDTs）和美国财务部将各种名单综合起来的“特别认定的外国人及特别封锁的个人名单”（Specially Designated Nationals and Blocked Persons，SDN）等。每年 4 月底，美国国务院发布《国别恐怖主义报告》，除了列出该年度的“外国恐怖组织”名单外，还列出“其他值得关注的恐怖主义组织”名单。本书所讲的“美国公布的恐怖组织名单”主要指美国国务院的“外国恐怖组织名单”（FTO）。

自 2016 年 2 月至 2017 年 1 月，美国“外国恐怖组织名单”中外国恐怖组织数量增加 2 个，删减 0 个，总数达到 61 个。新增名单如下：

“伊斯兰国利比亚分支”（Islamic State of Iraq and the Levant's Branch in Libya，ISIL-Libya，2016年5月20日）、“‘基地’组织印度次大陆分支”（Al-Qa'ida in the India Subcontinent，2016年6月30日）。往年删减名单请参阅以往的《国际恐怖主义与反恐怖斗争年鉴》。①

关于美国公布的外国恐怖组织名单及其认定的其他值得关注的恐怖名单，请参阅以往的《国际恐怖主义与反恐怖斗争年鉴》。

第三节　英国新增减的恐怖组织（实体）名单

2016年度，英国的“法律禁止的恐怖组织名单”（Proscribed terrorist groups）主要有两个：一是国际恐怖组织名单；二是国内恐怖组织名单。英国确定恐怖组织的主要依据为《2000年反恐法》及其历年修订案，2012年英国政府据此认定49个非法恐怖组织。2013年7月12日，英国内政部首次发布《法律禁止的恐怖主义团体或组织》（Proscribed terror groups ororganizations）报告，主要分为国际和国内恐怖组织两类，并公开承认及取缔标准。截至2016年12月16日，该报告已修订17次，其中2016年修订3次，增加5个国际恐怖组织，删减一个国际恐怖组织。此外，北爱尔兰的14个组织仍按照惯例被认定为国内恐怖组织。② 详情如下：

---

① https：//www. state. gov/j/ct/rls/other/des/123085. htm（上网时间：2017年3月7日）

② https：//www. gov. uk/government/publications/proscribed-terror-groups-or-organisations—2（上网时间：2017年3月7日）

新增具体名单包括：

1.“国际伊斯兰媒体阵线”（Global Islamic Media Front，缩写GIMF，包括GIMF Banlga Team，即Ansarullah Bangla Team，缩写ABT和Ansar-al Islam，2016年7月）

2.“神权游击队”（Jamaah Anshorut Daulah，JAD，2016年7月）

3.“东印尼圣战士”（Mujahidin Indonesia Timur，MIT，也称作Mujahideen of Eastern Indonesia，2016年7月）

4.“国家行动”（National Action，2016年12月）

5.“突厥斯坦伊斯兰党”（Turkestan Islamic Party，TIP，也称作“东突厥斯坦伊斯兰党”，East Turkestan Islamic Party，ETIP；“东突厥斯坦伊斯兰运动”，East Turkestan Islamic Movement，ETIM；Hizb Al-Islami al-Turkistani，HAAT，2016年7月）

删减名单为：

“国际锡克教青年联盟”（International Sikh Youth Federation，ISYF，2016年3月）

综上所述，截至2016年12月16日，英国根据《2000年反恐法》认定了71个非法恐怖组织。此外，北爱尔兰的14个组织仍被认定为国内恐怖组织。英国国际恐怖组织及国内恐怖组织的具体名单，请参阅以往的《国际恐怖主义与反恐怖斗争年鉴》。

第四节　欧盟新增减的恐怖组织（实体）名单

欧盟有两种恐怖名单：

一是本·拉登、塔利班、“基地”组织、“伊斯兰国”及其相关组织和个人名单。该名单主要是在联合国安理会 1267 制裁委员会的名单基础上制定，但是欧盟理事会授权欧盟委员会“根据联合国安理会、塔利班制裁委员会以及成员国的相关信息”对该名单进行增加、修订。每次修改都要经过一定程序，最后对欧共体第 881 号规则（EC Regulation 881/2002）的附件进行更新。2015 年度，随着反恐日益成为联合国等国际组织的工作热点，欧盟该名单亦频频更新。自 2013 年 1 月 23 日（第 185 次修订）至 2017 年 1 月 26 日（第 258 次修订）间大大小小合计修订 74 次。其中，从 2016 年 1 月 18 日（第 241 修订）至 2017 年 1 月 26 日（第 258 次修订），最近一年合计修订 18 次。①

二是“参与恐怖活动的个人、团体和实体名单”（Persons，Groups and Entities Inloved in Terrorist Acts）。该名单是各成员国具有法定资格的相关机构（如司法人员和警察机构）在调查的基础上形成的。由具有法定资格的相关机构，根据相关个人、团体和实体参与恐怖行动的确凿信息或材料做出名单，制定的名单没有时间期限。列入名单之上的个人和实体名字要每 6 个月复核一次。在 2016 年 1 月至 2017 年 1 月，欧盟对该名单复核了 4 次，其中 2016 年复核了 3 次。② 个人方面，2017 年 1 月 27 日的核查结果和 2015 年 12 月 21 日公布的名单（该年份最新核查结果）相比，增加了 3 个人的名单。团体和实体方面，恐怖组织由 23 个变成 22 个。减少的恐怖组织为“国际锡克教青年联盟”（International Sikh Youth Federation，ISYF，删减日期：2016 年 4 月 21 日）。

---

① http：//eur-lex. europa. eu/search. html? qid = 1488956023352&text = EU%20Regulation%20881/2002&scope = EURLEX&type = quick&lang = en&DD_YEAR = 2017（上网时间：2017 年 3 月 7 日）

② http：//eur-lex. europa. eu/search. html? qid = 1488957782038&text = COUNCIL%20DECISION%20（CFSP）%202016&scope = EURLEX&type = quick&lang = en（上网时间：2017 年 3 月 7 日）

第十四章　中东地区主要恐怖组织

第一节　巴勒斯坦

一、哈马斯（参见以往《年鉴》）

10 月 9 日，耶路撒冷地区发生近一年来最严重的枪击事件，一名 39 岁的巴勒斯坦男子开枪打死一名警察和一名老妪，另有 5 人受伤。枪手先在耶路撒冷警察总部对面的轻轨车站作案，从行驶的车内向等车人群开枪。他在驾驶汽车逃离作案现场途中，向另一辆汽车射击。逃至谢赫杰拉区后，枪手弃车逃跑，与追击的警察展开枪战，最终被击毙。以色列警方说，受伤 5 人中包括一名警察，其中 2 人伤势较轻。枪手阿布·斯贝曾多年被关押在以色列狱中。以方两周前再次发布通缉，要对其实施为期 4 个月的行政拘留，因为他涉嫌在 2013 年袭击以色列警察。随后，“巴勒斯坦伊斯兰抵抗运动”（“哈马斯”）发布声明称对耶路撒冷当天发生的枪击事件负责。

二、巴勒斯坦伊斯兰圣战组织（参见以往《年鉴》）

三、解放巴勒斯坦人民阵线（参见以往《年鉴》）

四、解放巴勒斯坦民主阵线（参见以往《年鉴》）

五、阿布·尼达尔组织（参见以往《年鉴》）

六、解放巴勒斯坦人民阵线总指挥部（参见以往《年鉴》）

七、阿克萨烈士旅（参见以往《年鉴》）

八、人民抵抗委员会（参见以往《年鉴》）

九、真主战士（参见以往《年鉴》）

十、巴勒斯坦伊斯兰军（参见以往《年鉴》）

十一、加利利自由军（参见以往《年鉴》）

十二、伊玛德·穆格尼耶（参见以往《年鉴》）

十三、雷电（参见以往《年鉴》）

十四、风暴之鹰（参见以往《年鉴》）

十五、安萨尔逊纳（参见以往《年鉴》）

第二节　埃及

一、埃及伊斯兰圣战组织（参见以往《年鉴》）

二、伊斯兰组织（参见以往《年鉴》）

三、赎罪与迁移组织（参见以往《年鉴》）

四、埃及伊斯兰自尊旅（参见以往《年鉴》）

五、阿卜杜拉阿扎姆旅（参见以往《年鉴》）

六、埃及圣战者（参见以往《年鉴》）

七、圣战与统一组织（参见以往《年鉴》）

八、穆斯林兄弟会（参见以往《年鉴》）

九、耶路撒冷支持者（参见以往《年鉴》）

第三节　黎巴嫩

一、真主党（参见以往《年鉴》）

3月初，沙特主导的海湾阿拉伯国家合作委员会（海合会）将黎巴嫩真主党定性为恐怖组织。3月11日，阿拉伯国家联盟发表决议，将黎巴嫩真主党定性为恐怖组织。会议决议指责“恐怖主义的（黎巴嫩）真主党”资助和训练恐怖组织，造成地区安全局势动荡。黎巴嫩、伊拉克、阿尔及利亚对阿盟决议中涉及将黎巴嫩真主党定性为“恐怖主义”的表述持保留态度。

3月21日，黎巴嫩真主党领袖哈桑·纳斯鲁拉公开发表演说称，真主党将继续与叙利亚政府一同作战，直至击败“伊斯兰国”和“基地”组织分支叙利亚“支持阵线”。纳斯鲁拉在接受黎巴嫩一家电视台采访时表示，黎巴嫩真主党前往叙利亚，是为了帮助该国不至于陷入IS和叙利亚“支持阵线”的控制。真主党有责任继续留在叙利亚。当被问及真主党是否会向俄罗斯一样撤出时，纳斯鲁拉强调，此刻所有关于撤出叙利亚的说法都是错误的。无论俄罗斯去或留，或者伊朗人去或留，真主党将与叙利亚共命运。

5月13日，黎巴嫩真主党一名高级军事指挥官在叙利亚的一起爆炸中身亡，他们正就这起事件展开调查。真主党在一份声明中说，这起

“大爆炸”的袭击目标是位于叙利亚首都大马士革机场附近的一处真主党基地，真主党高级指挥官穆斯塔法·巴德尔丁在爆炸中身亡。声明说，真主党正努力“确定这起爆炸的性质及原因，弄清爆炸是由空袭、火箭弹还是火炮造成”。此外没有提供更多细节，也没有说明爆炸发生的时间。另据黎巴嫩媒体报道，巴德尔丁现年55岁，是真主党的创建者之一，自2008年起在真主党的军事组织中扮演重要角色，曾被美国列入恐怖分子“黑名单”。

12月23日，黎巴嫩真主党总书记纳斯鲁拉称说，叙利亚政府完全收复北部城市阿勒颇将为政治解决叙利亚危机铺平道路。纳斯鲁拉当天在电视讲话中说，阿勒颇之战是叙利亚近年来最残酷的战事之一。对叙利亚政府而言，全面收复阿勒颇是一个重大军事进展，同时这也是敌对阵营所遭受的最大挫折之一。纳斯鲁拉强调，收复阿勒颇是“反恐阵线”的胜利，但并不意味着叙利亚冲突的结束。下一阶段的重心将是“巩固在阿勒颇及其郊区所取得的胜利，因为武装团伙仍会寻求袭击这座城市及其周边地区”。

二、伊斯兰法塔赫（参见以往《年鉴》）

三、安萨尔联盟（参见以往《年鉴》）

四、扎耶德·杰拉哈支队（参见以往《年鉴》）

第四节 叙利亚

一、征服阵线

经历一定时期的沉寂后，“基地”组织在叙利亚分支“支持阵线”在2016年实现了较大突破。2月，“支持阵线”吸收3个在大马士革活动的“圣战”组织，大幅充实了自身队伍，同时还向叙利亚全境的其他反对派组织发出其仍有活动能力的“积极信号”。7月28日，“支持阵线”领导人朱拉尼罕见公开露面，宣称已脱离“基地”组织，并改名为“征服沙姆阵线”（以下简称“征服阵线”，Jabhat Fateh al-Sham）。朱拉尼在卡塔尔半岛电视台播出的一段视频中说，其领导的组织已不再使用“支持阵线”的名义进行活动，“征服阵线”是一个新的组织，与境外组织不存在联系。朱拉尼还直言不讳地表示，脱离“基地”组织可以让美国和俄罗斯没有理由继续空袭“支持阵线”目标。在这一消息公布后不久，“基地”组织高层就已表态支持“支持阵线”的决定，希望“支持阵线”联合叙利亚境内其他武装组织继续进行武装活动。“支持阵线”改头换面为“征服阵线”主要出于三大原因。

第一，摆脱“恐怖组织”标签，实现身份的“洗白”，以获得更多的外部资助。一直以来，“征服阵线”都受到海湾国家非官方层面的资助，其中尤以来自卡塔尔的基金会为主。随着近年来反恐局势的恶化，海湾国家越来越受到西方及国际社会的指责，认为其向“基地”组织或“伊斯兰国”有联系的恐怖组织提供援助。迫于外部压力，海湾国家“金主”只能减少或者停止资助。而通过宣布与“基地”在组织上、表面上、形式上“切断联系”，“征服阵线”自认为可以更加“光明正大”地与资助国往来，同时在思想上、意识形态上仍然可以获得“基地”组织上层的认可与肯定。2016 年 9 月 26 日，“征服阵线”在接受德国媒体采访时透露，他们得到了多国政府的军事支援。利比亚通过土耳其提供坦克和多管火箭炮给“征服阵线”，而美国则通过第三方提供武器。其中，美国提供的“陶式”反坦克导弹成为“征服阵线”多次战胜叙利亚政府军的关键因素。除此以外，土耳其、卡塔尔、沙特阿拉伯、以色列和美国也有派遣专家指导“征服阵线”使用卫星、导弹、热成像摄像机和其他侦察工作。

第二，躲避美俄的双重空袭，在国际反恐斗争中企图蒙混过关。虽然美、俄在认定何为恐怖组织问题上存在分歧，但“征服阵线”及其前身“支持阵线”早已被美、俄列入恐怖组织名单，联合国也将“支持阵线”明确定性为恐怖组织。2016 年以来美俄达成的两次停火协议中均将“支持阵线”排除在外，对该组织的空袭、地面行动都不算破坏停火。因此，“征服阵线”此举试图混淆视听，躲避在军事上被美俄继续轰炸。但美国对“征服阵线”此举并不买账，据报道，美国白宫发言人欧内斯特 7 月 28 日当天在一场新闻发布会上说，“支持阵线”仍继续对西方构成威胁。9 月 9 日，“征服阵线”在推特上证实，其最高军事指挥官萨拉凯卜死于美军在叙利亚北部阿勒颇的一场空袭。11 月 16 日，俄军航母“库兹涅佐夫”号出动舰载机，也对“征服阵线”目标实施了攻击，击毙该组织重要头目阿里·阿斯法里。

第三，在叙利亚战后重建进程中扮演更大角色，拉拢民心。事实上，“征服阵线”长期标榜自己为“叙利亚本土的反抗组织”，其内部成员均为叙利亚本国人，这一特点与“伊斯兰国”形成鲜明对比。此次切断与“基地”组织的关系后，可以实现更加彻底的“本土化”，而可以更方便地与其他反对派组织进行联盟，共同对抗巴沙尔政府，提升其在叙利亚本土的形象和影响力。此外，同时，“征服阵线”一直认为自己在行动方式上比“伊斯兰国”的“残暴”“反人类”有天壤之别，此次更名行动还有助于“征服阵线”更好地凸显其“温和”反对派形象，通过“合法”“正常”途径在未来的叙利亚战后进程中分得一杯羹。2016年“征服阵线”与叙利亚其他反对派武装虽然利益不尽相同，但总体呈现合作关系。2016年下半年中，“征服阵线”曾与“沙姆自由人”“圣战军”“努尔丁津基旅”等组成“征服军”对叙利亚政府发起进攻，共同抵抗政府军对北部重镇阿勒颇的收复行动。“沙姆自由人”甚至还一度以阿斯塔纳和谈不接受“征服阵线”为由，拒绝参加和谈。

二、呼罗珊网络（参见以往《年鉴》）

三、沙姆自由人组织

“沙姆自由人伊斯兰运动”（Ahrar al-Sham）这是一个集合多个伊斯兰教主义者和萨拉菲派武装团体，致力于反对复兴党巴沙尔政府的武装反对派。该组织从2011年下半年起逐渐发展和壮大。尽管创建者哈桑·阿卜德在2014年9月就已死亡。但是该组织的势头一直不减。2013年7月据称该组织已经有1万—2万人，仅次于反对派“自由军”组织。并与“伊斯兰军”结盟，成为“叙利亚伊斯兰阵线”组织主要参与者。目前得到了土耳其与沙特等国家的支持。当前与“征服阵线”公开结盟并在阿勒颇等地与政府军方面多次交手。在9月12日公开声明反对不包含“征服阵线”的俄美停火方案。“沙姆自由人伊斯兰运动”的目标是在“沙里亚法”的基础上建设一个伊斯兰国家。它公开与“征服阵线”结盟。俄罗斯、埃及、伊朗以及阿联酋、叙利亚政府把该组织列为恐怖组织。部分美国官员因为它与“基地”组织分支的关系而倾向于认定为恐怖组织，与此同时，欧盟一些国家试图与该组织在土耳其境内的政治人物保持联系。根据美国政府 2016 年 5 月下旬的公开报道，尚未将该组织定性为恐怖组织。

第五节　伊拉克

一、“伊斯兰国”

2016 年 3 月，美国国防部长阿什顿·卡特（Ashton Carter）表示，美军已击毙“伊斯兰国”多名高级指挥官，其中包括“伊斯兰国”主管财政事务的副头目卡杜里；我们正系统地击毙“伊斯兰国”的“内阁”。2016 年 8 月，“伊斯兰国”官方发言人、国际恐怖行动策划人阿布·穆罕默德·阿德纳尼在阿勒颇附近被击毙，该头目的阵亡将直接削弱“伊斯兰国”在西方国家发动“独狼式”恐袭的能力。2016 年 12 月，美军又宣布在拉卡附近的空袭中消灭了 3 名“伊斯兰国”高层头目，其中 2 名头目萨拉赫·高马特和萨米·吉杜尔直接参与了 2015 年 11 月的法国巴黎恐袭，而另一名共目瓦利德·哈马姆则参与了比利时恐袭的策划。

在伊拉克，2016 年 5 月 10 日以来，“伊斯兰国”在伊拉克首都巴格达的自杀式爆炸攻击从未停止，共造成近 150 名平民丧生，成为 2016 年来伊拉克“最血腥的 1 个月”。其中，仅 5 月 17 日一天巴格达便出现 3 起连环爆炸案，造成至少 77 人丧生，150 人受伤。7 月 3 日，“伊斯兰国”又在伊拉克首都巴格达市连续制造 2 起汽车炸弹袭击，造成 165 人死亡，另有 168 人受伤。11 月 24 日，“伊斯兰国”在巴格达南部城市希拉一座加油站制造汽车炸弹爆炸事件，造成至少 80 人死亡。

据联合国安理会 2016 年 1 月底发布的一份报告，截至 2015 年 12 月中旬，世界范围内共有 34 个组织宣布效忠“伊斯兰国”，预计 2016 年

“伊斯兰国”的附属组织数量将继续增加，其成员也将继续增多。以北非为例，据美军非洲司令部司令大卫·罗德里格斯（David Rodriguez）2016年4月初透露，根据美国情报部门的估计，当前利比亚境内“伊斯兰国”武装分子的数量在过去12—18个月内翻了一番，达到4000—6000人。德国美因茨大学中东问题专家梅耶尔（Günter Meyer）称，“伊斯兰国”虽遭削弱，但并未被战胜；数千名“伊斯兰国”武装分子已从叙利亚撤至利比亚，“伊斯兰国”显然认为他们在利比亚拥有不错的前景。因此，即使他们在叙利亚和伊拉克遭遇军事失利，并不意味着“伊斯兰国”的终结。更值得警惕的是，“伊斯兰国”还得到了“博科圣地”“伊斯兰教法斗士”“耶路撒冷支持者”等当地极端组织或恐怖组织的效忠或支持，这为其在北非的渗透和扩张提供了巨大的助力。

二、真主党旅（参见以往《年鉴》）

三、伊斯兰辅助者组织（参见以往《年鉴》）

四、穆罕默德军（参见以往《年鉴》）

五、伊拉克伊斯兰军（参见以往《年鉴》）

六、黑旗手（参见以往《年鉴》）

七、安萨尔逊纳军（参见以往《年鉴》）

八、伊斯兰军（参见以往《年鉴》）

九、伊斯兰圣战旅（参见以往《年鉴》）

十、萨达姆牺牲者（参见以往《年鉴》）

十一、伊拉克全国伊斯兰抵抗运动（参见以往《年鉴》）

十二、伊拉克伊斯兰抵抗阵线（参见以往《年鉴》）

十三、贾什—拉什丁组织（参见以往《年鉴》）

十四、纳赛尔主义者（参见以往《年鉴》）

十五、恢复（参见以往《年鉴》）

十六、穆罕默德第二军武装先锋队（参见以往《年鉴》）

十七、伊拉克抵抗旅（参见以往《年鉴》）

十八、觉醒与圣战（参见以往《年鉴》）

十九、阿布—德拉组织（参见以往《年鉴》）

二十、圣战与改革路线（参见以往《年鉴》）

二十一、伊拉克哈马斯（参见以往《年鉴》）

二十二、天堂战士（参见以往《年鉴》）

二十三、纳科什班迪命令者之军（参见以往《年鉴》）

二十四、伊拉克真主党旅（参见以往《年鉴》）

二十五、圣战军（参见以往《年鉴》）

第六节　约旦

约旦“基地”组织（参见以往《年鉴》）

第七节　突尼斯

一、突尼斯伊斯兰战斗团（参见以往《年鉴》）

二、突尼斯伊斯兰教法支持者（参见以往《年鉴》）

第八节　摩洛哥

一、摩洛哥伊斯兰战斗团（参见以往《年鉴》）

二、继承圣战组织（参见以往《年鉴》）

三、安萨尔—迈赫迪（参见以往《年鉴》）

四、穆斯林沙漠地区的安萨尔—伊斯兰（参见以往《年鉴》）

五、青年伊斯兰战斗团（参见以往《年鉴》）

第九节　利比亚

一、利比亚伊斯兰战斗组织（参见以往《年鉴》）

二、“伊斯兰国”利比亚分支

2016 年 5 月以来，利比亚民族团结政府组建卫队，对“伊斯兰国”占据的苏尔特发起攻势。10 月 14 日，利比亚民族团结政府卫队在清剿西部城市苏尔特的极端组织“伊斯兰国”武装时遭遇激烈抵抗，战斗造成14名卫队士兵死亡，另有多人受伤，但显示出政府军在战斗中已占上风。12月5日，随着“伊斯兰国”在苏尔特的最后一个据点被攻克，利比亚政府军取得了最终胜利。“伊斯兰国”之所以难以在利比亚扎根，一方面是因为利比亚政府军加大了对它的打击力度，另一方面是因为其难以获得稳定的资金来源。首先，“伊斯兰国”在利比亚的力量实际上并没有此前所描述的那么强大。美军非洲司令部司令罗德里格斯2016年4月对媒体表示，“伊斯兰国”在利比亚的武装人员有4000—6000人，但一些利比亚分析人士认为这个数字有所“夸大”，“伊斯兰国”利比亚分支的实际人数估计在2000—3000人，且力量较为分散。因此，在政府军的持续围剿下，“伊斯兰国”最终溃败。

第十节　毛里塔尼亚

一、毛里塔尼亚萨拉菲宣教与战斗组织（参见以往《年鉴》）

二、伊斯兰马格里布基地组织（参见以往《年鉴》）

第十一节　也门

一、阿拉伯半岛“基地”组织

自从也门内战陷入僵局以来，“基地”组织阿拉伯半岛分支（Al-Qaeda in the Arabian Peninsula，AQAP）利用哈迪政府和胡塞武装间的冲突生存下来，同时利用也门东部部落势力稳住阵脚，图谋扩大阵脚，试图争取更多地盘。2015 年 3 月，就在沙特发动干预也门的“决心风暴”行动不久，“基地”组织分支便趁机占领了也门第五大城市穆卡拉。为了显示自身的“治理能力”，“基地”组织在穆卡拉迅速恢复了秩序，成立“长老委员会”维持当地治安。“基地”组织在也门吸取了此前的教训，并没有迅速施行严厉极端的“沙里亚法”统治，而是采取相对温和的方式拉拢当地部落的人心。

占领穆卡拉一年多的时间里，“基地”组织并未受到当地民众大规模反抗。据 BBC 独立调查称，“基地”组织半岛分支充分利用了也门乱局，在胡塞武装和沙特支持的哈迪政府军之间生存，以穆卡拉城为基地，向也门东、西、南部全面渗透。2016 年 1 月，“基地”组织阿拉伯半岛分支开始将作战主力和重装备有秩序地撤离穆卡拉，输送至“基地”组织在也门阿比扬、舍卜瓦等省的其他据点。2016 年 4 月，沙特、阿联酋支持的政府军重新夺回了被“基地”占领的穆卡拉市，沙特官方将此战视为反恐的重大胜利，自称击毙了“基地”组织阿拉伯半岛分支的 800 多名武装分子。但该组织自称此战是其“战略性撤退”，主动撤离是因为其不想“殃及无辜”，实际上在战斗中仅仅损失了 10 人。但是此举并没有削弱这一组织的战斗实力。相反，“基地”组织阿拉伯半岛分支反而在此后的战斗中证明自己拥有极强的组织能力，并且也获得了地盘上的扩张。就目前情况看，“基地”组织阿拉伯半岛分支在哈德拉毛省的行动大多属于“战略性撤退”，其真实意图是保存实力，在也门内乱中获得自身利益最大化。

事实表明，“基地”组织阿拉伯半岛分支从穆卡拉运走了大量武器装备，而且攫取了也门中央银行大约 1 亿美元资金。这些资源被“基地”组织用于给当地提供援助、分配粮食，同时给内部发放军饷。在占领穆卡拉一年的时间里，该组织一直与哈德拉毛省的部落保持密切联系，维持在当地的影响力。据 BBC 报道，由于也门内战长期胶着，哈迪政府军试图避免与胡塞武装和“基地”组织半岛分支双线作战，在也门内战中刻意避免与“基地”组织势力交火；“基地”组织半岛分支为了“回报”政府军，也故意避免与政府军发生冲突。在也门内战的前线中，“基地”组织更是不甘寂寞。在塔伊兹、贝达等西南部地区的战斗中，“基地”组织半岛分支都发挥着重要作用，这些据点都是连接也门南北的咽喉要道。“基地”组织充分利用也门乱局，在两面讨好。

就目前局势看，也门内战很可能仍将持续多年，未来或将进入低烈度持久战阶段。这一发展趋势对“基地”组织阿拉伯半岛分支而言是大好机会。由于目前也门将近80%的人口面临严重人道主义危机，“基地”组织可以通过提供经济实惠的手段招揽源源不断的新鲜血液，同时还可以彰显出其在乱局中的“治理”能力。而且，也门内战长期化将使得该国成为中东各类武器走私的目的地。目前也门战场上可以发现性能先进的反坦克导弹，这些都是“基地”组织可以长期保持战斗力的重要条件。从2016年“基地”组织阿拉伯半岛分支的表现形态看，该组织虽然和伊、叙战场活跃的“伊斯兰国”“征服阵线”等恐怖组织相比略显“低调”，但其在人员规模、经济实力、作战能力、武器数量方面相当可观，对也门、中东乃至世界的恐怖威胁不容小觑。

在与“伊斯兰国”关系方面，“基地”组织阿拉伯半岛分支总体上持观望态度。2014年“伊斯兰国”在伊拉克、叙利亚攻城略地的高潮时期，也曾蓄谋将也门变成新的暴恐策源地，加强了与在也门的“基地”组织阿拉伯半岛分支的联络。“基地”组织半岛分支的部分中层官员也曾宣誓效忠“伊斯兰国”，但是在组织上二者仍保持着一定程度的距离。与“伊斯兰国”的极端暴力相比，“基地”组织阿拉伯半岛分支重视拉拢当地社会，因此希望被外界视为“温和派”代表。“伊斯兰国”在也门主要为小股部队的恐怖袭击，主要针对胡塞武装及其支持者，但与亲哈迪政府民兵、当地部落的关系若即若离。2016年9月，“伊斯兰国”甚至针对亚丁的亲政府武装人员发动了一次恐怖袭击。从目前态势看，“基地”组织阿拉伯半岛分支。“基地”组织阿拉伯半岛分支与“伊斯兰国”的关系走向是观察也门乃至中东反恐局势的重要指标。有学者认为，“基地”组织阿拉伯半岛分支在也门活动时间已长达20余年，期间合并、融合了诸多中、小型极端组织。因此，“基地”组织有可能在适当时机吞并“伊斯兰国”在也门的分支。但总体看，“基地”组织阿拉伯半岛分支仍然倾向于“长线经营”，即使未来吞并“伊斯兰国”的一部分战斗人员，仍不会改变其立足也门本土、务实主义的整体策略。

二、亚丁伊斯兰军（参见以往《年鉴》）

三、也门伊斯兰圣战组织（参见以往《年鉴》）

四、阿布·阿里·哈尔西旅（参见以往《年鉴》）

五、阿布·哈夫斯·马斯里旅（参见以往《年鉴》）

六、青年信仰者（参见以往《年鉴》）

七、也门士兵旅（参见以往《年鉴》）

第十二节　沙特阿拉伯

“基地”组织阿拉伯半岛分支（参见以往《年鉴》）

第十三节　科威特

一、科威特圣战组织（参见以往《年鉴》）

二、阿卜杜勒阿齐兹穆克林旅（参见以往《年鉴》）

三、半岛雄狮（参见以往《年鉴》）

四、社会改革协会（参见以往《年鉴》）

五、伊斯兰遗产复兴协会（参见以往《年鉴》）

第十四节　巴林

解放巴林伊斯兰阵线（参见以往《年鉴》）

第十五节　以色列

一、犹太人联盟（参见以往《年鉴》）

二、卡哈尼运动（参见以往《年鉴》）

三、保卫犹太联盟（参见以往《年鉴》）

第十六节　土耳其

一、库尔德工人党（参见以往《年鉴》）

二、伊斯兰解放党（参见以往《年鉴》）

三、革命人民解放党（参见以往《年鉴》）

四、大东部伊斯兰袭击者阵线（参见以往《年鉴》）

五、伊斯兰拯救军（参见以往《年鉴》）

六、安拉军（参见以往《年鉴》）

七、解放库尔德斯坦之鹰（参见以往《年鉴》）

八、库尔德特雷哈扎迪耶（参见以往《年鉴》）

九、土耳其革命共产主义者联盟（参见以往《年鉴》）

十、埃尔盖内孔（参见以往《年鉴》）

十一、“灰狼”组织（参见以往《年鉴》）

第十七节　伊朗

一、伊朗人民圣战者组织（参见以往《年鉴》）

二、真主旅（参见以往《年鉴》）

三、库尔德自由生命党（参见以往《年鉴》）

四、伊朗人民法达游击队（参见以往《年鉴》）

五、阿瓦士阿拉伯人民民主阵线（参见以往《年鉴》）

六、阿瓦士阿拉伯复兴党（参见以往《年鉴》）

第十五章　非洲地区主要恐怖组织

第一节　索马里

一、伊斯兰法院联盟（参见以往《年鉴》）

二、伊斯兰团结组织（参见以往《年鉴》）

三、青年圣战者运动（参见以往《年鉴》）

四、索马里“青年党”（Al-Shabaab）

“青年党”为索马里及东非地区最大的反政府武装、伊斯兰极端组织。其目标是推翻西方支持的索马里政府，赶走非盟驻索马里维和部队，在全国实施伊斯兰教法。2011年8月，索马里“青年党”在非盟驻索马里特派团的联合打击下虽然被迫撤出索马里首都摩加迪沙，但仍控制着索马里中部和南部部分战略要地，并保存了一些实力。分析认为，“青年党”情报收集能力较强，多次袭击非盟驻索马里部队抢夺武器，并通过在控制区“征税”和从事蔗糖贸易获取资金，增大了剿灭该组织的难度。2016年8月9日，“青年党”在南部中朱巴州的吉利卜（Jilib）组建“伊斯兰警察部队”，以推进伊斯兰计划。之后，“青年党”谋求将“伊斯兰警察部队”部署至其控制区（包括朱巴州、盖多州、下谢贝利州、中谢贝利州、拜州、希兰州和加勒古杜州）。由于2016年是索马里大选年，原定于9月和10月分别举行议会和总统选举，“青年党”对首都摩加迪沙的恐怖袭击活动明显增多。

2016年，索马里“青年党”针对索马里政府军、政府官员、议员、非盟驻索马里特派团等频繁发动恐怖袭击。为扩大影响，其发动袭击的场所多集中在首都摩加迪沙的高级酒店、宾馆、政府办事机构等处。此外，索马里“青年党”也多次对邻国肯尼亚（非盟驻索马里维和部队派兵国）发动恐怖袭击。

1月2日，摩加迪沙一酒店遭自杀式汽车炸弹袭击，至少两人死亡，多人受伤。1月4日，索马里政府军在下谢贝利州一村庄的军事基地遇“青年党”武装人员伏击，双方发生交火，造成至少6人死亡、3人受伤。1月7日，摩加迪沙总统府附近一处收留流离失所者的营地遭迫击炮袭击，致2人死亡。1月10日，摩加迪沙北部地区发生汽车炸弹袭击，致一名公务人员死亡。1月15日，非盟位于索马里南部盖多地区的一处军事基地遭自杀式炸弹袭击，造成数十名非盟（肯尼亚）士兵死亡。“青年党”随后发表声明，宣称在当天的袭击中杀死了100名肯尼亚士兵，还俘获了部分肯尼亚士兵作为人质，并缴获了一批武器和车辆。肯尼亚方面承认有本国士兵死亡，但未透露确切的死亡人数，也未证实有士兵被俘。1月21日，摩加迪沙丽都海滩区发生连环自杀式袭击，一家海滨酒店和一家海鲜餐厅遇袭，造成至少20人身亡，另有多人受伤。袭击在当地时间晚7点过后发生，枪手首先开着载有爆炸物的汽车冲向酒店，随后至少4名枪手冲入酒店，向酒店内及周围的人开枪。不久之后，毗邻的海鲜餐厅也发生爆炸，造成多人身亡。“青年党”宣称制造了此次袭击事件。

2月2日，索马里达洛航空公司一架客机起飞后不久爆炸，一侧机身出现破洞，导致一名乘客被吸出机舱后坠亡。索马里官员2月6日证实，被吸出机舱后坠亡的那名乘客被怀疑正是自杀式炸弹袭击者。索马里“青年党”2月13日发表声明，宣称对索马里达洛航空公司飞机爆炸事件负责，并称其主要的袭击目标是土耳其。声明说，“作为北约成员国，并且作为西方国家对伊斯兰教进行战争的重要伙伴，土耳其正在对索马里的穆斯林进行破坏性的战争”。[①] 2月15日，曾担任索马里国防部长的穆希丁·默罕默德·哈吉·易卜拉欣（Muhidin Mohamed）在摩加迪沙乘车时，汽车突然发生爆炸，他本人当场被炸身亡。警方怀疑他的汽车被人安装了爆炸装置。目前还没有任何组织宣称制造了这起爆炸袭击。不过，恐怖组织索马里“青年党”近年来实施了多起类似的袭击，导致数名索马里高级官员死亡。2月25日、26日，摩加迪沙一酒店和一运动场发生自杀式炸弹袭击，造成至少12人死亡、16人受伤。第一起爆炸发生在名为“和平花园”的运动场，造成7人死亡；第二起爆炸发生在SYL酒店，造成至少5人死亡。此次遇袭的SYL酒店位于索马里总统府附近，平时客人多为索马里政府官员和外国人。索马里“青年党”宣称制造了这两起袭击事件。2月28日，索马里南部拜多阿地区两家饭店先后发生自杀式炸弹袭击，造成至少30人死亡，60人受伤。索马里

① “索马里‘青年党’宣称对客机爆炸事件负责”，http：//news. xinhuanet. com/world/2016－02/14/c_1118030435. htm。（上网时间：2017年3月2日）

“青年党”宣称制造了这两起袭击事件。

3月1日，摩加迪沙南部地区一颗路边地雷在汽车接触后发生爆炸，导致4名士兵丧生，多人受伤，遇袭车辆彻底损毁。索马里“青年党”宣称制造了这起袭击事件。3月9日，“青年党”在首都摩加迪沙发动两起汽车炸弹袭击，导致多人死伤。3月21日，“青年党”激进分子袭击了摩加迪沙以南40公里的一处军事基地，打死至少6名军人，还抢走几辆军车。3月31日，索马里北部穆杜格州一家酒店发生自杀式爆炸袭击，造成至少8人死亡。袭击发生在酒店入口处，自杀式袭击者在爆炸中当场丧生，死亡人员中包括1名穆杜格州财政官员。索马里“青年党”宣布制造了此次袭击。

4月11日，摩加迪沙离一处政府办公大楼不远的一家餐厅在午餐时间遭汽车炸弹袭击，导致至少5人遇难、7人受伤。警方怀疑，袭击者是故意选择这一餐厅进行攻击，因该餐厅地处一家购物中心，平时有很多的顾客往来。索马里“青年党”宣布制造了此次袭击。4月13日，摩加迪沙南部一城镇的牲畜市场发生手榴弹爆炸，造成至少3人死亡、6人受伤。

5月1日，索马里军方说当天“青年党”袭击并夺取该国中谢贝利州地区一座城镇，打死22名索马里政府军士兵。索马里“青年党”则称他们至少打死32名索马里政府军士兵，其中包括一名高级军官。5月9日，位于摩加迪沙的交通警察总部遭到汽车炸弹袭击，造成至少3名警察身亡。索马里“青年党”随后宣布为该袭击负责。该组织通过网络宣称，在该起袭击中有2名组织成员丧生，还称袭击造成索马里政府方面的死亡人数为9人。

6月1日，摩加迪沙大使饭店发生汽车炸弹爆炸袭击，造成至少20人死亡、60人受伤，其中两名议员遇袭身亡。当天一辆装有炸药的汽车在大使饭店门口发生爆炸，随后，一群武装分子对该饭店进行了攻击，同饭店保安交火并挟持多名人质。3 名枪手与警方对峙 12 小时后被全部歼灭。大使饭店位于摩加迪沙的一条繁华街道，经常有政府官员和议员入住该饭店。索马里“青年党”已宣称制造这起袭击事件。6 月 9 日，索马里“青年党”武装人员袭击了非洲联盟驻索马里维和部队，双方都称击毙大量对方人员。“青年党”发言人阿卜迪阿齐兹·阿布·穆萨卜当天说，该组织武装人员首先使用自杀式汽车炸弹在阿尔冈地区的非盟部队基地入口发动袭击，随后攻击基地，“巨大爆炸摧毁了（基地）大门和部分基地(设施)”。穆萨卜称，“青年党”武装打死 60 名非盟部队士兵，自身损失 16 人。非盟驻索马里特派团发言人乔·基贝特说，非盟部队已击退“青年党”武装进攻，击毙对方 110 人，缴获一些武器。他否认“青年党”发言人宣称的非盟部队死亡人数，但没有提供非盟方面统计的数字。一名在阿尔冈的索马里军官说，30 名埃塞士兵死于袭击。6 月 20 日，在肯尼亚东北部靠近索马里边境的曼德拉镇，一辆警车遭武装分子袭击，造成 5 名警察死亡，另有 4 名警察受伤。袭击发生时该警车正在护送一辆由首都内罗毕驶往曼德拉镇的巴士。警车上的警察在与武装分子交火中伤亡，但巴士没有遭到攻击。2014 年 11 月，索马里“青年党”曾在肯尼亚袭击公共汽车乘客，造成 28 人死亡、多人受伤。肯尼亚警方怀疑此次袭击者是索马里“青年党”武装分子。6 月 25 日，摩加迪沙市中心的纳萨－哈布罗德酒店遭武装分子袭击，造成 20 人死亡、30 多人受伤，死者包括索马里环境部长布里·默罕默德·汉姆扎。武装分子用汽车炸弹炸开纳索·哈布罗德酒店外大门，然后冲进酒店，肆意开枪，扣押人质。警察冲进酒店，同激进分子展开枪战，将他们逼迫到最高一层楼。索马里“青年党”声称制造了这一袭击事件，说政府人员经常到那个酒店去。

7 月 1 日，肯尼亚东北部曼德拉郡两辆汽车遭武装分子扫射袭击，造成至少 6 人死亡、多人受伤。索马里“青年党”发布声明，宣称制造了此次袭击。7 月 26 日，摩加迪沙机场附近发生两起爆炸事件，导致 13

人死亡，另有多人受伤。第一起爆炸发生在摩加迪沙机场入口处，第二起爆炸发生在机场附近非盟驻索马里特派团驻地的入口处。非盟驻索马里特派团发言人说，特派团位于机场附近的驻地成为爆炸袭击目标，附近还有联合国驻地和一些西方国家驻索马里大使馆。索马里“青年党”宣称实施了此次爆炸袭击。7月31日，一伙武装分子袭击了摩加迪沙索马里警方刑侦局总部，造成13人死亡（包括7名袭击者、一名政府军士兵和5名平民），至少10人受伤。警方说，武装分子先是引爆了两辆停在刑侦局总部门前的汽车炸弹，随后闯入刑侦局，现场传出激烈枪声。索马里“青年党”武装随后宣称制造了这次袭击。

8月21日，索马里东北部邦特兰地区发生恐怖袭击，造成至少15人死亡，多人受伤。警方说，袭击主要针对邦特兰的公务人员，自杀式袭击者在邦特兰地方政府办公地引爆了爆炸装置。索马里“青年党”宣称制造了此次袭击。8月25日，一名自杀式袭击者在摩加迪沙一处海滩边餐馆门前引爆了其汽车上的炸弹，随后武装分子进入餐馆，现场传来枪声，造成包括两名袭击者在内至少9人死亡。索马里“青年党”声称制造了这一袭击事件。8月30日，摩加迪沙总统府附近酒店发生自杀式汽车炸弹袭击，造成22人死亡，另有30人受伤。袭击发生时，索马里政府安全部门官员正在遇袭酒店内召开会议，一名部长和数名媒体记者在袭击中受伤。索马里“青年党”宣称实施了此次袭击，“青年党”表示，之所以袭击这一酒店，不仅因为酒店位置与总统府相邻，而且“这里是叛教者和异教徒所在地”。

9月18日，索马里军方高官穆罕默德·吉马勒将军的车队在摩加迪沙街头行驶时遭自杀式汽车炸弹袭击，吉马勒及其至少7名保卫人员身亡。索马里“青年党”宣称对此次袭击事件负责。9月21日，摩加迪沙发生汽车炸弹袭击事件，造成至少1人死亡，3人受伤。袭击者将炸弹安置在一名安全部门官员的车底。汽车启动之后炸弹爆炸，该官员当场死亡，另外3名安全人员受重伤。9月22日，肯尼亚东北部靠近索马里边境加里萨郡的一个警察营地遭一伙全副武装的武装分子袭击，4名警察受伤，另有2名警察下落不明。索马里极端组织“青年党”武装声称制造了这一袭击事件。

10月6日，位于肯尼亚东北部曼德拉镇的一处公寓楼遇袭，导致6人死亡，1人受伤，租住于此的33户人家非穆斯林，也非索马里裔。索马里“青年党”宣称实施了此次袭击。10月18日，摩加迪沙30千米外的阿夫戈耶镇一警察局遭武装分子袭击，造成至少11人死亡（5名警察和6名平民），另有数人受伤。一名自杀式袭击者当天在该警察局门前引爆汽车炸弹，一伙武装分子随后闯入警察局并与警方人员激烈交火，多名武装分子被击毙。索马里“青年党”声称制造了这起袭击事件。10月23日，摩加迪沙一餐馆遭自杀式汽车炸弹袭击，造成2人死亡，4人受伤，袭击者本人也在爆炸中丧生。10月25日，肯尼亚东北部曼德拉镇一家旅馆遭武装分子袭击，造成至少12名平民死亡，另有4人受伤。武装分子在袭击中使用了手榴弹并引爆了爆炸装置，随后逃离现场。目前尚无任何组织宣称制造了这一袭击事件。肯尼亚警方怀疑袭击者是索马里“青年党”武装分子。10月25日，非盟驻索马里特派团在索马里中部的一座军营（该军营由吉布提籍士兵把守）遭武装分子袭击，造成3人死亡，5人受伤。当天一名自杀式袭击者在军营入口处引爆了汽车上的爆炸装置，随后10名武装分子闯入军营，与非盟部队发生交火，10名武装分子全部被击毙，2名非盟士兵和1名平民丧生。索马里“青年党”声称制造了这一袭击事件。

11月5日，在摩加迪沙索马里议会附近发生一起汽车炸弹袭击，目标针对索马里安全部队的车队，造成2名士兵死亡，5人受伤。11月26日，摩加迪沙一集市发生汽车炸弹袭击事件，造成至少11人死亡，16人受伤，死伤者大多为平民。目前还没有组织或个人宣称制造了袭击。12月11，摩加迪沙发生自杀式炸弹爆炸袭击，造成29人死亡，48人受伤。12月15日，位于摩加迪沙索马里总统府的一家餐馆发生汽车炸弹袭击，3人受伤。当天摩加迪沙一检查站附近发生炸弹袭击，至少6名士兵死亡，另有13人受伤。索马里“青年党”宣布制造了这两起袭击事件。12月18日，摩加迪沙港口入口处发生卡车炸弹袭击，造成至少20人死亡。目标针对港口附近的军事基地，索马里“青年党”声称制造了该袭击事件。

第二节　卢旺达

卢旺达解放民主力量（Democratic Forces for the Liberation of Rwanda）

卢旺达主要反政府武装，主要由胡图族组成，其大多数领导人和成员参与了1994年卢旺达种族大屠杀，后躲至邻国刚果（金），是目前在刚果（金）东部活动的最大的非法武装和不稳定的主要因素。2016年5月，刚果（金）情报部门在东部戈马市逮捕“卢旺达解放民主力量”“参谋长”利奥波德·穆吉昂贝雷（Leopold Mujyambere）。同年10月，刚果（金）政府军在该国东部抓获“卢旺达解放民主力量”情报头目哈比亚里马纳·穆塞波（Habyarimana Mucebo），刚果（金）政府指控其在刚果（金）领土上犯下暴行。

此外，2016年6月23日，联合国安理会一致通过决议，决定继续对在刚果（金）境内活动的武装团体及个人等实施武器禁运等制裁措施，制裁期限延长至2017年7月1日。决议说，刚果（金）地区外国和本国武装团体持续进行军事活动，偷运黄金与象牙等自然资源，在刚果（金）东部引发安全危机和人道主义危机，安理会对此深表关切，强调必须解除“卢旺达解放民主力量”“圣灵抵抗军”等武装团体的武装。根据决议，至2017年7月1日，各国均应对所有在刚果（金）境内活动的武装团体实施武器禁运，不得向其提供军事协助和训练等。对于制裁委员会认定的破坏刚果（金）和平、稳定和安全的个人和实体，各国应继续对其实施旅行禁令和资产冻结等措施。决议还呼吁进一步努力切断通过非法买卖自然资源为从事破坏稳定活动的武装团体提供资金的渠道。2003年7月，安理会通过决议，开始对刚果（金）东部地区的冲突各方实行武器禁运等制裁措施，之后安理会多次延长并调整对破坏刚果（金）和平、稳定和安全的相关人员的制裁措施。[①]

第三节　乌干达

一、圣灵抵抗军

乌干达主要反政府武装，过去30年一直在乌干达北部和邻国中非共和国、刚果（金）、南苏丹等国活动。近几年，有不少报道认为苏丹政府支持“圣灵抵抗军”，并在苏丹南达尔富尔州庇护该反政府武装，以报复乌政府支持苏丹反政府武装和南苏丹。[②] 自2010年以来，在乌干达等国政府的军事打击下，“圣灵抵抗军”成员或被消灭或投降政府，力量大为削弱，发动袭击次数、致死和绑架人数呈减少趋势，但仍未被消灭。[③]

---

① “安理会延长对刚果（金）境内武装团体制裁期限”，http://news.xinhuanet.com/world/2016－06/24/c_1119102066.htm。

② “AU commission probing LRA activities arrive in Khartoum”，Sudan Tribune，14 September 2015.

③ 2011—2015年，“圣灵抵抗军”年袭击次数187—299次，绑架474—649人，杀死平民13—150人。See “THE STATE OF THE LRA IN 2016”，MARCH 2016，The Resolve LRA Crisis Initiative，p. 21.

该组织从事非法象牙、钻石、黄金交易或抢劫活动获取粮食、武器补给。2016 年该组织继续发动袭击和绑架平民，并将所绑架的儿童招募为新兵。仅 2016 年前两个月在中非共和国东部绑架 217 人，绑架人数是 2015 年全年在中非共和国绑架人数的 2 倍。[①]

二、民主同盟军（Alliance of Democratic Forces-National Army for the Liberation of Uganda，简称 ADF）

乌干达穆斯林反政府武装，该组织的目标是推翻穆塞维尼领导的乌干达现政权，建立一个伊斯兰国家。早期在乌干达西部地区多次发动恐怖袭击，1995 年起跨境至邻国刚果（金）东部北基伍省活动，并在刚果（金）建立了营地。2016 年该组织多次发动针对刚果（金）东部平民、刚果（金）政府军和联合国刚果（金）稳定特派团（联刚稳定团）的袭击。2 月 28 日，刚果（金）东部北基伍省贝尼地区（Beni）的 3 个小村庄遭“民主同盟军”武装分子袭击，导致 13 名平民被杀，遇害者均被砍刀杀死。5 月 3 日，贝尼附近的 2 座村庄遭到武装分子袭击，造成至少 17 人死亡，其中包括 10 名妇女和 5 名儿童。村民普遍认为这些袭击者来自乌干达反政府武装“民主同盟军”。6 月 13 日，在贝尼附近“民主同盟军”与刚果（金）政府军发生冲突，6 名“民主同盟军”武装分子和 1 名刚果（金）政府军士兵在交火中丧生。7 月 29—30 日，在贝尼附近“民主同盟军”与刚果（金）政府军及联合国维和部队发生冲突，共造成 7 人死亡，其中包括 3 名“民主同盟军”武装分子、2 名刚果（金）政府军士兵和 2 名平民，另有 2 人受伤（1 名刚果（金）政府军士兵和 1 名联合国维和士兵）。11 名刚果（金）政府军士兵和 1 名联合国维和士

① See“THE STATE OF THE LRA IN 2016”，MARCH 2016，The Resolve LRA Crisis Initiative，p. 4.

兵受伤。8月8日，在贝尼附近“民主同盟军”与刚果（金）政府军及联合国维和部队发生冲突，造成11名刚果（金）政府军士兵和1名联合国维和士兵受伤。8月13日，在贝尼市郊的卢旺戈马村遭到乌干达反政府武装袭击，造成至少45人死亡。刚果（金）总统卡比拉谴责这次袭击是一起恐怖行动。他说：“这样的恐怖屠杀行为与发生在马里、法国、索马里和世界其他角落的恐怖行动无异。”卡比拉认为，世界各国应对发生在刚果（金）境内的恐怖主义活动予以关注。10月9日，乌干达反政府武装组织“民主同盟军”与军方在贝尼发生冲突，至少10人死亡，其中包括8名平民、1名士兵、1名疑似“民主同盟军”成员。12月24—25日，在贝尼北方55公里的城镇伊伦吉提，“民主同盟军”发动袭击，造成至少22名平民丧生，受害者多被大刀或砍刀杀死。据法新社报道，过去两年，这里遭遇多起攻击，共有超过700人丧命。①

第四节　尼日利亚

一、尼日尔三角洲解放运动（参见以往《年鉴》）

二、尼日尔三角洲人民志愿军（参见以往《年鉴》）

三、实现比夫拉主权国运动（参见以往《年鉴》）

① “法媒：刚果一地区持续遭受暴力侵扰2年共约700人丧命”，http：//news.xinhuanet.com/world/2016－12/27/c_129421574.htm。

四、博科圣地（Boko Haram）

尼日利亚最大的反政府武装和极端组织。2016 年是该组织 2009 年成立以来的第七个年头。2014 年它曾是全球致死人数最多的恐怖组织。[①]但自 2015 年 2 月尼日利亚、乍得、喀麦隆、尼日尔、贝宁组建多国部队、共同打击“博科圣地”以来，该组织实力受损，袭击次数和致死人数均呈减少趋势，但该组织尚未被击败，仍不时发动暴恐袭击。2016 年该组织活动较前出现以下变化：一是袭击次数显著下降。据南非安全所（Institute for Security Studies，简称 ISS）统计，2016 年“博科圣地”袭击次数从 2015 年的 391 次减少到 278 次，降幅 29%。[②] 二是致死人数明显减少。多国部队军事打压取得成效，2016 年“博科圣地”未能发动类似 2014 年和 2015 年曾发生的针对村庄的大规模恐怖袭击。2016 年“博科圣地”暴恐袭击致死人数平均每次为 5 人，只有 5%的袭击致死人数超过 20 人（2015 年 18%的袭击致死人数超过 20 人）。[③] 三是袭击区域相对固定。在尼日利亚，其袭击活动主要发生在尼日利亚东北部的博尔诺、约贝、阿达马瓦 3 个州，尤其是其大本营博尔诺州首府迈杜古里，2016 年“博科圣地”未能在该国中部大城市如首都阿布贾发动恐怖袭

---

① Institute for Economics and Peace：“2015 Global Terrorism Index”，November 2015，http：// economicsand peace. org/wp-content/uploads/2015/11/Global-Terrorism-Index－2015. pdf .（上网时间：2016 年 1 月 25 日）

② Omar S Mahmood，“Boko Haram in 2016：a highly adaptable foe”，ISS，07 FEB 2017，http：//issafrica. org/ book-haram-in－2016－a-highly-adaptable-foe（上网时间：2017 年 3 月 6 日）

③ Omar S Mahmood，“Boko Haram in 2016：a highly adaptable foe”，ISS，07 FEB 2017，http：//issafrica. org/ book-haram-in－2016－a-highly-adaptable-foe.（上网时间：2017 年 3 月 6 日）

击；在邻国其袭击范围未超出喀麦隆（主要在极北大区）、尼日尔（东南部迪法省）和乍得（乍得湖地区）三国。四是从尼日利亚一国演变为地区威胁。2016年“博科圣地”在邻国发动的恐怖袭击数占其全部袭击次数的52%，其全部袭击次数的45%发生在喀麦隆（2015年其21%的袭击发生在喀麦隆）。[①] 此外，自杀式炸弹袭击增加。2015年“博科圣地”采取自杀式炸弹袭击次数从2014年的32起增加到151起。2016年该组织大部分袭击属于自杀式炸弹袭击，同时，继2015年之后，该组织继续利用女性尤其是女童作为“人肉炸弹”发动袭击。联合国儿童基金会一份名为“切布克之外”的调查报告指出，过去两年“博科圣地”在尼日利亚及周边喀麦隆、尼日尔、乍得三国利用儿童发动“自杀式”袭击“极为令人担忧”，已由2014年的4起上升至2015年的44起，激增11倍。在“博科圣地”发动的自杀式炸弹袭击中，其中的1/5是由儿童作为“人肉炸弹”，而女童又占全部儿童“人肉炸弹”的75%以上，女孩作为“人肉炸弹”已经成为“博科圣地”发动袭击的一个特征。[②]

2016年，极端组织“伊斯兰国”任命“博科圣地”新领导人使该组织内部矛盾凸显。8月3日，“伊斯兰国”宣布阿布·穆萨卜·巴纳维（Abu Musab al-Barnawi），原名哈比卜·优素福（Habib Yusuf），是“西非省”的新“瓦利”（统治者），这表明继2015年3月阿布巴卡尔·谢考（Abubakar Shekau）领导的“博科圣地”向阿布巴卡尔·巴格达迪（Abubakar al-Baghdadi）领导的“伊斯兰国”宣布效忠后，“伊斯兰国”

---

① Omar S Mahmood, “Boko Haram in 2016: a highly adaptable foe”, ISS, 07 FEB 2017, http: //issafrica. org/ book-haram-in－2016－a-highly-adaptable-foe.（上网时间：2017年3月6日）

② “Nigeria: L’UNICEF s’inquiète de l’utilisation croissante d’enfants par Boko Haram dans des attentats-suicides”, UN News Service, 12 Avril 2016.

任命新领导人取代谢考。巴纳维是“博科圣地”创始人穆罕默德·优素福（Muhammed Yusuf）之子，2015 年 3 月起被外界视为“博科圣地”发言人。8 月 4 日，已经几个月没有现身的原头目谢考在网上发布音频，表示自己“还活得好好的”，仍是“博科圣地”的头领。极端组织研究专家认为，这一矛盾状况首次证实“博科圣地”存在内讧。2009 年 7 月，穆罕默德·优素福被尼日利亚军警击毙后，谢考于 2010 年 7 月发布视频，宣布继任“博科圣地”领导人。谢考接任后，“博科圣地”频繁发动恐怖袭击，行为方式较之优素福时期有重大调整。一是袭击范围从尼日利亚东北部地区逐渐延伸扩大到尼日利亚首都阿布贾附近，并向周边国家辐射。二是袭击目标从警察局、军营等政府机构和西方国际组织、游客扩展到尼日利亚当地学校、教堂、市场、车站等公共场所，反平民化特征明显。三是暴恐水平大幅提升，频繁制造暴恐大案，袭击方式灵活多样，包括自杀式炸弹袭击、汽车炸弹、小股武装组织突袭、暗杀等。四是向“基地”等组织靠拢，寻求参加全球“圣战”。2012 年 11 月，该组织发布视频，表示支持“基地”组织的全球圣战。但“伊斯兰国”2014 年 6 月建立“哈里发国”后，“博科圣地”又很快转向“伊斯兰国”靠拢。2015 年 3 月，“博科圣地”宣布效忠“伊斯兰国”。同年 4 月，宣布改名为“伊斯兰国西非省”。政治分析师雅各布·曾恩认为，新“瓦利”巴纳维的出现，是从“博科圣地”脱离的“安萨鲁”组织针对谢考发起的一次“政变”。曾恩说，谢考任头目期间，“博科圣地”实施无差别袭击，不止针对基督教徒，也殃及伊斯兰教徒。按照美联社的说法，此前“博科圣地”对清真寺和集市进行的自杀式袭击造成的穆斯林死亡人数多于基督教徒。“安萨鲁”由于不认同这一袭击策略，从“博科圣地”中脱离，而“安萨鲁”组织的政治盟友巴纳维也因此批评谢考，并在“伊斯兰国”的支持下发动“政变”把谢考赶下台。① 巴纳维被任命为“伊斯兰国西非省”新“瓦利”后，有分析认为“博科圣地”已发生分裂。“博科圣地”谢考派与巴纳维派在行动方式和活动区域上均存在不同。谢考派实施无差别袭击，巴纳维派强调袭击军事目标，避免造成大规模平民伤亡。谢考派活动区域集中于其在尼日利亚的“根据地”，如在桑比萨（Sambisa）森林的据点，而巴纳维派不局限于一国、一地或一个据点，2016 年巴纳维派在尼日利亚邻国尼日尔多次发动袭击。

2016 年极端组织“博科圣地”与“伊斯兰国”加强了联手。美国官员近日警告道，美国驻非洲特种部队司令唐纳德·博尔达克说，从两个极端组织发动伏击、安放路边炸弹和对酒店实施重大袭击的行动方式看，他们分享了“战术、技术和步骤”。另外，乍得政府方面 4 月 7 日截获包括小型武器、机枪和自动步枪在内的大量武器。博尔达克认为，这批武器由“伊斯兰国”从利比亚运给“博科圣地”。“博科圣地”2015 年宣布效忠“伊斯兰国”，前者的老巢在尼日利亚，正在向乍得发动袭击；后者以叙利亚和伊拉克为根据地，已经渗透至国内局势混乱的利比亚。打击“博科圣地”的非洲五国部队指挥官说，未经确认的情报显示，“伊斯兰国”已经派人进入“博科圣地”武装，不过后者似乎尚未达到前者为更深程度联手而设置的条件。②

2016 年，极端组织“博科圣地”主要在人流密集的集市、清真寺、难民营、车站等公共场所发动袭击。1 月 4 日，疑似“博科圣地”武装

① Jacob Zenn, “Boko Haram: Abu Musab al-Barnawi's Leadership Coup and Offensive in Niger”, Terrorism Monitor Volume: 14, issue: 17, August 19, 2016, https://jamestown.org/program/book-haram-abu-musab-al-barnawis-leadership-coup-and-offensive-in-niger.（上网时间：2017 年 3 月 7 日）

② “美忧虑‘博科圣地’与‘伊斯兰国’加强联手”，http://news.xinhuanet.com/world/2016－04/22/c_128918892.htm。（上网时间：2017 年 3 月 3 日）

分子在喀麦隆极北大区绑架了包括1名警官在内的3名喀麦隆人。1月8日，喀麦隆极北大区丹克镇一清真寺发生一起自杀式爆炸袭击事件，袭击者当场死亡，另有3名祈祷者受伤。自2015年7月以来，极北大区发生多起自杀式爆炸袭击事件，袭击者基本都是未成年女性。1月13日，喀麦隆极北大区库雅皮村的清真寺发生一起自杀式爆炸袭击事件，造成至少13人死亡。1月18日，喀麦隆极北大区一村庄的清真寺遭自杀式炸弹袭击，造成至少4人死亡。1月25日，喀麦隆极北大区一座村庄遭遇多起自杀式爆炸袭击，5名女性袭击者化装成商贩，在极北大区博多村的市场引爆了藏在菜篮中的炸弹，造成包括袭击者在内的至少35人死亡、60人受伤。1月27日，尼日利亚东北部博尔诺州奇博克镇3名女性在当地市场引爆自杀式腰带，造成至少13人死亡，30多人受伤，其中21人受重伤。2014年4月，“博科圣地”曾在奇博克镇一女子寄宿学校绑架276名女生，随后，该组织头目称，愿意用被绑女孩交换被政府关押的极端主义组织成员，但被政府拒绝。“博科圣地”随后表示，被绑架女孩改信伊斯兰教、沦为性奴。这次绑架案在全球掀起一场名为“把我们的女孩带回来”的运动，一些国际名人，如美国第一夫人米歇尔、诺贝尔和平奖得主马拉拉都参与其中。至2016年1月27日，仍有219名女生不知所踪。[①] 1月30日，尼日利亚东北部迈杜古里郊区一村庄（Dalori）遭“博科圣地”武装分子袭击，造成86人死亡，另有62人受伤。2月9日，尼日利亚东北部博尔诺州迪夸镇一处难民营发生自杀性袭击，导致60人死亡。2名女性自杀式袭击者潜入距博尔诺州首府迈杜古里约90公里的迪夸镇一处难民营，引爆了随身携带的爆炸装置，造成重大人员伤亡。2月10日，喀麦隆北部恩戈特切维发生一起自杀式袭

① “Nigeria：un triple attentat-suicide fait au moins 13 morts à Chibok”，Jeune Afrique，27 janvier 2016.

击，造成至少 6 人死亡，30 人受伤。当天在一个葬礼上，2 名疑似来自极端组织“博科圣地”的自杀式袭击者在人群中引爆炸药，造成人员伤亡。2 月 12—13 日，尼日利亚东北部两座村庄（Yakhari 和 kadifa）遭“博科圣地”武装分子袭击，约 30 人丧生。2 月 19 日，喀麦隆北部与尼日利亚接壤的极北大区一处集市发生一起自杀式袭击事件，造成近 20 人死亡，50 多人受伤。2 名年轻男子当天上午在当地一处人流密集的传统集市先后引爆了身上的爆炸装置，爆炸造成大量人员伤亡，2 名恐怖袭击分子当场被炸死。3 月 16 日，尼日利亚东北部博尔诺州一座清真寺遭自杀式爆炸袭击，导致 22 人死亡，35 人受伤。2 名化装成男性的女子进入博尔诺州首府迈杜古里市郊的一座清真寺，2 名袭击者先后引爆了身上的爆炸装置，造成人员伤亡。3 月 17 日，尼日尔 Dolbel 和 Bosso 两地发生恐怖袭击，4 名安全人员丧生。3 月 30 日，尼日尔东南边境迪法省发生恐怖袭击，6 名尼日尔士兵丧生。5 月 12 日，尼日利亚东北部博尔诺州首府迈杜古里发生自杀式爆炸袭击，导致包括袭击者在内的 4 人死亡，另有至少 19 人受伤。当天 1 名女性自杀式袭击者欲强行闯入一幢政府办公楼，被一名警察阻止，袭击者随即引爆身上的炸弹。袭击者和警察当场丧生。5 月 19 日夜间至 20 日凌晨，尼日尔东南部迪法省博索市遭到“博科圣地”武装分子袭击，造成至少 6 人死亡，7 人受伤。武装分子放火焚烧数十所居民住宅以及当地一处市场，2 辆私家车被掠走。5 月 20 日尼日尔议会通过法案，将迪法省现有的“紧急状态”延长 3 个月。5 月 27 日夜间，数十名“博科圣地”武装分子袭击尼日尔迪法省博索市一处军事检查站。尼日尔国防和安全部队展开猛烈反击，击毙 10 名“博科圣地”武装分子。5 月 29 日，极端组织“博科圣地”利用自制炸弹在尼日利亚东北部比乌市郊区制造路边炸弹袭击，造成至少 5 人死亡。5 月 31 日，约 40 名“博科圣地”武装分子再次袭击尼日尔迪法省博索市，造成数名平民丧生。6 月 1 日，尼日尔迪法省博索市再次遭到“博科圣地”武装分子袭击，至少 9 人死亡，13 人受伤。6 月 3 日，约 100 名“博科圣地”武装分子袭击尼日尔迪法省博索市，打死数十名尼日尔和尼日利亚政府军士兵，并劫持数名平民为人质。6 月 6 日，尼日尔东南部迪法省博索市遭数百名“博科圣地”武装人员袭击，近 30 名尼日尔和尼日利亚士兵在交火中阵亡，另有 112 名士兵和平民受伤。55 名恐怖分子被击毙。2015 年 2 月尼日利亚、喀麦隆、尼日尔、乍得、贝宁组建多国部队对“博科圣地”实施军事打击以来，此次交火是尼日尔军队伤亡最惨重的一次。6 月 7 日，喀麦隆极北大区乍得湖区 10 名渔民被“博科圣地”武装分子杀害，40 人被绑架。当天，喀麦隆快速干预部队的车辆遭遇路边炸弹袭击，3 名士兵受伤。6 月 17 日，“博科圣地”武装分子袭击尼日尔迪法省尼政府军，声称杀死 7 人。7 月 9 日，尼日利亚东北部博尔诺州与喀麦隆边境相邻一城市遭“博科圣地”袭击和抢劫，至少 7 人死亡。7 月 28 日，在尼日利亚东北部博尔诺州，包括联合国儿童基金会工作人员在内的一支人道救援车队遭袭，造成 2 人受伤。8 月 21 日，位于喀麦隆极北大区莫拉镇遭到一起自杀式炸弹袭击，至少 3 人死亡，20 多人受伤。9 月 14 日，尼日尔政府军在东南部迪法省博索市图穆尔镇附近巡逻时遭到“博科圣地”武装分子伏击，至少 5 名尼日尔政府军士兵死亡，另有 6 人受伤。交火中，尼日尔国防和安全部队击毙 30 名“博科圣地”武装分子，俘虏 2 人，并缴获大量武器和补给。9 月 21 日，喀麦隆极北大区发生自杀式炸弹袭击，1 名袭击者死亡，另有 3 名平民死亡，多人受伤。9 月 25 日，在乍得与尼日尔边境地区，乍得政府军遇袭，4 名乍得士兵身亡，乍得军队打死 7 名“博科圣地”武装分子。9 月 26 日，在尼日利亚东北部博尔诺州尼日尔政府军遭“博科圣地”武装分子袭击，4 人被杀、2 人受伤，尼日尔政府军则打死至少 22 名“博科圣地”武装分子。10 月 9 日，位于尼日尔境内的一座难民营遇袭，导致 22 人死亡，多人受伤。10 月 12 日，尼日利亚东北部博尔诺州首府迈杜古里公路车站内发生一起自杀式炸弹袭击事件，造成 8 人死亡，15 人受伤。一辆出租车上 1 名女性引爆炸弹导致爆炸。11 月 18 日，尼日利亚东北部博尔诺州首府迈杜古里发生 3 起自杀式炸弹袭击，共导致 6 人丧生。其中一起发生在警方一检查站，1 名女子试图引爆炸弹导致自己和 1 名男“人肉炸弹”丧生，另 1 名女“人肉炸弹”被捕；在该地一座难民营，1 名男子在被尼日利亚安全部队人员搜查时引爆炸弹，该男子及尼日利亚 2 名安全部队人员被炸死；此外，离难民营爆炸地几百米外发生自杀式炸弹袭击，只造成 2 名“人肉炸弹”死亡。11 月 22 日，多国部队在乍得湖一小岛上基地遭“博科圣地”武装分子袭击，6 名喀麦隆籍士兵丧生，另有 1 名平民丧生。12 月 9 日，尼日利亚东北部马达加利一个拥挤的市场发生自杀式炸弹袭击，2 名“女学生”引爆炸弹造成 57 人死亡，177 人受伤。12 月 11 日，尼日利亚东北部博尔诺州首府迈杜古里惊现“女童人弹”连环自杀式袭击，导致包括两名“女童人弹”在内的 3 人死亡，18 人受伤。12 月 25 日，喀麦隆极北大区莫拉镇一集市入口处发生自杀式炸弹袭击，2 名袭击者被炸身亡。12 月 26 日，尼日利亚东北部迈杜古里一个市场发生自杀式炸弹袭击，1 名女性袭击者身亡，无其他人伤亡。

五、尼日尔河三角洲复仇者（Niger Delta Avengers，NDA）

尼日利亚新出现的反政府武装组织，主要在尼日尔南部产油区尼日尔河三角洲地区活动。2016 年 1 月“尼日尔河三角洲复仇者”（“复仇者”）开始活动，多次袭击尼日利亚南部三角洲地区石油设施，尼日利亚国家石油公司以及埃克森美孚、雪佛龙和壳牌等油企均成为目标。尼日利亚政府被迫增兵应对，但效果不彰。“复仇者”批评尼日利亚总统布哈里从未走访南部尼日尔河三角洲地区和拘禁致力于比夫拉独立的活动分子卡努（Nnamdi Kanu）。英国 BBC、路透社等西方媒体分析，“复仇者”

并无统一领导人，而是多股武装的松散联合，彼此协调行动。“复仇者”主要诉求包括：要求尼日利亚政府将三角洲石油区块的60%所有权划归当地人民所有；外国石油公司全部撤离，立即清理石油污染区，污染赔偿款归当地社区所有等。该组织声称，如尼日利亚政府不满足其诉求，将摧毁尼日利亚经济。该组织在此轮袭击中首次实现了多点同步行动，显示袭击的协调能力大为提升。2016 年 6 月中旬，曾有尼日利亚官员称，政府已与“复仇者”达成为期 1 个月的停火协议，但该组织随即否认，并通过连番袭击“辟谣”。该组织袭击主要特点：一是多选在夜间行动，派数十甚至上百艘武装船只攻击；二是以破坏油气设施为主，力避伤人性命（因油企员工多为当地黑人），以争取民心；三是极为重视宣传，每次袭击后由发言人第一时间利用“推特”等网媒公布行动；吸引全球媒体关注，甚至试图影响油价。“复仇者”的兴起引发三角洲其他激进组织联动，致使尼日利亚南部三角洲地区的安全形势趋于恶化。

“复仇者”活跃主要有以下原因。首先，尼日利亚素有“南方人当总统北方乱，北方人当总统南方乱”的传统。现总统布哈里来自北方穆斯林，前总统乔纳森是南部三角洲地区出身。布哈里 2015 年战胜乔纳森当选总统后，引发南方一些激进组织不满，认为布哈里胜选是“阴谋”，部分政客及幕后实力派也蠢蠢欲动。其次，三角洲地区的和平非常脆弱。该地区长期以来对尼日利亚政府不满，认为尼日利亚石油主要来自三角洲地区，但产油区居民未分享到应有的石油财富和政治权利。2006 年以来，该地区最大反政府组织“尼日尔河三角洲解放运动”（Movement for the Emancipation of the Niger Delta，简称 MEND）曾在尼日利亚南部产油区频繁采取绑架人质、破坏石油及天然气设施和管道等武装行动，希望分享更多石油权益、要求外国石油公司清除环境污染并向其索取赔偿。亚拉杜瓦总统时期，尼日利亚实施大赦，由政府每月支付一定补贴换取武装分子放下武器。虽然布哈里当政后同意延续大赦，但由于低油价影响了政府财政，布哈里将“从良补贴”削减了70%，且打算在2018年前逐步停发。这严重损害当地武装分子的利益。再次，由于布哈里政府反腐涉及到当地一些前武装组织领导人，且终止了不少与武装组织签订的安全合同，原先由政府出钱成立安保公司负责当地油气设施安全的合作模式终止，结果引发不满。2016年“复仇者”多次袭击尼日利亚本国和跨国公司石油设施致使尼日利亚石油生产锐减。由于袭击不断，尼日利亚石油日产量已下跌一半，降至120万桶左右，创近30年最低记录。破坏与袭击加剧了尼日利亚油气供应短缺，造成尼日利亚电力生产能力减半，多地电力中断。财政吃紧、汇率降低。第一季度尼日利亚经济负增长0.4%，经济转型难实施。尼日利亚70%以上财政收入依赖石油出口，石油减产更使政府财政拮据。截至5月，全国36个州中已有26个拖欠工资，有些州累计拖欠达半年以上，社会不满情绪滋生。因美元储备告急，6月20日起布哈里被迫实施浮动汇率，美元兑尼日利亚货币奈拉官方汇率由此前的1∶200跌至1∶280。此外，尼日利亚安全形势更加复杂。袭击行动扰乱了布哈里施政议程，破坏政局稳定，迫使政府在当地增兵，影响打击“博科圣地”的既定反恐计划。国际危机组织称，三角洲地区武装活动重新增多，布哈里政府被迫南北两面作战。

第五节　马里

一、信仰捍卫者（Ansar Dine）

与“基地”组织有关的极端组织。原主要在马里北部活动，但自2015年起从马里北部向南拓展，同时向马里周边邻国渗透。同年6月其发言人伊斯梅尔·哈利勒（Ismaël Khalil）宣布该组织“未来还将在科特迪瓦、毛里塔尼亚及其他与伊斯兰为敌的国家发动袭击”。[1] 该组织不时对马里北部的法国军事设施或联合国稳定团发动袭击，法国也因此将其领导人伊亚德·阿格·加利（Iyad Ag Ghali）视为“和平的敌人”，法国“新月形沙丘行动”打击的第二号目标，仅次于“穆拉比特”头目穆克塔尔·贝勒穆克塔尔（Moktar Belmokhtar）。2016 年 7 月，该组织领导人阿戈·加利发布视频讲话，鼓励马里北部基达尔的穆斯林拿起武器袭击法军士兵。该组织下属两个分支之一“信仰捍卫者南方分支”2015 年 6 月出现，领导人是苏莱曼·凯塔（Souleymane Keita），另一分支“信仰捍卫者布基纳法索分支”，领导人是布巴卡尔·萨瓦多戈（Boubacar Sawadogo）。2016 年 3 月底，苏莱曼·凯塔被马里情报部门抓获，6 月布巴卡尔·萨瓦多戈在马里南部邻近科特迪瓦边境的锡卡索地区（Sikasso）被捕。同年 10 月 30 日，马里“伊斯兰高级理事会”（Haut ConseilIslamique）主席马哈茂德·迪克（Mahmoud Dicko）称收到“信仰捍卫者”领导人阿格·加利一封信，加利表示“停止在马里全境发动袭击”，但 11 月 2 日“信仰捍卫者”发布声明否认该组织单方面停火。

2016 年“信仰捍卫者”声称对 84 次袭击行动负责，是西非地区最活跃的武装组织。[2] 该组织主要针对马里政府军、在马里开展“新月形沙丘行动”的法国军队及联合国马里多层面综合稳定特派团（联合国马里稳定团）发动袭击。2 月 12 日，联合国驻马里东北部基达尔基地遭遇袭击。袭击导致 7 名几内亚籍成员死亡，其中包括一名女性。马里极端组织“信仰捍卫者”宣称对此负责。4 月 12 日，在马里东北部城镇泰萨

---

① Terrorisme：Ansar Eddine revendique deux attaques au Mali”，1er juillet 2015，Afrik.

② “Al Qaeda linked to more than 250 West African attacks in 2016”，Long War Journal，http：//www. longwarjournal. org/archives/2017/01/over — 250 — al-qaeda-linked-attacks-in-west-africa-in—2016 .（上网时间：2017 年 3 月 8 日）

利特制造炸弹袭击，3 名法军士兵丧生。法军随后展开调查，抓捕了被认为与袭击有关的嫌疑人，其中包括当时正为红十字国际委员会工作人员担任向导的一名基达尔大区民选代表。4 月 16 日，红十字国际委员会 3 名工作人员在返回位于基达尔的基地途中失去联系。4 月 21 日，“信仰捍卫者”宣称绑架了这 3 名红十字国际委员会工作人员，并以此要求法军释放此前抓走的基达尔大区民选代表。4 月 22 日，“信仰捍卫者”释放了其绑架的上述 3 名红十字国际委员会工作人员。5 月 18 日，在马里东北部一支联合国维和部队遭遇一群身份不明的人员袭击，5 名乍得籍维和士兵身亡，另有 3 人严重受伤。事发当时，维和士兵正护送后勤人员。车队触发炸弹爆炸之后，随即遭遇枪击。袭击结束后，3 名可疑人员被捕。5 月 19 日晚，“信仰捍卫者”组织一名头目宣称对此次袭击负责。5 月 20 日，联合国驻马里稳定团在马里北部基达尔地区护送后勤车辆时遇袭，5 名乍得籍士兵丧生，3 人受伤。7 月 19 日，马里中部城市楠帕拉（Nampala）一军营遭到武装分子攻击，17 名马里政府军士兵阵亡，35 人受伤，另有 6 名士兵失踪。武装分子一度控制该城，在抢劫车辆、武器和焚烧马里政府军军营后撤离。“信仰捍卫者”宣布其下属的“马西纳营”（即“马西纳解放阵线”，Macina Liberation Front，2016 年与“信仰捍卫者”结盟）对此次袭击事件负责。此外，还有另一个名为“全国保卫颇尔族人身份及恢复正义联盟”（National Alliance for the Protection of the Peul Identity and the Restoration of Justice）的组织也宣称是自己制造了这起袭击。该组织领导人欧玛尔·阿尔德贾那（OumarAldjana）声称：“作为对马里军队进攻我们颇尔族同胞的回应，我们于今天（19 日）早晨袭击了楠帕拉。”[1] 8 月 19 日，法军位于马里北部泰萨利特

① “Islamist militants kill 17 soldiers in attack on Mali army base”, Reuters, http://news.trust.org/item/20160719110235－hq7pp.（上网时间：2017 年 3 月 8 日）

（Tessalit）的一个军营遭遇火箭弹袭击。事件发生后，“信仰捍卫者”宣称杀死2名法军人员。10月29日，联合国马里稳定团在马里北部基达尔城附近的主要营地遭遇火箭弹袭击，无人员伤亡，但2架直升机受损。11月4日，在马里北部基达尔地区法军“新月形沙丘行动”护送后勤车辆的2辆装甲车遭炸弹袭击，法军士兵1死1伤。“信仰捍卫者”宣布对这一袭击事件负责。11月6日，在马里北部廷巴克图地区（Timbuktu）马里政府军一军营遭袭击，“信仰捍卫者”发布声明宣称，打死打伤马里政府军多人，己方损失1人，烧毁6辆马里政府军军车，抢走5辆。但马里政府军否认有人员伤亡。同一天，在马里中部莫普提地区联合国维护部队一车队遭遇路边炸弹袭击，据联合国统计，此次袭击造成1名多哥籍维和士兵和2名马里平民丧生，另外有7名多哥维和士兵受伤。“信仰捍卫者”被怀疑是这次袭击发动者。11月7日，在邻近马里首都巴马科的巴南巴（Banamba）的马国民卫队一哨所、宪兵检查站、一家银行和一所监狱遭遇袭击，国民卫队哨所3辆车被抢，监狱至少21名犯人逃跑。11月20日马里举行市镇选举后，“信仰捍卫者”对马里政府军运送选票的车辆发动袭击，导致5名马里政府军士兵和1名平民丧生。

二、马西纳解放阵线（le Front de libération du Macina，英文名 Macina Liberation Front，2016年5月起称“信仰捍卫者”马西纳旅 katiba Macina）

马里极端组织、反政府武装。成立于2015年1月，由“西非统一与圣战运动”原成员组成，成员人数约50—200人，多数为颇尔族。[①] 创

① 颇尔族，又称富拉尼族或富尔贝族，主要分布在尼日尔河中游地带，游牧和半游牧民族，人口占马里总人口的11%。

建人和领导人是哈马杜·库法（Hamadou Kouffa）。2016 年 5 月 18 日，该组织发布首个视频，宣布向伊亚德·阿格·加利领导的“信仰捍卫者”效忠并加入该组织，正式称为“信仰捍卫者马西纳旅”（Katiba Macina），同时威胁法国、美国及所有侵占马里的国家，呼吁进行“圣战”，将外国人赶出马里。[①] 该组织主要在马里中部、南部和科特迪瓦北部地区活动，与“信仰捍卫者”旗下在马里南部活动的另一个旅“信仰捍卫者南方旅”（Khalid Ibn Walid，法文名称 Ansar Dine Sud）联系密切。该组织声称对 2016 年 7 月 19 日马里楠帕拉恐怖袭击事件负责。

三、“伊斯兰国”撒哈拉/萨赫勒分支

2015—2016 年，总部在叙利亚、伊拉克的极端组织“伊斯兰国”在马里北部拓展势力。2015 年 5 月，“穆拉比特”一名前指挥官阿布·瓦利德·萨赫拉维（Adnan Abu Walid al-Sahrawi）公开宣布向“伊斯兰国”效忠。其向“伊斯兰国”效忠受到“穆拉比特”头目贝勒莫克塔尔和“伊斯兰马格里布基地组织”撒哈拉“埃米尔”贾迈勒·奥卡沙（Djamel Okacha）谴责，拒绝其自称“哈里发”的合法性，但同时表示并未与萨赫拉维断绝联系。2016 年萨赫拉维的武装组织在马里邻国布基纳法索、尼日尔连续制造恐怖袭击：9 月 1 日，数名武装分子袭击布基纳法索东北部马尔科伊（Markoye）的一海关检查站，造成一名海关官员和一名平民死亡。9 月 3 日，萨赫拉维的武装组织宣布对这一袭击事件负责。此系萨赫拉维的组织向“伊斯兰国”宣布效忠后首次发动袭击。10 月 12 日，布基纳法索靠近马里、尼日尔边境的 Intangom 遭武装分子袭击，包括 4 名布基纳法索政府军士兵在内的 7 人丧生。事件发生后，萨赫拉维

---

① “Mali：Le Front de libération du Macina menace la France et ses alliés dans une vidéo”，Radio France Internationale（RFI），19 Mai 2016.

领导的武装组织宣布负责。10月17日，十余名武装分子袭击尼日尔的一所监狱，1名武装分子被打死。萨赫拉维领导的武装组织宣布负责。上述袭击发生后，巴格达迪领导的“伊斯兰国”终于10月30日正式接受萨赫拉维的组织向其效忠，从而正式宣布在萨赫勒地区的存在。[①]

第六节　阿尔及利亚

一、伊斯兰马格里布“基地”组织

“基地”组织北非分支。主要在北非及萨赫勒地区活动。继2015年11月20日在马里首都巴马科制造酒店袭击案后，2016年又在布基纳法索、科特迪瓦等国高级酒店发动恐怖袭击，造成重大人员伤亡，显示该组织活动范围已扩展至西非更多国家、协调行动能力进一步加强。

2016年1月15日，布基纳法索首都瓦加杜古辉煌酒店及一家咖啡馆遭武装分子袭击，导致30人死亡（未包括3名被打死的袭击者），71人受伤，死者中包含11名西方人（其中有3名法国人）。“基地”组织北非分支“伊斯兰马格里布基地组织”与“穆拉比特”宣布对这次袭击负责。其中宣称对袭击负责的“伊斯兰马格里布基地组织”头目发布声明称，对布基纳法索的袭击是“对法国和不可信的西方国家的报复”。[②] 1月16日，一对80多岁的澳大利亚老年夫妇在布基纳法索北部巴拉布莱地区（与马里和尼日尔交界的边境地区）被武装人员绑架。2月5日，“伊

① “Mali：le groupe Etat islamique officialise sa présence au Sahel”，RFI，31 octobre 2016.

② “布基纳法索袭击者称已杀30名人质 是为报复西方”，http：//www.backchina.com/news/2016/01/16/405703.html。（上网时间：2017年3月8日）

斯兰马格里布基地组织”发布音频，承认绑架了这对澳大利亚夫妇，称将无条件释放其中的妇女，2月7日该女子获释。3月13日，科特迪瓦离首都阿比让43公里的旅游胜地大巴萨姆（Grand Bassam）一海滨的3家酒店遭武装分子袭击，19人被杀（未包括3名被打死的袭击者），数十人受伤。19名遇难者中包括5名西方人（其中4名法国人）。此系科特迪瓦首次遭遇此类恐怖袭击。事件发生第二天，“伊斯兰马格里布基地组织”发布声明宣称对这一袭击负责，称袭击针对法国及其在“薮猫行动”和“新月形沙丘行动”参与国的利益。[①]“薮猫行动”是法国2013年1月对马里发动的军事干预行动，旨在阻止“伊斯兰马格里布基地组织”等占据马里北方的恐怖主义和宗教极端主义势力进攻南方，推翻马里合法政府。“新月形沙丘行动”是2014年8月法军在萨赫勒地区的军事干预行动，是“薮猫行动”的延续，旨在将反恐行动从马里一国扩展至整个萨赫勒地区，派兵国包括毛里塔尼亚、马里、尼日尔、乍得、布基纳法索等萨赫勒地区5国。“伊斯兰马格里布基地组织”声明还威胁科特迪瓦及所有法国反恐行动的非洲盟友。科特迪瓦派兵参加了联合国在马里的维和行动，约600名法军驻扎在科特迪瓦境内的4个基地内。[②] 10月6日，位于尼日尔西部Tazalit的一个马里人难民营遭40多名武装分子袭击，营中负责保安的33名尼日尔军警丧生，5名士兵受伤，另有1名难民受伤。

二、穆拉比特（Al-Mourabitoune）

北非和西非地区宗教极端组织。2015年7月该组织首次自称为西非“基地”组织（Al-Qaïda en Afrique de l’Ouest）（有媒体称之为“纳赛尔主

---

① Mathieu Olivier，“Terrorisme：Aqmi menace *à* nouveau les Africains alliés de la France”，Jeune Afrique，15 mars 2016.

② Ibid.

义独立运动”）。同年12月，加入“伊斯兰马格里布基地组织”。2016年，“穆拉比特”与“伊斯兰马格里布基地组织”多次联手制造恐怖袭击（详情见“伊斯兰马格里布基地组织”有关内容）。

三、西非统一与圣战运动（The Movement for Oneness and Jihad in West Africa，参见以往《年鉴》）

四、哈里发战士（Soldiers of the Caliphate，或Jund Al-Khilafa，参见以往《年鉴》）

第三部分

国际重大恐怖活动案例分析

第十六章　比利时布鲁塞尔机场恐袭案

第一节　案件全景

2016年3月22日，布鲁塞尔市郊扎芬特姆机场和市内欧盟总部大楼附近的马埃勒贝克地铁站接连发生恐怖袭击事件，造成30多人死亡，300多人受伤，其中60多人情况危急。袭击者为哈立德·埃尔·巴克拉维和易卜拉欣·埃尔·巴克拉维兄弟，这两人都是布鲁塞尔当地人，且与巴黎恐袭有“直接关联”。同时，极端组织“伊斯兰国”宣称制造了袭击事件。布鲁塞尔恐袭案反映了比利时的情报与安全短板，也凸显了欧洲日益严峻的反恐困境。

一、事件经过

2016年3月22日早上8时左右，布鲁塞尔扎芬特姆国际机场出发大厅传出两声爆炸。8时45分，比利时法语区广播电视台消息称所有飞往比利时扎芬特姆国际机场的航班都已取消，机场暂时关闭，周围铁路交通中断。9时14分，比利时内政大臣让邦宣布将全国恐怖威胁等级由3级升至最高4级。9时22分，比利时法语区广播电视台消息称布鲁塞尔欧盟总部附近地铁站发生爆炸。9时30分，布鲁塞尔交通部门宣布将关闭全市所有地铁站。9时33分，当地媒体称欧盟总部附近冒烟。9时45分，弗拉芒广播电视台称这次事件为自杀式炸弹袭击。9时50分，比利时危机应对中心证实比利时机场发生两起爆炸，造成多人伤亡。9时52分，法新社报道布鲁塞尔爆炸事件已造成至少28人死亡，百余人受伤。10时21分，法新社消息报道德国法兰克福、法国巴黎、英国伦敦等地机场宣布加强安全警戒。

袭击发生后，比利时警方确认，哈立德·埃尔·巴克拉维和卜拉欣·埃尔·巴克拉维兄弟制造了机场和地铁站的自杀式袭击。这两人都是布鲁塞尔当地人，且与巴黎恐袭有“直接关联”。而仅在4天前，巴黎恐怖袭击在逃嫌疑人萨拉赫·阿卜杜勒·萨拉姆及其2名同伙在布鲁塞尔莫伦贝克区被捕。此外，事发数小时后，当局紧急疏散了境内两座核电站的非核心岗位工作人员。3月24日晚，比利时蒂昂日核电站1名安保人员在家中被枪杀。有比利时当地媒体猜测，恐怖分子原计划袭击和破坏核电站，或者偷取放射性物质制造脏弹，但在警方搜捕压力下，转而在机场和地铁站等公共场所发动攻击。

据比利时卫生部3月24日公布的数字，袭击造成31人死亡，300多人受伤，其中61人情况危急。极端组织“伊斯兰国”宣称制造了袭击事件。

二、调查追捕

在2016年3月22日晚间举行的记者会上，扎芬特姆市市长维尔梅伦透露，警方通过调查并比对机场监控画面证实，共有 3 名恐怖分子在布鲁塞尔机场发动了爆炸袭击，他们在当天早上乘坐出租车来到机场，分别用手推车搭载 3 个装有爆炸装置的大行李箱进入旅客出发大厅，其中两人先后引爆炸弹并当场死亡，第三名恐怖分子慌乱中未能引爆炸弹，后趁乱逃跑。警方事后在对机场进行全面搜查时发现了这名恐怖分子丢弃的腰带炸弹。

警方通过调查确认在布鲁塞尔机场发动恐怖袭击的 3 名嫌犯的身份，包括已在自杀式爆炸中死亡的巴克哈维兄弟以及在逃的纳吉姆·拉克哈维。警方掌握的证据显示，这 3 人都涉嫌参与了巴黎恐怖袭击，其中巴克哈维兄弟曾为巴黎袭击者提供住所，而拉克哈维也早已被法国警方列为重要通缉犯。比利时警方已对纳吉姆·拉克哈维发出通缉令，在布鲁塞尔重点地区展开大规模搜捕行动。同时，比利时警方在距离马埃勒贝克地铁站约 2 公里处逮捕了 2 名犯罪嫌疑人，但尚未确认是否与恐怖爆炸案有关。

欧盟媒体《欧洲政客》网援引比利时官员的话报道，3 月 18 日在布鲁塞尔落网的巴黎恐怖事件主要嫌犯萨拉赫·阿卜杜勒·萨拉姆，涉嫌策划并打算参与实施此次系列恐怖袭击。比利时警方 3 月 15 日在对布鲁塞尔南郊一处民宅进行搜查时，遭遇 3 名武装分子袭击，其中 1 人被赶来增援的特警击毙，另 2 人侥幸逃脱。警方随后在屋内的一个杯子上提取到了萨拉赫的指纹，并缴获大量武器弹药和爆炸装置。比利时警方高度怀疑这些武器和爆炸装置与 3 月 22 日布鲁塞尔的恐怖袭击事件有关。萨拉赫是巴黎恐怖袭击事件中负责后勤保障的重要角色，在购置爆炸物品、准备武器弹药、租住临时公寓和车辆以及策划袭击阴谋等方面发挥了关键作用。比利时外长雷恩代尔曾在布鲁塞尔举行的一次高级安全会议上透露，比利时警方通过调查和审问发现了围绕在萨拉赫周围的一个新的恐怖犯罪网络和大量武器，有证据表明他正在策划新的袭击。

三、爆炸主谋

3月22日晚些时候，“伊斯兰国”恐怖组织通过旗下的“阿玛克”通讯社发表声明，宣称对布鲁塞尔恐怖袭击事件负责。声明称该组织当天对一个反“伊斯兰国”国际联盟成员国发动了袭击，“圣战者”们在布鲁塞尔机场及市中心的地铁站用腰带炸弹制造了一系列爆炸。声明还透露了一些恐怖分子发动袭击的细节：多名“圣战者”当天在布鲁塞尔扎芬特姆国际机场出发大厅内先是向人群开火，随后引爆了自制爆炸装置和系在身上的腰带炸弹，大约1小时后，另一名“圣战者”在布鲁塞尔市中心的马埃勒贝克地铁站内“以身殉难”。“伊斯兰国”恐怖组织还扬言将对打击“圣战者”的国家发动更多的袭击。

比利时联邦检察官办公室表示，在布鲁塞尔国际机场和马埃勒贝克地铁车站爆炸现场均发现“伊斯兰国”恐怖组织的旗帜，并在爆炸残存物中检获危险化学品和锋利的铁钉。此外，警方当天在对布鲁塞尔沙尔比克区一处公寓进行搜查时，起获一枚自制炸弹及一面“伊斯兰国”恐怖组织的旗帜。

四、各方反应

布鲁塞尔发生爆炸后，比利时宣布将安全警戒等级提升至最高级。布鲁塞尔机场和地铁系统暂停营运，欧盟总部进入警戒状态。比利时的博物馆、大学等场所也加强戒备，市内前往机场道路戒严。比利时官方还严密监控该国境内核电站的情况。

欧盟方面发表声明，谴责布鲁塞尔爆炸袭击的肇事者，希望将他们绳之以法，并表示与比利时民众同在，诚挚慰问爆炸袭击事件的受害者及其家属。北约组织也发表声明，对事件予以谴责。俄罗斯、英国、德国、瑞典、土耳其、叙利亚等多国也纷纷对事件予以谴责。同时，英国、法国、德国、荷兰、意大利、丹麦等欧洲多国加强对机场、公交系统等公共设施的保护和戒备。

比利时与法国、德国与比利时、法国等国的边境安检也均在加强。法国总统府消息称，当地时间 22 日上午 10 点，法国总统、总理、内政部长和国防部长将开会讨论布鲁塞尔机场爆炸事件。与比利时接壤的荷兰已提高对境内机场的安全警戒水平，同时加强与比利时边境的管控。英国时任首相卡梅伦当天通过社交媒体账号说：“我对布鲁塞尔发生的事件深感震惊和关切。我们将竭尽所能向比利时施以援手。”他还说：“我今天上午晚些时候将主持内阁紧急会议讨论布鲁塞尔发生的事件。”瑞典首相斯特凡·勒文说：“发生在布鲁塞尔的爆炸是对欧洲的一场攻击，我们绝不会让恐怖分子侵略我们的社会。”当天欧洲各国股市开盘后，旅游业相关股票受到爆炸事件的影响普遍下挫。

第二节　经验教训分析

一、布鲁塞尔的核心位置扩大了暴恐效应

布鲁塞尔有“欧洲心脏”之称，极端组织在这里发动恐袭，既能壮大自身声势，也更容易散播、扩大恐怖情绪。从地理角度来讲，在冷战结束前如果把英伦三岛划进来，比利时可以说是欧洲（西欧）的中心；从经济角度来说，比利时也是连接欧洲各国进出口贸易的重要纽带。从文化角度来说，比利时是日耳曼文明和拉丁文明的交汇处，周围被列强环绕，是几个强国的缓冲带。从政治角度来说，比利时虽然是个小国，影响力有限，但布鲁塞尔仍被选定作为欧盟和北约的总部所在地。当前，

在布鲁塞尔有100多个国际组织，驻比利时、欧盟和北约等的使馆、使团也有数百家，还有全世界大量的国际媒体。极端分子选择在这里下手，可最大限度地扩大暴恐效应，加剧社会恐慌。

二、移民问题激化容易催生极端行为

首先，布鲁塞尔是国际化大都市，人口只有约120万，但多元化程度非常高，生活着大量的外国人和外来移民。布鲁塞尔虽然接纳移民较早，移民人数较多，但他们很多人并未真正融入当地社会。这些人通常聚居在经济相对落后的地区，形成自己的社区，相对封闭和独立。

其次，布鲁塞尔同其他欧洲国家一样，都存在着一定程度的社会治安和文化冲突问题。在比利时移民中，来自西亚北非地区的移民较多。部分人由于宗教激进组织的影响，易受蛊惑产生极端思想。而当地社会的就业歧视使得穆斯林年轻人对现实易产生不满。比如，抓捕萨拉赫的莫伦比克区一直是阿拉伯人、意大利人、刚果人为主的移民聚居区域。在过去，得益于良好的重工业基础和基础设施，莫伦比克区工厂密布，但近几年比利时经济情况不佳，莫伦比克区成为了整个布鲁塞尔失业率最高的地方。制造巴黎袭击的恐怖分子中除了来自叙利亚的偷渡者，还有就是恐怖组织从莫伦比克区招募的移民二代。

再次，本地居民和移民之间的矛盾日益激化，也极易成为极端事件的催化剂，严重威胁社会稳定。受近年来难民危机冲击，比利时排外情绪一直很强烈，接纳难民的数量十分有限。即使欧盟在布鲁塞尔同土耳其总理达成了难民接纳与遣返合作协定，但是比利时在欧盟内部议事中一直站在德国和法国对面，在程序和执行中反对德国和法国的移民接纳方案。发动本次袭击的极端分子，包括巴黎恐袭的嫌疑人，都是比利时或法国籍，是移民后代，被称作本土化的恐怖分子。

三、比利时情报短板及欧洲反恐漏洞为极端分子提供可乘之机

第一，比利时内部社会情况复杂，行政系统效率低下，无法有效预防恐怖袭击。在文化上，比利时分为北部的弗拉芒语区，南部的法语区和一小部分德语区。因为南北长期对立，政府无暇顾及极端势力，为其发展壮大提供了空间。在政治上，除了代表国家的中央政府外，地方上还有北部的法兰德斯、南部的瓦隆和布鲁塞尔首都特区，而比利时联邦政府与地方当局协调不够通畅。因此，如果将反恐作为一个系统性的、全局性的工作，协调合作方面的问题严重制约着比利时。同时由于在对外安全上严重依赖北约，对内没有应对此类安全危机的经验，比利时在防范暴恐方面制度设计和运行还有待加强。

第二，比利时武器管理漏洞也加大了恐袭风险。警方统计显示，比利时每年查获近 6000 件枪支武器，超过整个法国，而这些武器通常由巴尔干地区的犯罪网络走私贩卖给在比利时的极端人员。2015 年统计显示，比利时有 33 万支枪支成为“黑枪”，无任何登记。

第三，回流“圣战”分子问题突出。比利时有不少人前往叙利亚和伊拉克等地参与“圣战”组织。据统计，大约有 830 多名比利时籍或生活在比利时的外国公民在官方的极端分子名单上，其中 272 人仍在叙利亚或伊拉克作战，134 人去过战区并已返回比利时。

第四，情报工作乏力低效。比利时情报机构仅有 600 名工作人员，是邻国荷兰的 1/3。比利时虽在面积和人口上略逊于荷兰，但面临更大的恐怖威胁。据美国和欧洲官员估计，如果对一名嫌疑人进行全天 24 小时秘密监控，需要 36 名情报人员。即便是人手充足的英国军情五处，在特定时间内也只能监控有限的嫌疑人。相比之下，人手不足、长期受到忽视的比利时情报机构更难有效开展工作。

可见，政府机构间相互掣肘、情报机构长期经费不足、极端思想传播、武器黑市泛滥等多种复杂因素综合在一起，已让西欧小国比利时被恐怖阴影所笼罩，成为欧洲反恐行动中最薄弱的国家之一。

四、欧洲反恐形势依然严峻

接连发生多起恐袭事件，使得欧洲气氛骤然紧张。欧洲国家正面临前所未有的恐怖主义威胁，在难民危机持续发酵的背景下，欧洲在反恐问题上面临多重困难。从欧洲整体反恐形势看，各国之间并未形成防控合力，反恐漏洞大，给极端分子可乘之机。一方面，欧洲各国有不同的情报体系和规划，在情报分享方面的问题比较突出；另一方面，申根区国家边境不设防，而各国司法部门出于主权考虑不愿共享信息，也加大了防范暴恐事件的难度。巴黎恐袭后，嫌疑人就越过边境逃进比利时。而就在布鲁塞尔恐怖攻击前夕，美国曾向荷兰发出警告，要他们小心策划攻击的主嫌巴克拉维兄弟。荷兰警方也立即将这项讯息转给比利时警方，但显然没有获得关注。未来。欧洲可能会出现更多这种由一个人单独发动的“独狼”式恐怖袭击。

第十七章　法国尼斯卡车撞人案

第一节　案件全景

2016年7月14日，时值法国国庆节，法国南部城市尼斯遭遇恐怖袭击，一辆重型卡车冲进正在欣赏烟花表演的人群中，袭击造成84人死亡，202人受伤，其中52人重伤。恐袭案实施者是31岁的突尼斯裔尼斯居民穆罕默德·布莱勒。尼斯案不仅是法国的悲剧，也给全世界敲响了警钟。国际反恐虽取得一定成效，但恐怖主义的阴霾并没消除，当前形势之下恐怖主义出现的新特点值得深思。

一、事件经过

2016年7月14日，法国南部城市尼斯为庆祝国庆节举行盛大的烟火晚会，成千上万的当地民众和外国游客聚集到尼斯最繁华的滨海大道。当天晚上10点30分左右，烟火晚会刚刚结束，一辆19吨重的白色半挂式冷藏货车突然行驶到滨海大道的人群聚集区，由于滨海大道当晚封路，司机谎称运送冷饮食品，顺利进入滨海大道。卡车进入后便直接冲上没有遮拦的人行便道，然后加速冲向聚集的人群。袭击事件造成 84 人死亡，202 人受伤，其中 52 人重伤。

案发之时，3 名警察立即追上去试图阻拦嫌疑犯。此时，卡车前面一名勇敢的行人跳上驾驶室旁的踏板，手伸进车窗试图扭动方向盘，嫌疑犯举起手枪进行回击，这位行人立即跳下车去。但行人的动作分散了凶手的注意力，后面追来的警察立即开枪将行凶者当场击毙。随后，大批警察赶到，控制住局面。该起恐袭案是继巴黎《查理周刊》编辑部遭枪击案、巴黎北郊法兰西体育场和市中心巴塔克兰剧场发生爆炸和枪击案后，法国再次发生的重大恐袭案。尼斯遭受恐怖袭击以后，法国议会 7 月 20 日经表决，通过延长国家紧急状态 6 个月的法案。此次延长将使法国全国紧急状态持续到 2017 年 1 月。这是自 2015 年 11 月巴黎恐怖袭击发生以来，法国议会第 4 次延长紧急状态。

二、案件调查经过

警方从涉案卡车上搜集到的证据显示，卡车上只有 1 人，车上还找到他个人的身份证件。此人名叫穆哈默德·拉胡埃吉·布莱勒，现年 31 岁，是名法国籍突尼斯人，就居住在尼斯的城北。此人有 5 次前科，曾被指控“故意实施暴力罪”，1 个月前被拘留审查过。不过，这个人并没有被列入“极端宗教分子”的记录中，因此不在法国反恐部门的监控之中。综合媒体报道，虽然布莱勒自称是虔诚的穆斯林，但经常饮酒和吸毒，并定期上健身房和酒吧，也爱看暴力和色情影片、拷打和斩首影像，邻居形容其“长相英俊但个性可怕、易暴怒”。而布莱勒的父亲称，儿子在 2002—2004 年期间曾出现一些问题，造成精神崩溃，会突然发怒、大吼大叫、破坏物品等，但他强调布莱勒与宗教没有任何联系，称其不会祷告，也不遵守斋戒月的规定等。法国当局认为，布莱勒很有可能是短时间内迅速成为激进分子。

此外，调查人员发现，穆罕默德·布莱勒在2016年7月14日22时27分发出最后一条手机短信，其中包含“带上更多武器”的内容。有媒体认为，可以根据这条短信推测穆罕默德·布莱勒在行动中还有同伙。报道还称，7月11—14日间，穆罕默德·布莱勒在驾驶大卡车时用手机自拍，并通过短信将照片传送出去。警方已动用200多名调查人员追查这些短信的去向。同时，调查方已确认，穆罕默德·布莱勒曾于12—13日两次前往英国人漫步大道进行踩点。

7月21日，巴黎检察官弗朗索瓦·莫兰通报事件最新调查进展时称，在法国国庆日尼斯烟花表演期间制造了恐袭惨案的卡车司机穆罕默德·布莱勒有5名同伙。这5人均已受到正式反恐立案调查。这5人包括：拥有法国与突尼斯双重国籍的2名男子拉姆齐和瓦利德、突尼斯籍男子肖克里，以及阿尔巴尼亚籍男子阿尔坦及其拥有阿尔巴尼亚与法国双国籍的妻子恩克莱德亚。出生于尼斯的拉姆齐2016年22岁，此前有犯罪记录。在恐袭前几分钟，他收到布莱勒发来的两条短信。其中一条对拉姆齐提供一把手枪表达谢意，并提到了另外5件武器。警方据此搜查了拉姆齐同伴的一间地下室，发现了一支半自动步枪、一袋弹药、超过2750美元现金和200克可卡因。莫兰表示，初步确认尼斯恐袭是一场经过长期准备的恐怖袭击，且拉布莱勒可能已痴迷宗教“圣战”有一段时间。

三、幕后黑手

与极端组织“伊斯兰国”密切相关的的媒体“阿玛克”新闻社称，

凶手是“伊斯兰国的士兵”，他是响应该组织的号召展开行动，目标是那些打击“伊斯兰国”组织的联盟国家的国民。法国对外安全总局的前分析员特洛提农认为，“伊斯兰国”发表的声明措辞含糊，没清楚说明凶手是直接奉命行事，或只是因受它的口号感召而行动。“圣战”组织专家汤姆森则表示，“伊斯兰国”组织在宣称作案的声明中，通常会区分作案的是其“士兵”还是“同情者”。他指出，“伊斯兰国”组织至今所发表的作案声明都有根据，而且通常还会随后发出一些照片或视频等证据，证明作案者与该组织的关联。

第二节　经验教训分析

一、尼斯恐袭案反映的恐怖主义新特点值得关注

“伊斯兰国”是最大的威胁之一，也是有别于传统“圣战”组织的特点之一，即不必渗透进欧美和世界各地，而是用自己在中东的“圣战”影响力，就能激活全球各地极端宗教分子的“恐怖激情”，制造“独狼”恐袭。从作案手法来看，巴黎恐袭事件以及布鲁塞尔恐袭事件“实际上都是连环爆炸”，属于“炸弹加步枪组合”，而尼斯恐袭事件则属于“卡车加重武器组合”，与以往法国发生的恐袭事件有很大不同。恐袭者虽然在案发两天前才租赁了一辆卡车，并没有任何可疑之处。但是，用汽车作案，所产生的影响和造成的死伤程度也并不亚于传统作案方式。这就给今后各国的反恐情报和防范工作提出了新的要求，一切能够想象得到的恐袭手段都应加以防范。

从作案地点看，尼斯案之前的两次大规模恐袭事件都发生在首都巴黎。因此，人们的注意力自然而然地全集中到巴黎的安全保卫工作上，

而外省城市则成了薄弱环节。恐怖分子乘虚而入，尼斯就成了第一个“牺牲品”。尼斯作为法国南方重要旅游城市，是著名的地中海蓝色海岸的核心地区，每年接待的游客量在 400 万人以上，年旅游收入 1500 亿欧元，是法国第二大旅游城市，仅次于巴黎。这次发生暴恐的地点是滨海大道，这个地方又称“英格兰散步街”，沿着地中海岸由西向东绵延 7 公里，直至摩纳哥。滨海大道云集了豪华酒店、高档餐馆以及赌场俱乐部，吸引了来自世界各地的游客。这次尼斯血染街头，外国游客死伤严重，将沉重打击旅游业。事件发生后，尼斯的各大酒店退订的游客人数不断上升。恐怖袭击连续发生不仅对人们的心理造成强烈冲击，而且对国民经济产生负面影响，旅游业首当其冲。此外，尼斯案件同样也给法国其他城市造成恐惧心理，在恐袭主义阴云的笼罩下，没有任何一个地方能够幸免于难。

二、内外双重压力致使法国频受恐袭困扰

在国际上，萨科齐和奥朗德的反恐政策与希拉克时代相比，发生了根本性的变化。此前，作为西方大国，法国一直保持相对独立的外交和军事政策，但在 2007 年萨科齐任总统后，法国开始实施亲美外交政策，并于 2009 年重返北约，将自己推上了对外战争的第一线。在 2011 年西亚北非剧变中，法国积极介入利比亚和叙利亚局势，致力于推翻利比亚领导人卡扎菲和叙利亚总统巴沙尔·阿萨德，导致法国树敌太多。正是叙利亚危机带来的中东北非难民潮，夹杂着恐怖分子的渗透，给法国埋下了恐怖主义的种子。因此，自从法国成为欧洲反恐的领导者，国际恐怖分子频繁拿法国开刀，这也是对欧洲反恐阵线的警告。

在国内，法国长期饱受族群结构的困扰，街头运动乃至暴动时有发生。由于历史原因，法国有着人数众多的穆斯林群体，社会歧视不断激

发这一群体的不满和愤怒，为极端主义思想的滋生提供沃土。加上目前法国经济状况不佳，进一步恶化了他们的处境，让不少穆斯林青年开始信仰极端主义，奔赴战场，认为只有在那里才能找回他们的身份认同和自尊。他们把法国视作自己的“敌人”，为信仰献身的观念让他们在打击“敌人”时无所畏惧。因此，在极端宗教思想的侵扰和“伊斯兰国”组织的鼓动下，法国极容易成为恐怖案件的高发地。

三、法国反恐措施有待加强

恐怖分子选择在国庆之夜驾驶卡车撞击人群，并且开枪扫射人群，显然有意在国庆日这一特殊时间节点加剧社会恐慌情绪，其“暴恐效应”比 2015 年 11 月发生的巴黎恐袭事件更加严重。但是，尼斯恐怖袭击事件也再次暴露了法国相关部门在反恐调查和执法方面的漏洞。嫌犯在法国警方留有案底，但并未在法国情报部门备案。而案发过后公布的法国议会关于巴黎连环恐袭的调查听证报告也显示，情报部门存在重大失误，一些线索没有得到彻查，一些重点嫌疑人没有被监控。据法国媒体报道，法国情报部门监视了 1570 人，当局认为他们与极端组织有联系，另有 7000 多人被评估为有同样风险，此外还有一些已转向极端信仰但不为情报部门所掌握的“独狼”。要对这些人进行 24 小时监控，难度非常之大。

此外，安保工作的懈怠也给了尼斯恐袭案的凶手以可乘之机。案发时值欧洲足球锦标赛结束后不久，由于尼斯设有欧锦赛赛场，当地警力在经过 1 个多月的严防死守后显露疲态。加上国庆节后就是传统的长假，执勤人员的警惕也有所放松。实际上，法国从巴黎连环恐袭以来一直处于国家紧急状态，但人们的一些行为却没有受到约束。比如，虽然法国欧锦赛号称有最严格的安保，但仍然有观众将烟花带进赛场。巴黎作为反恐重点区域，进入地铁也没有安检。7 月 14 日是法国一年一度的国庆节，这一天晚上法国各地均举行传统的庆祝活动，因此人们走上街头聚集狂欢，这就成为恐怖分子下手的绝好机会。

四、尼斯恐怖袭击或将法国社会引向分裂的边缘

“独狼”行动此前在法国也发生过，大都是受到极端主义蛊惑的个别人员临时起意采取的行动，与国际恐怖组织没有直接关系，危害程度也比较有限。但是，这一次尼斯惨案则打破了过去的伤亡记录。另外，“伊斯兰国”等恐怖组织现在推行扩散政策，不仅直接策划指挥恐怖行动，而且呼吁活跃在欧洲国家的“圣战”分子无论何时何地以何种方式都可以行动起来。可见，“独狼”与有组织行动之间的边界已经模糊起来。这也正是恐怖主义的更加危险之处。

而在全球宗教极端主义最强烈的国家中，约有 4/5 是法语国家，其中就包括欧洲的法国和比利时。北非移民、城市青年失业率高等社会原因使法国成为恐怖组织招募的沃土。因此，当有着法国国籍的“独狼”恐怖分子在不断地进行恐怖袭击之后，极右政治势力的崛起很有可能使法国社会出现反穆斯林的风潮，国家内部种族与宗教信仰间的隔阂也会越来越深，进而可能导致冲突的更进一步升级。加上法国政府的世俗化政策不断地加剧社会矛盾，极右派“国民阵线”在媒体上口无遮拦地攻击穆斯林移民，使得穆斯林社区对法国政府的信任感越来越低，甚至不愿与法国政府安全部门打交道，社会的裂痕将越来越大。“伊斯兰国”正是利用了欧洲穆斯林族群对社会不公的愤怒和不满情绪，进一步激发和鼓动欧洲本土的恐怖袭击。恐怖袭击的死循环由此产生。

第十八章　雅加达恐怖袭击案

第一节　案件全景

2016年1月14日，印尼首都雅加达市中心发生连环爆炸和枪击事件，导致包括2名平民和5名袭击者在内的7人死亡，20人受伤，死者中有1名加拿大人，伤者中包括1名阿尔及利亚人和5名警察。这是雅加达自2009年以来发生的最大规模袭击事件，也是极端恐怖主义组织“伊斯兰国”首次成功地在印尼发动的恐怖袭击，引起了有关各方的高度关注。

一、事件经过

2016年1月14日上午10时40分左右，一名自杀式袭击者在位于印尼雅加达市萨利那购物中心的一家星巴克咖啡店外引爆炸弹，导致数人受伤。随后，2名埋伏在店外的恐怖分子朝惊慌逃散的人群开枪扫射，并劫持了1名加拿大人和1名阿尔及利亚人。在恐怖分子逃离过程中，阿尔及利亚人质趁机逃脱，但仍遭枪击受重伤，加拿大人质则惨遭杀害，而1名试图营救人质的印尼警察也不幸牺牲。随后，这2名恐怖分子还与闻讯赶来的警察交火。由于恐怖分子手中有轻武器和手榴弹，警方以警车为掩护不断趋近才将其击毙。几分钟后，又有2名骑摩托车的自杀式恐怖分子冲向萨利那购物中心附近的一处治安岗亭，并引爆了身上的炸弹，导致亭内4名警察受重伤。随后，印尼大批警员赶到，包围了出事现场，并派出警犬搜查队展开搜查；同时，印尼还派出军队支援警方，由装甲车队封锁周围道路，并由直升机提供空中支援。

据报道，这次事件从事发到警方控制局面大约历时3小时，除了3名发动自杀性袭击的恐怖分子外，警方击毙了2名恐怖分子，抓捕了2名恐怖分子，但也有2名无辜者死亡和至少十多名警员和平民受伤。在这过程中，除了枪声，还至少发生了4—6次爆炸。随后，“伊斯兰国”也在其官方账号发表声明声称对此次袭击事件负责。此次案发地点位于雅加达市闹市区，距离印尼总统府、联合国办公室、土耳其和巴基斯坦驻当地大使馆及一个大型购物中心都很近。新加坡拉惹勒南国际研究院执行副主席办公室政策研究主任古玛（Kumar Ramakrishna）副教授指出，此次印尼首都雅加达的连环袭击案与2015年11月的巴黎恐怖袭击案有许多相似之处，两者都针对人潮汹涌的城市中心地带并使用枪袭和连环袭击的手法。

二、案件调查

此次案件引起了印尼政府的高度重视。总统佐科召开紧急会议，将此次雅加达袭击案定性为恐怖袭击，并谴责恐怖主义行为。随后，印尼警方在全国各地展开大规模搜捕行动。1月15日，印尼警方发言人安东表示，警方在雅加达恐袭案的1名袭击者身上发现了极端组织“伊斯兰国”的黑色旗帜，认为这已足够证实他们的身份。同日，印尼警方在雅加达市郊的德波地区拘留了涉嫌雅加达恐袭案的3名男子；在中苏拉威西省击毙了1名拒捕的疑似武装分子；在中爪哇省井里汶市，警方则逮捕了2人。到了17日，印尼警方已逮捕了12名涉嫌参与雅加达恐袭案的恐怖分子。警方确认了4名发动雅加达恐袭案的恐嫌身份，其中一人是阿菲夫（Afif），又名苏纳金（Sunakim），曾于2010年在亚齐的伊斯兰半军事营受训，因此被捕并被判坐牢7年，但于2015年提前获释，后被印尼极端分子布赫伦·纳伊姆招募到“伊斯兰国”；还有1人马万（Marwan）则曾涉及银行劫案，也曾为亚齐的伊斯兰半军事营筹款。印尼警方介绍，这2名枪手所属的恐怖组织属于一个名为“马来群岛伊斯兰国辅士团”（Jamaah Anshar Khilafah Daulah Nusantara，简称JAKDN）的网络，该网络的主要任务是让不同的伊斯兰极端组织互相联系，包括主导亚齐武装训练营的“西印尼真主伊斯兰游击队”、印尼头号恐怖分子桑托索领导的“东印尼真主伊斯兰游击队”（MIT），以及“伊斯兰祈祷团”精神领袖阿布巴卡创办的“唯一真主游击队”（JAT）[①]，以便为“伊斯兰国”提供“圣战士”。该联络网据称由有影响力的激进教士阿曼（Aman Abdurrahman）领导。阿曼与阿布巴卡目前虽仍在坐牢，但2人都已在狱中宣誓效忠“伊斯兰国”。同时，监督洗钱活动的印尼官方机构金融交易报告和分析中心（PPATK）也发现，曾有庞大涉嫌资助恐怖活动的资金从中东向印尼转移。印尼警方认为，此次雅加达恐袭案是一次从中东遥控策划的恐怖袭击案件。

经调查认为，此次雅加达恐怖袭击案的幕后黑手极可能是极端恐怖

① “唯一真主游击队”现在已更名为“神权游击队”（Jamaah Ansharut Daulah），它集结多个小型极端组织，未来可能成为统一当地“伊斯兰国”支持者的中坚力量。参见：“彼此不服闹分歧，东南亚恐怖分子抢当区域老大”，http：//www.zaobao.com/special/report/politic/attack/story20160120－572817

主义组织“伊斯兰国”的印尼籍恐怖分子、阿曼的追随者布赫伦·纳伊姆（Bahrun Naim）。2015年11月巴黎连环恐袭案之后，纳伊姆曾在网络上呼吁追随者研究巴黎“圣战者”的策划和协调工作，并表示可轻而易举地将“圣战”从森林游击战变成城市战。而据路透社2015年11月24日报道，纳伊姆在接受该报采访时扬言，正等待合适时机在印尼发动恐怖袭击。[①] 印尼警方则在2015年11月下旬接到线报称，“伊斯兰国”已计划好在印尼开“一场演唱会”，意指发动一次恐怖袭击。此次雅加达恐袭案与巴黎的连环恐袭案有诸多相似之处，让人不能不将怀疑的矛头指向纳伊姆。

布赫伦·纳伊姆，1983年生于印尼中爪哇岛北岸的北加浪岸（Pekalongan），原本是一名电脑技术人员，还曾在印尼梭罗市经营网吧。2010年11月，印尼“88反恐特遣队”在其住所搜到数百枚子弹，以非法拥有武器罪判其入狱两年半。服刑结束后，纳伊姆前往叙利亚加入“伊斯兰国”，成为了“伊斯兰国”东南亚军事分支“马来群岛单位”（Katibah Nusantara）的一名头目，负责招募印尼、马来西亚等东南亚国家的恐怖分子。2015年4月，“马来群岛单位”夺取了本由库尔德武装控制的地区后，气焰十分嚣张。雅加达警察长蒂托称，纳伊姆显然野心想成为“伊斯兰国”在该地区的总头目[②]，其发动这次恐怖袭击活动，不仅意在向“伊斯兰国”领导人展现其领导魄力，还有趁机整合“伊斯兰国”在东南亚地区的支持者的企图。

---

① “恐袭主谋纳伊姆去年受访曾表明：‘有太多支持者’等待时机袭击印尼”，http：//www. zaobao. com/special/report/politic/attack/story20160116－571366

② 8 things to know about Muhammad Bahrun Naim，alleged mastermind of Jakarta attack， http：//www. straitstimes. com/asia/se-asia/8 － things-to-know-about-muhammad-bahrun-naim-alleged-mastermind-of-jakarta-attack

三、国际反应

新年伊始的雅加达恐怖袭击案件，引起了国际社会的高度关注。1月14日，联合国秘书长潘基文通过发言人发表声明，对于雅加达发生的爆炸和枪击恐怖袭击事件予以谴责，同时向受害者家人表示慰问，并祝愿伤者早日康复。他还通过声明向印尼政府和人民表达坚定的支持。潘基文重申，没有任何理由可以为此类恐怖行径开脱，并希望袭击的肇事者尽早被绳之以法。① 美国驻印尼大使馆则发出紧急通告，警告美国人远离发生爆炸的地点，即雅加达的莎丽泛太平洋酒店（Sari Pan Pacific Hotel）和萨利那商场（Sarinah Plaza）。马来西亚、菲律宾等国则将防恐级别提升到最高戒备，并采取相应举措防止类似袭击发生。中国、新加坡、澳大利亚、越南等国也都严厉谴责恐怖袭击活动，对受害者家属表达慰问，并重申了加强合作打击恐怖主义的决心。

第二节　经验教训分析

此次印尼雅加达恐袭案再次凸显了“伊斯兰国”在东南亚扩张与渗透的严重性，也暴露了东南亚国家防恐反恐方面所存在的不足。

一是法律仍不健全。根据印尼2003年通过的反恐法令，恐怖分子如果在发起攻击之前被捕，法庭会因“无法可依”而无法处理相关案子。印尼国家反恐局（BNPT）总监阿里夫指出，目前印尼由于缺乏支持预防性逮捕的法律，使得警方没有足够权力采取行动对付恐怖分子嫌疑人，

① “印尼雅加达发生恐怖袭击事件，潘基文秘书长发表声明予以谴责”，http：//www.un.org/chinese/News/story.asp? NewsID=25464

这是恐怖袭击会发生的原因之一。印尼政治、法律和安全统筹部长卢胡特也呼吁，新的反恐法律应包括允许执法机关在发现任何人正策划恐怖阴谋的“迹象”时就可以马上采取逮捕行动。另外，印尼也缺乏阻止一些人前往叙利亚参与“伊斯兰国”之后又回国的法律。印尼警察总长就此事呼吁立法，禁止到海外参与极端主义活动的人回国。

二是监狱管理不善。由于管理疏漏，监狱已成为散布极端思想甚至“培训”恐怖分子的温床。由于监狱方面未对恐怖分子的关押采取特殊措施，不仅使这些囚犯能够一起祈祷、相互影响，还使身陷囹圄的恐怖分子头目或所谓的“精神领袖”还能够像普通囚犯一样会见访客，继续散布极端思想。据报道称，因恐怖主义罪行而被判入狱 9 年的阿布巴卡，他每年会见访客达 900 多名。调查发现，雅加达恐袭案的 4 名恐怖分子中就有 2 人曾因参与恐怖活动而入狱，他们在狱中受恐怖主义“教诲”而从极端分子转变成恐怖主义袭击者。

三是互联网管控不严。恐怖分子越来越善于使用网络技术，通过网络技术散布极端思想、发展下线、传授经验并下达恐怖袭击指令等。据印尼情报官员透露，在纳伊姆 2015 年 11 月接受路透社采访后，他们就在网络社交聊天室捕捉到印尼即将遭到恐怖袭击的言论。一名替印尼政府监督极端组织手机短信的安保顾问透露：“伊斯兰主义者之间的聊天活动已变得更有组织性，首次有人讨论说会发生连环恐袭。”雅加达警方已确认纳伊姆为雅加达恐袭案的幕后策划人，并指他是从“伊斯兰国”自称为“首都”的叙利亚城市拉卡（Raqqa）通过网络运筹帷幄。2016 年 1 月 16 日，印尼政府关闭了至少 11 个激进网站及多个社交媒体如脸书、推特及“Telegram”的账户，其中大部分的内容便是支持恐怖分子发动恐袭的。

总之，印尼雅加达恐怖袭击案表明，东南亚地区的恐怖主义形势愈发严峻，应引起有关国家的高度重视，并尽可能开展积极有效的合作。

第十九章　中国驻吉尔吉斯斯坦大使馆爆炸案

第一节　案件全景

当地时间 2016 年 8 月 30 日上午 9 时 30 分左右，一辆载有炸弹的三菱得利卡汽车冲进位于吉尔吉斯斯坦首都比什凯克南部的中国驻吉尔吉斯斯坦大使馆内，在行驶约 50 米后引爆车上的炸弹。爆炸现场发现 1 名遇难者遗体，后经证实为袭击者本人，至少 3 名使馆工作人员受伤，现场被吉尔吉斯斯坦警方封锁。吉尔吉斯斯坦紧急服务机构指出，爆炸发生后，中国大使馆及邻近的美国大使馆都疏散了人员。根据现场曝光的画面，可见建筑物损毁状况严重，有外墙被震至伤痕累累，地上遍布玻璃碎和石头碎块，一扇位于入口处的门被撞破，还能看见一股烟雾。有报道指出，炸弹威力相等于 6—7 公斤或以上的 TNT 炸药。

爆炸导致嫌疑人当场死亡，受伤的 3 人中有 2 人为使馆警卫、1 人为园丁，根据吉方证实，伤者均为吉尔吉斯斯坦公民。吉尔吉斯斯坦总理新闻处 8 月 30 日向俄新社表示，中国外交官未在中国大使馆爆炸期间受伤。但是据中国中央电视台记者和使馆大使秘书确认，有使馆馆员家属受伤，目前伤者都在医院接受治疗，但并没有透露中方具体的受伤人数。

吉尔吉斯斯坦总统阿尔马兹别克·阿坦巴耶夫当地时间 8 月 30 日下午下达指示，要求吉方各强力部门立即彻查针对中国驻吉使馆的爆炸袭击事件。副总理热尼什·拉扎科夫表示，中国驻吉使馆大门系被自杀式袭击者冲撞。据吉尔吉斯斯坦安全部门不愿透露姓名的官员表示，吉方强力部门正在根据尸体遗骸提取 DNA，以进一步确定袭击者身份。同时，吉方强力部门正在调取参与袭击车辆近日在吉境内的通行情况。根据吉尔吉斯斯坦内政部数据显示，这是一次恐怖袭击。

吉尔吉斯斯坦国家安全委员会新闻处称，袭击者是佐伊尔·哈利洛夫（祖里拉·哈利莫夫），“东突”分子，1983 年生，维吾尔族，拥有塔吉克斯坦护照，在叙利亚活动。其背后是活跃在叙利亚的、属于“努斯拉阵线”的维吾尔组织。叙利亚恐怖组织“Dzhebhat EN-Nusra”（“波利萨里奥帮助伟大的叙利亚人民”）的使者通过“统一圣战组织和基地圣战组织”的阿布·萨罗哈下达指令并为此提供了资金支持。通缉吉尔吉斯斯坦人奥什·伊佐基洛·萨提巴耶夫，此人在叙利亚经过恐怖袭击培训，6 月 16 日持塔吉克斯坦护照进入吉尔吉斯斯坦。吉尔吉斯斯坦 KABAR 通讯社援引该国国家安全委员会报道，吉方要求土耳其交出正在伊斯坦布尔的事件同谋，其中一人将恐怖分子调往叙利亚。他们从伊斯坦布尔协调资助袭击。袭击者在土耳其被招募，招募他的人名叫布尔汉特迪纳·扎穆图拉耶夫，持塔吉克斯坦护照。吉尔吉斯斯坦警方已经将涉案的 5 名嫌犯拘捕，另有 4 人在逃，警方已发出国际通缉令。

事后，众多媒体和专家分析将凶嫌指向中国新疆的分离势力。英国《卫报》认为，此次袭击有可能是与中国分离势力有关的武装分子所为。

英国皇家三军研究所国际安全研究主任潘睿凡（Raffaello Pantucci）指出，这次袭击似乎专门针对中国大使馆，因为中国大使馆并不在市中心。俄罗斯现代阿富汗问题研究中心专家维尔霍杜洛夫表示，袭击中国驻吉大使馆的唯一获益者是在吉尔吉斯斯坦和南高加索地区活动的“东突”组织。俄罗斯中亚问题专家杜勃诺夫也表示，此次恐怖袭击事件最有可能是“东突”分裂势力实施的。中国现代国际关系研究院院长特别助理李伟在接受《环球时报》记者采访时表示，这是中国驻外使领馆首次遭到自杀式汽车炸弹袭击，这起袭击很有可能是“东伊运”所为。吉尔吉斯斯坦“国家战略问题”杂志主编阿日达尔·库尔托夫对此评论称：“很多人在猜测是恐怖组织还是分离组织所为，实际上在中亚和中东错综复杂的恐怖组织之间都有千丝万缕的合作，已经形成了一个实力强大的恐怖组织联合体，正在威胁整个世界的安全，不是只针对某个国家。”

二、各方反应

爆炸发生当天，吉尔吉斯斯坦副总理热尼什·拉扎科夫随即赶往中国驻吉尔吉斯斯坦大使馆善后。吉总统新闻局随后发布消息称，总统阿尔马兹别克·阿坦巴耶夫责令国家安全委员会主席和内务部长彻底调查爆炸事件。8月31日是吉脱离苏联独立25周年纪念日，吉政府准备加强安全措施。

2016年8月30日下午，中国外交部发言人华春莹在记者会上就中国驻吉尔吉斯斯坦使馆遇袭事件做出回应。她表示，“中方深感震惊并严厉谴责这一极端暴力行径。”吉方公布调查情况，将中国驻吉尔吉斯斯坦使馆的汽车爆炸定性为自杀性恐怖袭击事件后，华春莹又表示：“中方对这起严重恐怖袭击事件予以强烈谴责”。“恐怖主义是国际社会的公敌，是本地区国家面临的最严重威胁。”“中方同样是恐怖主义受害者，将在双边和上海合作组织框架内加大同吉方等地区国家的反恐合作，坚决打击一切形式的恐怖主义，切实维护中方驻有关国家机构和人员安全，切实维护地区安全稳定。”华春莹表示，中国外交部已于第一时间启动应急响应机制，要求吉方立即采取一切必要措施，确保中国在吉机构和人员安全，并迅速彻查事件真相，严惩凶手。

2016 年 9 月 1 日，联合国安理会发表媒体声明，严厉谴责中国驻吉尔吉斯斯坦大使馆遭恐怖袭击事件，称该事件“令人发指”，并要求将肇事者绳之以法，同时敦促所有国家依照国际法义务及联合国安理会决议，积极同有关政府配合。联合国安理会成员重申，任何形式的恐怖主义均是对国际和平与安全的最严重威胁之一，恐怖主义行为无论其动机如何以及在何时何地由何人所为，均为犯罪行为而且无可开脱。

第二节　经验教训分析

2016 年 8 月 30 日，中国驻吉尔吉斯斯坦共和国大使馆遭遇汽车炸弹袭击，所幸并未造成中国外交人员伤亡。此次车弹恐怖袭击是中亚地区第一起针对外国使领馆的恐怖袭击，因而引发世界广泛关注。车弹袭击是国际恐怖势力的惯用作案手法，因其突防能力强，杀伤力大，难以防范，一直得到国际恐怖势力的青睐。每年全球都会发生数十起车弹袭击案件，因车弹袭击造成的平民伤亡和财产损失高居各种恐怖袭击形式的前列。防止车弹袭击一直是国际反恐实践中的一个重大课目。

使领馆一直是恐怖袭击的高危目标，也是各国政府的重点保护单位。在恐怖主义高发地区，无论是驻在国政府，还是各国使领馆均高度重视安全保卫工作，并尽最大努力，加强人防、物防和技防工作。相比于中东、南亚和北非地区，中亚恐情总体可控，鲜有关于恐怖组织威胁使领馆的报道。此次中国驻吉尔吉斯斯坦大使馆首遭车弹袭击，表明该地区的恐情发生了重要变化，其经验和教训值得认真汲取。

一、事件发生的时机经过精心挑选，此次暴恐事件发生在新旧大使交接之际

据媒体报道，事件发生前 4 天，8 月 26 日，即将离任的齐大愚大使前往总统官邸向吉尔吉斯斯坦总统阿塔姆巴耶夫辞行。此前，吉尔吉斯斯坦总理热恩别科夫、议长图尔松别科夫、外长阿布德尔达耶夫先后会见齐大使，高度评价齐大使的工作和贡献。吉尔吉斯斯坦总理签发政府令，正式授予齐大使吉尔吉斯斯坦国家荣誉奖章，表彰齐大使为促进两国关系及合作所做出的特殊贡献。同日，齐大愚大使在使馆举行离任招待会。吉外长阿布德尔达耶夫和多位政府各部部长、副部长以及驻吉使节、中资机构、华人华侨代表等共约 200 人出席招待会。齐大使在离任招待会上的致辞中表示："希望各位热烈欢迎我的继任肖清华大使，一如既往地支持他的工作。"吉尔吉斯斯坦各大媒体均对上述活动加以广泛报道。

恐怖分子显然注意到了上述事实。根据公开资料分析，事发的 8 月 30 日很可能是前任大使刚离任，继任大使尚未到任，或者两任大使正在办理工作交接之际。恐怖分子选择此时作案可谓机关算尽，煞费苦心，其目的无非是想"一石二鸟"：其一，利用新老大使工作交接之际可能出现的短暂"空挡"期，发动突然袭击，提高袭击的成功率；其二，不排除同时杀伤两位大使的企图，从而达成轰动性的政治效果。

二、事前经过认真"踩点"

中国驻吉尔吉斯斯坦大使馆是一座建成使用不久的新馆，位于吉尔吉斯斯坦首都郊外使馆区，四周较为空旷。使馆采用全封闭式管理，围墙配

有电网和监控设备，使馆大门和旁门前都设置了车辆拦阻系统，使馆周围有吉尔吉斯斯坦警方巡逻人员。因此，该使馆是一座物防设施较为完善、技防设备较为先进、人防工作较为严密的使馆。但就是这样一座防护程度较高的使馆，还是被恐怖分子成功驾车闯入并成功引爆车上炸弹，不能不引起高度警惕。

从公开资料分析，恐怖分子所驾驶的皮卡撞开使馆大门，强行闯入使馆至少说明，此次事件中安防系统的3个方面都出了问题。从人防措施看，首先，负责使馆外围安全的吉尔吉斯斯坦警方没有及时对涉案车辆和可疑人员进行盘查、拦阻。根据以往经验，预谋这样规模的恐怖案件事先一定需要多次赴现场实际勘验、“踩点”，而吉尔吉斯斯坦警方对此毫无察觉，工作存在明显漏洞。其次，根据以往经验，车辆一般不会直接冲撞紧闭的大门，那样成功的几率将大为降低。恐怖分子通常选择在大门开启、拦阻系统尚未启动的时机突然发起攻击，以提高袭击的成功率。从本案分析，恐怖分子所使用的车辆为普通皮卡，不具备超强突防能力，因而直接冲撞尚未开启的大门的可能性不大。如果选择在大门开启之际趁机突防，皮卡就需要在距离使馆不远处长时间蹲守，伺机作案。那么，使馆周边负责安全的吉尔吉斯斯坦警方就有责任及时上前盘查并敦促其驶离危险区域，但在本案中，吉尔吉斯斯坦警方在事发前显然无所作为。从物防和技防看，车辆拦阻系统未能及时发现并升起，是造成车辆“闯馆”成功的直接原因。由于警方并未透露作案细节，只能通过分析猜测可能的情形。首先，可能是使馆安保人员没能及时发现并启动车辆拦阻设施。其次，可能是车辆拦阻设施出现故障，没有及时升起。无论是哪种情况都说明，任何的疏忽麻痹都可能造成难以挽回的损失，责任心高于一切。

三、国际合作是反恐的唯一途径

从本案公布的恐怖分子信息来看，“国际性”是其最突出的特征。

“东伊运”是一个产生于中国却常年在境外从事危害我国国家安全的国际恐怖组织。本案中的恐怖分子身份为维吾尔族，却持塔吉克斯坦护照，在土耳其策划恐袭，在吉尔吉斯斯坦完成对中国大使馆的袭击，已经充分说明反恐国际合作的极端重要性，也从另一个侧面衬托出反恐的艰巨性和复杂性。如果没有国际合作，很难对恐怖分子实施打击。今后，如何建立最广泛的“反恐联盟”，最大限度地制约恐怖分子的生存和发展空间，将是一项长期而艰巨的任务。

第二十章　美国佛罗里达州奥兰多“夜店”枪击事件

2016年6月12日，美国佛罗里达州奥兰多一家名为“脉搏”（Pulse）的同性恋酒吧发生一起大规模枪击事件，共造成49人死亡，数十人受伤。这是美国历史上最严重的大规模枪击事件。行凶者为29岁的美国公民奥马尔·马丁（Omar Mateen），其父母为阿富汗移民。事件发生后，“伊斯兰国”发布声明宣布对事件负责。

第一节　案件全景

一、事件经过

2016年6月12日凌晨两点，美国佛罗里达州奥兰多市一家酒吧发生枪击事件。凶嫌持突击步枪、手枪和疑似爆炸物品进入“脉搏”酒吧开枪行凶。奥兰多警察局局长约翰·米纳称，当晚酒吧保安曾与凶手交火，凶手退入酒吧并劫持人质。该名保安是一名没有在执勤的警察。袭击发生时，约有300余人聚集在酒吧，马丁枪击了其中1/3。幸存者说凶手在行凶过程中高呼“真主至大！”

参加酒吧活动的目击者克里斯托弗·汉森形容现场枪击情况称，“只听到阵阵枪声”。目击者安东尼·托雷斯则表示，“枪声听起来并不像一般手枪的声音。听起来好像枪支一直在连续射击，并没有停”。还有一名顾客称：“我当时就在现场。凶手在凌晨2点左右开始开枪。在舞池和酒吧里的人迅速倒在地上，我和几个靠近出口的人成功地逃出了酒吧，不停地跑。现已安全到家。”

由于枪手火力凶猛，奥兰多警方除调集普通警员外，还请求了特种武器与战术小组（SWAT）和装甲车的支援。“大约有70辆警车往酒吧开，街上乱极了”，驾车逃亡的安东尼·托雷斯说。最终，鉴于枪手已经屠杀了几十人，警方决定不再进行谈判。SWAT小组遂于当地时间凌晨5时左右利用控制爆破和装甲车推倒酒吧外墙攻入店内，将至少30名人质救出，枪手则被当场击毙。美国联邦调查局事后宣布，枪击案遇难者实际人数为49人，而不是之前统计的50人，“枪手不算遇难者”。但这仍是美国死亡人数最多的枪击案，也是自2001年9月11日以来在美国本土发生的最严重的恐怖袭击事件。[①]

事发地夜店距离奥兰多地区医疗中心仅仅三个街区的距离，大部分伤员均被送往该医院。奥兰多市政府在其官方网站上建立了受害者名单，公布已通知家属的受害者身份。

二、袭击者身份

调查显示，枪击案凶手奥马尔·马丁生于纽约，29岁，为阿富汗裔

---

① 陈俣林：“奥兰多枪击案搅动美国社会”，《中国国防报》，2016年6月17日第24版。

美国公民，来自佛罗里达州皮尔斯堡，当晚驱车前往酒吧。马丁是一名职业的安全保安，并且拥有携带武器的执照。总部设在英国的一家安保公司表示，自 2007 年以来，马丁就一直在该公司担任警卫，因此受过良好的枪支使用训练。据奥兰多警方援引美国烟酒枪械管理局（ATF）的消息称，枪手在作案前一周依法购得了弹药。奥兰多警察局长约翰·米纳（John Mina）称，枪手携带一支手枪外，还使用了一支 AR—15 突击步枪，即军用 M—16 突击步枪的民用版。后一款型曾是 1967 年以来美国陆军使用的主要步兵武器之一，也是北约 15 个国家的通用突击步枪，被认为可与俄制 AK—47 齐名。AR—15 突击步枪因此颇受枪械爱好者欢迎，在美国私人拥有的枪械中高居榜首。该枪配备 20 或 30 发双排弹匣，火力猛烈密集。据说它的弹头进入人体后会横滚，往往是进口小出口大，在人体上留下的创孔比 AK—47 还大。另外，AR—15 拥有惊人的准确性，即使没有多少经验的射手，也能在 200 米—300 米距离上对目标实施准确射击。

枪击案的时间和地点都经过精心策划。“脉搏”酒吧的口号是：“不仅仅是另一家同性恋吧”，指的恰恰是“脉搏”对于同性恋具有非凡的意义。“脉搏”是 2004 年开张，合伙人之一芭芭拉·博玛（Barbara Poma）用以纪念她死于艾滋病的弟弟。在酒吧的网页上写着：“非常重要的是创造一种拥抱同性恋生活方式的氛围和装饰，让约翰（博玛的弟弟）感到骄傲。更重要的是，我们以“脉搏”命名酒吧是模拟约翰的心跳——这个酒吧是约翰的灵感，是一个他能够在朋友和家人眼里仍然活着的地方。”“脉搏”酒吧是奥兰多非常火爆的同性恋酒吧。在枪击事件发生前数小时，该酒吧邀请常客们参加晚上举办的“拉丁之夜”活动。此外，事件发生的时间，是在奥兰多的同性恋大游行“骄傲游行”（Pride Parade）刚刚结束的一周。[1]

袭击发生后，在“伊斯兰国”相关联的推特公众号上贴出的“效忠者”照片与警方提供的马丁照片一致。而英国“天空新闻”网则报道称，“伊斯兰国”通过其所属“艾玛克通讯社”宣称对奥兰多枪击案负责。该声明中称：“‘伊斯兰国’战士发动了此次袭击。”据美国国土安全部相关人员透露，在袭击之前，他曾经拨打911报警电话，声称效忠“伊斯兰国”。但并没有任何确切证据表明马丁和“伊斯兰国”之间的联系，也没有他接受训练或接到任何指令的信息。“目前尚无迹象显示该案是一起境外操纵的恐怖袭击，虽然枪手宣称效忠‘伊斯兰国’，但他并非任何恐怖组织的成员”，联邦调查局局长柯米表示，“他的情况有可能属于‘自我激进化’，即声称效忠‘伊斯兰国’组织，但并没有直接的联系，就像去年在圣贝纳迪诺发动袭击的那对夫妻一样。”

听取相关汇报后，美国总统奥巴马明确定性事件属恐怖袭击，但并未谈及是否与伊斯兰教信仰有关。美国联邦调查局的一名发言人说，这名枪手似乎“倾向于”伊斯兰激进组织的主张，但不清楚这起袭击案是不是国际恐怖袭击的一部分。

马丁的前妻在采访中表示，在他们短暂的婚姻中，马丁多次家暴殴打她。她同时表示，尽管马丁是穆斯林，但他并没有表现得对宗教极度虔诚或非常激进。马丁的父亲则表示，这件事情跟宗教没有任何关系，马丁只是对同性恋存有严重偏见，此前在迈阿密市看到两个男人亲吻时，他就表现出极度愤怒的情绪，他由此认为这可能是枪击案的导火索。

---

① “美国历史最惨枪击案的根源”，2016年6月13日，http：//opinion. hexun. com/2016－06－13/184354561. html.

三、各方反应

事件发生后，全球多国政要纷纷发表声明予以谴责，并表示“必须在全世界范围内坚定并大力地打击各种形式的恐怖主义”。

美国总统奥巴马12日在白宫发表讲话，强烈谴责发生在佛罗里达州奥兰多同性恋酒吧的枪击案，向枪击案受害者表示哀悼，表示这是美国历史上迄今最致命的一起枪击案，对美国LGBT（同性恋、双性恋和跨性别者）群体来说是尤其令人心碎的一天。虽然调查处在早期阶段，但从已知信息可以确定，这是一起恐怖行为和仇恨行为。“美国不会畏缩和恐惧，将会团结一致，保护美国人民，以应对威胁美国的人。”奥巴马下令美国境内及驻外使领馆机构及基地降半旗，向枪击案受害者致哀。佛罗里达州州长里克·斯科特发表了一份声明，表示佛罗里达州应急行动中心正在为受害人提供一切可能的援助。

中国国家主席习近平6月13日致电美国总统奥巴马，就美国佛罗里达州奥兰多市发生枪击事件造成重大人员伤亡，代表中国政府和人民向奥巴马总统、美国政府和人民表示深切的同情和诚挚的慰问，并向遇难者表示沉痛的哀悼。

俄罗斯总统普京向美国总统奥巴马致慰问电称，奥兰多枪击案是野蛮的犯罪行为，俄罗斯向遇难者家属表示哀悼。法国总统奥朗德在“推特”上发表声明称，严厉谴责枪击惨案。法国总统府随后在官方“推特”上也表明，“法国支持美国民众”。日本首相安倍晋三6月13日就此次美国枪击事件表示，“绝对不能允许这种卑劣的恐怖行为。我表示强烈谴责”。据报道，安倍还就此次事件向奥巴马送去慰问，称要同美国及国际社会并肩作战继续反恐。英国女王伊丽莎白二世、英国首相卡梅伦、德国总统约阿希姆·高克、意大利总理伦齐、加拿大总理贾斯廷·特鲁多向美国政府致以慰问电。联合国秘书长潘基文、罗马教皇也都发表声明谴责枪击事件，哀悼遇难者。

四、事件影响

枪支控制争议再成焦点。枪支是行凶者奥马尔·马丁的作案工具，于是这一悲惨事件再次激起了美国社会关于枪支控制的舆论。美国的枪支泛滥问题由来已久，加上建国历史渊源以及宪法保障等历史因素，加强枪支管制始终在美国社会难有共识。总统奥巴马、民主党总统候选人希拉里与共和党总统候选人特朗普，也都即刻表达了明确的控枪态度。奥巴马在就此事件的讲话中阐述道："这提醒了我们，对于有些人来说，拿着武器去学校、教堂、影院或夜总会射杀人群是多么容易的事。我们需要决定一下这是不是我们想要的国家的样子。"奥巴马再次强调现在一些人太容易获得武器，呼吁国会采取控枪举措，不能再无动于衷。希拉里表明"美国街头不应有战争武器"，特朗普甚至在自己的拥枪立场上有所松动。然而，尽管控枪派占领了当前舆论的风头，却难说这一事件会改变美国的"拥枪自由"。事实上，枪支控制与拥枪自由之间的矛盾在美国一直难分难解。奥巴马曾希望在控枪方面有所作为，但他做了许多努力却一无所获。①

由于枪击案时值美国大选关键时期，本次枪击案对大选走势产生影响。民调显示，半年多时间内，美国相继发生南加州和奥兰多两起重大枪击案，其制造者或多或少与移民相关，且都有"激进倾向"，这使得特朗普的移民政策主张得到了越来越多的支持率。《纽约时报》在评论中称："假如部分美国人心中的恐惧因枪击案而再次激活，那么他们就可能

① "美国同性恋酒吧枪击案背后的复杂政治"，2016 年 6 月 18 日，http：//opinion. huanqiu. com/plrd/2016－06/9055650. html.

支持对特定族群、特定地区来源人群进行防范并推而广之，美国社会就可能因此发生重大变化，至少各社区间将出现无形的‘墙’，信任、平和与互助将与我们渐行渐远。”“就美国大选而言，如果枪击事件最终被查明与伊斯兰恐怖主义以及种族主义有关的话，那么厌恶情绪可能让很多中间派转而支持特朗普成为美国总统。”特朗普在“推特”上称，“如果奥巴马只字不提‘极端伊斯兰恐怖主义’，就应该下台。”并叫板民主党候选人希拉里敢不敢说这三个词，敢不敢挑明此次枪击与伊斯兰教极端恐怖主义有关。“奥兰多发生的事只是个开始，我们国家的领导是脆弱而低效的。”并转发了一位网友的推文：“请保障我们的安全，我们不能让希拉里当总统。”“对本次袭击，我们需要团结起来，以武力、以目标、以决心予以回击。但是现在，所谓的政治正确摧毁了我们的讨论、思考及行动能力。”而对民主党候选人而言，“恐袭”“伊斯兰”等则是十分敏感的词汇，希拉里·克林顿在“推特”上说：“在我们期待更多信息的同时，我谨对在此次事件里受到伤害的人们表示慰问。”其中，对于袭击性质并没有丝毫涉及。

第二节　经验教训分析

一是内生外联，本土“独狼”式恐袭防不胜防。美国国土安全部部长约翰逊曾表示，世界范围内的恐怖威胁进入了一个“新的阶段”，极端分子很善于运用传统和新兴社交媒体，成功吸引、招募那些之前属于“独狼”类型的袭击人士加入到他们的队伍中，对美国进行袭击。在这一新的形势下，那些所谓的“独狼”类型的杀手随时有可能对美国发动攻击。“独狼”与“伊斯兰国”“基地”组织等国际恐怖主义势力无直接联系，但思想激进、形散神聚，仇视社会、随意行动，接受极端的政治、社会和宗教观念。

二是执法部门的监控存在漏洞。马丁曾两度成为美国联邦调查局的恐怖主义调查对象，但都因问询无果而结案。马丁案发后被曝出他曾以“疑似恐怖分子”身份列入联邦调查局的“恐怖分子监视名单”。但是，即便曾经两次受到联邦调查局谈话调查，马丁仍然可以合法购买并持有枪支。根据联邦调查局的说法，由于马丁此前曾向同事宣称自己同“基地组织和真主党”有关系，联邦调查局因此从2013年5月到2014年3月对马丁进行了10个月的调查。调查期间，马丁被列入联邦调查局的“恐怖分子监视名单”。但是，随着联邦调查局结束调查并认为马丁不存在恐怖分子嫌疑后，马丁被移出该名单。在联邦调查局设在佛罗里达南部的反恐部门工作了29年的丹尼克（Jeff Danik）表示，当年虽然不是由他调查马丁，但他对该案记得非常清楚，当年的结案决定同联邦调查局一直存在的“快速立案、快速结案”的官僚文化有很大关系。“如果你不能在短期内找到相关线索，那你就得按规定在短期内迅速结案。”

三是凸显控枪窘境。据全美步枪协会网站的资料，在此次枪击案发生的佛罗里达州，想拥有一把冲锋枪、猎枪或手枪的居民并不需获得许可证，只需填一张身份信息表格，交8美元做背景调查即可轻松过关。佛罗里达州大型武器管理松懈，并不要求普通公民间枪支售卖转让需履行背景调查、枪支登记，或拥有持枪人许可证等一系列手续，没有针对攻击性武器的法律法规，也没有对一次购买武器数目的限制。在该州，购买一把小型手枪，从下单到寄送会强制购买者等待3天，但购买大型枪支几乎现场就可以拿到，无需等待。此外，佛罗里达州的持枪者还受法律保护，可免于强制登记。[①]

---

① 陈小方：“奥兰多血案再曝美控枪窘境”，《法制日报》，2016年6月14日第4版。

第二十一章 土耳其机场恐怖袭击事件

2016 年 6 月 28 日夜间，土耳其伊斯坦布尔阿塔图尔克国际机场发生连环自杀式爆炸袭击事件，导致 45 人死亡，来自土耳其、沙特阿拉伯、伊拉克、突尼斯、乌斯别克斯坦、中国、伊朗、乌克兰、约旦等国，另有 239 人受伤，死伤人数最多的是土耳其公民。伊斯坦布尔机场袭击是 2016 年以来第六宗针对伊斯坦布尔或首都安卡拉的袭击。袭击令游客数量大减，对土耳其经济造成一定冲击。

第一节 案件全景

一、事件经过

6 月 28 日 22 时许，3 名自杀式袭击者携带武器乘坐一辆出租车来到土耳其伊斯坦布尔阿塔图尔克国际机场的国际航站楼，在机场候机大楼入口处突然拔出携带的枪支，分别向警察和旅客开火。其中一名恐怖分子在袭击中摔倒，身上的武器和炸弹也随之暴露，随后爆炸声响起。从监控录像中可以看到，共发生两起爆炸，现场火光冲天。惊恐万状的旅客四散奔逃，有的躲在地下室，有的躲在高柜台后面。在候机大楼的过道上，遇难者尸体以及旅客的行李满目狼藉，地上遍布沾满血迹的脚印。

土耳其官方将此事定性为自杀式恐怖袭击。土耳其总理比纳利·耶尔德勒姆表示，这次爆炸案一共有 3 名自杀式袭击者。阿塔图尔克国际机场是伊斯坦布尔最大的机场，也是土耳其国内最大的航空中转站，被土耳其视为连接欧亚非的“航空桥”，2015 年以来运输旅客达 6130 万人次，成为世界最繁忙的机场之一。①

事发后，土耳其总理耶尔德勒姆下令成立危机处理小组，并连夜从首都安卡拉赶到伊斯坦布尔并指挥大规模的救援工作。土耳其警方关闭了机场所有进出通道，同时暂停所有进出港航班。飞往阿塔图尔克机场的航班都被迫改降至土耳其其他机场。

恐怖袭击发生后，中国驻伊斯坦布尔总领馆第一时间启动应急机制，致电伊斯坦布尔省负责民航事务的副省长、机场警察局局长等土方各级主管官员了解现场情况，设法与被困在机场内的中国游客及中资企业员工等取得联系并予以安抚，确保在事发第一时间建立详细的滞留机场人员信息名单。总领馆在恢复通航后派出领事官员前往机场慰问被困中国游客。②

二、幕后黑手

虽然没有任何组织或个人宣布对此次袭击负责，但是从各种证据和

① “土耳其航空枢纽惨遭连环恐怖袭击”，《人民日报》2016 年 6 月 30 日第 10 版。

② 同上。

分析推断，“伊斯兰国”很可能是幕后黑手。耶尔德勒姆 29 日凌晨在袭击现场召开新闻发布会时说，有迹象表明“伊斯兰国”发动了袭击，但对袭击者的身份辨别仍在进行中。自 2015 年 7 月土耳其转变其在反恐问题上一贯的消极立场以来，土耳其政府高调加入美国领导的国际反“伊斯兰国”联盟，向美国及北约军队开放因吉尔利克空军基地，并派出战机空袭叙利亚境内的“伊斯兰国”目标。此次袭击可能是“伊斯兰国”对土耳其政府的报复和警告。土耳其《每日新闻》指出这次事件可能是报复性袭击，其发生的时间正好在土耳其检察机关宣布对 36 名安卡拉火车站爆炸案嫌疑人（据说是“伊斯兰国”成员）提起公诉之后。有土耳其学者比照“基地”组织在伊拉克的做法，认为这是“伊斯兰国”的战术，意图在土耳其国内制造“政治迷雾”，激化埃尔多安的支持者与反对者、左翼与右翼组织、世俗主义与保守主义政治势力、突厥族群与库尔德族群之间的猜忌与对立，扩大社会裂痕，以便从中渔利。[①] 美国反恐官员也认为，从袭击手法判断，“伊斯兰国”嫌疑最大。一位不愿公开姓名的美国官员说，“伊斯兰国”常对平民目标下手，此次选择重要旅游中转站阿塔图尔克国际机场为目标，与“伊斯兰国”惯用伎俩吻合。

三、国际反应

土耳其总统埃尔多安 28 日深夜表示，该袭击应该作为全球打击极端组织斗争的一个转折点。他表示，袭击事件的目的在于借杀害无辜民众事件，打击土耳其。“显而易见，该袭击事件的目的，不在达成任何结果，而是通过制造无辜民众的流血和痛苦，制造不利于我们国家的影响。”他说，政府将“不惜代价”继续打击各类恐怖组织，直至“恐怖主

---

① 李亚男：“土耳其的‘多事之夏’”，《世界知识》2016 年第 15 期，第 42 页。

义终结”。

中国外交部部长王毅向土耳其外长恰武什奥卢致电慰问。中国外交部发言人洪磊在29日例行的新闻发布会上表示，中方强烈谴责这一针对平民的恐怖袭击事件。我们反对一切形式的恐怖主义，呼吁国际社会加强反恐领域的协调配合，维护地区和平稳定。鉴于土耳其安全形势严峻，中国外交部和驻土耳其使领馆再次提醒中国公民近期谨慎前往土耳其，在土耳其中国公民保持高度警惕，加强安全防范和应急准备。

美国总统奥巴马表示：“这些由仇恨交织的网络影响着整个文明世界。我们绝不休止，直至我们分解这些网络为止。”白宫发言人欧内斯特表示，美方以最强烈言辞谴责这起骇人听闻的恐怖袭击事件，与2016年早些时候被袭击的布鲁塞尔机场一样，阿塔图尔克国际机场是将各国连接在一起的纽带。美方向事件遇难者致以最深切哀悼，并祈祷伤者早日康复。他强调，美方将继续坚定支持北约盟友兼伙伴土耳其，与全球所有朋友和盟友一道打击恐怖主义威胁。俄罗斯总统普京致电慰问埃尔多安。

联合国秘书长潘基文2016年6月28日通过发言人发表声明，谴责土耳其最大城市伊斯坦布尔阿塔图尔克国际机场发生恐怖袭击，并强调应加强国际社会努力，打击恐怖主义。潘基文向死难者家属以及土耳其政府和人民表示慰问，并表示他同土耳其站在一起，共同应对威胁，希望袭击实施者能够被尽快确认并绳之以法。

国际民航组织理事会主席阿留博士表示，这种恐怖袭击针对土耳其民众以及无辜的旅客，这是懦弱的攻击行为，我们对其所造成的后果表示深深的悲痛。国际民航界愿与有关国家密切合作，以确保全球民航网络和数十亿旅客的安全免遭恐怖威胁。国际民航组织秘书长柳芳博士向恐怖袭击受害者及其家人表示慰问和同情。柳芳表示，国际民航组织正在寻求实际和有效的强化机场地面安全的举措。国际民航组织代表国际航空界表示，与土耳其及伊斯坦布尔市政府和人民紧密团结，并对那些以国际民航界为目标的恐怖意图保持持续关注。

第二节　经验教训分析

自 2015 年 6 月以来，土耳其境内发生的一系列恐怖袭击事件累计已导致超过 250 人死亡，凸显土耳其国内安全形势严峻。伊斯坦布尔在不到半年时间内遭遇多次严重恐怖袭击。4 月 27 日，土耳其西北部城市布尔萨发生一起自杀式爆炸袭击。4 天后，土耳其东南部发生两起袭击事件，共造成 3 名士兵和 1 名警察死亡。之后，土耳其不断遭到炸弹袭击，最近的一次是 6 月 8 日，土马尔丁省警察局附近一辆安装炸弹的汽车爆炸，导致至少 3 人死亡。此次机场遇袭事件也把土耳其的国内安全形势发展为国际事件。由于袭击令游客数量大减，深深打击了土耳其经济。

土耳其连续多次遭遇“伊斯兰国”的攻击，也会使得土耳其政府对极端组织的立场发生根本性和实质性的改变，原先传说的土耳其与极端组织之间的暧昧关系也会因此“告一段落”。在经历多次恐怖袭击后，土耳其警方的反恐方略日渐成熟，与其他国家警方合作打击恐怖组织和个人的愿望也越发强烈。[①]

埃尔多安以调查政变、搜捕居伦分子为由，展开了一场新的政治大清洗。截至 7 月 18 日，已有 7543 人因涉嫌参与未遂政变被拘留或逮捕，包括 100 名警察、6038 名军人、755 名法官和检察官以及 650 名平民。另据土耳其内政部的数据，8777 名公务人员已经被停职，包括近 8000

---

① 周戎：“恐袭符合‘伊斯兰国’惯用手法”，《文汇报》2016 年 6 月 30 日第 006 版。

名警察、1名省长和数十名更低行政区的一把手。[①] 军、警等强力部门的人员遭清洗，无疑对土耳其反恐能力造成影响。

此外，一直以来，阿塔图尔克国际机场就是一个易受攻击的目标。尽管在航站楼入口设有X射线扫描仪，但对车辆的安检仍有限。[②]

---

① 李亚男："土耳其的'多事之夏'"，《世界知识》2016年第15期，第39页。

② 盛媛："土耳其总统：全球反恐转折点到来"，《第一财经日报》2016年6月30日第A4版。

第二十二章　柏林圣诞市场恐怖袭击事件

2016 年 12 月 19 日晚，一辆货车突然冲进德国柏林市中心的一座圣诞集市，造成 12 人死亡，50 多人受伤。袭击发生后，“伊斯兰国”发布声明宣布对袭击负责。该案是德国发生的最严重的恐怖袭击，凸显德国日趋严峻的安全形势。

第一节　案件全景

一、事件经过

2016 年 12 月 19 日晚 8 时 14 分，一辆货车突然冲进德国柏林市中心的一座圣诞市集，肇事货车在人群中冲撞了 50 米—80 米的距离。案发市集位于柏林西部的布赖特施德广场（Breitscheidplatz），靠近选帝侯路堤（Kurfuerstendamm）的威廉皇帝（KaiserWilhelm）纪念教堂。由于邻近圣诞节，市集当时人潮拥挤。目击者指出，货车冲上人行路，撞向路人。人在现场的鲁斯顿（EmmaRushton）在“推特”上称，“卡车的时速约40英里（约64.37公里），附近没有道路，没有迹象看出它在减慢速度。不觉得这是一个意外。我看见人们在流血，躺在地上”。现场的一位英国目击者麦克·福克斯描述说，当时撞向集市的卡车距离他就只有大约3米远。卡车在撞向集市后，把摊位的桌子和木制摊位都撞毁了。《柏林晨报》执行主编霍利泽尔说：“我当时听到一声巨响，然后我试着继续往集市里面走，结果看到一片混乱……有很多人受伤，那一幕让人太痛苦了。”①

柏林警方20日确认，袭击共造成12人死亡，50多人受伤。肇事车辆当时是故意冲向人群，并首次称这是一次“涉嫌恐怖袭击”。袭击发生时卡车驾驶室内有2人，坐在副驾驶位置的1名波兰公民已经身亡，1名作案嫌疑人逃离现场。柏林警方在距事发现场数公里的柏林胜利纪念柱附近逮捕1名巴基斯坦难民，但没过多久又表示此人并非袭击者，真凶依然逍遥法外。

事发后，警方封锁现场，并出动荷枪实弹的警员到场戒备。12月21日，德国警方宣布，将加强公共场合的视频监控系统。柏林事件发生后，欧洲各国也迅速采取应对措施。法国内政部宣布，再增加3000名军警维持公共场所治安，同时在全法国各地增派3.6万名军人加强节日保安。英国伦敦警方宣布在白金汉宫卫兵换岗仪式期间对周边区域实施封路，并设置路障，以预防类似恐怖袭击。卫兵换岗仪式是伦敦最受游客欢迎的旅游项目之一。

① “柏林集市恐怖袭击，记者称现场令人毛骨悚然”，2016年12月20日，http：//news.youth.cn/gj/201612/t20161220_8965543_4.htm.

二、袭击主谋

12 月 20 日晚，“伊斯兰国”通过下属的“艾玛克通讯社”宣布，柏林袭击案是 1 名“伊斯兰国”战士所为，袭击的目的是报复打击“伊斯兰国”的国际联盟，并鼓动极端分子对参加国际联盟国家的国民发动攻击。据英国《金融时报》20 日报道，德国安全官员长期警告称，“伊斯兰国”可能在 100 万难民的掩护下派遣袭击人员潜入德国，这些难民自 2015 年初开始涌入德国。此次袭击事件可能引发对仇外心理以及宗教暴力在欧洲蔓延的担忧，除了对德国和法国等欧洲大国有影响，对瑞士等较小国家也会有触动。①

调查显示，肇事卡车在波兰注册。波兰媒体引述车辆所有者、波兰运输业者祖拉夫斯基的话说，事发当天下午 4 时便与该车司机失去联系，其电话始终无法接通。调查显示，被杀的卡车司机为 37 岁的卢卡兹·乌尔班（Lukasz Urban），他驾驶的卡车于 12 月 19 日被袭击者劫持。

12 月 21 日，德国联邦检察院发出欧洲通缉令，悬赏 10 万欧元寻找突尼斯公民阿尼斯·阿姆里（Anis Amri）的线索。通缉令显示，24 岁的阿姆里使用过 6 个不同身份。有调查显示，此人在不同地方进行难民登记时，至少曾使用过 12 个不同的姓名和 3 个不同国籍，包括谎称自己来自埃及和黎巴嫩。签发阿姆里难民证件的北威州内政部召开记者会，确认阿姆里本来被安排在当地小城的一所难民营居住，但自 2015 年 12 月以来下落不明。2016 年 7 月 30 日，德国巴登—符腾堡州的拉文斯堡地方法院曾对阿姆里做出收监遣返的判决，但因突尼斯拒绝承认其公民身

① “柏林恐怖袭击致 12 人死亡，或为德国史上最严重恐袭”，2016 年 12 月 21 日，http：//world. huanqiu. com/hot/2016－12/9838664. html.

份，导致他没有合法旅行证件，遣返不成滞留至今。[①]

阿姆里 2015 年 7 月在德国登记申请庇护。在来德国之前，他在 2011 年作为未成年难民进入意大利，因在收容所放火等多种违法行为，在到达成年年龄后被逮捕，并被判处 4 年徒刑。2015 年初获释后他本应被遣送出境，但同样因突尼斯政府对其公民身份有分歧，导致遣返不成，去了德国。阿姆里在突尼斯的父亲向英国《泰晤士报》透露，他是个“暴力、吸毒的青少年”。英国《每日邮报》报道称，阿姆里的亲戚透露，他在意大利服刑的 4 年间，可能“就此开始深入极端主义黑暗世界的旅程”。

23 日凌晨 3 点左右，在意大利米兰近郊小城塞斯托·圣·乔凡尼（Sesto San Giovanni）的火车站广场附近，一支意大利巡逻队正在进行例行检查，就是这时，他们注意到了举止可疑的 1 名男子。当 2 名警察斯卡塔（Luca Scatà）和莫维欧（Cristian Movio）要求他出示证件时，他马上从背包中抽出手枪，高喊着“真主至大”，并向他们开枪。警察迅速开枪回击，并在交火的过程中击中了该男子，中枪男子于 10 分钟内毙命。后经证实该男子就是阿姆里。交火过程中，莫维欧肩部受伤，所幸无生命危险。据德国《世界报》消息，米兰警方当时并不知道阿姆里就是柏林恐袭的嫌犯，如果巡逻时知道的话，他们会更加谨慎。据意大利媒体报道，阿姆里是搭乘火车路经法国逃往意大利。[②]

三、国际反应

2016 年 12 月 20 日，德国总理默克尔召开新闻发布会，称 12 月 19

---

① 师琰：“全欧搜捕在逃突尼斯嫌犯，柏林恐袭加深社会裂痕”，《21 世纪经济报道》2016 年 12 月 23 日第 5 版。

② “柏林恐袭嫌犯在意大利被击毙”，2016 年 12 月 24 日，http：//www. oushinet. com/europe/germany/20161224/250645. html.

日晚发生的货车冲入圣诞集市事件为“恐怖主义袭击”。默克尔说，如果最终证实这名肇事者是在德国寻求保护和避难的移民，那么对所有德国人来说将“难以忍受”。默克尔同时敦促德国民众不要向恐惧妥协，并找到“生活的力量”。德国各联邦政府部门及下属机构均降半旗致哀，以表达对柏林袭击事件遇难者的哀悼。德国总理默克尔所属“基民盟”资深国会议员勃斯巴赫（Wolfgang Bosbach）说，这是一场蓄意攻击：“以最残酷方式造成惨重伤亡，但它也蓄意作出象征意义，攻击发生在圣诞节数日之前，在德国首都的中心，在快乐、平和的人群之中，这个讯息非常清楚：‘无论在哪里、无论用什么方法，我们随时都能突袭’。”

12 月 20 日，中国国家主席习近平就德国柏林发生卡车冲撞圣诞市场事件向德国总统高克致慰问电。习近平在慰问电中表示，惊悉 12 月 19 日晚贵国柏林发生卡车冲撞圣诞市场事件，造成大量人员伤亡。我谨代表中国政府和中国人民向你和德国人民致以深切慰问，向不幸遇难者表示深切的哀悼，向遇难者家属和伤者表示诚挚的慰问。中方坚决反对一切形式的恐怖主义，支持德方维护安全稳定的努力，愿与包括德国在内的国际社会加强反恐合作，共同维护世界的安全与繁荣。

美国总统奥巴马 19 日晚上和德国总理默克尔通电话，表达美国的哀悼与慰问之意。奥巴马称，这样可怕的行为显然是“恐怖攻击”。他向默克尔重申，美国会提供协助，并强调这样的行为不会动摇美国与德国铲除“恐怖主义”的决心。美国候任总统特朗普则表示，这起袭击事件，以及枪杀俄罗斯驻土耳其大使的行为都是“激进伊斯兰恐怖分子”所为。“伊斯兰国”和“其他伊斯兰恐怖分子，持续在社区和做礼拜地点屠杀基督徒，这是他们发动全球圣战的一部分”。

俄罗斯总统普京表示：“我们了解到其他国家发生的事情，现在欧洲接连发生类似的犯罪事件。柏林已经有很多人死亡，我们表示同情，希望伤者尽快康复，我们再次表示，已经多次建议并且现在建议联合力量打击国际恐怖主义。只有这样我们才能够胜利。”

第二节　经验教训分析

2016年夏天在德国南部已经发生多起暴力袭击事件，但本次圣诞市场遇袭惨案发生在首都柏林，又恰逢对当地人意义重大的“新年”前夕，其影响还是远超之前的袭击事件。“德国之声”报道称，这是德国有史以来发生的最严重的恐怖袭击。

首先，人群聚集场所的“软目标”防范不足。据统计，全德国共有2500个圣诞市场，仅在柏林就有60个。近年来，德国还在致力于向欧洲其他国家输出其特色的圣诞市场文化。安全专家多年来一直警告，圣诞市场可能成为恐怖分子的目标，因为这些市场通常都是开放式的，也没有安全检查。在比利时首都布鲁塞尔，每条通往市中心圣诞市场的道路上都放置了巨大的装满混凝土的集装箱，用以阻止汽车开进市场。这是在布鲁塞尔和法国尼斯遭到恐怖袭击后当地政府制定的安全措施之一。①

其次，德国接连遭遇恐怖袭击与德国难民政策的失算有关，德国政府没有充分估算到大量难民涌入德国之后引起的分裂。这种分裂主要有两方面：第一，德国人对穆斯林文化的恐惧，这种恐惧本身会引起德国人的不理智行为；第二，穆斯林难民很难融入德国社会，感觉自身不被尊重，这种愤怒容易使其产生不理智行为。这使得德国成为恐怖主义的

① 师琰：“全欧搜捕在逃突尼斯嫌犯，柏林恐袭加深社会裂痕”，《21世纪经济报道》2016年12月23日第5版。

温床。[1] 在法国安全问题专家穆图（Hugues Moutouh）看来，欧洲如今已没有哪个国家能置身于恐怖袭击的威胁之外。他指出，欧洲政客应当从柏林事件中汲取教训——在展示良好政治愿望前，必须首先保护本国公民。他批评默克尔在向难民开放德国边境时，显然低估了由此给德国和欧洲带来的风险。[2] 德国《焦点》周刊指出，此次袭击可能对默克尔2017年寻求总理连任带来负面影响。事发后，德国右翼民粹主义政党“德国选择党”指责默克尔的难民政策，称这是“默克尔的死亡”。

再次，凸显情报监控漏洞。德国官方证实阿姆里是避难申请被拒绝后无法遣返才获准在德国暂时居留的，阿姆里进入德国后很快就引起安全部门注意，因为他与已经被捕的极端伊斯兰主义者阿布·瓦拉（Abu Walaa）有联系，警方直到2016年9月还曾对阿姆里的电话进行监听。瓦拉被认为是“伊斯兰国”在德国的头号人物，帮助该组织招募成员。德国联邦内政部一名发言人12月21日确认，德国安全机构内部有一份549人的“危险分子”名单，阿姆里就在其中。就在2016年11月，德国联邦及各州层面一次联合反恐会议上，还曾谈及阿姆里。美国官方证实，他早就被美国安全机构列入“禁飞名单”。[3] 为何这个在多个情报部门早有案底的“伊斯兰危险分子”能在秘密监视下溜走，并成功得手，制造恐袭。

---

① “专家：73%德国人担心恐怖袭击，柏林恐成下个目标”，2016年7月23日，http://world.huanqiu.com/exclusive/2016－07/9216500.html.

② 师琰：“全欧搜捕在逃突尼斯嫌犯，柏林恐袭加深社会裂痕”，《21世纪经济报道》2016年12月23日第5版。

③ 师琰：“全欧搜捕在逃突尼斯嫌犯，柏林恐袭加深社会裂痕”，《21世纪经济报道》2016年12月23日第5版。

第二十三章　马里维和部队遇袭案

马里当地时间2016年5月31日10时50分（北京时间2016年6月1日4时50分），联合国马里多层面综合稳定特派团位于加奥的营地遭遇汽车炸弹袭击，造成重大伤亡，其中中国第四批赴马里维和部队1人牺牲，5人受伤。“伊斯兰马格里布基地组织”为幕后凶手，事件凸显马里的混乱不安局势和维和任务的艰难，中国的海外利益面临巨大挑战。

第一节　案件全景

一、事件经过[①]

2016年5月31日，联合国马里维和部队营地遭遇2次袭击，汽车

① 本段访谈中国士兵内容引自新华网转引《解放军报》的“我赴马里维和官兵讲述遭遇恐袭事件经过”一文。

炸弹造成1名中国维和部队士兵死亡，十几人受伤，事后，据中国赴马里维和部队工兵分队立体中队队长卞龙回忆，5月31日晚，工兵分队领导分头在班宿舍组织官兵谈心。20时50分52秒，正在谈心的卞龙，听到对讲机里传来哨兵申亮亮急促的声音："2号哨位报告，不明地方车辆强行闯卡，请求支援！"听到报告，作为快反分队队长，卞龙第一时间冲出房门，快反分队随即跟着出动，去武器库取枪支弹药。几乎在预警信息发出的同时，哨位上和申亮亮一同执勤的上士司崇昶迅速找到有利位置，向不明车辆开枪射击，阻止其前进。突然，司崇昶发现哨位右侧，不明情况的战友丁福建正跑来。此前，他刚接到通知，过来检修哨位探照灯。"危险，快跑！"司崇昶大声提醒。丁福建刚一转身，望见正向他跑来的卞龙，赶紧提醒他后撤。话还没说完，一声巨响，两人都被震飞。离2号哨位不远的营区监控，记录下了这惊心动魄的一幕。监控视频显示，20时50分54秒，恐怖袭击车辆撞上防护墙前翻落地，并迅即燃烧起来。20时51分29秒，爆炸发生。受爆炸冲击，监控视频骤然中断。据官兵事后回忆爆炸发生瞬间，火球腾空而起，有十几米高，巨大的冲击波和无数碎片瞬间使工兵分队大部分营房和装备受损。申亮亮牺牲，司崇昶重伤。收到申亮亮的警报后，第二次参加维和任务的工兵分队队长董荣强意识到有危险，通过对讲机，向分队官兵发出指令："全体卧倒！灯光管制！"这道命令，减少了爆炸冲击波带来的人员伤亡。列兵田宇刚告诉记者，他刚卧倒，一大块汽车破片就在头顶呼啸而过。爆炸发生后，分队供电、供水等系统全部被摧毁，营区一片漆黑，空气中弥漫着浓浓的烟尘味，爆炸冲击波带来的碎片飞溅四地。没有恐惧，更没有慌乱。工兵分队官兵迅即按照预案，进入紧急状态，一道道指令相继发出。工兵分队和邻近的警卫分队官兵紧急出动，各守战位，忙而不乱。工兵分队军医姜兴学、刘波第一时间对重伤的司崇昶紧急救治，把他从死亡线上拉了回来；警卫分队指挥组利用电台，与工兵分队、医疗分队建立通信联络，确认工兵分队遭袭信息，并建立维和部队临时指挥组；远在七八公里之外的我维和医疗分队，派出医疗组，不顾路上风险，第一时间前往事发地接运伤员，后送至中国二级医院，连夜实施救治。

二、幕后黑手

事后，“伊斯兰马格里布基地组织”宣称对该袭击负责。“伊斯兰马格里布基地组织”又称为“基地”组织北非分支，由“萨拉菲斯特呼声与战斗组织”演变而来，2006 年正式与“基地”组织结盟。“基地”组织与北非恐怖组织在阿富汗抗苏期间就建立联系，拉登流亡苏丹期间双方关系进一步加深。1998 年，受拉登资助，“萨拉菲斯特呼声与战斗组织”逐渐成为阿尔及利亚最大恐怖组织，并在欧洲建立广泛的招募和后勤网络，曾在法国等欧洲国家策动多起恐怖活动，早期成员多在阿富汗训练营受训。2003 年后，该组织宣布效忠“基地”组织，2006 年 9 月正式与“基地”组织结盟，并于 2007 年 1 月改名为“伊斯兰马格里布基地组织”。“北非分支”战略目标与“基地”组织一致，旨在推翻阿尔及利亚世俗政权，驱逐穆斯林土地上的西方人，联合所有穆斯林，建立一个西起摩洛哥、东至菲律宾的大“哈里发国家”。近年来，“北非分支”以阿尔及利亚为据点，不断向毛里塔尼亚、马里、尼日尔和尼日利亚等国扩张，逐渐把上述地区打造成人员招募、资金筹集、武器走私及暴恐策划的新据点。该组织擅长绑架爆炸，将袭击欧美目标，近年来也曾发布过威胁袭击中国的视频。

第二节　经验教训分析

一、马里局势仍然吃紧

自从 2012 年 3 月马里发生军事政变以来，政府更迭频繁，“阿扎瓦德民族解放运动”等反政府武装牢牢占据马里北部，“伊斯兰马格里布基地组织”等极端宗教组织也趁虚而入，在马里北部部分地区站稳脚跟，就此安全形势急转直下，武装冲突时有发生。2013 年开始，国际社会纷纷响应，法军和西非联军展开对北部反政府武装及恐怖组织的大规模军事行动，联合国安理会通过决议派出维和部队参与安全行动，马里局势得到一定程度的缓解。在一系列军事打击之下，2015 年 6 月马里北方部分主要反政府武装与马里政府在首都巴马科签署和平协议，北方分裂局面得到遏制。然而恐怖组织活动依旧猖獗，特别是近些年来西非地区整体安全形势严峻，各国政府兵力不足、边界管理松散、边境地区人员流动大、走私武器频繁等因素为恐怖主义与极端主义活动创造了有利条件，“博科圣地”“伊斯兰马格里布基地组织”等恐怖组织因此不断发展壮大，针对法军及联合国驻马里维和部队的袭击事件不断增多。马里也就此成为联合国维和任务区中恐怖袭击最频繁、维和部队伤亡最严重的任务区。2016 年以来，针对马里维和部队的袭击已达 10 余次，5 月 18 日、29 日、31 日更是连续遭袭，维和任务形势之严峻前所未有。10 月 3 日，联合国马里多层面综合稳定特派团（马里稳定团）当天在马里北部再次遭到多次袭击，导致 1 名乍得籍维和人员死亡，8 名维和人员受伤。该办公室发表声明说，当天在马里北部基达尔地区共发生 4 起针对马里稳定团人员和设施的袭击，导致上述人员伤亡。时任联合国秘书长潘基文对袭击予以谴责，呼吁迅速将袭击者绳之以法。他强调，根据《国际法》，针对联合国维和人员的袭击构成战争罪。声明说，潘基文对基达尔地区近日多次发生违反停火协议的事件表示关切，呼吁签署停火协议的各方履行《和平与和解协议》中规定的义务，以帮助恢复该地区稳定与安全。

二、马里维和人员伤亡大

2012 年，马里图阿锐格部落发动了叛乱，他们从刚刚崩盘的利比亚卡扎菲政权的军火库中倒腾来了大批重武器，使得原本就贫弱的马里官军不堪一击。与此同时，部分马里官军士兵又爆发兵变，用石块打跑总理，洗劫总统官邸。“基地”组织、部落武装、叛军和官军互相掐成一团，局面乱到无法收拾。2013年初，马里政府依靠法军和非盟组织军队的直接出兵，用时2个月左右平定了这一乱局。在整个马里北部冲突中，法军阵亡13人，乍得军队阵亡38人，其他非盟军队约有40人阵亡。2013年下半年，法军在开始逐渐撤出马里北部地区，将治安任务留给联合国部队。联合国驻马里多层面综合稳定特派团（缩写为MINUSMA，简称“联合国马里特派团”）是在马里北部冲突平定后，根据安理会2100决议建立的维和部队。这项维和任务目前已经持续近3年，目的是帮助当地社会恢复稳定与秩序。MINUSMA目前的维和部队、维和警察和军事观察员总共接近1.2万人，参与国家超过30个，是目前联合国在全球各地维和行动中部队规模第三大的一个任务（排第一第二位的分别是联合国刚果团和联合国南苏丹团）。

从建立之初，联合国维和部队就不断遭遇袭击的洗礼，联合国马里团的伤亡数字也明显超过刚果和南苏丹维和部队，截至目前已经有80多名维和部队士兵死于袭击，平均每一两个星期损失1人。2013年10月，BBC报道有2名乍得维和部队士兵被人弹炸死。11月，马里议会第二轮选举前一天，维和部队在马里东北部的基达尔市国家银行警戒时，一枚汽车炸弹在门口爆炸，炸死了2名塞内加尔蓝盔士兵，炸弹腾起的烟云几公里外都清晰可见，该城唯一能用的银行也被炸成废墟。2014年1月，基达尔市的维和部队法国营地再次遇袭，武装人员用机枪和RPG掩护人弹进攻，将2辆自爆汽车撞进营地，10分钟的突袭导致1名乍得士兵死亡。“基地”组织马格里布分支的宣传喉舌称，这是为了“惩罚乍得这个法帝国主义走狗”。6月11日，4名乍得士兵被汽车炸弹炸死。9月，又有5名联马团乍得士兵乘坐装甲车执行护卫任务时，被自制爆炸物炸死。2014 年 11 月，联合国维和部队遭遇最惨重的一次伤亡，一天内不同地区的几处营地同时遇袭，不明身份的武装分子骑着摩托车，向尼日尔维和部队押运的车队发射火箭弹，10 名蓝盔部队被武装分子打死。马里外长随后要求联合国安理会增加快反部队。2014 年 12 月，维和部队中国警卫部队建立并开始派驻马里。根据《解放军报》2015 年初报道，在中国警卫部队第二批人员部署的半年里经历了包括火箭炮袭击等 70 多次事件，自身没有伤亡。目前派驻马里的维和部队中国警卫分队已经是第四批人员。2016 年上半年的情况有进一步恶化的趋势。2016 年 2 月 12 日，基达尔市的维和部队营地遇袭，共有 7 名蓝盔士兵死亡，30 人负伤。就在中国营地遇袭两天前，多哥维和部队的车队被伏击，在 IED 爆炸后武装分子又用机枪扫射救援队伍，5 名联合国士兵被打死。稍早一些的 5 月 19 日，另外 5 名乍得蓝盔部队在基达尔附近一次几乎完全相同战术的伏击中阵亡，这个马里东北部的小城市成为维和部队最凶险的去处。在“5·31”袭击事件前的 2016 年 5 月里，联合国马里维和部队共阵亡 12 名蓝盔士兵，负伤者数十人，几乎每周都要举行葬礼。

三、中国的海外安全面临威胁①

近年来，我国参与联合国维和行动不再局限于仅仅派出工兵、运输和医疗等保障分队。此次马里维和行动，我国首次派出警卫分队执行任务区警卫执勤任务。2015 年 7 月，我国首次派出整建制的维和步兵营，在南苏丹履行维和使命。向联合国维和任务区派出安全部队这一行动，实现了我国维和部队从支援保障型向防御作战型的转变，履行多样化行动任务的能力显著增强。2015 年 9 月，习近平主席在联合国大会上庄严宣布，中国将

① 本段内容引自马建光、王啸臻所写“马里维和部队遇袭敲响我国海外安全保护警钟”一文。

加入新的联合国维和能力待命机制，决定为此率先组建常备成建制维和警队，并建设8000人规模的维和待命部队；今后5年，中国将向非盟提供总额为1亿美元的无偿军事援助，以支持非洲常备军和危机应对快速反应部队建设；中国还将向联合国在非洲的维和行动部署首支直升机分队。这些举措无疑既能增强中国维护国际和平与安全、展现负责任大国形象、参与处理国际危机的能力，又可以对任务区其他人员及中国公民提供最直接的安全保护。根据“当事国同意、中立、非自卫或履行授权不使用武力”的维和三原则，联合国维和人员只有在需要保护自身及任务对象安全的情况下才能使用武力，被看作是维护和平的政治行为的维和部队参与任务区反恐行动也受到了严加限制。这就使得仅仅依托参与联合国维和行动的兵力，尚不足以对我国海外利益和人员安全提供周全的保护。2014年11月，习近平总书记在中央外事工作会议上指出：“要切实维护我国海外利益，不断提高保障能力和水平，加强保护力度。”因此，建设一个包含外交、法律、经济、军事等多方面的海外利益保护综合体系势在必行。

当外交、法律、经济等手段都不足以维护或实现海外经济利益时，特别是针对人身安全的威胁愈发严重时，军事途径就必须成为有效保护我国海外利益的可靠支撑。2013年《中国武装力量的多样化运用》白皮书首次提出，海外利益已经成为中国国家利益的重要组成部分，开展海上护航、撤离海外公民、应急救援等海外行动，成为人民解放军维护国家利益和履行国际义务的重要方式。从2008年底开始，我国已派出多批次海军护航编队执行亚丁湾、索马里海域打击海盗、维护航行安全的专项军事任务。2011年2月，我军积极组织“伊尔—76”运输机、“徐州”号导弹护卫舰等武装力量配合利比亚海外公民撤离行动。2015年3月，我国海军舰队停止执行亚丁湾护航任务，派出“潍坊”号、“临沂”号导弹护卫舰赴也门参与海外公民撤离行动。这一系列的成功行动为我国海外经济利益和人员安全提供了良好保障。

第二十四章　巴基斯坦警察学院遇袭案

当地时间2016年10月24日深夜，巴基斯坦俾路支省首府奎达一所警察培训学院遭特大恐袭，造成至少61人死亡，100多人受伤。事件凸显巴基斯坦严峻恐情，巴基斯坦反恐任重道远。

第一节　案件全景

一、事件经过

当地时间2016年10月24日晚11点左右，配备重武器和自杀式炸弹背心的3名恐怖分子趁着夜色进入奎达市中心以东20公里的警察培训学院。恐怖分子先是有针对性地瞄准学院瞭望塔楼内的哨兵，并在开火打死哨兵后冲入学院内部。当时学院一些人已经入睡，一些人正在招待所散步。有幸免于难的学员回忆，“我看到3名持冲锋枪的武装分子，他们遮挡住脸部……疯狂扫射，并进入学员宿舍，我设法翻越围墙后逃生。”听到外面传来枪击声，学院人员匆忙躲藏，有人试图躲在洗手间内，也有人藏在床下。“我们将居住的招待所小院的大门锁上并用床堵住，然后迅速向楼上跑去，这时我们看到3名武装分子正朝招待所冲来。”当地一名警察透露，招待所分为3个院子，由于武装分子没能打开他们所在院子的大门，便转向其他院落，枪声和其他同事的叫喊声随后陆续传来。恐怖分子当时还陆续敲开各个房间的大门，并谎称是前来救援的军方人员。房间门打开后，恐怖分子开枪打死了这些人员，有的人因为躲在床下而幸免于难。同时，一些学员听到枪声后就冲了出去，趁着武装分子正朝另一个房间开枪，逃往房顶等处才得以逃生。此外，还有不少人选择爬树、跳窗逃生。学院内部至少有700名受训警察和教官，当天约有200人留宿该学院。袭击发生了20分钟左右，巴基斯坦安全部队抵达现场，与恐怖分子对峙并发生枪战，解救行动持续数小时。最后3名恐怖分子中，1人被安全人员击毙，另外2人在即将被捕时引爆炸弹背心毙命，造成了重大的人员伤亡。

二、幕后黑手

10月25日，俾路支省宣布为恐袭遇难者举行为期3天的全省哀悼。巴基斯坦总理谢里夫当天也对此次袭击事件予以谴责，表态将对恐怖分子进行更加严厉的打击，总理谢里夫还与巴基斯坦军方时任总参谋长拉希勒·谢里夫赴奎达进行慰问。袭击发生后，“伊斯兰国”在其下属的通讯社宣称对此次袭击负责，并放出了3名袭击者的照片。同时，巴基斯坦境内恐怖组织“简戈维军”也宣称对此负责。该组织过去一直以少数什叶派穆斯林为袭击目标，在巴基斯坦已经存在了大约有20年，与巴基斯坦塔利班等组织关系密切。“伊斯兰国”渗透到南亚后，该组织又与“伊斯兰国”搭上线，两者在巴基斯坦形成同盟，常共同搞恐袭。分析认为，“伊斯兰国”和“简戈维军”共同制造了此次袭击案。“简戈维军”事后也承认与“伊斯兰国”联手策动了此次袭击。两者不光在巴基斯坦境内有勾连，在阿富汗东部楠格哈尔省等地也常共同搞恐怖袭击。巴基斯坦也有官员称，“伊斯兰国”将该案外包给了“简戈维军”，巴基斯坦安全部队曾在 2016 年 8 月杀死了该组织多位“头目”，所以该袭击有可能是“简戈维军”的复仇行动，而“伊斯兰国”发动该袭击主要为扩大影响。

第二节　经验教训分析

一、巴基斯坦安全形势仍未根本好转

2016 年，巴基斯坦暴力冲突总伤亡人数大约 4300 人，相比 2015 年的 6578 人减少 2200 多人，整体安全形势有所好转。在过去两年里，巴军在北瓦济里斯开展的“利剑行动”取得令人鼓舞的成果，巴基斯坦境内恐怖组织遭沉重打击，恐袭次数明显减少，但数据表明，恶性恐袭事件的数量却较往年有所增长，因此安全形势仍不容乐观。信德省和联邦直辖部落地区的暴力冲突死亡人数骤减，而俾路支省则取代联邦直辖部落地区，成为巴基斯坦最危险省份。

二、军警学校屡成目标

军警学校作为硬目标，具有重大的象征意义。加上这些硬目标难以防范，巴基斯坦安全防范能力也不强，故恐怖分子有机可乘对其搞袭击。袭击此类目标既可以对政府施压、彰显实力，又可显示自身存在、扩大影响。故近年来，巴基斯坦境内与军警相关的培训学校及其人员多次成

为袭击目标。2009年3月30日，东部旁遮普省首府拉合尔一个警察训练中心晨间训练时突遭袭击，当局调集特种部队士兵、准军事部队和大量警力包围学校，与躲藏在训练中心楼内的武装人员对峙后发动强攻，8小时后最终控制局面。事件造成至少25人死亡，90多人受伤。2009年6月1日，西北部北瓦济里斯坦部族地区，一所警察学院由于受到安全威胁决定关闭，学生及教师一行分乘33辆车回家时，在米兰沙阿遭到恐怖分子劫持。当局一度估计遭绑人数约500人，后来发现相当一部分学生安然无恙。当地媒体晚些时候报道，被绑学生全部获释，但校长及6名教师下落不明。2014年12月16日，巴基斯坦塔利班袭击西北部白沙瓦市一所军人子弟学校，劫持数百名人质。军警随后发起解救行动，击毙全部6名武装人员，但132名学生和9名教职工在袭击中死亡，100多人受伤，巴基斯坦自此启动“利剑行动”，开始对部落区等地恐怖分子发动军事围剿。

三、“伊斯兰国”对巴基斯坦的威胁增加

其一，重新扩张。2015年初“伊斯兰国”在阿巴建立“呼罗珊”省，后遭“阿塔”等势力打压，快速发展势头一度受挫，“伊斯兰国”开始不断加强在巴基斯坦的渗透。有估计认为，约有150名“伊斯兰国”分子在巴基斯坦境内被捕，另有约1200巴基斯坦人在国内参加了“伊斯兰国呼罗珊省”。虽然巴基斯坦官方曾多次否认“伊斯兰国”在巴基斯坦境内存在，但事实上巴基斯坦执法部门已破获多起涉“伊斯兰国”案件。例如，2016年11月，旁遮普省反恐部门抓捕8名“伊斯兰国”分子，其中包括所谓在拉合尔的“头目”，涉嫌为“伊斯兰国”招募成员并安排外逃伊拉克、叙利亚。而白沙瓦警方也抓捕了当地“伊斯兰国”分子，发现他们每月能够收到200—300美元的“薪金”。侦破的这些案件均显

示了“伊斯兰国”在巴基斯坦境内潜在的招募和资金能力。而且，由于“伊斯兰国”大肆鼓吹教派仇恨，也吸引了巴基斯坦本土的教派极端武装，一些袭击出现了由本土极端武装和“伊斯兰国”共同认领的情况。

其二，大搞教派冲突。“伊斯兰国”思想极端，认定所有非穆斯林为异教徒，尤其要将什叶派异端赶尽杀绝。阿巴教派林立，宗教冲突不断，“伊斯兰国”与巴基斯坦境内专门袭击什叶派的恐怖组织“简戈维军”狼狈为奸，借此兜售极端思想，扩大影响，在巴制造更大的宗教混乱。

其三，加大宣传招募。“伊斯兰国”在巴基斯坦建有募资网络，并在高校发展人员，翻译关于制造炸弹及武器的机密文件，支持基础扩大。

其四，联系中东核心。扩张伊始，“伊斯兰国”仅有约70名伊拉克和叙利亚的人员进入南亚，重在纠合“阿塔”“巴塔”等残余重组包装，推动“伊斯兰国”在南亚的本地化。目前，“伊斯兰国”位于伊拉克、叙利亚的人员赴南亚的案例大增。据阿富汗地方官员透露，手中握有“伊斯兰国”南亚人员与总部往来的直接证据，“伊斯兰国”总部为其在南亚扩展提供直接支持。同时，“伊斯兰国”麾下的车臣裔和中亚裔等成员也赶赴支援。

四、巴基斯坦的暴恐新态势值得关注

暴恐活动呈现“再网络化”加强的趋势，即组织人员的再网络化。在“利剑行动”的高压打击下，“巴塔”等暴恐组织越过管控不善的巴阿边界，进入阿富汗境内。为了维持在巴基斯坦境内的行动能力，这部分暴恐组织与巴基斯坦境内本土的教派组织勾连加强，进而将部分行动能力转移到俾路支省、信德省交界等安保薄弱地区。各暴恐组织转入了蛰伏和再网络化。据称，巴基斯坦境内的若干宗教极端武装重新结成暴恐行动同盟，其中包括“巴塔”及其各分支组织和“简戈维军”等。在此背景下，暴恐组织出现了意识形态、作案目标和手法趋同，暴力化加剧的态势。

第二十五章　喀布尔哈拉扎人遭特大恐袭案

当地时间 2016 年 7 月 23 日，在阿富汗首都喀布尔进行示威游行的哈拉扎人遭“伊斯兰国”自杀式炸弹袭击，造成重大人员伤亡。“伊斯兰国”在阿富汗重新崛起，阿富汗安全形势恶化，前景不容乐观。

第一节　案件全景

一、事件经过

2016 年 7 月 23 日上午开始，数千名阿富汗哈扎拉族民众走上街头，抗议一条主要输电线的铺设路线的改变，而同样规模、参与者和诉求的游行在 5 月 16 日也曾发生过。哈扎拉族是阿富汗信仰什叶派穆斯林的少数民族，上届阿富汗政府敲定的一条经由塔吉克斯坦进入阿富汗的输电线路项目，原计划是经过哈扎拉族民众聚居的巴米扬省，预计可为当地经济民生发展带来好处，但随后线路计划发生了改变，哈扎拉族民众因此走上街头，通过相对和平的方式表达利益诉求。据后来阿富汗政府声明称，共有 3 名自杀式袭击者参与此次袭击，其中 1 名袭击者在游行民众中引爆了身上的爆炸装置，另外 1 人未能发动有效袭击，第三名袭击者被阿富汗安全部队击毙。有目击者说，安全人员在爆炸发生后立刻朝天鸣枪示警，驱散人群，并发现第二名袭击者向救助伤员的人群冲去。事后，极端组织“伊斯兰国”宣称对该起袭击事件负责。此次袭击是“伊斯兰国”首次在阿富汗首都发动袭击，引发了外界对于“伊斯兰国”在阿富汗势力日益增长的担忧。阿富汗情报部门匿名消息称，位于阿东部楠格哈尔省阿钦区的“伊斯兰国”分子指派 3 人施袭。阿富汗塔利班否认涉嫌，称此案是“图谋挑起内战”。旨在为“呼罗珊省”核心据点“减压”。2016 年 1 月，奥巴马授权驻阿富汗美军对“伊斯兰国”进行空中打击；近期，在美军配合下，阿富汗军加大了在楠格哈尔省的打击力度，初步遏制“呼罗珊省”在阿富汗东部的扩张态势。日前，阿富汗总统加尼视察楠格哈尔前线第 201 军时，指示要与“伊斯兰国”决战，一举消灭东部的“伊斯兰国”势力。驻阿富汗美军司令尼克尔森披露，已在楠格哈尔省将“伊斯兰国”限制在阿钦等 3 区，而 2015 年“伊斯兰国”最盛时在该省 9 区具有存在。

二、各方反应

阿富汗总统加尼 7 月 23 日向全国发表电视讲话，对此次爆炸袭击予以谴责，并宣布 24 日为全国哀悼日。巴基斯坦总理谢里夫同日强烈谴责喀布尔爆炸袭击，表示恐怖主义是巴阿两国面临的共同敌人，两国必须携手努力打击恐怖主义威胁。中国外交部发言人陆慷 24 日表示，中方对阿富汗喀布尔发生恐怖袭击事件，造成重大人员伤亡深感震惊，对这一恐怖行径予以强烈谴责，“中方将继续坚定支持阿富汗政府和人民为打击恐怖主义、维护国家稳定和人民安全所作的不懈努力”。俄罗斯官方声明则强烈谴责这起针对平民的暴力事件，并重申俄方已准备好持续以最积极行动，将与阿国当局和人民一同打击各种形式的恐怖主义。联合国安理会 23 日发表媒体声明，“以最严厉的言辞谴责”当天发生在阿富汗首都喀布尔的恐怖袭击事件。声明重申，安理会对塔利班、“基地”组织以及“伊斯兰国”等极端组织给阿富汗安全局势造成的威胁表示严重关切，认为任何形式的恐怖主义都是犯罪活动。声明强调，必须将恐怖主义行径的实施者、组织者、资助者和支持者绳之以法，同时敦促所有国家按照国际法和安理会相关决议规定的义务，与阿富汗政府积极合作。声明说，没有任何暴力与恐怖活动能够阻止由阿富汗人主导的和平进程。阿富汗和平进程有利于促进阿富汗实现和平、民主和稳定，并得到了阿富汗政府和人民以及国际社会的支持。时任联合国秘书长潘基文也通过其发言人发表声明，谴责这起恐怖袭击事件。联合国驻阿富汗援助使团发表了紧急声明，强烈谴责这起针对平民的暴力恐怖事件。使团负责人山本忠通在声明中表示，这种故意针对大规模聚集的平民的恐怖袭击相当于“一种战争犯罪”。而同日北约“坚定支持”任务部队也在谴责声明中称这一事件的制造者是“阿富汗和平的敌人”。

第二节　经验教训分析

首先，“伊斯兰国”谋求在阿富汗扎根，威胁大增。其一，巩固势力范围。在东部“乱中求生”。“伊斯兰国”在靠近阿巴边界的库纳尔、楠格哈尔、卢格尔三省最为活跃，吸引当地“阿塔”及被巴军赶到这里的“巴基斯坦塔利班”投奔。阿军的打击行动同时针对“伊斯兰国”和“阿塔”，给“伊斯兰国”提供了利用矛盾的机会。阿军前线长官第 201 军司令瓦齐里披露，“伊斯兰国”在当地有近2000人，且财源充足。阿富汗学者称，“伊斯兰国”在联合打击下战损虽多，但兵员补充顺畅；加之控制边界地区，打通了阿巴后勤通道，染指走私犯罪以补充财源。此外，“伊斯兰国”还新建暴恐训练营，招募青少年，为长期“圣战”做准备。觊觎东北部。此前，从巴基斯坦部落区逃窜至阿富汗东北部的“乌兹别克斯坦伊斯兰运动”（“乌伊运”）以及脱胎于“乌伊运”的乌兹别克裔“真主军”均已效忠“伊斯兰国”，并以“伊斯兰国”旗号活动，在社交网络大搞暴恐煽动和人员招募。有消息称，已有部分来自阿富汗东北部巴格兰、昆都士等省的乌兹别克、塔吉克青年赴楠格哈尔为“伊斯兰国”卖命。不过，这股势力在东北部立足不稳，受到阿军、“阿塔”双重挤压，亦未获当地部落支持。“伊斯兰国”重视在“呼罗珊”地区扩张。“呼罗珊”地区（主要包括巴基斯坦、阿富汗、伊朗东部和中亚部分地区）对“伊斯兰国”意义特殊，一些伊斯兰文献认为“呼罗珊”是穆斯林末世决胜的兴起之地，“伊斯兰国”也热衷炒作此说法并率先建立“呼罗珊省”。“呼罗珊省”与“伊斯兰国”在伊、叙本部的联系正在加强，虽不受直接指挥，但有报道称2015年曾收到本部数十万美元支持。

其二，大搞教派冲突。“伊斯兰国”思想极端，认定所有非穆斯林为异教徒，尤其要将什叶派异端赶尽杀绝。阿巴教派林立，宗教冲突不断，“伊斯兰国”与阿巴境内专门袭击什叶派的恐怖组织狼狈为奸，借此兜售极端思想，扩大影响，在南亚制造更大的宗教混乱。2016年7月23日，“伊斯兰国”在阿富汗首都喀布尔对哈扎拉示威人群发动自杀式袭击，造成81人死亡，260余人受伤。11月21日，喀布尔市区西部一座什叶派清真寺遭遇自杀式炸弹袭击，导致至少27人死亡，64人受伤。“伊斯兰国”宣称对袭击负责。

其三，加大宣传招募。前驻阿美军司令约翰·坎贝尔估计阿富汗境内“伊斯兰国”武装有1000—3000人，美国2016年对其发动约140次空袭，“伊斯兰国”折损较大。为此，“伊斯兰国”一面加大网络渗透，设立“哈里发之声”无线广播电台，在其所控的楠格哈尔省等地循环播放，捕获大批拥趸。另方面，“伊斯兰国”已在巴达赫尚省和昆都士省建立多个武装训练营，参训者近5000人。

其四，联系中东核心。扩张伊始，“伊斯兰国”仅有约70名伊叙人员进入南亚，重在纠合“阿塔”“巴塔”等残余重组包装，推动“伊斯兰国”在南亚的本地化。目前，“伊斯兰国”位于伊叙的人员赴南亚的案例大增。据阿富汗地方官员透露，手中握有“伊斯兰国”南亚人员与总部往来的直接证据，“伊斯兰国”总部为南亚扩展提供直接支持。同时，“伊斯兰国”麾下的车臣裔和中亚裔等成员也赶赴支援。

其次，阿富汗塔利班再换头目，持续攻城略地，威胁难控。2016年5月21日，经奥巴马授权，驻阿美军无人机越过巴阿边界进入巴基斯坦俾路支省，炸毁一辆行进中的汽车，击毙车内2人。5月23日，美国国防部、白宫先后发布国防部长和总统声明，宣布美军在空袭中斩首阿富汗塔利班大头目阿赫塔尔·曼苏尔。此前，阿政府长官阿卜杜拉·阿卜杜拉、国家安全局均证实美军空袭打死曼苏尔。自此，上任不足一年的曼苏尔夭折，塔利班再遇变故。随后，塔利班内部立刻召开紧急会议，推选出原二号头目海巴图拉（前司法负责人）出任新的头目。其上台后继续推动“春季攻势”，不接受和谈，大肆发动恐袭报复，连续袭击境内外国目标、宗教场所等地，同时向昆都士、赫尔曼德和坎大哈等多地发起攻击，造成巨大伤亡。如11月10日，德国驻阿富汗马扎里沙里夫领事馆深夜遭遇阿富汗塔利班武装人员的汽车炸弹袭击。袭击造成至少6人死亡，上百人受伤。同时，在阿富汗塔利班的攻势下，阿富汗政府控制区域缩水。驻阿美军数据显示，从5—8月，阿富汗政府失去对2%领土控制权。所控制和影响的区域从5月的65.6%降至8月的63.4%。7月，阿富汗“独立治理委员会”数据显示，阿富汗116个县面临严重安全威胁，其中有10个遭阿富汗塔利班控制，主要位于赫尔曼德、查布尔、帕克提卡、加兹尼、巴达赫尚及萨尔普勒省。此外，还有91个县面临中度安全威胁。

此外，阿富汗塔利班一直是南亚暴恐势力的“带头大哥”，常年在阿富汗为其他国际恐怖组织提供庇护。新头目海巴图拉上台后，该组织依然受“拥戴”。“基地”“巴塔”和“伊斯兰圣战联盟”等表态支持或效忠，与之共组暴恐同盟。目前在阿富汗有来自中东、中亚与巴基斯坦约7000名外籍恐怖分子，大部分都归属阿富汗塔利班。同时，大量外籍圣战势力参与“阿塔”的“春季攻势”。外籍势力受“阿塔”庇护，共同参加战斗，已成搅乱阿富汗局势的重要力量。

再次，国际暴恐势力扎根阿富汗，令阿富汗局势雪上加霜。受巴基斯坦打恐行动和中东“暴恐并发症”的影响，阿富汗成为众多恐怖势力的逃难天堂，并在此发展壮大。一是“基地”组织暗流涌动，加速崛起。其一，开辟巴阿暴恐走廊。为躲避打击，“基地”组织加速从巴向阿转移，势力范围由北部库纳尔、努尔斯坦等省向阿南部省份和一些偏远地方渗透。美CNN 2016年4月表示，“基地”组织在阿富汗非常活跃，多处城市设有重要据点。美国驻阿富汗军官布坎南在节目中表示，他们在坎大哈歼灭了一个“基地”组织次大陆分支训练营，里面人员达150名。其二，人员隐藏，数目巨大。目前美国军方预测，阿富汗仍遍布至少300多位“基地”组织核心领袖。阿富汗国防部部长斯塔内克扎伊2016年4月也表示，“基地”组织开始躲在偏远城镇培养势力，外界难以发现，在阿富汗拥有巨大关系网，将以新的形式继续扩大，并策划下一轮更大规模的反攻。

最后，阿富汗军警力量有限，难以遏制暴恐态势。2014年底，美及北约军队结束作战任务，此后阿军警全面承担国土安防责任。尽管阿富汗军警组织阿富汗塔利班控制人口中心及交通要道，但遭严重伤亡。

2012—2014年，阿富汗安全部队伤亡分别为2765人、4350人、4634人。2015年高达7000名阿富汗军警丧生，另有1.2万人受伤，同比增长27%。2016年1—8月中旬，高达5523名阿军警阵亡，另有9665人受伤，同比再增9%。鉴于阿军警规模有限，无法承受如此高战损。此外，阿军警在火力支援、后勤保障、医疗救护和空中力量方面依然依赖外部支持。阿军清剿作战极度依赖近距离空中支援，部队机动性和后勤保障能力差，难以应对武装、暴恐势力分散作战。杜斯塔姆、阿塔·努尔的武装力量也并未实现北方稳定，路透社披露阿富汗官方机密调查报告称北方治安陷入崩溃。

第四部分

国际恐怖活动与反恐怖斗争大事记

2016 年大事记

1月

1月1日，阿富汗首都喀布尔一家外国人和阿富汗官员经常光顾的法国餐厅遭自杀式炸弹袭击，袭击者当场身亡，另有1人死亡，4人重伤。自杀式袭击者在餐厅门口引爆了炸弹。阿富汗塔利班武装宣称制造了这次袭击。

1月1日，德国巴伐利亚内政部长在新年夜之际警告说，有信息表明恐怖组织“伊斯兰国”在策划针对车站的自杀式炸弹袭击，市民应该尽量远离人群密集的地方。

1月1日，联合国伊拉克援助团发表公报说，2015年伊拉克境内发生的暴力冲突和恐怖袭击造成至少7515人死亡，14855人受伤。

1月1日，在伊拉克的拉马迪，10名伊斯兰国自杀式炸弹袭击者发动炸弹袭击，导致3人死亡，17人受伤。

1月2日，沙特阿拉伯内政部发布声明说，该国司法机关当天在全国处决了47名犯有恐怖主义罪行的囚犯。这47人违反伊斯兰教规、煽动教派间仇恨与暴力、破坏沙特国家安全与稳定。

1月3日，伊拉克军队大本营疑似遭到“伊斯兰国”的袭击，5名恐怖分子从西大门攻入伊拉克警察训练营，导致 15 人死亡，22 人受伤。

1 月 3 日，随着美国把反恐焦点转向极端组织“伊斯兰国”，在阿富汗东山再起的“基地”组织将是各国在 2016 年不可忽视的一大威胁。专家指出，虽然“伊斯兰国”和“基地”组织之间存在分裂，但它们可能重归于好。

1 月 3 日，阿富汗北部城市马扎里沙里夫的印度领事馆遭袭，2 名自杀式袭击者在领事馆附近的一家旅店入口处引爆身上的炸弹，其他武装分子随后攻占这家旅店，并向印度领事馆发动袭击。阿富汗军警赶到现场后与武装分子激烈交火。2 名自杀式袭击者当场死亡。

1 月 4 日，阿富汗首都喀布尔国际机场附近发生两次强烈爆炸，自杀式袭击者引爆了装在车上的炸弹，2 名袭击者被炸身亡，30 人受伤，附近商店和居民房屋受到不同程度损坏。

1 月 4 日，“伊斯兰国”武装分子在锡德拉湾地区制造了两起汽车爆炸事件，紧接着在该区域的 4 个地点发动了武装袭击，试图控制整个地区进而获得此处的油港。该区域附近的石油重镇拉斯拉努夫遭到攻击，炸弹击中储存库里的 42 万桶石油，引发大型火灾。袭击造成 3 名安保人员身亡，另有 5 人受伤。

1 月 5 日，也门亚丁市发生针对政府高级官员的汽车炸弹袭击事件，3 名也门政府高官在爆炸中幸存，有 1 名警卫死亡，另有 8 名警卫受伤。

1 月 5 日，印度驻阿富汗东部城市贾拉拉巴德的领事馆附近发生爆炸，爆炸中无人受伤。爆炸物被放置在一个垃圾桶中，爆炸时，一个警察车队正在经过。

1 月 5 日，埃及军方发表声明说，埃及安全部队在北西奈省共打死至少 61 名极端分子，并逮捕 10 人。

1 月 7 日，利比亚西部城镇兹利坦的一处警察训练中心遭到袭击，一辆油罐车向中心发起炸弹袭击，造成至少 50 人死亡，127 人受伤。

1月7日，恐怖组织“伊斯兰马格里布基地组织”发布视频，称将在那不勒斯、罗马及马德里等地发动恐怖袭击。在该组织发布的视频中展示了一些恐怖袭击行动，还有部分在马里的恐怖组织成员的镜头。

1月7日，埃及吉萨金字塔附近的一家旅店遭枪手袭击，旅店门窗和附近一辆客车受损，没有造成人员伤亡。8日，效忠“伊斯兰国”的极端组织“耶路撒冷支持者”通过社交网站宣称制造这一事件，并称袭击针对犹太游客。

1月8日，利比亚关键产油区检查站遭自杀式炸弹攻击，造成包括1名婴儿在内的6人死亡，“伊斯兰国”宣称对事件负责。

1月8日，喀麦隆极北大区丹克镇一清真寺发生一起自杀式爆炸袭击事件，1名被怀疑是极端组织“博科圣地”的自杀式袭击者引爆炸弹，袭击者当场死亡，另有3名祈祷者受伤。

1月8日，“伊斯兰国”在埃及的分支宣称，他们炸毁了向约旦输送天然气的管道和西奈半岛北部的一处主要工业区。随后，埃及安全部队确认，袭击者在西奈半岛密丹区附近的天然气管道下面燃放了炸弹，但炸弹未造成人员伤亡。

1月9日，阿富汗内政部发表声明称，阿富汗安全部队在全国多地的新一轮军事行动中，击毙了43名武装分子。

1月9日，伊拉克军方宣称，“伊斯兰国”组织头目巴格达迪的第二名副手在伊拉克空军对巴瓦纳市的空袭中丧生。

1月10日，土耳其警方在多地展开反恐行动，逮捕了33名疑似“伊斯兰国”极端组织成员。

1月10日，德国宣布将指派专家前往利比亚帮助其训练军队，以打击“伊斯兰国”恐怖组织。

1月11日，伊拉克首都巴格达市及东部迪亚拉省发生多起爆炸袭击，导致至少30人死亡，71人受伤。一伙武装分子在巴格达市东部一座人流密集的商场门口引爆汽车炸弹，随后2名武装分子在商场内引爆了身上的炸药，其余武装分子挟持部分平民作为人质，并与伊拉克特种部队和警察交火。极端组织“伊斯兰国”随后发表声明，宣称制造了这起袭击事件。

1月11日，伊拉克巴格达，宗教激进分子在一家购物中心发动了自杀式爆炸袭击，导致至少18人死亡，50人受伤。

1月12日，土耳其伊斯坦布尔市中心发生爆炸，造成10人死亡，15人受伤。土耳其总统埃尔多安表示，爆炸是由1名“有叙利亚背景”的自杀式炸弹袭击者实施的。袭击发生后，土耳其警方在全国5个省展开反恐突袭行动，共逮捕59名疑似恐怖组织“伊斯兰国”人员。

1月12日，伊拉克巴古拜，发生一起敢死队自杀式爆炸袭击，导致4人死亡，1人受伤。

1月13日，阿富汗楠格哈尔省首府贾拉拉巴德市巴基斯坦领事馆附近发生袭击事件。极端组织“伊斯兰国”宣称对此次袭击负责。

1月13日，马来西亚警方表示，过去3年已有17名马来西亚恐怖分子效忠“伊斯兰国”，在叙利亚和伊拉克战场丧生。

1月13日，喀麦隆极北大区库雅皮村的清真寺发生一起自杀式爆炸袭击事件，1名袭击者引爆了自身携带的炸弹，造成至少13人死亡。

1月13日，伊拉克巴格达，和平宗教在一处市场制造了爆炸袭击，导致2人死亡，6人受伤。

1月13日，巴基斯坦西南部城市奎达一间疫苗接种中心附近发生爆炸袭击，导致至少14人身亡，20余人受伤。遇难者大部分为保护接种医务人员的警察。

1月13日，3名俄罗斯公民因涉嫌与“伊斯兰国”分支有联系在土耳其遭扣押，俄方表示，不能把扣押与爆炸事件直接挂钩。

1月14日，土耳其总理达武特奥卢说，土耳其军方过去48小时内对伊拉克和叙利亚境内的极端组织“伊斯兰国”目标发动袭击，共打死200 名武装分子。

1 月 14 日，印度尼西亚雅加达，5 名自杀式炸弹袭击者在一处集购物餐饮于一体的商业区制造了数起爆炸和枪击事件，共致 20 人受伤，7 人死亡，其中有 5 人是恐怖主义嫌犯，2 人是平民。印度尼西亚警方说，1 名叫巴赫鲁姆·纳伊姆的印尼籍“伊斯兰国”武装分子策划了此次爆炸案。这名武装分子成立了一个恐怖组织，希望借发动此次袭击，成为“伊斯兰国”在印尼的“代表”。

1 月 14 日，土耳其媒体报道，土耳其 2015 年逮捕了来自 57 个国家和地区的共 961 名极端组织“伊斯兰国”成员。

1 月 14 日，土耳其东南部迪亚巴克尔省一家警察局遭到汽车炸弹袭击，已经导致至少 5 人遇难，36 人受伤。

1 月 15 日，索马里“青年党”袭击了非盟位于索马里南部盖多地区的一处军事基地，造成数十名非盟士兵死亡。索马里“青年党”武装分子用装载着炸弹的汽车炸开了军事基地的大门。

1 月 15 日，非洲布基纳法索首都瓦加杜古市一间多为西方游客及联合国职员入住的酒店遭数名持械的蒙面男子袭击，至少造成来自 18 个国家的 29 人遇难。“基地”组织非洲分支“伊斯兰马格里布基地组织”宣称对袭击负责。布基纳法索安全部队随后对遭袭酒店展开强攻。1 月 16 日，布基纳法索安全部长说，遭袭酒店的人质解救行动已经结束。安全部队疏散了至少 126 名人质，包括 33 名伤者，4 名袭击者死亡。

1 月 15 日，叙利亚哈塞克，1 名自杀式炸弹袭击者在一处居民区制造爆炸，导致 2 人死亡，6 人受伤。

1 月 16 日，泰国国家警察总署副总长诗哇拉警宣布，全国采取 16 项措施严防发生恐怖袭击事件，下令警方加强对所有政府公务部门、商场、机场、客运站、大使馆以及各旅游景点的安全监控措施，同时要求有关部门加强搜集情报，边境移民警察加强监控入境者身份核查，特别是南部边境口岸。

1月16日，叙利亚，“伊斯兰国”在一处小镇发动了自杀式爆炸袭击，并挨家挨户进行搜查斩首，这场袭击导致了300人死亡，400人受伤。

1月17日，阿富汗东部楠格哈尔省首府贾拉拉巴德市发生自杀式炸弹袭击，1名自杀式袭击者在1名省议员的住所入口附近引爆身上的炸弹，造成至少13人死亡，16人受伤。

1月17日，英国外交部长哈蒙德指出，自2012年以来，英国成功阻止了600名英国人前往叙利亚加入恐怖组织“伊斯兰国”和其他极端组织。

1月17日，也门南部亚丁省安全长官的住宅遭遇汽车炸弹袭击，造成至少8人丧生，12人受伤。

1月17日，位于阿富汗首都喀布尔的意大利大使馆附近遭到袭击，不明身份的武装分子朝意大利大使馆方向发射了两枚火箭弹，造成使馆2名安全人员受伤。

1月18日，喀麦隆一处清真寺遭到自杀式炸弹袭击，造成4人死亡。

1月18日，驻扎在巴基斯坦西部城市奎塔的准军事部队遭到炸弹袭击，造成至少5名士兵遇难，另有3名士兵受伤。

1月18日，泰国南部一家餐厅被不明身份人士丢入一颗手榴弹。手榴弹爆炸造成1人遇难，7人受伤。就在此次袭击后，餐厅入口处又发生了一起自制炸弹爆炸事件，但所幸未造成人员伤亡。警方认为，此次袭击事件是来自邻府的分离分子所为。

1月19日，联合国发布了一份报告指出，从2014年1月1日起至2015年10月31日，伊拉克境内共有18802名平民遇害身亡，另有

36245 人受伤。

1 月 19 日，土耳其军方人士表示，土耳其计划在索马里设立军事基地，其目的是对索马里和其他非洲国家的官兵进行反恐训练。

1 月 19 日，巴基斯坦西北部城市白沙瓦一个警察哨所遭自杀式炸弹袭击，造成 11 人死亡，21 人受伤。巴基斯坦塔利班称对此次袭击负责。

1 月 19 日，巴基斯坦贾马鲁德，敢死队在一处市场制造一起自杀式爆炸袭击，导致 12 人死亡，包括 1 名儿童，39 人受伤。

1 月 20 日，一辆装有炸弹的汽车在阿富汗首都喀布尔达鲁尔阿曼路爆炸，造成 4 人死亡，24 人受伤。爆炸发生在俄罗斯大使馆对面的建筑物旁边。塔利班武装组织宣布对此次事件负责。

1 月 20 日，新加坡内政部说，新加坡安全部门此前逮捕了 27 名涉嫌从事恐怖主义活动的孟加拉国人，其中 26 人已被遣返回国。

1 月 20 日，一伙武装分子袭击了巴基斯坦北部开伯尔—普赫图赫瓦省恰尔萨达的帕夏汗大学，导致至少 21 人遇难，多人受伤。军警人员进行了 5 个多小时的清剿行动，打死 4 名枪手。

1 月 20 日，印度尼西亚政府考虑立新法，禁止到海外参与极端组织的公民回国，并加重对恐怖行为的刑罚。

1 月 20 日，伊朗伊斯兰议会国家安全与外交政策委员会发言人莫赫谢尼萨尼表示，伊朗安全部队已抓获沙特驻德黑兰使馆遭袭事件的主要组织者。

1 月 20 日，阿富汗首都喀布尔发生自杀式炸弹袭击，造成至少 7 人死亡，另有 25 人受伤。袭击目标是当地一电视台的员工班车，此类直接针对平民的袭击近年来非常罕见。

1 月 20 日，印度警方逮捕 4 名疑似“伊斯兰国”恐怖分子，这些人计划在“印度共和日”当天攻击国家首都区的大型购物商场，及位于哈里德瓦的印度教朝圣圣地。

1月21日，埃及吉萨地区当晚发生爆炸，造成至少6人遇难，包括3名警察和1名路过的平民。一个宣称隶属于极端组织“伊斯兰国”的埃及恐怖组织表示对此次袭击负责。

1月21日，索马里首都摩加迪沙丽都海滩区发生连环自杀式袭击，一家海滨酒店和一家海鲜餐厅遇袭，警方称至少20人身亡。激进组织索马里“青年党”声称对此次袭击负责。

1月21日，埃及吉萨，“伊斯兰国”在一个旅游景点制造了爆炸袭击，导致10人死亡，13人受伤。

1月23日，阿富汗贾拉拉巴德，印度驻阿富汗领事馆附近发生2起爆炸袭击，导致2人死亡，2人受伤。

1月24日，埃及东部省发生一起枪击事件，武装分子驾驶3辆摩托车冲向一个检查站并向其开火射击，造成2名警察和附近的1名农民死亡，另有4名平民受伤。

1月24日，就在马来西亚政府将在吉隆坡举办19国参与的反恐国际会议之际，警方宣布逮捕7名极端组织“伊斯兰国”的成员，再度挫败这个组织意图发动恐袭的阴谋。

1月25日，土耳其首都安卡拉警方逮捕了10名涉嫌为极端组织“伊斯兰国”招募成员的人。

1月25日，马来西亚总理纳吉布称，“伊斯兰国”对马来西亚构成“非常真实的”威胁；“伊斯兰国”在当地的分支发布视频威胁对马来西亚发动袭击，因为马来西亚逮捕其支持者。

1月25日，欧洲刑警组织宣布，正式启动欧洲反恐中心。该中心将协助欧盟成员国在打击外籍“圣战”分子、追查恐怖组织资金来源、打击互联网煽动行为和武器走私等方面加强情报共享与行动协调。欧洲刑警组织警告说，极端组织“伊斯兰国”已经在欧洲设立秘密的训练营地，用以培训成员，图谋在欧盟国家发动“特种部队式”的袭击。

1月25日，喀麦隆博多，一处市场的入口处遭到了自杀式炸弹袭击，导致28人死亡，65人受伤。

1月26日，“伊斯兰国”对叙利亚政府控制的霍姆斯省一安全检查站发动连环自杀炸弹攻击，造成至少30人丧生，100余人受伤。

1月26日，马来西亚副总理阿末扎希表示，马来西亚将成立东盟首个反恐信息中心，以打击网络空间的暴力极端主义。

1月27日，欧洲刑警组织代表称，该组织每年将拨出750万欧元用于与欧洲反恐中心的合作。

1月27日，尼日利亚北部奇博克镇发生自杀式爆炸袭击，2名女孩在当地市场引爆自杀式腰带，导致至少12人死亡。

1月27日，尼日利亚奇伯克地区一处蔬菜市场遭到自杀式炸弹袭击，导致16人死亡，32人受伤。

1月28日，也门总统哈迪在南部城市亚丁的总统官邸附近发生自杀式爆炸袭击。爆炸导致了多人伤亡。

1月29日，埃及北西奈省一辆载有多名警察的装甲车在阿里什市执行巡逻任务时遭遇路边炸弹袭击，造成2名警察死亡，5人受伤。

1月29日，为了加强反恐力度，法国政府拟修改宪法以强化总统权限，包括剥夺与恐怖主义有关的双重国籍者的法国国籍。

1月30日，尼日利亚东北部博尔诺首府迈杜古利市郊两座村镇遭遇武装袭击，造成86人死亡，多人受伤。

1月31日，敢死队自杀式炸弹袭击者在叙利亚一处清真寺外杀害了71人，包括5名儿童在内，110人受伤，“伊斯兰国”对此宣称负责。

2月

2月1日，阿富汗首都喀布尔的一处警察局附近遭汽车炸弹袭击，造成至少1人遇难，另有16人受伤。塔利班武装在其“推特”上宣布对此事件负责。

2月1日，俄罗斯《生意人报》援引俄罗斯情报部门的消息称，土耳其极右翼组织“灰狼”可能参与对在埃及西奈半岛坠毁的俄罗斯A321客机的恐怖袭击。

2月1日，在索马里摩加迪沙，“青年党”的迫击炮袭击导致1名儿童死亡，5人受伤。

2月1日，阿富汗喀布尔发生一起敢死队自杀式爆炸袭击，导致20人死亡，29人受伤。

2月2日，美国国务卿克里表示，阿富汗已正式加入打击极端组织“伊斯兰国”的国际联盟。

2月2日，尼日利亚军方官员称，一艘载有外国籍员工的商船被尼日利亚分裂分子劫持。分裂分子威胁将炸掉商船，除非当局能够释放1名头目。

2月2日，美国官员透露，国防部长卡特拟在新一年的国防预算案中拨出逾70亿美元，以打击极端组织“伊斯兰国”。在2015年的美国国防预算案中，打击“伊斯兰国”的预算为53亿美元。

2月2日，马来西亚登州总警长拿督罗斯里指出，马来西亚警方将全面加强监督海陆空进出口，避免让“伊斯兰国”恐怖组织有机可乘渗入该国威胁民众。

2月2日，欧盟委员会公布了新的严格安全措施以及时发现并堵截恐怖组织的资金来源。

2月2日，印度尼西亚安全部长卢胡特·潘查伊坦透露，为了应对极端组织“伊斯兰国”所带来的潜在威胁，印尼已部署7个部门投入到全国的反激进主义运动中。

2月2日，伊拉克巴格达，“圣战者”发动一系列炸弹袭击，导致6名伊拉克人死亡，27人受伤。同日，在迈达，恐怖分子在一家咖啡馆附近引爆炸弹，导致 2 名路人死亡；在阿布扎比，18 名伊拉克人遭到“伊斯兰国”的自杀式炸弹袭击身亡。

2 月 2 日，索马里摩加迪沙，发生一起自杀式炸弹袭击，袭击者当场死亡，事故造成 2 人受伤。

2 月 2 日，索马里一架客机起飞后不久疑似遭遇爆炸，一侧机身出现破洞，导致 1 名乘客被吸出机舱后坠亡。索马里官员 6 日证实，该客机爆炸由炸弹引起，而被吸出机舱后坠亡的那名乘客被怀疑正是自杀式炸弹袭击者。

2 月 3 日，叙利亚恐怖组织“努斯拉阵线”1 名头目在叙利亚空军空袭该国北部期间被炸身亡。

2 月 3 日，俄罗斯驻突尼斯大使谢尔盖·尼古拉耶夫称，俄罗斯和突尼斯准备在打击恐怖主义、核能和医疗等领域进行合作。

2 月 3 日，土耳其舍尔纳克省国会议员费萨尔·萨雷伊德斯发表声明称，80 多名土耳其公民在土东南部舍尔纳克省的反恐行动中死亡。

2 月 3 日，利比亚班加西，一座小镇遭到“伊斯兰国”的袭击，导致 3 名守卫死亡，13 人受伤。

2 月 4 日，沙特航空公司一架由西班牙马德里飞往沙特首都利雅得的航班当天遭炸弹威胁，机上乘客被疏散，事发机场进入预警状态。

2 月 4 日，也门政府官员说，美国无人机当天在也门南部阿比扬省沙漠地区炸死“基地”组织阿拉伯半岛分支 1 头目贾拉勒·巴雷迪及其 2 名保镖。巴雷迪近期脱离“基地”组织，加入了极端组织“伊斯兰国”也门分支。

2 月 4 日，希腊警察总署表示，担心有人借助遥控无人机，对议会或其他政府大楼实施恐怖袭击。

2 月 4 日，德国联邦宪法保护局局长马森表示，极端组织“伊斯兰国”成员已假扮成难民潜入欧洲。

2月4日，美国白宫公布情报机构一项报告称，极端组织“伊斯兰国”目前在叙利亚和伊拉克的武装分子人数约为2.5万人，比之前所估计的3.1万人略有下降。

2月4日，德国警方宣布在一次大规模行动中逮捕3名阿尔及利亚人，这些人被怀疑与“伊斯兰国”组织有关联，并意欲在柏林发动恐怖袭击。

2月4日，伊拉克巴格达，伊斯兰恐怖分子制造了一系列炸弹袭击，导致9人死亡，33人受伤。

2月4日，联合国驻马里维和部队称，维和部队在该国延巴克图市的一处驻地外发生自杀式汽车炸弹袭击。维和部队与袭击者展开了枪战，至少有1名维和部队士兵受伤。

2月5日，印度尼西亚警方警告，叙利亚极端组织“伊斯兰国”3名印尼籍圣战分子争上位的权力斗争，可能会在东南亚地区引发一系列恐怖袭击。

2月5日，索马里首都摩加迪沙发生汽车炸弹爆炸，至少2人死亡。

2月5日，美国社交网站推特说，自2015年年中以来，“推特”已经冻结了12.5万个涉及恐怖主义的账户。

2月5日，联合国公布的报告说，全球已有34个团体宣誓效忠极端组织“伊斯兰国”。该组织已成为世界最富有的恐怖组织，对国际和平与安全造成的威胁“史无前例”。

2月5日，叙利亚阿勒颇，发生两起“伊斯兰国”自杀式汽车炸弹袭击，导致35名叙利亚人死亡，24人受伤。

2月5日，索马里摩加迪沙，一家药房门口发生一起汽车炸弹袭击，导致3人被烧死，其中包括1名妇女。

2月6日，巴西南部城市奎达发生针对安全部队车队的炸弹袭击，造成至少7人死亡，17人受伤。

2月6日，阿富汗安全部队无人机在东部楠格哈尔省的袭击中消灭了至少28名“伊斯兰国”武装分子。

2月6日，巴基斯坦奎达发生一起自杀式炸弹袭击，导致10人死亡，包括1名儿童和1名妇女，35人受伤。

2月6日，伊拉克巴格达发生一起敢死队自杀式袭击，导致9人死亡，16人受伤。同日在费卢杰发生一起自杀式炸弹袭击，导致14名伊拉克人死亡。

2月6日，在尼日利亚扎姆法拉，“博科圣地”对一处村庄进行了2个小时的袭击，胡乱开火导致23名村民死亡，10人受伤。

2月7日，伊拉克巴格达，圣战分子投掷了4枚炸弹导致了7名伊拉克人死亡，22人受伤。

2月8日，阿富汗军方一辆巴士在北部巴尔赫省首府马扎里沙里夫遭遇自杀式炸弹袭击，造成包括袭击者在内的4人死亡，18人受伤。阿富汗塔利班武装已宣称制造了此次袭击。

2月8日，西班牙警方东部城市巴伦西亚和阿利坎特以及北非飞地休达展开行动，逮捕7名与“伊斯兰国”武装组织以及其他极端组织有牵连的嫌疑人。

2月8日，叙利亚哈塞克，“伊斯兰国”发动自杀式爆炸，9人死亡，4人受伤。

2月8日，索马里极端组织“青年党”负责情报工作的高级头目默哈德·穆罕默德·卡拉特与其他10名中级头目在索马里南部一处“青年党”营地内被非洲联盟部队击毙。

2月9日，叙利亚首都大马士革东北部地区遭汽车炸弹袭击，造成至少7人死亡，另有15人受伤。极端组织“伊斯兰国”随后在网上发布声明，声称实施了这次袭击。

2月9日，在叙利亚大马士革，1名敢死队自杀式炸弹袭击者杀死8

名平民。

2月10日，喀麦隆北部恩戈特切维一个葬礼上发生一起自杀式袭击，2名疑似来自极端组织“博科圣地”的自杀式袭击者在人群中引爆炸药，造成至少6人死亡，30人受伤。

2月10日，2名女性自杀炸弹客在尼日利亚东北部难民营引爆自己，造成至少56人丧生。

2月10日，伊拉克瓦法，发生一起自杀式袭击，导致2死5伤。同日在伊拉克塔吉，3名伊拉克人遭到爆炸袭击死亡，9人受伤。

2月11日，美国国家情报总监克拉珀说，2016年美国面对的主要安全威胁之一是本土极端分子发动袭击；其他主要威胁包括恐怖组织“伊斯兰国”在海外的攻击以及网络安全问题。

2月11日，在也门亚丁，圣战分子杀死了3名安全人员。

2月12日，联合国马里多层面综合稳定团（马里稳定团）位于马里北部城市基达尔的一处营地遭不明身份武装分子高射炮袭击，造成5人死亡，30多人受伤。

2月12日，在尼日利亚卡奇发，“博科圣地”谋杀了8名村民并且绑架了一些妇女和儿童。

2月13日，索马里极端组织“青年党”发表声明，宣称对索马里达洛航空公司飞机爆炸事件负责。声明说，袭击主要是为了报复土耳其，因为土耳其是北约成员国，而且干涉了索马里的国内事务，这些都是对索马里穆斯林宗教信仰的践踏。

2月13日，索马里安全部队收复了被极端组织索马里“青年党”占据的中南部一些小镇和村庄。

2月13日，伊拉克塔尔米耶，发生两起恶性爆炸袭击，导致5死5伤。同日在马哈茂迪耶，一处市场遭到穆贾希德炸弹袭击，导致2死7伤。

2月13日，阿富汗赫尔曼德发生两起自杀式爆炸袭击，导致5名阿富汗人死亡，7人受伤。

2月13日，在埃及西奈，一枚伊斯兰国的炸弹爆炸导致2名工兵死亡，1人受伤。

2月14日，印度一组安全巡逻队遭到虔诚军武装分子的袭击，导致2名成员死亡，2人受伤。

2月15日，布隆迪首都布琼布拉发生多起手榴弹爆炸事件，包括加油站、小学等5个地方发生手榴弹爆炸，造成1人死亡，30多人受伤。

2月15日，俄罗斯南部达吉斯坦共和国一交通岗附近发生一起汽车炸弹袭击，造成2人死亡，17人受伤。极端组织“伊斯兰国”在“推特”上宣布对此次爆炸案负责。俄罗斯联邦国家安全局称有一当地恐怖组织也参与此案。

2月15日，喀麦隆新闻部长宣布，喀麦隆军方于11—14日在尼日利亚东北部击毙了162名极端组织“博科圣地”武装分子，并摧毁其若干个兵工厂和大量武器。军方还从极端组织手中夺回了戈希镇，同时解救了约100名被极端武装分子挟持的平民。

2月15日，索马里总统在慕尼黑表示，尼日利亚极端组织“博科圣地”一直在索马里境内进行军事训练，然后再回到尼日利亚进行恐怖活动。

2月15日，伊拉克塔尔米耶，一处市场遭到圣战分子的爆炸袭击，导致3名路人死亡，8人受伤。

2月15日，索马里摩加迪沙，1名政府官员遭到圣战分子的汽车炸弹暗杀身亡，1人受伤。

2月15日，尼日利亚库达，“博科圣地”入侵了一所村庄并且向四处逃散的居民开火，导致6人死亡，20人受伤。

2月16日，菲律宾卡加延省巴高镇一座村庄发生武装分子纵火事件，警方赶到该村庄后，遭到反政府武装“新人民军”伏击，双方随后爆发激战，交火持续5个多小时，有6名警察身亡，另有15名警察受伤。

2月16日，美国总统奥巴马说，美国将继续阻止极端组织“伊斯兰国”在利比亚建立基地，并将对利比亚境内已确定的目标采取行动。

2月16日，菲律宾南部地区晚间发生一起路边炸弹袭击事件，造成4名路过的平民丧生，其中包括1名6岁的儿童。

2月16日，比利时警方在首都布鲁塞尔的多个区域进行搜查，逮捕了10名与极端组织“伊斯兰国”招募团伙有关的嫌疑人。

2月16日，欧盟委员会轮值主席国荷兰与法国联合提议欧盟国家共享“反恐名单”，两国均认为这是欧盟联手打击恐怖主义的关键性一步。

2月17日，一辆载有炸药的汽车在土耳其安卡拉市中心武装部队总参谋部总部附近的一辆军用汽车旁引爆，而事发地点距土耳其议会仅500米。爆炸共造成至少28人死亡，61人受伤。

2月17日，美军发言人史蒂夫·沃伦表示，美军在空袭中捣毁了多处“伊斯兰国”的现金存放点，销毁了价值数亿美元的现金。该组织成员的薪水现已锐减，部分成员的薪水减半。

2月17日，也门亚丁，一处军营的13名新兵遭到敢死队的自杀式炸弹袭击死亡，60人受伤。

2月18日，土耳其一辆正在迪亚巴克尔省执行任务的军车在行驶途中，遭遇库尔德工人党武装人员的自制炸弹袭击，6名土耳其安全部队士兵死亡，另有1人受伤。

2月18日，莫斯科市中心包括总统行政大楼在内的多地一天内接到了炸弹威胁电话，超万人被紧急疏散。

2月18日，巴基斯坦莫赫曼德，宗教极端分子制造了两场袭击，导致9名当地的安全人员死亡。

2月18日，“伊斯兰国”在叙利亚几个村庄制造了爆炸袭击，导致13人遇难，24人受伤。

2月19日，利比亚西北部城市塞卜拉泰的一个农业区遭到美军战机空袭，袭击至少造成41人死亡，6人受伤。美军战机空袭地点是极端组织“伊斯兰国”的一处训练营地，而空袭目标是该组织突尼斯籍高级头目舒沙纳，他参与组织策划了2015年发生在突尼斯的两起重大恐怖袭击事件。

2月19日，喀麦隆北部与尼日利亚接壤的极北大区一处集市发生一起自杀式袭击事件。袭击造成近20人死亡，50多人受伤。

2月19日，在喀麦隆米姆，4名圣战自杀式炸弹袭击者在一处市场和学校附近屠杀了24人，112人受伤。

2月19日，伊拉克哈尔丹，“伊斯兰国”的对一辆巴士发动了炸弹袭击，导致9名库尔德人死亡，9人受伤。

2月20日，法国南部的上科西嘉省警察局透露，警方在该省首府巴斯蒂亚一场游行示威活动前夕发现危险的爆炸物。

2月20日，也门阿瓦尔，“基地”组织袭击了一处小镇，导致3名守卫死亡。

2月21日，叙利亚霍姆斯市中心扎赫拉城区的西汀路发生两起汽车炸弹袭击事件，造成46人遇难，另有逾百人受伤。

2月21日，欧洲刑警组织负责人维恩怀特在接受德国《奥斯纳布吕克新报》采访时表示，欧洲目前正面临10年来前所未有的恐怖威胁，主要是来自“伊斯兰国”或者其他宗教恐怖组织的袭击。他认为，目前在欧洲大约有3000—5000名“圣战”分子。

2月21日，在叙利亚大马士革，一处什叶派清真寺和学校外发生一起恐怖的自杀式爆炸，导致83人死亡，178人受伤。同日，在叙利亚扎赫拉，“伊斯兰国”在一处商业街制造两起爆炸，导致59人死亡，200

人受伤。

2 月 22 日，印度尼西亚政府将在调整财政预算案时，额外拨款 1.4 亿美元给反恐部队，以购买武器、配备及完成反恐特遣部队新总部的建筑工程，加强反恐实力。

2 月 22 日，阿富汗东部帕尔万省发生一起自杀式爆炸袭击，袭击者驾驶一辆摩托车，在一家诊所附近用自杀式炸弹制造袭击，造成至少 14 人身亡，另有十余人受伤。

2 月 22 日，巴基斯坦警方在该国南部城市卡拉奇对一伙武装分子进行突袭，击毙了至少 12 名武装分子。

2 月 23 日，西班牙国民警察和摩洛哥警察在休达市（西班牙在北非的属地）和纳祖尔市展开联合反恐行动，逮捕了 4 名恐怖分子。

2 月 23 日，菲律宾军方发言人帕迪利亚表示，政府军本月 20 日起在菲律宾南部地区与“摩洛伊斯兰解放阵线”（“摩伊解”）武装分子交战，持续 3 天，击毙 20 名武装分子，政府军方面 3 人阵亡，6 人受伤。

2 月 24 日，利比亚塞卜拉泰，12 名当地的安全机构人员被“伊斯兰国”逮捕和斩首。

2 月 25 日，美国政府有意启动对“伊斯兰国”极端组织的网络攻击，并要求各大公司在社交网站上协助对抗极端主义。

2 月 25 日，伊拉克首都巴格达西北部 2 名携带腰带炸弹的自杀式袭击者在一处宗教场所发动袭击。第一名自杀式袭击者在信徒中间引爆炸弹；第二名袭击者则等到警方赶到现场进行救助时再引爆炸弹。袭击共造成至少 9 人死亡，另有 22 人受伤，“伊斯兰国”宣称对此次事件负责。

2 月 26 日，索马里首都摩加迪沙一酒店晚发生自杀式炸弹袭击，已造成至少 12 人死亡，16 人受伤。

2 月 27 日，阿富汗首都喀布尔市中心国防部附近发生自杀式袭击，造成 12 人死亡，8 人受伤。随后，阿富汗塔利班武装宣布制造了此次袭击。同日，恐怖分子在阿富汗东部库纳尔省阿萨达巴德市省长的住所附近发动爆炸袭击，导致13人死亡，40余人受伤。

2月27日，泰国南部北大年府警察局附近发生了一起汽车爆炸事件，导致7名警察，1名女性平民受伤。警方认为爆炸事件与泰国南部分离主义分子有关。

2月27日，沙特阿拉伯启动了20个国家参演的联合军事演习。此次军演代号“北方雷霆”，旨在协调各方努力以便打击恐怖主义。

2月28日，伊拉克首都巴格达东部萨德尔城的一个市场发生爆炸袭击，造成3人死亡，多人受伤。极端组织“伊斯兰国”已宣称此次袭击系他们所为。

2月28日道，索马里拜多亚发生两起自杀式炸弹袭击，导致至少30人遇难，另有约61人在爆炸中受伤。极端组织索马里“青年党”宣称负责。

2月29日，伊拉克米格达迪耶，一处葬礼遭到自杀式爆炸袭击，导致在场的40名哀悼者死亡，58人受伤。

3月

3月1日，4名极端组织“伊斯兰国”自杀式炸弹袭击者潜入伊拉克安巴尔省哈迪塞地区的一个军方总部，并发动袭击，造成1名军方高级官员以及5名士兵死亡，7名士兵受伤。

3月1日，索马里首都摩加迪沙西北部发生炸弹袭击，造成至少5名士兵死亡，8名士兵受伤。

3月1日，伊拉克哈迪塞发生一起自杀式炸弹袭击，导致8名伊拉克人死亡，8人受伤。

3月1日，在菲律宾达图萨利博，“邦萨摩洛伊斯兰自由战士”发动伏击，导致1死2伤。该组织是2008年从菲律宾主要反政府武装“摩洛伊斯兰解放阵线”分裂出来的反政府武装，有数百名成员，继续试图在菲律宾南部建立“伊斯兰国家”。

3月2日，在叙利亚库奈特拉，2名自杀式炸弹袭击者制造袭击，导致18名路人死亡，30人受伤。

3月2日，在阿富汗贾拉拉巴德，4名自杀式炸弹袭击者袭击了印度领事馆，导致2名平民死亡，19人受伤。

3月3日，在伊拉克阿布格莱布，一处市场遭到恐怖分子迫击炮袭击，导致2名平民死亡，10人受伤。

3月4日，一伙身份不明的武装分子袭击了也门亚丁市一家养老院，造成17人死亡。亚丁省一位高级官员说，武装分子发动袭击有可能受到极端组织“伊斯兰国”的指使。

3月4日，土耳其安全部门称，该国东南部省份马尔丁遭到库尔德工人党武装分子的袭击。袭击者使用了自杀式汽车炸弹和火箭弹，造成至少2名警察身亡，另有约35人受伤。

3月6日，土耳其军方总参谋部发布声明说，土耳其安全部队在土耳其叙利亚边境逮捕17名极端组织“伊斯兰国”成员。声明说，这些人均为外籍人士。

3月6日，伊拉克首都巴格达附近发生自杀炸弹袭击。袭击者在巴格达以南的希拉市驾驶一辆满载炸药的汽车冲进一个安全检查站，造成至少30人死亡，40多人受伤。

3月6日，伊拉克中部省份希拉市北入口处发生一起自杀式爆炸袭击事件。当时西拉市北入口处多辆车正在排队进入该市，一辆满载炸药的卡车发生爆炸，造成60人死亡，70人受伤。

3月6日，英国北爱尔兰的贝尔法斯特公园内发现大量制造炸弹的材料。

3月6日，伊拉克希拉市，一辆油罐车在小镇入口处发生爆炸，导致 61 人被烧死，95 人被烧伤。

3 月 7 日，巴基斯坦西北部一法院遭到自杀式袭击，造成 8 人死亡，21 人受伤。巴基斯坦塔利班宣称对此次袭击负责。

3 月 7 日，极端分子对突尼斯的警局和哨所发动了袭击，突尼斯安全部队在激战中打死 21 名极端分子，逮捕 6 人。另外还有 4 名平民在这起战斗中丧生。同日，极端分子在突尼斯靠近利比亚边境地区发动袭击，造成至少 53 人丧生。

3 月 7 日，伊拉克阿布格莱布，圣战分子在一处市场制造爆炸袭击，导致 3 人死亡，7 人受伤。

3 月 7 日，阿富汗信丹德，3 名平民遭到塔利班炸弹袭击死亡，3 人受伤。

3 月 7 日，突尼斯一处小镇遭到伊斯兰极端分子的袭击，导致 19 人死亡，17 人受伤。

3 月 7 日，索马里贝里特温机场发生爆炸，1 枚爆炸装置被安置在一台笔记本电脑中，造成 5 人受伤。

3 月 8 日，美国空军在近日打击“伊斯兰国”组织的行动中损失 19 名飞行员。

3 月 8 日，马来西亚副总理扎希德表示，该国警方阻止了极端组织“伊斯兰国”劫持包括马来西亚总理纳吉布在内的一批政治高层人物的计划。

3 月 8 日，伊拉克巴格达，圣战分子制造爆炸袭击导致 3 人死亡，7 人受伤。

3 月 9 日，阿富汗南部赫尔曼德省，阿富汗塔利班武装分子从不同方向对格里什克区政府和警察局发动攻击，其中至少有两次自杀式炸弹爆炸袭击，安全部队随后发起还击，击退武装分子。这次袭击共造成至少 17 人死亡，另有 20 余人受伤。

3月9日，索马里首都摩加迪沙发生两起汽车炸弹袭击，导致至少4人丧生，多人受伤。

3月9日，美军抓获并审讯了“伊斯兰国”化学武器专家斯雷曼·阿尔阿法里，并根据其供述在伊拉克境内捣毁多处化学武器存放点。

3月9日，意大利警方在意大利中南部城市坎波马里诺逮捕1名索马里籍激进分子，他欲谋划在罗马火车站制造恐袭。

3月9日，英国天空新闻频道报道，极端组织“伊斯兰国”1名出逃人员曝光重要内部资料：2.2万名“伊斯兰国”成员的个人信息，他们至少来自51个国家。

3月9日，索马里摩加迪沙，停放在一家咖啡厅外的一辆汽车发生爆炸，导致4人死亡，2人受伤。

3月9日，伊拉克胡塞尼亚，恐怖分子引爆了一辆公交车，导致1名乘客死亡，6人受伤。

3月10日，“伊斯兰国”武装分子向巴格达以北的一个小镇发射了装有芥子气的火箭弹，数十人受伤。

3月10日，利比亚米苏拉塔，“伊斯兰国”成员袭击了一处检查站，导致3名警察死亡。

3月11日，阿拉伯国家联盟（阿盟）发表决议，将“黎巴嫩真主党”定性为恐怖组织。

3月11日，印古什的纳兹兰地区，一所清真寺因为遭到汽车炸弹袭击，4人受伤。

3月11日，伊拉克辛贾尔，5名库尔德人遭到自杀式炸弹袭击死亡。

3月12日，极端组织“伊斯兰国”在伊拉克北部城市基尔库克附近发动两场化学武器袭击，导致1名3岁女童死亡，约600人受伤，另有数以百计的人逃离。同日，伊拉克马赫穆迪亚，“圣战分子”对一处市场发动了炸弹袭击，导致2死7伤。

3月13日，土耳其安卡拉市中心红新月广场的“信任公园”旁边一公交车站发生汽车爆炸袭击事件，事发时正值周末晚间高峰时段，造成34人丧生，125人受伤。几日后，与土耳其库尔德工人党有联系的“库尔德自由之鹰”组织声称制造了这次袭击事件。

3月13日，距离科特迪瓦经济首都阿比让约40公里的南部海滨城市巴萨姆遭到袭击。“基地”组织北非分支“伊斯兰马格里布”组织随后宣称对这起袭击事件负责。袭击导致至少16人死亡，多人受伤。

3月13日，象牙海岸的巴萨姆地区，“基地”组织成员袭击了一家宾馆，枪杀死了所有拒绝赞美真主与他们的人，共有18人被杀害。

3月14日，伊拉克和美国官员称，“伊斯兰国”高级指挥官阿布·奥马尔·西沙尼（Abu Omar al-Shishani）已经死亡。

3月14日，法国国防部长勒德里昂最近在接受媒体采访时透露，武装分子从极端组织“伊斯兰国”在利比亚的控制地区经位于地中海的意大利兰佩杜萨岛偷渡渗透的“可能性很高”，从而构成新的恐怖主义威胁。

3月14日，美国国务院发言人约翰·柯比在例行记者会上说，由于越来越多武装人员退出“伊斯兰国”，这一极端组织开始重用“娃娃兵”。

3月14日，伊拉克拉马迪的两处村庄遭到“伊斯兰国”炸弹袭击，导致25人丧生，20人受伤。

3月15日，阿富汗哈吉阿巴德，塔利班发动的炸弹袭击导致包括妇女和儿童在内的4名平民丧生。

3月15日，菲律宾帕提库尔，“阿布沙耶夫”武装分子伏击了2名当地的士兵。

3月16日，尼日利亚东北部迈杜古利市一座清真寺在晨祷时间，2名化装成男性的女性自杀式袭击者引爆炸弹，造成至少22人死亡，35人受伤。

3月16日，巴基斯坦西北部城市白沙瓦发生汽车炸弹爆炸事件，造成至少16人死亡、20余人受伤。发生爆炸的是一辆搭载政府雇员的大巴车。事发时，大巴车正接送政府雇员前往办公地。汽车爆炸地点位于白沙瓦市内一个繁忙的购物区。

3月17日，巴基斯坦发生自杀式炸弹袭击，导致4人死亡，其中包括1对母子。

3月17日，尼日尔的多尔贝尔地区，一处市场的3名保卫人员遭到圣战分子的枪杀，还有3人受伤。

3月17日，埃及拉法，宗教极端分子袭击了一处军营，导致5死10伤。

3月18日，菲律宾政府军在菲南部苏禄省与“阿布沙耶夫”武装爆发激战，有7名武装分子被政府军击毙，另有6名武装分子负伤；政府军方面则有1名士兵阵亡，16名士兵受伤。

3月18日，伊拉克基尔库克，2名儿童死于“伊斯兰国”的芥子气袭击。

3月19日，1名“伊斯兰国”成员在伊斯坦布尔繁华的独立大街引爆身上的炸弹，造成包括他本人在内的5人死亡，另外36人受伤。

3月19日，埃及北西奈省首府阿里什附近哨站周边发生恐怖袭击，造成15人死亡。5名袭击者随后也在与警方的交火过程中丧生。

3月19日，索马里阿夫马多，“青年党”制造袭击导致2死5伤。

3月19日，埃及阿里什，发生一起自杀式汽车炸弹袭击，导致15人死亡，“伊斯兰国”声称对此负责。

3月20日，伊拉克发生一起自杀式炸弹袭击，导致24名伊拉克人死亡，12人受伤。

3月21日，马来西亚警方发现一个新的恐怖组织正在崛起，并正准备购买军火并发动战争以建立区域“伊斯兰国”。警方至今已逮捕至少

191 名追随者。

3 月 21 日，伊拉克阿尔巴格达迪地区，“伊斯兰国”自杀式爆炸袭击导致 6 名伊拉克人死亡，9 人受伤。

3 月 22 日，比利时布鲁塞尔一处靠近欧盟总部的地铁站遭遇炸弹袭击，至少 20 人在此次袭击中丧生，另有约 106 人受伤。同日，布鲁塞尔机场发生爆炸袭击事件，随后警方在对机场进行搜查时发现了更多的爆炸物，其中包括一件尚未被引爆的炸弹背心。极端组织“伊斯兰国”宣布对当天的连环爆炸袭击负责。

3 月 23 日，伊拉克巴格达，“圣战分子”在一处商店外制造爆炸袭击，导致 2 人死亡，6 人受伤。

3 月 24 日，根据来自欧洲及中东多国情报人员和官员的消息，极端组织“伊斯兰国”已经训练了 400—600 名战士，企图接连不断的对欧洲发动恐怖袭击。

3 月 24 日，土耳其东南部地区一宪兵所遭袭，造成至少 3 名土耳其安全部队士兵死亡，24 名士兵受伤。

3 月 25 日，比利时恐袭发生后，马来西亚警方加强对境内恐怖分子的打击力度。连续两天已逮捕了 15 名恐怖分子嫌犯。

3 月 25 日，美国国防部长卡特证实，美军在本周进行的军事行动中铲除了“伊斯兰国”高级别领导人哈吉·伊玛目。外界普遍认为，此人是该组织二号人物。

3 月 25 日，也门亚丁，3 名“基地”组织分子制造了自杀式爆炸袭击，导致 25 人死亡，15 人受伤。

3 月 25 日，伊拉克中部巴比伦省发生自杀式爆炸袭击，造成至少 26 人死亡，90 人受伤。极端组织“伊斯兰国”宣称对此事负责。

3 月 25 日，也门亚丁检查站遭遇 3 起汽车炸弹自杀攻击，至少造成 22 人死亡。前 2 起汽车炸弹在亚丁周边的夏布区检查站同时引爆，接着第三起汽车炸弹攻击发生在在亚丁中部曼苏拉附近的检查站，炸弹被在安装救护车上引爆。“伊斯兰国”随后宣称对这3起汽车炸弹自杀攻击负责。

3月26日，巴基斯坦东部城市拉合尔公园发生爆炸事件，造成65人死亡，伤者达300多人。恐怖组织塔利班的分支“自由人党”声称爆炸是其分子所为。

3月29日，俄罗斯达吉斯坦地区发生爆炸，导致1名警察死亡和2名警察受伤；“伊斯兰国”当地分支表示对此次袭击负责。

3月29日，伊拉克巴格达，1名自杀式炸弹袭击者在一群平民中间制造爆炸袭击，导致7人死亡，23人受伤。

3月31日，索马里北部穆杜格州一家酒店发生自杀式爆炸袭击，造成至少8人死亡。

4月

4月1日，布鲁塞尔机场警察表示，有至少50名极端组织“伊斯兰国”的支持者在机场从事行李搬运工、清洁工和餐厅服务生等工作。

4月1日，法国检察官以参与恐怖组织等罪名提控上周落网的法国籍嫌犯里达·克里凯特，当局在他住处发现大量武器和制造炸弹的原料，挫败一起至少涉及4人、可能在近期内发生的“极端暴力”袭击。恐怖分子甚至掌握了比利时首相米歇尔官邸的平面图及照片。

4月1日，美国总统奥巴马在华盛顿召开的核安全峰会上发出警告，称极端组织“伊斯兰国”可能发动核恐怖袭击，美国将与各国加强情报共享并加深合作。50多国首脑参加的此次峰会通过公告，指出防护和保持核设施与核材料的安全是各国的根本责任，把防止核恐怖袭击定位为“长期优先事项”。

4月2日，利比亚马拉达，在一处油田工作的2名警卫被“伊斯兰国成员”杀害。

4月3日，也门马里卜，一家医院遭到什叶派武装分子的袭击，导致3名平民死亡，17人受伤。

4月3日，“基地”组织叙利亚分支“救国阵线”头目阿布·菲拉斯在伊德利卜省被炸死，一起被炸死的还有他的儿子和至少20名反政府武装人员。菲拉斯在“救国阵线”地位颇高，不定期就战事、组织管理等发表内部文章。

4月4日，1名武装分子在伊拉克南部济加尔省省会纳西里耶市的一家饭店引爆了身上的炸药，造成至少5人死亡，20人受伤。

4月4日，伊拉克首都巴格达北部地区接连发生两起针对什叶派民兵和检查站的自杀式爆炸袭击，造成至少8人死亡，30余人受伤。警方认为，很可能是极端组织“伊斯兰国”实施了此次连环袭击。同日，伊拉克纳西里耶的一家什叶派人士经常光顾的餐馆，发生一起自杀式爆炸袭击，导致至少14人死亡，27人受伤；伊拉克巴士拉，一处商业区遭自杀式炸弹袭击，导致5人死亡，10人受伤。

4月5日，阿富汗东部帕尔万省恰里卡尔地区一家医院附近发生自杀式炸弹袭击，造成至少6名平民遇难，26人受伤。

4月5日，非盟驻索马里特派团发表声明说，非盟部队过去一周加大对索马里“青年党”的打击力度，共击毙7名不同级别的索马里“青年党”头目。

4月5日，荷兰检方表示，当局在鹿特丹一栋公寓内查获了大约45公斤弹药，与法国事先破获的恐怖袭击阴谋有关。应法国方面要求，荷兰当局3月27日在这栋公寓逮捕了法籍嫌犯巴瑞，他涉嫌与另一嫌犯奎凯特为极端自主“伊斯兰国”策划在法国境内发动攻击。奎凯特几天前已在巴黎附近落网。

4月5日，伊拉克马哈茂迪耶的一处市场发生一起爆炸袭击，导致2

死 7 伤。同日，伊拉克巴格达发生一起自杀式爆炸袭击，导致 1 死 2 伤。

4 月 5 日，巴基斯坦开伯尔—普什图省，伊斯兰武装分子枪杀了 4 人，其中 2 人是难民。

4 月 5 日，阿富汗帕尔旺，一所学校附近发生一起自杀式炸弹袭击，导致 6 死 22 伤。

4 月 6 日，马来西亚内政部副部长马西尔在吉隆坡表示，2013 年至今，马来西亚共逮捕了 177 名涉及恐怖活动的嫌犯。

4 月 6 日，阿富汗安达尔，塔利班朝着一辆民用车开枪扫射，导致 1 名平民死亡，9 人受伤。

4 月 6 日，叙利亚阿勒颇，恐怖分子向库尔德人居民区发动火箭弹袭击，导致 18 人死亡，包括 1 名怀孕的妇女和 3 个孩子，袭击还造成 70 人受伤。

4 月 6 日，尼日尔迪法，“圣战分子”制造一起自杀式炸弹袭击，导致 3 名平民死亡，3 人受伤。

4 月 6 日，泰国那拉提瓦，伊斯兰恐怖分子对一辆卡车进行扫射，导致 2 名村民死亡。

4 月 7 日，丹麦警方表示，他们在首都哥本哈根地区展开行动，逮捕了 4 名涉极端组织“伊斯兰国”嫌疑人，并缴获了武器和弹药。

4 月 7 日，伊拉克阿布格莱布的一处市场附近，“圣战分子”制造一起爆炸袭击，导致 2 死 8 伤。

4 月 7 日，埃及谢赫祖伟德，伊斯兰教徒制造一起炸弹袭击，导致 4 死 14 伤，死者中包括 1 名女性。

4 月 7 日，叙利亚阿勒颇，伊斯兰国对一处居民区发动化学武器袭击，导致 23 名居民死亡，100 人受伤。同日，埃及阿里什，恐怖分子制造了一起路边炸弹袭击，导致 3 名年轻的警察身亡，1 人受伤。

4 月 7 日，尼日利亚，“博科圣地”成员烧毁一处村庄，导致 20 人死亡。

4 月 7 日，埃及安全部门和卫生部门联合发布消息称，埃及西奈半岛发生爆炸袭击事件，至少 7 人遇难，另有 15 人受伤。而遇难者中包括 1 名埃及军官、5 名士兵和 1 名平民妇女。极端组织“伊斯兰国”宣布对爆炸事件负责。

4 月 8 日，俄罗斯联邦安全局宣布，在伏尔加格勒州逮捕了 5 名与极端组织“伊斯兰国”有关联的宗教极端分子。

4 月 8 日，索马里哈马尔累特温，伊斯兰教徒对海滨区域发动的迫击炮袭击，导致 3 人死亡，10 人受伤。

4 月 9 日，索马里首都摩加迪沙所在的贝纳迪尔州发生汽车炸弹袭击，停靠在贝纳迪尔州一豪华酒店附近的一辆装有炸药的汽车突然发生爆炸，3 名在酒店吃午餐的客人被炸身亡，另有至少 5 人受伤。索马里“青年党”已宣布制造了此次袭击事件。

4 月 9 日，土耳其伊斯坦布尔一地铁公交车站附近当晚发生爆炸，造成 2 人轻伤。

4 月 9 日，菲律宾政府军在南部巴西兰省与“阿布沙耶夫”反政府武装激烈交火，造成至少 23 人死亡，73 人受伤。

4 月 9 日，伊拉克巴格达的一处人潮拥挤的市场遭到“圣战分子”的炸弹袭击，导致 2 死 8 伤。同日，伊拉克阿布巴里，发生一起自杀式汽车炸弹袭击，导致 4 死 10 伤；伊拉克迈达，穆贾希德在一场足球赛上制造一起炸弹袭击，导致 4 人死亡，18 人受伤。

4 月 9 日，菲律宾巴西兰岛，“阿布沙耶夫”发动伏击并杀害了 18 名当地的安全人员，53 人受伤。

4 月 9 日，也门阿瓦尔，19 名当地的士兵遭到伏击，“基地”组织俘获了他们并将其斩首。

4 月 9 日，索马里摩加迪沙的一家餐馆发生一起敢死队自杀式汽车炸弹袭击，导致6死5伤。

4月9日，叙利亚达布哈桑，“伊斯兰国”成员埋设的地雷导致6名儿童死亡，3人受伤。

4月10日，叙利亚阿扎兹，“伊斯兰国”成员袭击了几处小镇，导致20名平民死亡。

4月11日，阿富汗东部城市贾拉拉巴德一辆大巴车遭遇自杀式炸弹袭击，导致车上至少12人身亡，另有约38人受伤。

4月11日，索马里首都一家餐厅在午餐时间遭到汽车炸弹袭击，导致至少5人遇难。

4月11日，俄罗斯地方内务分局值班人员证实，所幸无人受伤。

4月11日，德国国内情报显示，极端组织“伊斯兰国”计划在德国展开攻击行动，大约有1100人是潜在的恐怖分子，但当局还没有掌握恐怖分子的具体行动计划。

4月11日，土耳其《自由报》报道，土耳其东南部迪亚巴克尔省哈尼区的一个宪兵所遭库尔德工人党武装分子汽车炸弹袭击，多名士兵受伤。

4月11日，泰国宋卡的一处火车站遭到伊斯兰恐怖分子的炸弹袭击，导致2人死亡，包括1名4岁的男孩，8人受伤。

4月11日，尼日利亚，富拉尼族恐怖分子入侵了两处村庄，屠杀了44名居民。

4月11日，阿富汗喀布尔，发生一起自杀式摩托车炸弹袭击，这场袭击导致14人死亡，38人受伤。

4月11日，索马里摩加迪沙的一家餐厅外发生一起自杀式炸弹袭击，造成5死7伤，“青年党”声称对这起袭击负责。

4月12日，菲律宾政府军发言人对外宣称，菲军连日来在菲国南部巴西兰省加紧对“阿布沙耶夫”极端组织的清剿，被政府军击毙的武装分子人数已增至 24 人。

4 月 12 日，也门首都亚丁一个警方检查站附近发生自杀式爆炸袭击，造成包括袭击者在内的 6 人死亡，另有 10 人受伤。

4 月 12 日，阿富汗塔利班宣布在阿富汗发动“春季攻势”，行动代号为“奥马利行动”。

4 月 12 日，也门亚丁，1 名自杀式炸弹袭击者制造爆炸袭击，导致 5 死 7 伤。

4 月 12 日，伊拉克迈达，“圣战者”制造了一起炸弹袭击，导致 3 死 5 伤。

4 月 12 日，利比亚巴尼瓦利德，“伊斯兰国”的枪手发动袭击导致 7 死 2 伤。

4 月 12 日，泰国湄澜，3 名泰国人遭到伊斯兰恐怖分子杀害，其中 1 名受害者是僧侣。

4 月 13 日，索马里首都摩加迪沙南部一城镇的牲畜市场发生爆炸，造成至少 3 人死亡，6 人受伤。当时市场中有人员正在进行牲畜交易，1 名男子将手榴弹扔向市场。死者中包括 2 名当地税收人员。

4 月 13 日，利比亚米苏拉塔，1 名保安在“伊斯兰国”发动的袭击中丧生，4 人受伤。

4 月 13 日，土耳其基利斯的一处小镇遭到“伊斯兰国”的火箭弹袭击，导致 2 死 8 伤。

4 月 14 日，阿富汗塔哈尔，塔利班伏击杀害当地 8 名安全人员。

4 月 14 日，伊拉克马哈茂迪耶，“圣战分子”在一处市场制造一起炸弹袭击，导致 2 死 7 伤。

4 月 15 日，英国警方逮捕了涉嫌准备实施恐怖活动的 4 男 1 女。此举是在巴黎和布鲁塞尔恐怖攻击事件发生后，与法国与比利时警方合作展开调查，进行的逮捕行动。

4 月 15 日，利比亚班加西，“伊斯兰国”在一处墓地附近制造一起炸弹袭击，导致 2 死 3 伤。同日，班加西处水的泥厂发生自杀式袭击，导致 6 死 25 伤。

4 月 16 日，伊拉克塔尔米耶，2 名伊拉克人遭到圣战分子的炸弹袭击身亡，2 死 4 伤。

4 月 17 日，也门首都亚丁国际机场附近的一座军方检查站发生自杀式爆炸袭击，1 名袭击者驾驶满载炸药的汽车冲向军方检查站，造成 4 名军人丧生，袭击者当场死亡。也门安全官员称，由于军方之前阻止了可疑车辆驶往亚丁国际机场，袭击者便驾车冲向了附近的检查站。在爆炸发生几个小时后，亚丁周边另一检查站附近也发现了一辆满载爆炸物的汽车。

4 月 17 日，索马里摩加迪沙，1 名清洁女工在联合国总部外被枪杀，疑似“青年党”所为。这起袭击造成 1 死 1 伤。

4 月 18 日，以色列警方发言人萨姆里当晚发表声明说，耶路撒冷南部一辆公共汽车当天下午发生爆炸袭击，造成至少 21 人受伤。

4 月 18 日，土耳其东南部基利斯省政府发布声明说，从叙利亚境内极端组织“伊斯兰国”控制地区发射的 5 枚火箭弹当天上午落在基利斯市，造成 4 人死亡，6 人受伤。

4 月 18 日，以色列军方证实，以方近期发现并摧毁一个由加沙地带延伸至以色列境内的地下通道，指认“巴勒斯坦伊斯兰抵抗运动”（哈马斯）企图通过建造这一地道袭击以色列。这是以色列于 2014 年对加沙地带发动大规模军事行动后，首次发现通向以色列境内的地道。

4 月 18 日，以色列耶路撒冷，一辆客车遭到哈马斯发动自杀式炸弹袭击，导致 21 人受伤。

4 月 18 日，索马里摩加迪沙，伊斯兰教徒枪杀并且制造自杀式爆炸袭击导致 4 名平民死亡。

4 月 18 日，埃及阿里什，宗教极端分子制造了一起路边炸弹袭击，导致 2 名平民死亡，11 人受伤。

4 月 18 日，伊拉克阿布卡玛，一处农场遭到恐怖分子的迫击炮袭击，导致农场内 1 名男孩死亡，5 人受伤。

4 月 18 日，土耳其基利斯，“伊斯兰国”制造的爆炸袭击，导致 4 死 6 伤。

4 月 19 日，塔利班武装人员在阿富汗首都喀布尔市中心发动袭击。喀布尔警察局长说，这次袭击是多名武装分子相互配合发起的，1 名自杀式袭击者首先在国家安全局门口引爆车载炸弹，其余武装分子随后闯入安全局下属部门一栋办公楼，并与警察交火。袭击已造成至少 28 人死亡、327 人受伤。

4 月 19 日，巴基斯坦西北部马尔丹市一个政府机构办公楼遭自杀式爆炸袭击，造成 1 人死亡，至少 22 人受伤。

4 月 19 日，法国内政部长卡泽纳夫宣布加强反恐斗争的一系列新措施，以便让国家反恐精锐力量在发生大规模恐怖袭击时能够迅速反应，协调行动。

4 月 19 日，伊拉克迈赫穆尔，13 名库尔德人在“伊斯兰国”发动化学武器袭击中身亡，18 人受伤。

4 月 19 日，埃及谢赫祖伟德，宗教极端分子用火箭筒发动攻击，导致 3 名当地警察死亡，8 人受伤。

4 月 19 日，泰国宋卡，伊斯兰“分裂分子”在一处杂货店外制造爆炸袭击，导致 1 名小孩死亡，11 人受伤。

4 月 19 日，伊拉克巴格达，“圣战者”在一排商店外引爆炸弹，导致 2 名路人死亡，5 人受伤。

4 月 20 日，巴基斯坦卡拉奇市警方说，不明身份的枪手袭击了正在为小儿麻痹症疫苗接种工作提供安保服务的警察，打死至少 7 名警察，打伤3名警察。

4月20日，尼日利亚赞戈，博科圣地枪手袭击了一处村庄，导致11人死亡，6人受伤。

4月20日，在非盟驻索马里特派团支持下，索马里安全部队在索马里中部埃勒布尔镇郊外共打死25名索马里“青年党”成员。

4月21日，阿富汗库纳尔，2名当地的警察遭到塔利班的谋杀，4人受伤。

4月21日，伊拉克迈达，一处咖啡馆遭到穆贾希德的炸弹袭击，导致咖啡馆内2人死亡，8人受伤。同日，伊拉克巴格达一座什叶派清真，伊斯兰极端分子发动一系列袭击，导致6名伊拉克人死亡，31人受伤。

4月22日，利比亚政府军控制了利比亚东部海岸的一处小镇时，遭遇一起陷阱式炸弹袭击，导致6名平民死亡，“德尔纳圣战者舒拉委员会”的5名成员死亡，该组织是反政府武装势力，并声称对此次袭击负责。

4月22日，土耳其军方车辆在土耳其东部通杰利省境内一高速路上行驶时遭库尔德工人党设置的路边炸弹袭击，造成3名士兵死亡及一些人员受伤。

4月22日，新加坡安全机构向泰国国家情报局提供情报讯息称，近期有3名土耳其籍极端分子，计划对东盟地区的目标进行攻击，并有可能入境泰国。泰国已加强机场等地的安检工作。

4月22日，从叙利亚境内极端组织“伊斯兰国”控制地区发射的3枚火箭弹当晚落在土耳其东南部的基利斯市，造成2名土耳其人死亡，4人受伤。

4月22日，土耳其基利斯，“伊斯兰国”的火箭弹袭击导致4人死亡。

4月22日，伊拉克阿布格莱布，伊斯兰极端分子制造的爆炸袭击导致 2 死 9 伤。同日，伊拉克巴格达，一处什叶派清真寺遭到逊尼派自杀式炸弹袭击，导致 9 人亡，25 人受伤。

4 月 23 日，伊拉克嘎玛，宗教极端分子制造一起自杀式汽车炸弹袭击，导致 4 人死亡，15 人受伤。

4 月 23 日，叙利亚伊德利卜，宗教极端分子制造一起自杀式炸弹袭击，导致 4 名对手派人士死亡，3 人受伤。

4 月 24 日，也门南部阿比扬省发生汽车炸弹袭击，造成至少 8 名政府军士兵死亡，另有 15 人受伤。

4 月 24 日，伊拉克巴格达发生两起汽车炸弹攻击，均以该国安全部队为目标，造成至少 12 人死亡和 39 人受伤。“伊斯兰国”组织了规模较大的炸弹攻击。以巴格达北部胡笙尼亚区安全检查哨为目标发动的攻击，造成 9 人死亡和 28 人受伤。目前尚无组织宣称对第二起炸弹攻击案负责，此次攻击锁定巴格达南郊阿拉伯吉波的一支军方车队，造成 3 人死亡和 11 人受伤。

4 月 25 日，伊拉克内政部官员说，首都巴格达东部一处集市遭汽车炸弹袭击，造成 11 人死亡，29 人受伤。这是一周内在巴格达发生的第 5 次恐怖袭击。

4 月 25 日，也门政府军和沙特领导的多国联军在过去两天对盘踞在也门南部的“基地”组织武装发起攻击，击毙了 800 余名武装分子。

4 月 25 日，叙利亚军方说，位于首都大马士革南郊的一处军事检查站车炸弹袭击，造成至少 12 人死亡，约 35 人受伤。

4 月 25 日，尼日利亚埃努古，伊斯兰极端分子袭击了一处村庄，放火烧了他们的家和教堂，绑架并枪杀了这些村民，导致 48 人死亡，60 人受伤。

4 月 25 日，叙利亚一处什叶派清真寺遭到一枚汽车炸弹袭击，导致 6 名路人死亡，42 人受伤。

4 月 26 日，美国开始对“伊斯兰国”极端组织采取新的打击方式，首次指示美军网络战司令部对“伊斯兰国”组织发动网络攻击，以破坏该组织传播信息、招募新成员、下达指示和执行日常运作，如支付薪酬给其战斗人员等。

4 月 26 日，土耳其《每日新闻》报道，土耳其军队炮击了位于叙利亚北部的极端组织“伊斯兰国”武装目标，打死该组织 11 名成员。

4 月 27 日，菲律宾总统阿基诺首度对外披露，盘踞在菲国南部的极端组织“阿布沙耶夫”曾阴谋绑架他的妹妹以及拳王帕奎奥，并策划在首都大马尼拉地区发动爆炸袭击。

4 月 27 日，土耳其军方与叙利亚境内“伊斯兰国”组织的相互炮击仍在持续。与此同时，土耳其西北部城市布尔萨发生自杀式爆炸袭击，造成十余人死伤。

4 月 29 日，叙利亚阿勒颇，逊尼派在祈祷日向对手派清真寺发动爆炸袭击，导致至少 15 名信徒死亡，30 人受伤。

4 月 30 日，伊拉克首都巴格达发生一起爆炸袭击事件，已经造成 24 人死亡、38 人受伤。一辆装有炸药的卡车当天上午在巴格达东南部的什叶派穆斯林聚居区奈赫赖万地区发生爆炸，事发地点附近不少人当时准备前往位于巴格达北部卡德米亚地区的一座清真寺进行朝觐。同日，伊拉克的多拉，发生一起逊尼派自杀式炸弹袭击，导致 23 名什叶派人员死亡，48 人受伤。

4 月 30 日，土耳其安全部门在首都安卡拉逮捕 4 名涉嫌参加极端组织“伊斯兰国”的成员。这 4 人原本计划在“五一”国际劳动节期间在安卡拉制造恐怖袭击事件。

5 月

5 月 1 日，俄罗斯西北联邦区列宁格勒州一公交车站发生爆炸，造成 1 死 4 伤。俄媒体称，爆炸的很可能是手雷。

5 月 1 日，也门南部亚丁省省长和警察局长的车队在亚丁市遭汽车炸弹袭击，省长和局长均幸免于难，但有 6 名警察在袭击中死亡，另有多人受伤。

5 月 1 日，伊拉克南部穆萨纳省发生两起汽车炸弹袭击，已造成至少 20 人死亡、40 人受伤。两辆汽车分别在省政府办公大楼附近以及市中心一处停车场爆炸，警方判断很可能是“伊斯兰国”武装人员实施了此次袭击。

5 月 1 日，菲律宾极端组织“阿布沙耶夫”武装分子在菲律宾南部苏禄省释放了 10 名印度尼西亚人质。

5 月 1 日，土耳其军方称，土耳其东南部城镇努赛宾发生针对军人的炮弹袭击，袭击造成 3 名士兵死亡，另有 14 人受伤。土耳其东南部城市加齐安泰普，警察总部附近发生汽车炸弹袭击，造成 2 名警察死亡，23 人受伤。

5 月 1 日，宣称与极端组织“伊斯兰国”有关的黑客团体将网络袭击目标瞄准了 3000 名普通纽约居民，在通讯软件上散播他们的个人信息，号召恐怖分子锁定这些人。

5 月 1 日，叙利亚拉卡，4 名青少年被“伊斯兰国”斩首。

5 月 1 日，也门亚丁，敢死队自杀式汽车炸弹袭击导致 5 人死亡。

5 月 1 日，索马里一个小镇的 22 名保卫人员在青年党制造的自杀式爆炸袭击中丧生，10 人受伤。

5 月 2 日，伊拉克首都巴格达南部郊区发生自杀式汽车炸弹爆炸袭击，造成至少 18 人死亡、43 人受伤。当时大量什叶派信徒准备前往北部卡德米亚区的一座清真寺进行朝觐，袭击者驾驶汽车接近人群后引爆炸药。“伊斯兰国”恐怖组织宣称对此事负责。

5 月 2 日，印度东部西孟加拉邦发生一起自制炸弹爆炸事件。爆炸造成至少 4 人死亡，6 人受伤。

5 月 2 日，叙利亚阿勒颇，逊尼派激进分子向一处医院发动火箭弹袭击，导致 3 名妇女死亡，17 人受伤。

5 月 2 日，泰国佰德，伊斯兰极端分析对本地安全巡逻员发动炸弹袭击，导致 1 人死亡。

5 月 3 日，美国首都华盛顿发生一起公交车被劫持案，造成 1 人死亡，1 名嫌犯已经被逮捕。据报道，当天在华盛顿市东北区一个加油站附近，嫌疑人登上公交车，打伤了司机，劫持汽车后开了一段路把 1 名路人撞伤，这名路人被送到医院后死亡。

5 月 3 日，刚果（金）北基伍省贝尼市附近的村庄，民主力量同盟（ADF）的成员砍死了 34 名基督教的村民，包括 10 名妇女和 5 名儿童。

5 月 3 日，叙利亚阿勒颇，努斯拉阵线向一处基督教的居民区发动迫击炮袭击，导致 9 人死亡，45 人受伤。

5 月 3 日，喀麦隆莫拉，发生一起自杀式炸弹袭击，导致 1 名 14 岁的女孩死亡。

5 月 4 日，俄罗斯联邦安全局逮捕了数名计划于“胜利日”前后在莫斯科实施一系列恐怖袭击的中亚公民。在逮捕过程中还缴获大量武器和炸药。

5 月 4 日，荷兰国家安全情报局发布消息称，该国将把在“伊斯兰国”恐怖组织控制区生活的 9 岁以上的儿童列入恐怖分子名单。

5 月 4 日，尼日利亚扎姆法拉，伊斯兰极端分子屠杀了 10 名村民。

5 月 5 日，叙利亚中部城市霍姆斯市发生连环爆炸，已造成至少 12 人丧生，40 余人受伤。爆炸同时对周边建筑物造成严重损坏。其中一起爆炸是由汽车炸弹引发的，发生在当地招募办公室门前，另一起则由自杀式攻击者身穿爆炸腰带，发生在不远处的一个市场附近。

5 月 5 日，澳大利亚政府表示，该国头号通缉的“伊斯兰国”极端分子，已经在美军于伊拉克发动的空袭中丧生。

5 月 5 日，沙特安全部队在西部的圣城麦加附近摧毁了一支恐怖分子小组，恐怖分子向警方开火，2 名恐怖分子被警方射杀，另外 2 人拉响了自己身上的炸药腰带。

5 月 5 日，利比亚扎姆扎姆，“圣战分子”实施自杀式炸弹袭击，导致 5 人死亡，6 人受伤。

5 月 5 日，叙利亚霍姆斯，2 名自杀式炸弹袭击者制造爆炸袭击，导致 12 人死亡，49 人受伤。

5 月 5 日，阿富汗卡迪，伊斯兰极端分子用遥控炸弹制造爆炸袭击，导致 5 名平民死亡，5 人受伤。

5 月 6 日，位于也门东北部马里卜省的一个集市发生自杀式爆炸袭击，造成至少 6 人死亡，数十人受伤。

5 月 6 日，也门马里卜，伊斯兰极端分子在一处市场引爆炸弹，导致 7 人死亡，15 人受伤。

5 月 6 日，刚果（金），民主力量同盟（ADF）伊斯兰极端分子砍死 4 名平民。

5 月 7 日，俄罗斯联邦安全总局在克拉斯诺亚尔斯克阻止了一起策划在公共交通工具上实施的恐怖袭击，拘留数名与国际恐怖分子有联系的中亚人。

5 月 7 日，阿富汗塔利班武装袭击了南部赫尔曼德省省会城市拉什卡尔加的一处警方检查站，警察与武装分子展开交火，10 名武装分子被打死，另有 4 名阿富汗警察和 10 名武装分子受伤。

5 月 7 日，伊拉克迈达，圣战分子在一个足球场制造炸弹袭击，造成 2 名观众死亡，11 人受伤。同日，伊拉克阿布格莱布，自杀炸弹袭击导致 3 死 5 伤。

5 月 7 日，阿富汗坎大哈，2 名北约维和人员被身着制服的塔利班成员枪杀。

5 月 7 日，利比亚班加西，伊斯兰极端分子向示威抗议者开枪，导致 5 人死亡，11 人受伤。

5 月 8 日，沙特内政部发言人说，2 名“伊斯兰国”成员偷袭沙特西南部城市塔伊夫的警察局，并与值班警察发生交火，1 名警察不幸中弹身亡。2 名恐怖分子随后逃窜至附近山中。同日，4 名持枪歹徒袭击了开罗南部城市赫勒万的一辆警车，车上 8 名警察遭枪击身亡。“伊斯兰国”埃及分支宣称制造了此次枪击警察事件。

5 月 8 日，伊拉克巴格达，一处葬礼上发生一起自杀式炸弹袭击，导致 6 人死亡，11 人受伤。

5 月 8 日，叙利亚阿勒颇，逊尼派极端分子向一处居民区发动袭击，导致 2 名妇女和 2 名儿童死亡，10 人受伤。

5 月 9 日，索马里首都摩加迪沙的交通警察总部遭到汽车炸弹袭击，造成至少 3 名警察身亡。索马里地方政府发言人哈兰说，一些持枪分子驾车携带爆炸物试图闯进交通警察总部。炸弹爆炸后，警方和袭击者展开枪战。索马里“青年党”随后宣布为该袭击负责。

5 月 9 日，塔吉克斯坦内务部发布消息称，塔国护法机关挫败了一起准备在首都杜尚别实施的恐怖主义行动，逮捕了 4 名恐怖主义组织“伊斯兰国”的成员。

5 月 9 日，车臣格罗兹尼，当地 1 名警察在一场自杀式袭击中死亡，4 人受伤。

5 月 9 日，索马里摩加迪沙，“圣战分子”实施自杀式炸弹袭击，导致警察局外 4 名警察死亡，9 人受伤。

5 月 10 日，巴基斯坦西南部俾路支省首府奎达一个警方检查站遭炸弹袭击，武装分子使用遥控装置引爆了一个路边爆炸装置并逃离现场。爆炸造成至少 2 名警察死亡，另有 11 人受伤。

5月10日，德国南部慕尼黑地区一座火车站发生持械袭击事件，1名携带刀具的男子袭击者高呼“真主至高无上”、并冲向路人，杀死了1人，并导致4人重伤。。

5月10日，澳大利亚的伊斯兰教传教者穆萨·瑟兰特尼奥与另外4名男子在昆士兰州北部被警方逮捕，他们被指控企图乘船离境加入极端组织“伊斯兰国”。

5月10日，阿富汗东部楠格哈尔省发生汽车炸弹爆炸袭击，1名武装分子在该省的反塔利班人士马利克·德赫坎家门前引爆汽车炸弹，致包括2名儿童和武装分子本人在内的11人死亡，另有23人受伤。

5月10日，伊拉克马哈茂迪耶，圣战分子在一处市场制造爆炸袭击，导致2人死亡，9人受伤。

5月10日，阿富汗拉什卡尔加，伊斯兰极端分子武装侵占了两个检查站，并屠杀了15名警察。同日，在阿富汗纳兹延，一处房屋外发生自杀式炸弹袭击，导致11人死亡，包括4名儿童，22人受伤。

5月10日，巴基斯坦奎达，塔利班炸弹袭击导致一所大学外2名警卫死亡，5人受伤。

5月10日，土耳其东南部城市迪亚巴克尔发生一起汽车炸弹袭击，造成3人死亡，45人受伤。

5月11日，突尼斯警方依据所获情报在首都突尼斯市以北艾尔亚奈省姆尼赫拉区围剿一伙极端分子，歼灭2人、逮捕16名嫌疑人，并在现场缴获大量武器。

5月11日，伊拉克首都巴格达东部萨德尔城发生汽车炸弹袭击，一辆装有炸药的汽车在一处人流密集的集市发生爆炸，造成至少64人死亡，87人受伤。极端组织“伊斯兰国”宣布制造了此次袭击事件。萨德尔城是什叶派聚居区，该城区内有大量什叶派民兵，是巴格达市高危地区，曾多次发生恐怖袭击事件。同日，伊拉克卡迪米亚，一个什叶派圣地遭到敢死队自杀炸弹袭击，导致无辜者17人死亡，43人受伤。

5月11日，也门军方高级将领阿卜杜勒·拉赫曼·哈利利将军的车队在东北部哈德拉毛省遭遇自杀式炸弹袭击，造成至少8人死亡，包括哈利利在内的15人受伤。

5月11日，尼日利亚迈杜古里，一处清真寺发生一起爆炸袭击，导致4人死亡。

5月11日，也门哈德拉毛，“基地”组织制造一起自杀式袭击者导致4人死亡。

5月11日，伊拉克萨德尔城，什叶派商业区的一家美容院附近发生一起自杀式炸弹袭击，导致60人死亡，165人受伤。

5月12日，巴基斯坦陆军参谋长拉希勒批准了特别军事法庭对5名恐怖分子的死刑判决。声明说，这5名恐怖分子都是“基地”组织的活跃分子，他们被指控曾在巴东南部城市卡拉奇袭击一辆公共汽车并造成40多人死亡，在一所清真寺附近发动炸弹袭击并致多人死伤，杀害1名社会工作者以及袭击执法人员等罪名。

5月12日，也门东南部哈德拉毛省的一处军事基地遭自杀式爆炸袭击。事发时，3辆载有炸药的汽车冲向位于哈德拉毛省省会穆卡拉郊区的重要军事基地，共造成16人死亡。当局认为这起自杀式爆炸袭击可能是由“基地”组织实施的。

5月12日，极端组织“伊斯兰国”已推出其第一款面向儿童的手机软件（APP）。这款APP借教儿童识阿拉伯字母之便，在教学词汇中混入“圣战”主题，意图给儿童洗脑。

5月12日，尼日利亚东北部博尔诺州首府迈杜古里市发生自杀式恐怖袭击，造成至少4人死亡。

5月12日，也门穆卡拉，“伊斯兰国”发动的自杀式袭击导致13人死亡，15人受伤。

5 月 13 日，伊拉克北部城镇拜莱德遭遇袭击，多名武装分子对当地咖啡馆和农贸市场发动袭击，造成至少 16 人死亡，近 30 人受伤。死者中包括伊拉克安全部队人员。

5 月 13 日，黎巴嫩真主党在一份声明中说，“真主党”高级军事指挥官穆斯塔法·巴德尔丁在叙利亚大马士革机场附近的一处“真主党”基地被炸身亡。

5 月 13 日，尼日利亚塔菲，伊斯兰恐怖分子袭击的一个村庄，屠杀 60 名居民，11 人受伤。

5 月 14 日，阿富汗南部赫尔曼德省一警察培训中心遭遇爆炸袭击，已造成 4 人死亡、12 人受伤。塔利班随后宣称制造了此次袭击。

5 月 14 日，叙利亚卡米什利，恐怖分子制造自杀式汽车炸弹袭击，导致 6 死 15 伤。

5 月 14 日，阿富汗阿里河畔，发生一起自杀式汽车炸弹袭击，导致 3 死 9 伤。

5 月 15 日，也门南部哈德拉毛省一警察局附近遭到自杀式爆炸袭击，1 名身穿炸弹背心的袭击者冲向哈德拉毛省省会穆卡拉一个警察局的招募处，当时正有许多应征者在等待登记。袭击造成至少 30 人死亡。

5 月 15 日，伊拉克首都巴格达北部一个国营工厂遭到自杀式爆炸袭击，造成 11 人死亡，21 人受伤。

5 月 15 日，也门穆卡拉，41 名警员遭到自杀炸弹袭击身亡。同日，也门哈德拉毛，6 名警察遭到炸弹袭击死亡，1 人受伤。

5 月 16 日，伊拉克巴格达，2 名“圣战分子”制造炸弹爆炸袭击，导致 4 人死亡，17 人受伤。

5 月 16 日，索马里摩加迪沙，自杀式汽车炸弹袭击导致 2 死 3 伤。

5 月 16 日，车臣格罗兹尼，“伊斯兰国”成员把自己打扮成一个牧羊人后，发动自杀式爆炸袭击，造成 6 人受伤。

5月17日，伊拉克首都巴格达发生多起爆炸袭击，警方与医疗官员消息称，这些爆炸案已经导致至少54人遇难。当天最致命的袭击发生在巴格达东北部夏布区的一个露天市场附近，路边炸弹先爆炸，随后在人们帮助此次爆炸的受害者时，1名自杀式袭击者混入人群聚集区引爆了身上的炸弹。此次袭击导致至少28人遇难，65人受伤。不久后，巴格达南部多拉地区则有汽车炸弹爆炸，导致8人死亡，22人遇难。在巴格达东部的萨德尔城附近，自杀式汽车炸弹袭击了一个拥挤的露天市场，导致18人遇难，35人受伤。

5月17日，伊拉克萨德尔城，一处市场遭到自杀炸弹袭击，导致30人死亡，57人受伤。同日，伊拉克拉希德，“伊斯兰国”实施的汽车炸弹爆炸导致8人死亡，22人受伤。

5月18日，阿富汗国防部发表声明说，阿富汗国防军和安全部队在联合清除行动中共击毙130名塔利班武装人员，其中包括7名塔利班武装的指挥官，此外还打伤76名武装分子，并抓获2人。

5月18日，巴基斯坦西北部城市白沙瓦遭连环爆炸袭击，造成至少1名警察死亡，另有14人受伤。第一次爆炸发生在当地时间上午9时50分左右，一辆警车巡逻时遭到路边炸弹袭击，造成2名警察受伤。救援人员、拆弹人员和医疗人员等随后抵达现场并展开救援，此时另一枚炸弹被遥控引爆，造成至少13人受伤。伤者中包括警察、救援人员、拆弹人员和记者，1名警察在医院因伤势过重死亡。

5月18日，联合国驻马里维和部队在基达尔地区遭袭，造成5名维和人员死亡，3人受伤。

5月18日，叙利亚政府军在军事行动中击毙数十名极端组织“伊斯兰国”和“支持阵线”的武装分子。叙利亚军方声明说，叙利亚政府军当天在叙利亚中部霍姆斯省、南部德拉省和苏韦达省以及东部代尔祖尔省等地展开军事行动。其中，叙利亚政府军在霍姆斯省东部沙伊尔油田附近实施空袭，打死多名“伊斯兰国”武装分子；在德拉省东部地区打死15名“支持阵线”武装分子；在代尔祖尔省东北部地区打死20名“伊斯兰国”武装分子。报道还称，在行动中，政府军还破坏了武装分子的重型武器库及大量军事设施。

5月18日，土耳其武装部队总参谋部说，一辆土耳其军车在哈卡里省谢姆丁利区遭遇路边炸弹袭击，造成4人死亡，4人受伤。同日，据土耳其道安通讯社报道，1名土耳其士兵在东南部马尔丁省的努塞宾地区遭遇库尔德工人党狙击手袭击身亡。

5月18日，巴基斯坦白沙瓦，伊斯兰武装分子炸弹袭击导致当地1名警察死亡，15人受伤。

5月18日，马里基达尔，5名联合国维和部队成员遭到伊斯兰极端分子杀害，3人受伤。

5月19日，阿富汗北部巴格兰省发生路边炸弹爆炸，导致1名阿富汗高级军事指挥官和11名平民丧生，多人受伤。

5月19日，巴基斯坦警方对该国东部旁遮普省木尔坦市一个武装分子的藏匿地点发起突袭，打死了包括“基地”组织巴基斯坦分支头目塔伊布·纳瓦兹在内的8名武装分子，另有6名武装分子逃脱。

5月20日，尼日尔国防部通过国家广播发布公告说，尼日尔东南部边境迪法省一城镇遭到“博科圣地”武装分子袭击，造成至少6人死亡，7人受伤。公告说，武装分子放火焚烧数十所居民住宅以及当地一处市场，2辆私家车被掠走。尼日尔国防部和安全部门已对袭击者展开搜捕。

5月21日，阿尔及利亚国防部说，阿军队在北部地区展开的反恐行动中打死6名恐怖分子。

5月21日，叙利亚政府军在叙中部哈马省打死125名隶属极端组织“支持阵线”和反对派武装“沙姆自由人”组织的武装分子。

5月21日，伊拉克北部萨拉赫丁省杜杰勒镇发生自杀式爆炸袭击，

1名武装分子在一处集市引爆身上的炸药，造成8人死亡，30人受伤。警察说，杜杰勒镇内什叶派民众占大多数，袭击者可能来自极端组织“伊斯兰国”。

5月21日，伊拉克杜贾尔，一处市场遭到自杀式炸弹袭击，7名路人死亡，28人受伤。同日，伊拉克塔尔米耶的一处市场也遭到圣战分子的爆炸袭击，导致2死7伤。

5月22日，叙利亚卡米什利，一家基督徒的餐馆遭到自杀式炸弹袭击，导致6名亚述人死亡，15人受伤。

5月22日，阿富汗赫拉特，塔利班火箭袭击导致1名平民丧生，7人受伤。

5月23日，也门南部城市亚丁遭遇连环爆炸袭击，已造成50人丧生，23人受伤。据半岛电视台报道，第一起爆炸发生于巴尔德基地的一处军事招募中心前，袭击者混迹于应征者队伍中并引爆身上的炸弹。不久后，又1名袭击者在该基地的一列队伍中，再次引爆炸弹。“伊斯兰国”宣布对此袭击负责。

5月23日，叙利亚拉塔基亚省的2个沿海城市发生连环爆炸袭击事件，导致超过65人遇难。爆炸发生在叙利亚杰卜莱市和塔尔图斯市。杰卜莱的火车站附近发生3起爆炸，当地医院的急诊室也发生了一起爆炸袭击。另一方面，塔尔图斯市遭到3起爆炸袭击，其中至少2起是自杀式炸弹袭击。

5月23日，阿尔及利亚国防部长宣布，该国首都阿尔及尔东南部正在进行反恐军事行动，一周内击毙12名伊斯兰武装人员。

5月24日，澳大利亚迪肯大学反恐专家巴顿表示，在过去几年里，澳大利亚潜在恐怖分子的数量已呈10倍攀升，而澳大利亚安全机构却并未增加与之相称的应对措施。

5月24日，根据俄罗斯国防部网站发布的俄罗斯驻叙利亚停火协调中心新闻公报，恐怖组织“胜利阵线”的领导人在叙利亚阿勒颇地区已经完成组建一支人数超过6000人的部队。

5月25日，塔利班发表声明，确认其最高领导人曼苏尔已死亡，并推选哈巴图拉为新任最高领导人。

5月25日，阿富汗首都喀布尔西部发生一起自杀式炸弹袭击。这起袭击的目标是一辆载有法院员工的汽车，袭击造成10人死亡。

5月27日，尼日尔国防部宣布，尼日尔政府军在东南部边境地区击退了“博科圣地”对迪法省博索地区的一处军事检查站发起的武装袭击，当场击毙10名武装分子，3名政府军士兵在战斗中受伤。

5月29日，极端组织“博科圣地”利用自制炸弹在尼日利亚东北部制造爆炸袭击，造成至少5人死亡。恐怖分子事先将爆炸装置放置在比乌市郊区，一旦有汽车从爆炸装置上驶过，就立即引发爆炸。

5月30日，伊拉克首都巴格达发生两起爆炸袭击，造成至少9人死亡、30人受伤。袭击者在巴格达北部一处人流密集的市场引爆装有炸药的汽车，导致至少7人死亡、20人受伤。随后，在巴格达东部什叶派聚居的萨德尔城，一辆摩托车在商业街发生爆炸，造成2人死亡，10人受伤。警察认为是“伊斯兰国”武装分子实施了袭击。

5月30日，在阿富汗南部赫尔曼德省首府拉什卡尔加附近，由于最近两天的暴力冲突，已有超过50名警察死亡。赫尔曼德省警察局负责人称，在5月29日的战斗中，33位警察牺牲。30日，24名警察被杀害。此外，共有40多人受伤。塔利班武装分子占领了至少22个此前由警察和军队掌管的检查站。

5月31日，阿富汗昆都士塔利班拦下一辆平民乘坐的巴士，处死了17名乘客，30人受伤。

5月31日，上海合作组织秘书长阿利莫夫在莫斯科举办的“俄罗斯和中国：向新型双边关系迈进”国际会议上表示，2015年，在上海合作组织地区反恐机构的协助下，共有150余名恐怖分子被消灭，1000余名恐怖分子的帮凶被逮捕。

5月31日，联合国马里多层面综合稳定特派团（马里稳定团）位于马里北部加奥的维和人员营区遇袭，造成中国维和人员1人牺牲，4人受伤，其中1人重伤。“基地”组织北非分支“伊斯兰马格里布基地组织”宣称制造了该次袭击。

6月

6月1日，阿富汗东部加兹尼省省长穆罕默德·阿明证实，塔利班袭击了该省一法院，造成9人死亡，13人受伤。袭击发生在当地时间上午10时30分左右，共有4名袭击者参与。其中1人引爆身上的爆炸装置炸开法院正门，另外3人冲入法院，向人群扫射，并与随后赶来的军警发生交火，后均被击毙。除袭击者外，另有1名警察和4名平民在袭击中身亡。

6月1日，泰国军警清晨联合行动，攻占南部陶公府的一个激进武装组织据点，击毙4名武装人员，军方有1名士兵殉职。

6月1日，尼日尔东南部迪法省安全部门证实，该省博索市再次遭到“博科圣地”武装分子袭击，共有至少9人死亡，13人受伤，其中3人伤势较重。

6月1日，阿富汗北部省份萨里普尔再次发生长途车乘客被劫持事件，共有17名乘客疑遭塔利班武装分子绑架。

6月1日，索马里首都摩加迪沙大使饭店发生汽车炸弹爆炸袭击，造成至少10人死亡、25人受伤。

6月1日，尼日利亚南部三角洲发生袭击事件，武装分子乘坐5艘快艇，袭击了属于尼日利亚国家石油发展公司的一艘船只，导致2名士兵和4名平民丧生，另有1名士兵失踪。

6 月 1 日，阿富汗加兹尼，伊斯兰极端分子对一处法院大楼发动自杀式袭击，导致 5 名平民和 1 名警察死亡，13 人受伤。

6 月 1 日，索马里摩加迪沙，伊斯兰极端分子在一家宾馆发动自杀式袭击，造成至少有 16 位客人死亡，55 人受伤。

6 月 1 日，伊拉克迈达，圣战分子在一个体育竞技场引爆炸弹，导致 2 名观众死亡，9 人受伤。

6 月 2 日，德国检方称，3 名涉嫌策划在德国杜塞尔多夫发动袭击的叙利亚人在德国落网。同时，第四名嫌疑人在法国被捕。检方还称，根据袭击计划，2 名自杀式炸弹袭击者会在杜塞尔多夫市中心引爆炸弹。爆炸后，其他袭击者将持武器和爆炸装置发动进一步袭击。

6 月 2 日，索马里安全部队击毙了 1 日突袭摩加迪沙大使酒店的 3 名枪手，解救出被扣留一夜的 57 名人质。袭击事件导致包括 2 名国会议员在内的 16 人死亡，另有 55 人受伤。与“基地”组织有关的索马里“青年党”宣称对此次事件负责。

6 月 2 日，叙利亚沿海城市拉塔基亚一座清真寺附近发生爆炸袭击，一辆载有爆炸物的摩托车在拉塔基亚市达图尔区入口处一座清真寺附近被引爆，当时不少民众刚刚结束礼拜走出清真寺。爆炸造成至少 2 人死亡，多人受伤。

6 月 3 日，尼日尔博索，“博科圣地”对一处小镇发动袭击，导致 32 名守卫死亡，67 人受伤。

6 月 3 日，也门塔伊兹，什叶派极端分子对一处市场发动炮弹袭击，导致包括女性在内的 17 人死亡，30 人受伤。

6 月 4 日，乌克兰新闻社报道，警方在乌克兰与波兰边境逮捕了 1 名试图在 2016 年欧锦赛制造恐怖袭击的法国男子。

6 月 4 日，伊拉克费卢杰，2 名“伊斯兰国”自杀式袭击者发动袭击，导致 34 名伊拉克人遇难，15 人受伤。同日，在伊拉克巴格达，一间餐厅和市场遭到恐怖分子的袭击，导致7名伊拉克人死亡，25人受伤；在伊拉克塔尔米耶，自杀式袭击者打死了在检查站等候的8人，15人受伤。

6月5日，叙利亚阿勒颇，伊斯兰极端分子用火箭弹袭击了一处教堂，造成2人死亡，27人受伤。

6月5日，伊拉克阿布格莱布，圣战分子在一处市场引爆炸弹，导致3人死亡，7人受伤。

6月5日，菲律宾军队经过一个多星期的围剿后，捣毁了菲律宾南部一个伊斯兰极端武装组织的训练营。

6月5日，阿富汗塔利班武装袭击了阿东部卢格尔省法院，造成包括法院院长在内的5人死亡，另有19人受伤。同日，阿富汗首都喀布尔发生一起爆炸袭击事件，造成1名国会议员身亡，另有11人受伤。

6月5日，哈萨克斯坦阿克托别市，一伙不明身份人员袭击了的两个武器商店和一处军队驻地，1名售货员被打死，1名售货员受伤。在当地军队与发动袭击者进行交火后，1名军官和1名合约军事人员牺牲，9名士兵受伤。此外，1名袭击者被捕，3名被击毙，部分人员逃匿。

6月6日，尼日尔军方说，尼日尔东南部迪法省博索市遭“博科圣地”武装分子袭击，至少30名士兵死亡，70名士兵受伤。

6月7日，伊拉克卡尔巴拉，一处商业区遭到逊尼派自杀式炸弹袭击，导致7名什叶派人员死亡，20人受伤。

6月7日，阿富汗加兹尼，塔利班在高速路上拦截车辆，屠杀了12名乘客，50人受伤。

6月7日，土耳其伊斯坦布尔市中心一公交车站附近发生针对警方的汽车炸弹袭击，造成包括7名警察在内的11人死亡。

6月7日，伊拉克首都巴格达向南100公里处的卡尔巴拉市发生恐怖袭击，卡尔巴拉市的一个中心区域一辆被布雷的汽车被炸得粉碎，袭击造成8人死亡，21人受伤。“伊斯兰国”宣称对此次袭击负责。

6月8日，土耳其马尔丁省警察局附近一辆安装炸弹的汽车爆炸，导致至少3人死亡，30人受伤。库尔德工人党宣布对此负责。

6月8日，利比亚阿布·格赖因，一处小镇遭到“伊斯兰国”的袭击，导致镇上24名守卫人员死亡，32人受伤。

6月9日，索马里哈尔干地区，数十名非盟维和人员在“青年党”发动的自杀式袭击中身亡。

6月9日，伊拉克塔吉，自杀式袭击导致12名伊拉克人丧生，32人受伤。

6月9日，伊拉克巴格达，逊尼派极端分子向什叶派商业区发动自杀死炸弹袭击，导致19人死亡，46人受伤。

6月9日，非盟驻索马里特派团说，非盟部队和索马里政府军在索马里中部击毙逾百名极端组织“青年党”武装人员。

6月10日，阿富汗东部楠格哈尔省政府发言人胡吉亚尼说，当天该省发生一起爆炸袭击事件，造成至少3人死亡，55人受伤。

6月10日，哈萨克斯坦反恐中心阿克托别紧急指挥部称，5名潜逃中的恐怖分子在阿克托别市被哈萨克斯坦反恐部队击毙。

6月10日，伊拉克巴格达，自杀式袭击导致3人死亡，11人受伤。

6月11日，利比亚班加西，“伊斯兰国”向一处居民区发动武力攻击，导致至少7人遇难，8人受伤。

6月11日，叙利亚首都大马士革南郊赛达·宰纳卜镇遭连环爆炸袭击，造成12人死亡，另有55人受伤。

6月11日，阿富汗东部楠格哈尔省省政府发言人阿塔乌拉·胡吉亚尼说，极端组织“伊斯兰国”当天袭击了楠格哈尔省一处警察局，造成5名警察死亡，13名袭击者被击毙。

6月11日，孟加拉国针对极端组织展开大规模清剿行动，目前已经逮捕3000余人。

6月11日，尼日利亚军方宣布，10名“博科圣地”武装分子当天在尼日利亚东北部博尔诺州被打死，另有2人被俘。

6月11日，路透社报道，“基地”组织头目艾曼·扎瓦希里在一段最新录音中发声，宣称效忠阿富汗塔利班新首领、宗教学者海巴图拉·阿洪扎达。

6月12日，美国佛罗里达州奥兰多市发生一起枪击事件，造成50人遇难，53人受伤。枪手已被警方击毙。奥兰多警察局长约翰·米那在记者会上表示，当天凌晨2时左右，1名枪手携带一支来福枪和一把手枪现身当地一家夜店，并与酒吧安保发生交火。奥兰多警方在接到报警后迅速赶往现场，与枪手展开枪战。枪手随后退回至夜店内，劫持了300多名人质。凌晨5时左右，特警组冲入夜店内部将枪手击毙，并将人质解救。美国奥兰多市奥兰芝区区长杰瑞·杰明斯表示，奥兰多枪击事件被定性为“地方恐怖主义”。

6月12日，利比亚苏尔特，一家医院遭到自杀式袭击，导致3人死亡，7人受伤。

6月12日，伊拉克费卢杰，“伊斯兰国”发动两起自杀式袭击，导致24人死亡，17人受伤。

6月13日，利比亚苏尔特，一座政府大楼外发生自杀式炸弹袭击，导致2人死亡，3人受伤。

6月13日，伊拉克拉马迪，5名伊拉克人遭到“伊斯兰国”的炸弹袭击身亡，11人受伤。

6月13日，1名自称效忠“伊斯兰国”极端组织的法国籍男子当晚在巴黎附近持刀杀害2名警察后被特警击毙。“伊斯兰国”随后宣称对此事负责。法国总统奥朗德14日将该事件定性为恐怖主义行为。

6月14日，伊拉克巴格达，一处市场遭到圣战分子的炸弹袭击，导致 2 人死亡，9 人受伤。

6 月 16 日，美国中央情报局局长约翰·布伦南称，极端组织“伊斯兰国”的“恐怖主义能力与全球能力”未遭削弱，并称“伊斯兰国”在全球有数以万计的战斗人员，远超“基地”组织顶峰时期的同等人员。

6 月 16 日，利比亚阿布·格赖因，“伊斯兰国”的炸弹袭击导致 10 人死亡，7 人受伤。

6 月 16 日，叙利亚拉塔基亚，援助车队遭到自杀式炸弹袭击，导致 1 人死亡。

6 月 16 日，伊拉克巴格达，一处市场遭到圣战分子的炸弹袭击，导致 2 人死亡，4 人受伤。

6 月 16 日，巴基斯坦白沙瓦，“和平宗教”引爆路边炸弹导致 1 名警察死亡，3 人受伤。

6 月 17 日，伊拉克图兹胡尔马图，“伊斯兰国”制造了 3 起自杀式卡车炸弹袭击，导致 24 人死亡，7 人受伤。

6 月 17 日，尼日利亚库达，伊斯兰极端分子在一场葬礼上发动袭击，导致 24 名妇女死亡。

6 月 17 日，比利时联邦检察院证实，比利时警方夜间同时在全国多地开展反恐行动，抓捕 12 名涉恐嫌疑人。

6 月 17 日，伊拉克哈吉·阿里，一处难民营遭到圣战分子的炸弹袭击，导致 12 名平民死亡，6 人受伤。

6 月 18 日，叙利亚阿勒颇，库尔德人的车辆遭到炸弹袭击，造成 7 名库尔德人死亡。

6 月 18 日，伊拉克图兹胡尔马图，“伊斯兰国”制造自杀式爆炸袭击造成 2 人死亡，其中 1 人是道路清洁员，6 人受伤。

6 月 19 日，伊拉克马哈茂迪耶，“圣战分子”在一处拥挤的市场引爆炸弹，导致 2 人死亡，9 人受伤。

6 月 20 日，阿富汗多地遭遇爆炸袭击。首都喀布尔发生自杀式炸弹袭击造成 20 多人伤亡，袭击目标是一辆载有外国公司安保人员的小巴，塔利班宣称对该事件负责。阿富汗北部巴达赫尚省也遭遇炸弹袭击，早高峰期间，1 名袭击者在巴达赫尚省一闹市区引爆摩托车炸弹，造成 8 名平民丧生、数十人受伤。同日晚些时候，塔利班在喀布尔又一次制造爆炸袭击。此次袭击的炸弹埋在喀布尔省 1 名议员的府邸附近，并在这名议员车队经过时被引爆，导致 1 人死亡，5 人受伤。

6 月 20 日，肯尼亚一辆警车在东北部曼德拉郡遭武装分子袭击，造成 5 名警察死亡。

6 月 20 日，肯尼亚蒂姆，5 名边防军被索马里“青年党”极端分子杀害。

6 月 21 日，约旦一个边境关闸处遭到自杀式汽车炸弹袭击，导致 6 人死亡，14 人受伤。

6 月 21 日，阿富汗塔利班在南部赫尔曼德省劫持 3 辆客车，将至少 25 名乘客劫为人质。

6 月 21 日，靠近叙利亚边界一个约旦军事哨所早晨遭到袭击，袭击的目标是针对约旦武装部队和安全机构为难民服务的军事哨所，袭击造成 6 人死亡，其中包括 4 名边防战士、1 名民防人员和 1 名安全人员，此外还有 14 人受伤。

6 月 21 日，美国当局在印第安纳州逮捕了 1 名试图加入极端组织“伊斯兰国”的青年。

6 月 23 日，土耳其马尔丁省发生汽车爆炸事件，1 名武装分子将安装有炸弹的汽车开至宪兵大楼附近后，留下汽车逃走，并远程引爆了炸弹。爆炸造成 2 人死亡，4 人受伤。

6 月 24 日，利比亚班加西，恐怖分子在一家医院门前引爆了一枚汽车炸弹，导致 4 名平民被杀害，14 人受伤。

6月25日，位于索马里首都摩加迪沙市中心的一家酒店遭索马里“青年党”武装分子袭击，造成至少14人死亡，25人受伤。遭袭击的纳萨一哈布罗德酒店位于摩加迪沙市中心区域。当天下午，1名自杀式袭击者在酒店门口引爆了其汽车上的炸弹，随后武装分子进入酒店。数分钟后，另一起爆炸在酒店建筑周边发生。

6月25日，印度帕姆波雷，虔诚军成员用机枪向一辆公交车扫射，造成8名乘客死亡，24人受伤。

6月26日，马达加斯加总理马哈法利说，当晚在首都塔那那利佛举行的一场国庆庆祝活动中发生爆炸事件，造成至少2人死亡，72人受伤。马哈法利将这次爆炸定性为“恐怖主义行为”，并表示政府已采取紧急措施确保民众安全。

6月27日，黎巴嫩东北部靠近叙利亚边境的加阿镇再次发生连环爆炸袭击，除4名自杀式袭击者外，另有5人丧生，15人受伤。此外，当天另有2名自杀式袭击者还试图袭击黎巴嫩军方目标，但除袭击者丧生外，未造成其他人员伤亡。黎巴嫩军方称已在加阿镇加强安全措施，并展开搜捕行动。黎巴嫩军方还呼吁当地居民避免大规模集会，以防再次发生袭击事件。

6月28日，马来西亚沙登市一家夜总会外发生爆炸事件，导致8人受伤，其中包括1名女性中国公民。

6月28日，土耳其伊斯坦布尔省省长办公室发表声明说，发生在伊斯坦布尔阿塔图尔克国际机场的连环自杀式爆炸袭击事件已导致41人死亡，另有239人受伤。美国中央情报局局长布伦南分析称，土耳其机场爆炸案有极端组织“伊斯兰国”的作案风格。

6月30日，阿富汗塔利班在首都喀布尔西部制造一起针对警察车队的自杀式爆炸袭击，造成数十人死伤。爆炸发生时，5辆警方卡车正满载数百名警察从临省瓦尔达克的训练基地返回喀布尔，2名塔利班人员先后通过引爆炸弹制造连环爆炸。

6月30日，喀麦隆北部发生一起自杀式袭击，1名“博科圣地”的自杀式袭击者，在迪加卡纳引爆了炸弹。爆炸导致至少10人死亡。

7月

7月1日，肯尼亚东北部曼德拉郡2辆汽车遭武装分子扫射袭击，造成至少6人死亡、多人受伤。索马里“青年党”已发布声明，宣称制造了此次袭击。

7月1日，孟加拉国首都达卡一家餐厅遭武装分子劫持，次日孟方安全力量对人质实行解救，并与武装分子激烈交火，20名人质遇害，13名人质获救，6名武装分子被击毙，1名武装分子被捕。

7月1日，伊拉克巴格达，圣战分子制造了一起自杀式汽车炸弹袭击，导致5人死亡，30人受伤。

7月1日，伊拉克图兹胡尔马图，在一个什叶派清真寺发生自杀式袭击，导致2人死亡，4人受伤。

7月2日，阿富汗贾拉拉巴德，1名骑着摩托车的自杀炸弹袭击者引爆炸弹，导致2名路人死亡，17人受伤。

7月3日，伊拉克首都巴格达发生汽车炸弹袭击事件。1名自杀式袭击者驾车闯入巴格达南部卡拉达区，随后引爆炸弹。卡拉达区是巴格达的商业中心之一，斋月期间人流较为密集，袭击事件造成至少79人死亡和133人受伤，许多伤者伤势严重，附近多家商店和多辆汽车被毁。同日，巴格达东北部一处集市也遭到汽车炸弹袭击，导致至少1人死亡，5人受伤。极端组织“伊斯兰国”宣称制造了上述2起袭击事件。

7月3日，泰国北大年，一座清真寺外发生一起炸弹袭击，导致1人死亡，2人受伤。

7月3日，利比亚班加西，“伊斯兰国”在一处繁忙的地区制造一起汽车炸弹爆炸袭击，导致2名交警死亡，7人受伤。

7月3日，泰国也拉，2名平民遭到伊斯兰极端分子炸弹袭击身亡。

7月4日，马来西亚雪兰莪州，“伊斯兰国”成员用手榴弹袭击了一间酒吧，造成8人受伤。

7月4日，沙特阿拉伯有3座城市遭到自杀式爆炸攻击。沙特著名圣城麦地那的一个治安中心遭遇自杀式爆炸袭击，造成3人死亡，包括2名安全人员和袭击者本人。梅迪纳一清真寺外发生一起自杀式炸弹袭击，导致5名警卫死亡，5人受伤。东部城市盖提夫也遭遇自杀式袭击。袭击发生在盖提夫一座清真寺附近的停车场，停车场里的一辆汽车被摧毁，爆炸现场发现有人体残骸。

7月4日，美国驻沙特第二大城市吉达的总领事馆险遭袭击。1名自杀式袭击者在试图闯入总领馆时被沙特安全人员拦截，袭击者随后引爆身上的爆炸物并当即死亡，另有2名安全人员被炸伤。

7月4日，伊拉克巴格达附近的一处市场遭到炸弹袭击，导致2人死亡，9人受伤。

7月5日，印度尼西亚中爪哇梭罗发生自杀炸弹攻击，袭击者在警察局前引爆身上炸弹当场死亡，还造成1名警察受伤。梭罗是印度尼西亚总统佐科的家乡。

7月5日，叙利亚一家什叶派面包店外发生一起自杀式炸弹袭击，导致30名无辜人士死亡。

7月5日，泰国北大年，伊斯兰武装分子在一个警察局前引爆炸弹，导致1人死亡，3人受伤。

7月6日，泰国穆斯林聚居区一处边检站遭汽车炸弹袭击，造成1名警察身亡，3名警察受伤。

7月6日，也门政府军在南部城市亚丁的一处军事基地上午遭自杀式爆炸袭击，至少8名士兵死亡，另有10余人受伤。也门军方消息称，袭击者首先引爆了一辆停在军事基地入口附近汽车内的炸弹。袭击者趁机驾车闯入军事基地内，并引爆了第二枚汽车炸弹。

7月6日，也门亚丁，“基地”组织发动自杀式炸弹袭击，导致超过24名当地士兵死亡，8人受伤。

7月7日，孟加拉国近30万穆斯林民众正在达卡以东的吉绍雷甘杰地区参加开斋节礼拜，至少5名武装分子乘机发起袭击，与守在会场外围的安检警察爆发激战，造成4人死亡，12人受伤。

7月7日，伊拉克巴拉德，一处什叶派圣地遭到逊尼派自杀式炸弹袭击，导致56名朝觐者死亡，70人受伤。

7月7日，利比亚班加西，圣战分子自杀式袭击导致12人死亡，11人受伤。

7月8日，伊拉克中部萨拉赫丁省发生自杀式爆炸袭击，一群武装分子闯入拜莱德镇一处什叶派宗教圣地，其中3人向朝觐民众投掷手榴弹，随后引爆身上炸药，爆炸导致至少35人死亡，70人受伤。同日，伊拉克首都巴格达北部一个什叶派圣地也遭到袭击，导致至少30人遇难，50人受伤。当时，1名自杀式炸弹袭击者首先袭击了守卫入口的警察，随后另1名携带炸弹的袭击者和9名枪手进入圣地，攻击安全部队和准备庆祝开斋节的家庭。第三个自杀式炸弹袭击者在引爆炸弹前就被警方击毙。在袭击事件开始约2小时后，全部12名袭击者均被警方击毙。

7月8日，叙利亚泰勒艾卜耶德，一处市场遭到“伊斯兰国”的自杀式炸弹袭击，导致包括妇女和儿童在内的10人死亡，11人受伤。

7月9日，尼日利亚兰恩，“博科圣地”入侵一处村庄，偷走食物并打死7名村民。

7月10日，阿富汗国防部发布声明说，该国军警过去24小时在全国5省范围内共击毙39名武装分子，其中31人为“伊斯兰国”成员。

7月10日，马来西亚东马沙巴东部海域发生绑架人质事件，3名印尼船员遭5名武装分子绑架。

7月10日，叙利亚阿勒颇，“努斯拉阵线”成员朝一个居民区发动爆炸袭击，导致5名平民死亡，61人受伤。

7月11日，菲律宾军方透露，菲律宾政府军连日来在南部2个省份针对极端组织“阿布沙耶夫”开展军事行动，共击毙40名恐怖分子。

7月11，索马里“青年党”武装分子突袭首都摩加迪沙以西一处政府军基地，造成至少10名士兵身亡。武装分子还一度占领了基地。

7月11日，索马里摩加迪沙，“青年党”制造一起炸弹袭击，导致1死6伤。

7月12日，伊拉克首都巴格达一处菜场遭汽车炸弹袭击，造成至少12人死亡，37人受伤。当局还在拉什迪亚区一处桥下发现尚未引爆的汽车炸弹，显示恐怖分子意欲发动连环袭击，随后警方封锁了进出拉什迪亚区的交通干道。

7月12日，哈萨克斯坦官方发布消息称，12名企图前往叙利亚参加“伊斯兰国”恐怖主义组织的犯罪嫌疑人被依法判处6—8年有期徒刑。

7月12日，伊拉克马哈茂迪耶，一个露天市场遭到“和平宗教”的炸弹袭击，3名购物者死亡，10人受伤。

7月13日，伊拉克巴古拜，2人在家中遭到自杀式炸弹袭击身亡。

7月14日，美国方面证实，一架无人驾驶飞机在阿富汗发动空袭，炸死了巴基斯坦塔利班的1名高级领导人。这位塔利班领导人曾经参与了2014年袭击巴基斯坦一所学校的行动。那次袭击是巴基斯坦发生的最为恐怖的袭击之一。

7月14日，法国国庆日当晚，一辆卡车冲入法国南部旅游城市尼斯观赏烟花表演的人群中，造成至少84人死亡，202人受伤。极端组织“伊斯兰国”宣称袭击者是其成员。

7月14日，伊拉克塔吉，3名平民遭到圣战分子自杀式袭击被炸身亡，4人受伤。

7月16日，阿富汗喀布尔，一辆汽车遭到炸弹袭击，导致1死2伤。

7月16日，伊拉克塔吉，“圣战分子”在一处市场外引爆炸弹导致3死6伤。

7月17日，亚美尼亚安全部发布消息，首都埃里温郊外埃里布尼区警察局遭武装人员袭击，并劫持多名人质。2名人质在警方的营救行动中获救，1名警察牺牲，2名受伤。7月24日，遭劫持的剩余7名警察全部获释，武装人员仍坚持要求政府满足其此前提出的条件，否则拒绝交出武器，并继续占领警察局。7月27日，一直占领亚美尼亚首都埃里温埃列布尼区警察局的武装分子于再次劫持了4名医务人员作为人质。

7月18日，哈萨克斯坦阿拉木图反恐总部称，哈萨克斯坦最大城市阿拉木图的警察局遭2名身份不明的武装人员袭击，造成3名警察和1名平民死亡，14人受伤。2名嫌犯先后被逮捕。哈萨克斯坦总统纳扎尔巴耶夫将此次阿拉木图交火事件称为“恐怖袭击”。

7月18日，1名袭击者驾车闯入也门穆卡拉市西部的一处军事检查站内，并引爆车上的炸弹。之后位于市中心的另一处军事检查站内也遭到汽车炸弹袭击。穆卡拉当地官员称，有至少5名军人在袭击中丧生。

7月18日，英国内政部公布该国最新恐怖组织名单，“突厥斯坦伊斯兰党”已被正式列入其中。

7月18日，也门穆卡拉发生一起自杀式炸弹袭击，导致10人死亡，18人受伤。

7月18日，巴基斯坦达拉，“和平委员会”遭到塔利班制造的简易爆炸袭击，造成7人死亡，3人受伤。

7月19日，土耳其东北部特拉布宗省交警哨岗遭遇武装分子袭击，导致2名警察死亡，6人受伤。

7 月 19 日，法国警方在巴黎附近拘捕了 1 名涉嫌与极端主义有关联的负责送乘客去机场的司机，搜查其住处时发现了炸弹。

7 月 19 日，马里政府发言人蒙塔加·塔勒证实，马里军方位于中部地区楠帕拉的一个军营当天遭到武装分子袭击，造成 12 名军人死亡，30 多人受伤。

7 月 19 日，土耳其首都安卡拉市中心国家电视台大楼附近发生大爆炸。爆炸十分剧烈，数个街区都能听到爆炸声。

7 月 19 日，马里纳姆帕拉地区一处安全阵营遭到袭击，17 人死亡，35 人受伤，一个与“基地”组织有关联的恐怖组织声称对此负责。

7 月 20 日，乌克兰首都基辅市中心发生一起轿车爆炸事件，乌克兰知名记者帕维尔·舍列梅特不幸遇难。

7 月 20 日，也门亚丁，4 名安全人员遭到“伊斯兰国”炸弹袭击身亡，6 人受伤。

7 月 21 日，《欧盟观察家》网站援引欧洲刑警组织最新报告称，2015 年共有 128 名欧洲女性参与以宗教“圣战”为名义的恐怖犯罪活动，远超出前两年的 52 人和 6 人。

7 月 21 日，孟加拉国安全部队在首都达卡北部的工业城镇东吉展开突击行动，逮捕本土武装组织“孟加拉圣战者协会”的 4 名成员，其中 1 人是该组织的区域头目。

7 月 21 日，伊拉克夏布区，圣战分子在一排商店外制造爆炸袭击，导致 1 死 6 伤。

7 月 22 日，伊拉克国防部长哈立德·奥贝迪称，恐怖组织“伊斯兰国”目前控制的伊拉克领土面积不足 10%，早些时候达到 40%。

7 月 22 日，也门亚丁，一处清真寺外 1 名牧师遭到“和平宗教”的对手袭击死亡。

7 月 23 日，阿富汗首都喀布尔发生针对游行人群的连环爆炸袭击，造成至少80人死亡，200多人受伤。极端组织“伊斯兰国”已宣称对相关事件负责，这是该组织第一次在喀布尔发动如此大规模的袭击。

7月24日，伊拉克巴格达发生自杀式爆炸袭击事件，袭击者驾车经过巴格达北部卡济米耶区一检查站时，在人群密集的地点引爆车上炸药，造成21人死亡、35人受伤，检查站及多辆等待通过检查站的车辆受损。同日，伊拉克阿布格莱布，“圣战分子”在一处市场制造了一起炸弹袭击，导致3人死亡，11人受伤。

7月24日夜间，德国巴伐利亚州安斯巴赫市中心一露天演唱会附近发生爆炸案，造成1人死亡，死者系袭击者本人，另有至少12人受伤。德国巴伐利亚州当局表示，在安斯巴赫爆炸案凶手的手机上发现了此人宣誓效忠“伊斯兰国”的视频。

7月24日，叙利亚首都大马士革发生迫击炮射击事件，不明身份的恐怖分子在大马士革老街区向由叙利亚政府军控制的一家餐厅开火，造成包括儿童在内的至少8人死亡，另有20余人受伤。

7月24日，叙利亚大马士革，恐怖组织“伊斯兰军”（Jaish al-Islam）向一家餐厅发射迫击炮，导致8名顾客死亡，16人受伤。

7月24日，澳大利亚总理特恩布尔向澳各州及领地领导人致信称，政府将引入全新的国家法律，从而无限期监禁那些在原有刑期结束后仍对社会构成威胁的恐怖分子。特恩布尔表示，鉴于近日在美国奥兰多及法国尼斯发生的惨案，这一问题亟待解决。

7月25日，美国佛罗里达州迈尔斯堡一家夜总会25日凌晨发生枪击事件，造成至少2人死亡，15人受伤，其中一些人伤势严重。

7月25日，伊拉克哈利斯，发生一起自杀式炸弹袭击，造成至少16人死亡，包括一辆小巴车上的妇女和小孩，袭击还造成41人受伤。

7月25日，埃及阿里什，1名年轻的警官遭到“伊斯兰国”暗杀。

7月26日，法国西北部诺曼底地区一教堂发生劫持人质事件，1名神父被人持刀杀害，另有 1 名人质受重伤。警方采取行动，击毙了 2 名劫匪。极端组织“伊斯兰国”已通过其宣传工具发表声明宣称，2 名劫匪为该组织的“战士”，他们的行动是为了响应该组织攻击国际联盟国家的号召。

7 月 26 日，索马里警方表示，2 名自杀攻击者在首都摩加迪沙机场附近的非洲联盟主要维和基地外引爆炸弹，第一名歹徒引爆汽车炸弹，第二人试图徒步闯进基地，但中弹后在门口自爆。爆炸造成至少 8 人丧生。

7 月 26 日，索马里摩加迪沙，机场和联合国大厦附近发生两起自杀式炸弹袭击，导致至少 13 人死亡，5 人受伤。

7 月 27 日，也门马里卜省发生一起爆炸袭击，造成至少 4 人死亡，20 人受伤。爆炸发生在首府马里卜市的一个集市，袭击目标是来集市购物的政府军士兵。

7 月 27 日，叙利亚东北部城市卡米什利遭遇爆炸袭击，造成 60 人死亡，185 人受伤。极端组织“伊斯兰国”宣称对袭击事件负责。当天的爆炸袭击有两起，第一起爆炸发生在库尔德人武装的一座营地附近，袭击者驾驶装有爆炸物的卡车实施自杀式袭击；另一起爆炸发生在库尔德人武装的一处哨卡。

7 月 27 日，巴基斯坦一边防部队车队在该国西南部俾路支省首府奎达遭路边炸弹袭击，当车队经过一段高架公路时，一伙身份不明的武装分子引爆了事先安置的爆炸装置，随后逃离现场。爆炸导致至少 8 人受伤。

7 月 29 日，尼日尔国防和安全部队参谋部发布公告说，尼日尔政府军 28 日上午成功地从极端组织“博科圣地”手中夺回尼日尔东南部迪法省一处村镇和东北部城镇达马萨克。

7 月 31 日，伊拉克北部基尔库克省的两处油气田遭到武装分子袭击，一伙武装分子当天上午冲进了基尔库克省西部的一处天然气田，开枪打死 4 名工人并埋设炸弹。随后赶到的安全部队经过战斗赶走了武装分子并拆除了炸弹。另一伙武装分子袭击了基尔库克省省会基尔库克市北部的一处油田，其中 1 名武装分子被安全部队击毙。

7 月 31 日，阿富汗楠格哈尔省政府表示，阿富汗国家安全部队在该省共击毙 20 名极端组织“伊斯兰国”武装分子。

7 月 31 日，索马里极端组织“青年党”武装分子袭击了首都摩加迪沙的索马里警方刑侦局总部，造成至少 5 人死亡。

7 月 31 日，索马里摩加迪沙，宗教极端分子对警方大楼发动自杀式袭击，导致至少 10 人遇害，15 人受伤。

8 月

8 月 1 日，一辆装有炸弹的货车在阿富汗首都喀布尔“北门酒店”附近发生爆炸。事件发生 7 小时后，3 名塔利班武装分子被打死。喀布尔警察局长阿卜杜勒·拉赫曼拉希米说：“1 名警察身亡，另有 3 人受伤，但没有酒店员工或客人受伤。”塔利班宣布对此次爆炸负责。

8 月 1 日，沙特阿拉伯民防局发言人表示，也门胡塞武装分子当天凌晨向沙特吉赞省发射炮弹，一枚炮弹落入该省一个村庄，造成 4 名沙特平民死亡，另有 3 人受伤。死者中包括 1 名妇女和 1 名儿童。

8 月 2 日，利比亚东部班加西发生针对安全部队的汽车炸弹袭击，袭击行动造成 22 人死亡，20 人受伤。

8 月 2 日，也门拉赫季，发生两起自杀式炸弹袭击，导致 6 人死亡，12 人受伤。

8 月 2 日，叙利亚阿勒颇，逊尼派武装分子向居民区发射包含有毒气体的武器，导致 9 名平民死亡，其中有 4 名妇女和 3 名儿童，25 人受伤。

8 月 3 日，伦敦警察局局长伯纳德·霍根—豪表示，由于欧洲发生了系列恐怖袭击事件，为了稳定民心和震慑恐怖分子，伦敦的地标性建筑区域将增加部署 600 名的持枪警察。

8 月 3 日，阿勒颇民兵透露，恐怖分子在叙利亚古城阿勒颇发射了装有有毒物质的炸弹，杀死 5 名平民。

8 月 3 日，利比亚班加西，“伊斯兰国”自杀式袭击者在郊区引爆炸弹，导致 15 人死亡，16 人受伤。

8 月 4 日，阿富汗西部赫拉特省官员称，当天至少有 10 名外国游客在该省遇袭身亡，另有 5 人受伤。

8 月 4 日，埃及军方表示，“伊斯兰国”西奈分支首脑安萨里已在军方对西奈半岛城镇阿里什附近发动的连串空袭中被炸死。该组织宣称为 2015 年炸毁俄罗斯客机造成 224 人遇难的事件负责。

8 月 4 日，吉尔吉斯斯坦总统阿坦巴耶夫签署了一项新法案，该法案明确规定将剥夺参与恐怖组织和极端主义团体的吉尔吉斯斯坦公民所具有的公民权和国籍。该法案全称为《就反恐和反极端主义相关措施针对吉尔吉斯斯坦共和国部分法律进行补充修改法案》，已于 7 月 30 日获得了吉尔吉斯斯坦最高议会的一致通过。

8 月 5 日，一伙武装分子在印度东北部阿萨姆邦科格拉恰尔地区一个市场内发动袭击，造成至少 14 名平民丧生，20 多人受伤。警方怀疑是当地非法武装组织“博多兰民族民主阵线”策划了这次袭击。“博多兰民族民主阵线”成立于 1986 年，一直寻求博多族独立，时常袭击其他种族居民以及军队和警察。

8 月 6 日，乌克兰东部卢甘斯克民间武装领导人普洛特尼茨基乘坐的汽车早上遭遇炸弹爆炸袭击，除炸伤普洛特尼茨基本人外，还有另外几人受伤，附近建筑物轻微受损。

8 月 6 日，索马里马尔卡，伊斯兰极端分子朝一辆货车开火，导致 1

名女性乘客死亡，7人受伤。

8月6日，伊拉克哈维迦，“伊斯兰国”挟持了85名平民，包括妇女和儿童，之后这些人全部被屠杀。

8月7日，中国驻尼日利亚大使馆证实，日前在尼日利亚遭劫持的2名中国工人现已安全获释。尼日利亚警方此前称，事发时，这2名中国工人计划前往尼日利亚首都阿布贾，在途经位于纳萨拉瓦州的阿佳达地区时遭不明身份武装分子劫持。

8月7日，马里基达尔，1名联合国维和部队人员遭到伊斯兰极端分子埋设的地雷炸死，4人受伤。

8月7日，伊拉克巴格达，“圣战分子”在一处集市制造炸弹袭击，导致2人死亡，9人受伤。

8月7日，也门拉赫季发生一起沙希德自杀式汽车炸弹袭击，导致10人死亡，7人受伤。

8月8日，巴基斯坦西南部俾路支省首府奎达市一家医院上午遭自杀式爆炸袭击，袭击发生时医院内聚集了大量参加悼念活动的律师和记者。爆炸造成至少70人死亡，120人受伤。极端组织“伊斯兰国”和“巴基斯坦塔利班”武装均宣称制造了这起袭击。

8月8日，马来西亚副总理兼内政部长阿末扎希指出，马来西亚反恐形势严峻，“伊斯兰国”或伺机再袭马来西亚。移民局已经撤销68名在海外参与“伊斯兰国”武装活动的马来西亚人的护照。他们一旦返国，当局将严厉惩处。阿末扎希表示，马来西亚国内“伊斯兰国”恐怖分子拥有10颗手榴弹，而其中2颗已经在蒲种酒吧的恐怖袭击中用掉，马来西亚皇家警察及武装部队正在全力追查另外8颗的下落。

8月8日，伊拉克巴格达商业区发生炸弹袭击，导致2名路人死亡，8人受伤。

8月9日，马来西亚内政部称，从2013年到现在，一共有230人因为涉及“伊斯兰国”活动被捕，其中 200 人是马来西亚国民。另外有 90 名马来西亚人确定参与“伊斯兰国”在叙利亚的活动，其中 21 人丧命，其中有 7 名自杀炸弹客。

8 月 9 日，阿富汗马扎里沙里夫，一处市场发生一起自杀式炸弹袭击，导致 2 人死亡，15 人受伤。

8 月 10 日，土耳其东南部省份发生两起爆炸袭击，导致至少 8 人丧生，另有 40 多人受伤，遇难者中包括平民和军人。当日发生在马尔丁省的爆炸袭击导致至少 3 人丧生，30 多人受伤，而几乎同时发生于迪亚巴克尔省的爆炸袭击则导致至少 5 人身亡，另有 12 人受伤。两起爆炸的袭击目标均是行进中的军方车队。迪亚巴克尔省的爆炸袭击发生于一处军事检查站附近。另外一起袭击的炸弹则埋藏在当地一所医院附近，在军车经过时被远程控制引爆。土耳其官方表示，这两起爆炸袭击均由土耳其境内的库尔德工人党策划实施。

8 月 10 日，美军打击“伊斯兰国”行动指挥官肖恩·麦克法兰表示，国际联盟迄今已消灭 4.5 万名“伊斯兰国”武装分子。该组织在伊拉克和叙利亚境内已分别丧失 50%和 20%的控制范围。

8 月 10 日，伊拉克巴格达，“圣战分子”制造爆炸袭击，导致 5 人死亡，17 人受伤。同日，在伊拉克拉提，自杀式袭击导致 7 名伊拉克人死亡，11 人受伤。

8 月 11 日，巴基斯坦官员与媒体表示，俾路支省奎达市发生路边遥控炸弹袭击，波及一辆安全部门车辆并造成 13 人受伤。

8 月 11 日，泰国华欣发生两起爆炸事件，导致 1 人死亡，21 人受伤。这两起爆炸发生在外国游客集中的地区。炸弹均由手机引爆，第一枚炸弹在一家酒吧前爆炸，随后第二枚炸弹在距第一次爆炸现场约 100 米的地方爆炸。

8 月 11 日，尽管执政联盟内部及反对党都存在不同意见，德国负责国内安全的内政部长德迈齐埃仍坚持公布了其力推的一揽子反恐方案，其具体措施包括增加4600名安全人员、强化网络反恐和欧盟内部合作、收紧有犯罪前科和有可能危害公共安全的外国人居留权等。

8月11日，伊拉克穆萨纳，“圣战分子”的自杀式炸弹袭击导致至少2人死亡。同日，在伊拉克马达恩地区，一处市场遭到“和平宗教”炸弹袭击导致3名食客死亡，5人受伤。

8月12日，泰国南部多府发生多宗爆炸袭击事件，造成至少4人死亡、逾30人受伤。国家警察总长差提表示，接连发生的炸弹袭击事件可能同新宪法草案公投有关，因为爆炸发生的几个府都在公投中投票支持通过新草案。

8月14日，利比亚情报部门向意大利发出警告，意大利米兰地区可能盘踞着一个与极端组织“伊斯兰国”保持联系的极端团伙。这个活动于意大利米兰地区的极端团伙据信与“伊斯兰国”指挥官阿布·纳齐姆保持联系。

8月14日，叙利亚艾特迈赫地区，一辆公共汽车遭到自杀式炸弹袭击，导致车上32人死亡，25人受伤。

8月15日，黎巴嫩军方说，一辆军车在黎东北部靠近叙利亚边境的阿萨尔地区遭路边炸弹袭击，5名士兵受轻伤。

8月15日，美国驻阿富汗大使馆附近的马苏德广场发生一起炸弹袭击事件，造成至少3人受伤。阿富汗塔利班已宣称制造了这起事件。

8月15日，土耳其东南部迪亚巴克尔省附近发生自杀式袭击，导致5名警察和2名平民死亡，其中包括1名儿童。土耳其政府指责库尔德工人党制造了此次事件。

8月16日，伊拉克巴格达，发生3起炸弹爆炸袭击导致8名伊拉克人死亡，22人受伤。

8月17日，俄罗斯列宁格勒州联邦安全局说，该机构在圣彼得堡抓获 3 名北高加索武装人员。

8 月 17 日，沙特东部卡提夫地区什叶派聚居区附近，4 名武装人员驾驶着一辆汽车朝一警察局的大门开火，造成 2 名警察受伤，其中 1 人在送医院途中死亡。

8 月 18 日，土耳其中东部埃拉泽市一当地警察总部发生爆炸袭击，造成至少 3 人死亡，120 人受伤。数小时前，土耳其东部靠近伊朗边界处另一个警察局刚发生汽车炸弹袭击，造成 3 人死亡，至少 40 人受伤。警方怀疑袭击是库尔德工人党所为。

8 月 18 日，利比亚政府军在苏尔特遭到“伊斯兰国”连环自杀式炸弹袭击，造成至少 12 人死亡，约 60 人受伤。

8 月 18 日，美国的社交媒体网站“推特”宣布，在过去的 6 个月中关闭了宣传恐怖主义的 23.5 万个账号。从 2015 年中至今，“推特”所关闭的含有恐怖主义内容的账号总数达到了 36 万个。

8 月 18 日，也门罗达地区发生一起敢死队自杀式汽车炸弹袭击，导致 4 人死亡，4 人受伤。

8 月 18 日，利比亚苏尔特，“伊斯兰国”自杀式炸弹袭击导致 19 人死亡，80 人受伤。

8 月 18 日，伊拉克塔尔米耶一处市场发生炸弹袭击，导致 1 名路人死亡，8 人受伤。

8 月 19 日，新加坡内政部发表公告说，当局根据内部安全法令，拘留了 2 名激进的新加坡籍男子，并向另外 2 人发出限制令，因为他们有意参与恐怖主义活动或有宗教极端思想。

8 月 19 日，泰国警方宣布，逮捕 1 名普吉岛爆炸案嫌犯，同时还在追查其他幕后策划者。

8 月 19 日，索马里摩加迪沙发生一起自杀式汽车炸弹袭击，导致 1 名平民死亡，4 人受伤。

8月20日，土耳其加济安泰普的一场在户外婚礼上，1名自杀式炸弹袭击者引爆炸弹，导致50人遇难，包括22名儿童，另有94人受伤。土耳其总统称，这起事件很可能由“伊斯兰国”主使。

8月21日，索马里中部城镇加尔卡尤连续发生两起爆炸袭击。第一起汽车炸弹在当地政府办公地被引爆，在救援机构抵达爆炸现场后，第二起汽车炸弹袭击随即发生。索马里“青年党”宣称对这起袭击事件负责。

8月21日，喀麦隆极北大区莫拉镇发生一起自杀式爆炸袭击事件，造成至少4人死亡，多人受伤。

8月21日，喀麦隆莫拉地区一座桥上发生自杀式摩托车炸弹袭击，导致3名平民死亡，20人受伤。

8月21日，索马里加尔卡尤发生两起自杀式汽车炸弹袭击，导致包括学生在内的23人死亡，30人受伤。

8月22日，格鲁吉亚国家安全局证实，格鲁吉亚安全部门成功挫败一起针对天然气管道的恐怖袭击图谋。5名格鲁吉亚人因涉嫌策划炸毁首都第比利斯附近萨古拉莫村的一段天然气管道而被捕。这是俄罗斯输往亚美尼亚天然气管道位于格鲁吉亚境内的一部分。

8月22日，巴基斯坦三军新闻局发表声明说，巴基斯坦军方近一周来在该国西北部开伯尔部落地区展开反恐行动，打死至少40名武装分子。

8月22日，伊拉克阿布格莱布，“圣战分子”在一排小店外引爆炸弹，造成1名路人死亡，10人受伤。

8月23日，土耳其军车车队在舍尔纳克省乌卢代雷市一条公路上行驶时，一枚炸弹爆炸，导致2名军人死亡，另有3人受伤。

8月23日，沙特警方粉碎了一起针对什叶派清真寺的自杀式炸弹袭击图谋。当晚，在沙特东部什叶派聚居区卡提夫的一座清真寺外，警察发现1名形迹可疑的外籍男子。警察准备上前盘问时，这名男子突然开枪。警察开枪击伤这名男子并将他抓获，在他背包里发现 4 公斤炸药。

8 月 23 日，伊拉克哈维迦地区，“伊斯兰国”炸弹袭击导致 6 名妇女和儿童死亡，5 人受伤。

8 月 23 日，泰国南部北大年府一城镇当晚先后发生两起爆炸袭击。据泰国《曼谷邮报》报道，这两起爆炸先后相差约 20 分钟。第一起爆炸发生于 23 日晚 10 时 40 分左右，炸弹在北大年南方酒店后面的停车场附近被引爆，未造成人员伤亡。晚 11 时左右，该酒店入口停放的一辆卡车处发生爆炸，造成至少 1 人丧生，29 人受伤。

8 月 23 日，美国国防部发言人库克在五角大楼表示，1 名驻阿富汗美军士兵在阿富汗赫尔曼德省遭遇路边炸弹袭击身亡。这是自 2016 年以来首次发生驻阿美军士兵遇袭身亡的事件。

8 月 24 日，位于阿富汗首都喀布尔的阿富汗美国大学遭自杀式炸弹袭击，至少有 12 人遇难，53 人受伤。

8 月 25 日，索马里摩加迪沙，“基地”组织分支机构在一处餐厅外引爆汽车炸弹，然后用机枪扫射，导致 9 人死亡，2 人受伤。

8 月 26 日，土耳其舍尔纳克省吉兹莱区一个警方检查站遭库尔德工人党汽车炸弹袭击，导致 11 名警察死亡、78 人受伤。舍尔纳克省长办公室发布消息说，爆炸袭击毫无疑问是库尔德工人党制造的，土耳其将向恐怖主义全面开战。

8 月 26 日，索马利首都摩加迪沙当局表示，一家海滨餐厅遭遇恐怖组织索马里“青年党”炸弹和枪火攻击，造成至少 7 名平民丧生。

8 月 28 日，利比亚民族团结政府卫队在清剿西部城市苏尔特的极端组织“伊斯兰国”武装时遭到激烈抵抗，导致卫队士兵 18 人阵亡，120 人受伤。

8 月 28 日，土耳其空军上午对库尔德工人党的叙利亚分支——“叙利亚民主联盟党”及其武装“人民保护部队”进行空袭，打死 25 名武装分子并摧毁其占领的5座建筑物。

8月29日，也门第二大城市亚丁一处新兵训练营遭自杀式爆炸袭击，袭击者驾车冲进亚丁城北一所用于训练新兵的学校，随后引爆车上的炸弹，对正在操场集合吃早餐的新兵发起致命袭击，造成至少45人死亡，60多人受伤，“伊斯兰国”宣布对这一爆炸事件负责。

8月29日，伊拉克首都巴格达西南的绿洲小镇发生自杀式炸弹袭击。这些袭击者带着来复枪、手榴弹，其中一人引爆了自杀式炸弹背心，其余几名袭击者最后被安全部队击毙。

8月29日，法国内政部长贝尔纳·卡泽纳夫表示，该国政府年初以来已经将15名鼓吹仇恨和支持恐怖主义的外国人驱逐出境。

8月29日，哈萨克斯坦国安委主席弗拉基米尔·朱马哈诺夫在接受记者采访时表示，本月18日在阿拉木图州被捕的4名涉嫌策划恐怖袭击的嫌犯为萨拉菲主义极端宗教团伙成员。

8月29日，也门南部城市亚丁的一所新兵学校发生自杀式爆炸袭击，造成至少71人死，67人受伤，这是亚丁一年多来最致命的一起袭击事件，极端组织“伊斯兰国”宣称对此次袭击负责。

8月30日，中国驻吉尔吉斯斯坦大使馆大门被自杀式袭击者驾车冲撞。该名袭击者在汽车爆炸后身亡，使馆3名吉尔吉斯斯坦籍工作人员受伤。

8月30日，索马里首都摩加迪沙一所位于总统府附近的酒店发生自杀式炸弹袭击，造成22人死亡，30人受伤，死者当中包括保安部队成员，有政府内阁部长在袭击中受伤。

9月

9月1日，支持极端组织“伊斯兰国”的阿马克新闻社报道说，“伊斯兰国”发言人阿布·穆罕默德·阿德纳尼在叙利亚阿勒颇省被击毙。

美国国务院 2015 年曾悬赏 500 万美元捉拿阿德纳尼。

9 月 1 日，伊拉克阿布格莱布，伊斯兰极端分子对一栋公寓楼发动迫击炮袭击，导致楼内 2 名居民死亡，9 人受伤。

9 月 2 日，巴基斯坦马尔丹市一地方法院遭遇自杀式炸弹袭击，造成至少 12 人身亡，27 人受伤，死者中包括 2 名警察和 4 名律师。

9 月 2 日，马来西亚国防部长希山慕丁说，马来西亚领导人有可能成为恐怖袭击对象，国家安全机构将 24 小时严密保护总理及副总理，防止任何恐怖袭击。

9 月 2 日，菲律宾南部重镇达沃市一处夜市发生的爆炸事件，至少已造成 15 人身亡，69 人受伤。

9 月 2 日，菲律宾达沃，“阿布沙耶夫”武装在一处市场发动爆炸袭击，导致 15 名路人死亡，其中还包括 1 名孕妇，71 人受伤。

9 月 2 日，巴基斯坦马尔丹，“自由人党”成员身穿自杀式炸弹背心发动爆炸袭击，导致等在法院门口的 12 人死亡，54 人受伤。同日，巴基斯坦白沙瓦，4 名“自由人党”组织成员在一个基督教社区发动自杀式炸弹袭击，导致 1 名保卫人员和平民死亡，5 人受伤。“自由人党”是塔利班在巴基斯坦的分支组织。

9 月 2 日，伊拉克巴格达，圣战分子在一处商业区发动炸弹袭击，导致 3 人死亡，8 人受伤。

9 月 3 日，泰国北大年，伊斯兰分离主义者在火车站制造爆炸袭击，导致 1 名无辜人士死亡，3 人受伤。

9 月 4 日，土耳其伊斯坦布尔一夜店发生爆炸。2 名袭击者带着面具骑摩托车经过事发夜店时，向店内投掷了手榴弹，爆炸造成 4 人受伤。

9 月 4 日，也门亚丁，疑似什叶派反政府武装人员制造路边炸弹袭击，导致 6 名当地安全人员死亡，3 人受伤。

9 月 4 日，伊拉克塔吉，一处市场发生爆炸袭击，导致 2 人死亡，8

人受伤。

9月5日，叙利亚各地发生连环爆炸案，地点大都在政府控制地区，爆炸共造成48人丧生。塔尔图斯港有俄罗斯的海军基地，爆炸攻击目标是阿朱纳桥，先是汽车炸弹爆炸，当人们上前协助伤者时，1名自杀炸弹客又引爆身上的炸药带，爆炸造成35人死亡、43人受伤。其他遭到爆炸攻击的地方包括政府控制的胡姆斯市、首都大马士革市郊路上一处军方检查哨、还有北部城市哈塞克一处库德族安全部队的检查哨。“伊斯兰国”已宣称为哈塞克的爆炸案负责，但其他攻击事件尚无组织宣称负责。

9月5日，阿富汗国防部附近发生两起自杀式炸弹袭击，导致24人丧生，91人受伤。袭击发生在喀布尔交通高峰期，旨在造成大量人员伤亡。阿富汗国防部发言人说：“第一次爆炸发生在国防部附近的一座桥。当士兵、警察等赶到现场时，发生了第二次爆炸。”塔利班宣称制造了爆炸事件。

9月5日，阿富汗首都喀布尔一家慈善机构遭袭，在10个小时的交战中，阿富汗安全部队击毙3名恐怖分子，解救了包括10名外籍人士在内的42名人质。至少有1人在攻击中丧生，另有6人受伤。

9月5日，伊拉克首都巴格达一家医院附近发生自杀式爆炸袭击事件，造成至少9人死亡，20人受伤。极端组织“伊斯兰国”宣称对该起恐怖袭击负责。

9月5日，叙利亚霍姆斯，圣战分子的自杀式汽车炸弹袭击导致4人死亡，10人受伤。同日，叙利亚塔尔图斯东部发生两起自杀式爆炸袭击，导致35人死亡，40人受伤。

9月5日，阿富汗喀布尔，2名自杀式炸弹袭击者引爆炸弹导致十几名乘客死亡，103人受伤。

9月6日，索马里首都摩加迪沙总统府附近区域遭到迫击炮袭击，一些迫击炮弹落到总统府附近的平民区，造成至少4人受伤。

9月6日，极端组织“伊斯兰国”发出一项号召，呼吁其“独狼”追随者在澳大利亚的标志性景点，包括悉尼歌剧院、邦迪海滩和墨尔本板球场，刀刺、枪击、下毒或开车袭击路人。

9月6日，台湾“中广新闻网”报道，从2016年10月起，法国火车上将部署便衣武装警卫，防止恐怖袭击。

9月6日，在叙利亚北部与极端组织作战的土耳其武装部队在阿勒颇省一城镇执行作战任务时，遭遇极端组织炮击，2名士兵死亡，5名士兵受伤。

9月6日，索马里首都摩加迪沙一个集市发生地雷爆炸袭击，造成至少3人死亡。索马里安全部门发言人说，爆炸造成1名母亲和她的女儿以及1名警官死亡，还摧毁了集市内部分摊位。

9月6日，泰国那拉提瓦，伊斯兰武装分子在一所学校外面引爆炸弹，导致1名5岁的女孩和她的父亲身亡，8人受伤。

9月6日，也门塔伊兹，什叶派的极端分子向一处住宅区发动火箭弹袭击，导致1名平民死亡，6人受伤。

9月6日，索马里摩加迪沙，“青年党”发动爆炸袭击，导致3人死亡，其中包括1对母女，3人受伤。

9月7日，伊拉克马哈茂迪耶，“伊斯兰国”发动爆炸袭击，导致2名伊拉克人死亡，5人受伤。

9月8日，尼日尔迪法，“博科圣地”引爆简易爆炸装置，导致治安巡逻队的2名成员死亡，2人受伤。

9月8日，伊拉克巴格达一处市场发生两起爆炸，导致3人死亡，13人受伤。

9月9日，叙利亚反政府武装、极端组织“征服阵线”在“推特”上证实，该组织最高军事指挥官萨拉凯卜死于叙利亚北部阿勒颇的一场空袭。萨拉凯卜是“征服阵线”要员，也是该组织创始人之一。该组织2016年7月宣称脱离“基地”组织，并从“支持阵线”改名为“征服阵线”。

9月9日，法国警方在调查巴黎气罐车案的过程中逮捕了数名被怀疑准备在近期实施“暴力活动”的女性嫌疑人。这是一支受到由叙利亚境内极端组织“伊斯兰国”操控的恐怖行动小组。

9月9日，伊拉克巴格达一个大型购物中心发生两起自杀式爆炸袭击，导致40人丧生，60人受伤。

9月10日，伊拉克首都巴格达发生两起炸弹袭击，造成至少11人死亡，29人受伤。爆炸发生在巴格达东部巴勒斯坦街的一家商场附近，先是停车场内一辆装有炸药的汽车发生爆炸，而后1名自杀式袭击者在商场外的街道引爆了其驾驶的汽车。爆炸发生时商场内及周边人流密集，所以造成较大伤亡。

9月10日，叙利亚代尔祖尔，逊尼派极端分子向一处住宅区发动武力袭击，导致7人丧生，22人受伤。

9月11日，肯尼亚蒙巴萨警官彼得森·梅埃洛说，当天3名女子袭击了蒙巴萨警察局，其中一人向警局投掷汽油弹并点火，另一人将警局的2名警员刺伤。这3名女子随后被警察全部击毙，她们身上还穿有防弹衣。

9月11日，也门瓦迪阿一警察局发生自杀式炸弹袭击，爆炸导致10人死亡，20人受伤。

9月12日，阿富汗南部坎大哈省首府坎大哈市的米尔维斯医院遇袭，2名武装人员装扮成医生潜入该医院，阿富汗安全部队人员与之交战约2小时，最终将这2名袭击者击毙。医院内1名患者在交火中不幸丧生，2名安全部队人员受伤。

9月12日，土耳其东部城市凡城发生的炸弹袭击。造成48人受伤。

爆炸发生的地点位于执政党正义与发展党总部和省长办公室附近，爆炸由汽车炸弹引发。

9 月 12 日，巴基斯坦汗布尔，2 名自杀式炸弹袭击者发动袭击，目标是“和平宗教”的对手，当时遇袭者正在做祷告，13 人受伤。

9 月 12 日，尼日尔迪法，“博科圣地”发动袭击导致 5 人死亡，6 人受伤。

9 月 13 日，德国联邦警局表示，德国警方逮捕 3 名叙利亚难民，这些人员疑与极端组织“伊斯兰国”有联系，停留在德国境内等候攻击指示。

9 月 13 日，索马里阿夫戈耶，“青年党”武装分子发动伏击，杀害了 4 名当地士兵。

9 月 13 日，巴基斯坦奎达，一处什叶派清真寺发生路边爆炸和自杀性爆炸，导致 2 人死亡，23 人受伤。

9 月 14 日，伊拉克塔尔米耶处市场遭到“和平宗教”炸弹袭击，导致 2 人死亡，8 人受伤。

9 月 15 日，哈萨克斯坦国家安全委员会透露，之前被哈萨克斯坦国家安全部门逮捕的 21 名极端分子主要通过互联网获取“伊斯兰国”的相关宣传内容，试图通过袭击枪支店获取武器。

9 月 16 日，巴基斯坦西北部地区一清真寺遭遇炸弹袭击，当时有大量信徒聚集该清真寺中进行祷告仪式，在仪式结束人群将要离开时，炸弹在寺内被引爆，造成至少 50 余人伤亡。

9 月 16 日，巴基斯坦西北部莫赫曼德特区的一座清真寺发生自杀式炸弹袭击，造成至少 24 人死亡，28 人受伤。

9 月 16 日，伊拉克巴格达一处农产品市场发生炸弹袭击，导致 2 人死亡，7 人受伤。

9 月 17 日，美国联邦调查局表示，明尼苏达州购物中心当晚发生的持刀袭击案为“潜在恐怖主义行为”。凶犯是1名22岁的美籍索马里人，他在被警员开枪击毙之前刺伤了9人，他曾提到“真主安拉”，并问1名受害者是否为穆斯林。恐怖组织“伊斯兰国”声称对这次袭击负责。

9月17日，阿富汗卡皮萨，塔利班的炸弹袭击导致4人死亡，5人受伤。

9月17日，美国纽约曼哈顿区一个垃圾桶疑似被投放爆炸装置，爆炸导致26人受轻伤。随后，警方又接连发现了第二个和第三个爆炸装置。9月19日，美国纽约市警方发布通缉令，认定28岁的艾哈迈德·汗·拉哈米为爆炸事件的嫌疑人，并称其可能“持有武器并且危险”。

9月18日，印控克什米尔地区一军事基地遭到武装分子袭击，造成至少17名士兵身亡。有4名武装分子在随后的交火中被击毙。

9月18日，索马里1名索马里高级军官及其7名保镖在首都摩加迪沙遭自杀式汽车炸弹袭击身亡。索马里“青年党”武装声称制造了这次袭击事件。

9月18日，土耳其反恐部队突击伊斯坦布尔的23个地点，逮捕40名外国人，怀疑他们与“伊斯兰国”组织有联系。被捕的嫌犯来自阿富汗、伊朗、伊拉克和阿塞拜疆。

9月18日，索马里摩加迪沙发生一起自杀式汽车炸弹爆炸事件，导致8人死亡。

9月18日，印度乌里，4名自杀式炸弹袭击者潜入到一个陆军基地，谋杀了正在睡觉的18名士兵，19人受伤。

9月18日，伊拉克巴格达，2名圣战分子引爆炸弹导致4人死亡，21人受伤。同日，在伊拉克哈扎尔，3名伊斯兰极端分子发动自杀式炸弹袭击，导致4人死亡，7人受伤。

9月19日，美国新泽西州伊丽莎白市市长克里斯称，在该市火车站垃圾桶中的一个背包内，发现5个爆炸装置。

9月19日，尼日利亚圣达地区，6名平民遭到伏击并被“博科圣地”谋杀，3人受伤。同日，在尼日利亚马拉姆—法托里地区，伊斯兰分子伏击车队，导致40名部队人员死亡。

9月20日，沙特阿拉伯内政部发言人图尔基说，沙特安全机构近期打掉了3个极端组织“伊斯兰国”团伙，逮捕了17名成员，并粉碎了4起恐怖袭击图谋。

9月20日，埃及拉法，宗教极端分子发动两场袭击，导致当地2名安保人员死亡，2人受伤。

9月21日，吉尔吉斯斯坦国家安全委员会新闻秘书苏莱马诺夫表示，该国执法机关工作人员在比什凯克市中心排除了2个自制爆炸装置。

9月21日，索马里摩加迪沙的城市街道上发生自杀式汽车炸弹袭击，导致3人死亡，4人受伤。

9月22日，哈萨克斯坦国家安全委员会副主席比利斯别科夫表示，该国从2016年起已经阻止9起恐怖袭击。

9月22日，德国警方动用特种部队，在科隆市的一处难民营内逮捕了1名叙利亚难民。警方发现，这位年轻的难民已经与“伊斯兰国”组织有所联系，在很短的时间内被极端化。警方称，这名男子策划实施爆炸袭击。

9月22日，肯尼亚东北部靠近索马里边境的一个警察营地遭一伙武装分子袭击，造成4名警察受伤，另有2名警察下落不明。索马里极端组织“青年党”武装声称制造了这一袭击事件。

9月22日，阿富汗喀布尔发生两起炸弹爆炸，导致至少1人死亡，4人受伤。

9月22日，土耳其基利斯一处购物中心遭到“伊斯兰国”火箭袭击，遇难者中有5名儿童，6人受伤。

9月23日，泰国南部再度发生袭击事件，当地警察连遭武装分子炸弹和开枪伏击，致使3人死亡，2人受伤。

9月23日，泰国也拉，伊斯兰极端分子发动炸弹袭击，导致3名当地警察死亡，2人受伤。

9月24日，伊拉克北部城市提克里克发生自杀式炸弹袭击及枪击事件，共造成12人丧生。

9月24日，匈牙利首都布达佩斯市中心地区一家商店发生爆炸，导致2名巡逻人员受伤。

9月25日，伊拉克首都巴格达什叶派聚居区遭自杀式爆炸袭击，造成至少4人死亡，18人受伤。当时什叶派教徒正在巴格达城西一处聚居区集会，为即将到来的“穆哈拉姆月”做准备，结果发动袭击的“人弹”混入人群，引爆了绑在身上的炸弹。事后“伊斯兰国”宣布对袭击负责。

9月26日，尼日利亚东北部遭到“伊斯兰国”极端分子的2次袭击，造成8名士兵死亡，17人受伤。

9月26日，德国萨克森州警方称，当晚该国东部城市德累斯顿发生2起爆炸袭击，袭击的目标分别为一间清真寺和德累斯顿国际会议中心。

9月26日，土耳其发生2起库尔德工人党针对土耳其士兵的袭击事件，造成至少10名政府军士兵死亡，7名士兵受伤。袭击事件分别发生在土耳其东南部的舍尔纳克省和马尔丁省。

9月27日，伊拉克首都巴格达发生2起自杀式爆炸袭击。1名武装分子在巴格达东部一处商业区引爆了身上的炸药，造成7人死亡，29人受伤，附近部分店铺也受到损坏。几小时后，另1名武装分子在巴格达南部的一处街区引爆身上炸药，造成至少8人死亡，30人受伤。极端组织“伊斯兰国”随后宣布实施了上述2起袭击行动。

9月27日，伊拉克首都巴格达东部的什叶派地区发生爆炸，1名自杀式炸弹袭击者引爆了身上的炸药背心，造成至少7人死亡，25人受伤。

9月28日，日本东京市中心一地铁站发生疑似毒气袭击事件，导致数人受伤。

9月28日，埃及阿里什，伊斯兰激进分子枪杀了出租车内的3名警察，司机也未幸免于难。

9月30日，阿富汗加德斯地区，塔利班引爆简易爆炸装置，导致至少10名平民死亡。

10月

10月1日，索马里首都摩加迪沙一家餐厅遭汽车炸弹袭击，造成至少4人死亡，数人受伤。遭袭餐厅位于一所由索马里国家情报与安全局管理的监狱附近。索马里极端组织“青年党”武装声称制造了这次袭击。

10月1日，埃及北西奈省阿里什市发生一起袭击事件，多名身份不明的袭击者当天拦截了一辆车并开枪射击，造成5名警察死亡。

10月1日，埃及拉法圣战分子用一个简易的爆炸装置炸死1名边防士兵，8人受伤。

10月2日，1名荷兰记者在利比亚港口城市苏尔特被极端组织“伊斯兰国”狙击手击中身亡。遇难记者名叫杰伦·乌尔莱曼斯，当时他正在拍摄支持民族团结政府的民兵与“伊斯兰国”武装人员交火，子弹击中了他的胸部，造成致命伤害。

10月2日，埃及艾尔阿里什4名电气工人遭到“伊斯兰国”的炸弹袭击死亡。

10月2日，印度巴拉姆拉恐怖分子袭击了一处安全营，导致至少1名守卫丧生，1人受伤。

10月2日，伊拉克拉什迪亚“圣战分子”制造爆炸袭击，导致2名路人死亡，4人受伤。同日，在伊拉克巴格达，“圣战分子”在居民区发动爆炸袭击，导致1名当地居民死亡，6人受伤。

10月3日，叙利亚中部城市哈马遭连环自杀式爆炸袭击，造成除袭击者外2人死亡，另有12人受伤。哈马市警察局说，2名自杀式袭击者在哈马市一主要广场接连引爆身上的炸药，这2起袭击相隔大约15分钟。爆炸袭击的目标可能是位于该广场的叙利亚执政党阿拉伯复兴社会党在该省的党部大楼。极端组织“伊斯兰国”宣称制造了此次连环爆炸袭击。

10月3日，阿富汗北部朱兹詹省一个市场发生爆炸，导致至少6人死亡，80人受伤。

10月3日，联合国秘书长发言人办公室说，联合国马里多层面综合稳定特派团（马里稳定团）在马里北部遭到4起袭击，导致1名乍得籍维和人员死亡，8名维和人员受伤。

10月3日，叙利亚东北部哈塞克省一个婚礼现场遭自杀式爆炸袭击，造成至少20人死亡，55人受伤。发生爆炸袭击的地点靠近哈塞克省首府哈塞克市至卡米什利市的高速公路，袭击者在举办婚礼的大厅引爆身上的爆炸装置。

10月3日，叙利亚中部城市哈马遭连环自杀式爆炸袭击，造成除袭击者外3人死亡，11人受伤。

10月3日，阿富汗达扎布地区，圣战分子在一个农市上发动爆炸袭击，当时炸弹被绑在一辆自行车上，袭击造成6人死亡，45人受伤。

10月3日，伊拉克塞比伯尔的一处商业区遭到圣战者爆炸袭击，导致3名平民死亡，10人受伤。同日，在马什塔尔，有6名什叶派人士在圣战分子自杀式炸弹袭击中丧生，21人受伤。在阿米尔地区，1名自杀式炸弹袭击者屠杀了7名什叶派朝圣者，导致25人受伤。

10月3日，阿富汗喀布尔城市街道上发生一起炸弹袭击，导致1人死亡，3人受伤。同日，在阿富汗那韦地区发生了一起自杀式炸弹袭击，导致10人死亡，20人受伤；在阿富汗拉什卡尔加地区，“伊斯兰国”的追随者使用自动武器射击，打死了 12 名当地警察，11 人受伤。

10 月 3 日，也门泰兹什叶派激进分子朝一处市场发动炮弹袭击，导致包括儿童在内的 10 人死亡，17 人受伤。

10 月 3 日，俄罗斯驻叙利亚使馆遭到迫击炮袭击。不明身份者从叙利亚首都大马士革市朱巴尔区向俄罗斯驻叙利亚使馆发射 3 发迫击炮弹，其中 1 发炮弹在使馆院内寓所旁爆炸，另 2 发炮弹击中俄罗斯使馆附近区域。在此次炮击中，俄罗斯使馆人员没有伤亡，但使馆大楼受损。

10 月 4 日，阿富汗国防部发表声明说，阿富汗军方 3 日在该国东部楠格哈尔省的清剿行动中击毙 12 名极端组织“伊斯兰国”武装分子。

10 月 4 日，伊朗伊斯兰革命卫队说，一支由恐怖分子组成的反政府武装组织当天试图越境潜入伊朗时被捣毁，该组织全部 12 名成员在交火中被击毙。

10 月 4 日，叙利亚阿勒颇伊斯兰极端分子向一所世俗大学发动火箭袭击，导致包括儿童在内的 6 人死亡，47 人受伤。

10 月 5 日，阿富汗首都喀布尔市区发生一起自杀式爆炸袭击，造成至少 6 人受伤。爆炸发生在当地时间下午 17 时左右，地点位于喀布尔西南方向的达尔阿曼路附近，袭击者的目标是政府官员乘坐的一辆汽车。

10 月 5 日，哈萨克斯坦议会全体会议在哈萨克斯坦首都阿斯塔纳召开，通过了关于禁止与恐怖主义和极端组织有关联宗教团体在哈萨克斯坦境内活动的法案。

10 月 5 日，比利时首都布鲁塞尔斯哈尔贝克区发生一起恐怖袭击事件。2 名警察在布鲁塞尔斯哈尔贝克区一条大街上盘查 1 名男子时，被该男子用瑞士军刀砍伤。1 名警察脖子受伤，另 1 人腹部受伤，但 2 人都没有生命危险。凶手在逃跑过程中与另 1 名赶来的巡警发生搏斗，最终腿部中弹被捕。10 月 6 日，比利时联邦检察院宣布，该名被捕籍嫌犯被正式逮捕，并以恐怖谋杀和参与恐怖组织等罪名被提起诉讼。经查，嫌犯名叫希沙姆·迪奥普，曾与极端组织“伊斯兰国”的一些成员有接触，并在十几年前与法国人巴萨姆·阿亚希关系密切，巴萨姆于20世纪90年代初在布鲁塞尔莫伦贝克区宣扬极端主义思想，并招募人员。

10月5日，阿富汗昆都士2名平民遭到塔利班袭击后身亡，71人受伤。

10月5日，伊拉克巴格达“圣战分子”在商业区制造一起爆炸袭击，导致3名路人死亡，5人受伤。

10月6日，土耳其最大城市伊斯坦布尔一警察局附近发生摩托车炸弹爆炸事件，造成10人受伤。伊斯坦布尔省长瓦西皮·沙欣在推特上发布消息说，爆炸系一辆装载炸弹的摩托车遭引爆所致，爆炸地点位于巴赫切利耶夫莱尔区，距离阿塔图尔克国际机场不远，伤者均为土耳其人。

10月6日，肯尼亚东北部曼德拉镇靠近索马里边境的一处居民区遭武装分子袭击，造成6人死亡。肯尼亚东北部地区协调官马哈茂德·萨利赫说，武装分子当天凌晨2时30分左右用手榴弹炸开了该居民区的大门，随后闯入一幢居民楼开枪扫射。当地安全人员赶到后与武装分子发生交火，武装分子随后逃离。居民楼内其余26人获救。袭击者很可能是索马里极端组织“青年党”武装分子。

10月6日，尼日尔西北部一马里难民营遭武装分子袭击，造成至少22名尼日尔军人死亡。尼日尔军方此后出动空中和地面力量追击袭击者。袭击者疑是盘踞在马里北部的恐怖分子。

10月6日，叙利亚阿特米一处边境口岸疑似遭到“伊斯兰国”炸弹袭击，导致29人死亡，20人受伤。

10月6日，肯尼亚曼德拉青年党枪手发动针对基督徒的袭击，闯进一户居民家中，杀死了6人，27人受伤。

10月7日，俄罗斯国家反恐委员会发布消息，俄罗斯特种部队在印古什共和国消灭6名武装分子，其中1名武装分子为“伊斯兰国”特使。

10月7日，比利时联邦检察院对1名叫阿布巴卡·迪奥普的比利时男子提起诉讼，指控其犯有参加恐怖组织罪。现年46岁的阿布巴卡·迪奥普是6日被比利时检方以恐怖谋杀和参加恐怖组织等罪名起诉的希沙姆·迪奥普的哥哥。

10月7日，阿富汗国防部发表声明说，阿富汗安全部队从6日上午起对境内的塔利班武装分子展开清剿行动，共击毙64名武装分子，包括1名塔利班高级指挥官——卡里·沙姆斯丁被认为是塔利班在阿富汗北部塔哈尔省的“影子省长”。另有40名塔利班武装分子在军方的清剿行动中受伤，8辆武装分子的交通工具被摧毁。安全部队方面有9人丧生。

10月7日，越南公安部网站发布消息说，越南公安部首次正式对外公开认定，“基地”组织设在美国的“越南更新革命党”（简称“越新党”）为恐怖组织。“越新党”由前南越海军中将黄基明于1982年成立，多年来招募并训练成员掌握使用武器技能，进行恐怖活动。越南政府一直将该组织列为恐怖组织，此次是第一次由越南官方对外宣布认定其性质。多年来，“越新党”共派遣246名武装成员从泰国经老挝和柬埔寨进入越南，建立秘密基地，从事恐怖活动。

10月7日，巴基斯坦铁道部官员说，西南部俾路支省一客运火车遭炸弹袭击，造成至少4死亡，16人受伤。

10月7日，美国五角大楼发言人彼得·库克表示，美国证实消灭了“基地”组织的1名高级头目阿布·法拉伊·马斯里。

10月7日，阿富汗坎大哈逊尼派武装分子袭击了一处当地军队基地，导致3名乘客死亡，4人受伤。

10月7日，埃及艾尔阿里什宗教极端主义者对一辆警车发动炸弹袭击，导致5人死亡。

10月8日，孟加拉国安全部队在该国首都达卡外对疑似极端分子进行了突袭，至少11名极端分子被击毙。

10月8日，伊拉克塔吉一排商店外面发生一起爆炸袭击，导致3名路人死亡，8人受伤。同日，在伊拉克安巴尔，圣战分子袭击一处安全哨岗，导致13人死亡，24人受伤；在伊拉克哈维加，“伊斯兰国”发动爆炸袭击导致5名妇女和儿童死亡。

10月9日，土耳其东南部哈卡里省发生针对宪兵检查站的汽车炸弹袭击事件，造成18人死亡，26人受伤。袭击者在军方进行证件检查时引爆炸弹。土耳其军方和哈卡里省省长办公室分别发布声明称，库尔德工人党制造了这起汽车炸弹袭击事件。

10月9日，菲律宾首都马尼拉以南约40公里的达斯马里那斯市，发生商场人质挟持事件，包括挟持者在内，造成2人死亡。

10月9日，阿富汗南部赫尔曼德省政府发表声明说，在过去48小时内，政府军共击毙塔利班武装分子86名，打伤11人，并活捉2人。

10月9日，缅甸政府证实，西部若开邦孟都镇和拉代当镇的3座边防警察局遭恐怖分子袭击，至少造成9名警察死亡。警方表示，袭击者可能来自宾格力（即罗兴伽人）恐怖组织。缅甸若开邦长期存在佛教徒为主的若开邦与穆斯林为主的罗兴伽人之间的族群矛盾。

10月9日，伊拉克巴格达自杀式炸弹袭击导致5名什叶派朝圣者死亡，22人受伤。

10月10日，马来西亚全国警察总长卡立在吉隆坡宣布，警方已成功瓦解极端组织“伊斯兰国”在马来西亚的分支机构“黑乌鸦小组”并逮捕14名成员。

10月10日，塔利班武装分子在阿富汗南部城市发动汽车炸弹袭击，造成21人死亡，包括10名警察，7名激进分子也在袭击中身亡。

10月10日，阿富汗南部赫尔曼德省首府拉什卡尔加一处警察检查站发生自杀式汽车炸弹袭击，造成至少20人死亡，另有20多人受伤。

10月10日，索马里摩加迪沙“青年党”成员在一处市场上安置一枚炸弹，爆炸造成1人死亡，3人受伤。

10月11日，阿富汗东部拉格曼省政府发表声明说，塔利班袭击了该省首府米特拉姆市郊区的检查站，造成4人死亡，22人受伤。

10月11日，西班牙警方逮捕了2名涉嫌传播和招募极端组织“伊斯兰国”追随者的关键人物。

10月11日，哈萨克斯坦安全机构表示，3名涉嫌策划袭击该国安全服务机构的嫌犯在首都阿拉木图被逮捕。

10月11日，阿富汗首都喀布尔一个宗教活动场所遭武装分子袭击，造成至少14人死亡，40多人受伤。

10月12日，欧洲议会委员会安全与防卫小组委员会指出，“伊斯兰国”在叙利亚和伊拉克的总体损失达1.2万—1.5万人。

10月12日，在尼日利亚东北部博尔诺州，1名女性自杀式袭击者在出租车上引爆炸药，造成至少8人死亡，15人受伤。

10月12日，反恐警察在悉尼西北部邦克镇以欲持刀发动恐怖袭击的罪名逮捕了2名17岁青少年。

10月12日，布基纳法索因坦格姆地区2名平民和3名边防警卫疑似遭到“基地”组织杀害，另有3人受伤。

10月12日，伊拉克巴格达圣战者在一处市场引爆炸弹，导致2名路人死亡，9人受伤。

10月12日，希腊雅典中心地带的一家书店夜间发生炸弹爆炸，造成轻微损伤。爆炸由一个小型爆炸设备引发。警方已经封锁了爆炸区域。据悉，这家极右翼书店过去一直都是一些袭击行为的目标。

10月12日，阿富汗北部巴尔赫省一座清真寺外遭遇爆炸袭击，造成数十人伤亡。

10月13日，极端组织“博科圣地”向尼日利亚政府释放了21名被绑架的女学生。

10月13日，巴基斯坦陆军参谋长拉希勒批准特别军事法庭对10名恐怖分子的死刑判决。这些人曾参与实施针对无辜民众、医务人员、非政府组织工作人员以及军警的恐怖袭击活动。

10月13日，阿尔及利亚国防部宣布，阿尔及利亚军队当天在该国东北部地区打死极端组织“哈里发战士”的1名重要头目及其助手。“哈里发战士”曾公开宣称效忠极端组织“伊斯兰国”，并在阿尔及利亚东部地区实施恐怖活动。

10月13日，索马里拜多阿“青年党”实施爆炸袭击，导致6人死亡，7人受伤。

10月14日，埃及官员称，疑似“伊斯兰国”武装分子袭击位于埃及西奈半岛的军队检查站，造成12名士兵死亡。

10月14日，利比亚民族团结政府卫队在清剿西部城市苏尔特的极端组织“伊斯兰国”武装时遭遇激烈抵抗，战斗造成14名卫队士兵死亡，另有多人受伤。

10月14日，利比亚班加西一处体育场遭到“伊斯兰国”火箭弹袭击，导致5名儿童受伤，5人受伤。

10月14日，叙利亚哈扎卡赫地区一处库尔德人检查站遭到“伊斯兰国”爆炸袭击，导致5人死亡，3人受伤。

10月14日，印度斯利那加伊斯兰极端分子向一群警察开火，导致1名成员死亡，8人受伤。

10月14日，伊拉克巴格达一处市场遭到“和平宗教”的爆炸袭击，导致2人死亡，11人受伤。

10月15日，埃及空军在北西奈省的空袭中打死至少100名极端分子。

10月15日，伊拉克首都巴格达发生自杀式爆炸袭击。爆炸发生在巴格达东北部的什叶派聚居区，事发时大量民众正在进行宗教活动，1

名自杀式袭击者在人群中引爆了身上的炸药，造成至少 32 人死亡，60 人受伤。

10 月 15 日，尼日利亚富兰尼族恐怖分子对一个基督教村庄发动袭击，烧毁他们的房子，导致 48 人死亡，24 人受伤。

10 月 16 日，土耳其加济安泰普省加济安泰普市警方在突袭一个疑似极端组织“伊斯兰国”恐怖分子藏匿点时，遭遇 1 名恐怖分子自杀式爆炸袭击，导致 3 人死亡，另有 8 人受伤。

10 月 16 日，尼日利亚加什加尔地区，“博科圣地”发动突然袭击导致 20 人死亡，22 人受伤。

10 月 16 日，伊拉克巴格达极端分子对游行队伍发动自杀式爆炸袭击，导致 6 名什叶派教徒的死亡，21 人受伤。

10 月 17 日，阿富汗副总统杜斯塔姆在西北部的法里亚布省遭遇伏击，受轻伤。

10 月 17 日，伊拉克巴格达南部的一个军队检查站发生自杀式汽车炸弹爆炸，造成至少 10 人丧生。

10 月 17 日，肯尼亚曼德拉警察破获一起恐怖袭击事件，伊斯兰极端分子企图对一所学校发动袭击。该事件中有 1 名路人遭到枪击。

10 月 18 日，比利时警方表示，当晚 1 名武装分子在布鲁塞尔郊区的超市劫持约 15 名人质，目前劫持者已遭警方羁押，没有人在这起事件中受伤。

10 月 18 日，索马里首都摩加迪沙 30 千米外的阿夫戈耶镇一警察局遭武装分子袭击，造成至少 11 人死亡，另有数人受伤。索马里极端组织“青年党”声称制造了这起袭击事件。

10 月 18 日，索马里阿弗格耶发生一场攻击事件后，紧接着又发生一起自杀式炸弹袭击，导致 11 人死亡，30 人受伤。

10 月 18 日，巴基斯坦加尔塔利班地雷爆炸导致 1 名当地人死亡，1

人受伤。

10月18日，伊拉克摩苏尔发生一起自杀式汽车炸弹袭击，导致5名库尔德人死亡。

10月19日，北约驻阿富汗部队发表声明证实，1名美国军人与1名美国平民当天在北约位于阿富汗首都喀布尔的一处军事基地附近遇袭身亡。

10月20日，塔吉克斯坦和中国联合反恐军演在塔国戈尔诺—巴达赫尚自治州拉开帷幕，演习持续至24日。

10月20日，印度尼西亚武装组织“神权游击队”（也有称“唯一真主游击队”，Jamaah Ansharut Daulah）成员刺伤3名警察，同时还赞美安拉。“神权游击队”是由9个恐怖主义“细胞”组成的松散联盟。

10月20日，伊拉克多地商业区和一个化工厂遭到“伊斯兰国”武装分子爆炸袭击，导致9人死亡，500多人受伤。

10月21日，伊拉克北部基尔库克省省会基尔库克市一个在建电站和包括警察总部在内的多处政府建筑物遭自杀式炸弹袭击，仅针对电站的袭击就造成至少16人死亡。“伊斯兰国”随后称对此次袭击负责。此外，基尔库克市内南部的几个地点也遭到据称是极端组织“伊斯兰国”武装人员的袭击。

10月22日，阿富汗法扎巴德塔利班引爆地雷，导致1名妇女和2名儿童死亡，3人受伤。

10月23日，索马里摩加迪沙一个“青年党”分子在一家轮胎店外制造爆炸袭击，造成3人死亡，7人受伤。

10月24日，巴基斯坦西南部俾路支省奎达市的一所警察学校遭到恐怖分子自杀式爆炸袭击，造成61人死亡，165人受伤。恐怖分子隶属一个与“伊斯兰国”有联系的地方性军事组织“简戈维军”（Lashker-e-Jhangvi）。

10 月 24 日，伊拉克巴格达圣战分子发动一系列爆炸袭击，导致 11 人死亡，35 人受伤。

10 月 24 日，索马里摩加迪沙 1 名情报官员遭到“青年党”暗杀。

10 月 25 日，当日，土耳其安塔利亚省首府安塔利亚市一商业大楼的停车场发生爆炸，造成至少 10 人受伤。

10 月 25 日，肯尼亚东北部靠近索马里边境的曼德拉镇一所旅馆遭武装分子袭击，造成至少 12 名平民死亡，另有数人受伤。

10 月 25 日，肯尼亚曼德拉伊斯兰极端分子袭击一处宾馆内的基督徒，导致 12 人死亡。

10 月 26 日，阿富汗警方表示，塔利班武装分子在中部省份绑架至少 20 名平民一天后，将其杀害。

10 月 27 日，叙利亚伊德利卜市一所学校遭到袭击，据报造成 22 名儿童和 6 名教师身亡。

10 月 29 日，尼日利亚东北部博尔诺州首府迈杜古里发生 2 起自杀式爆炸袭击事件。1 起爆炸发生在迈杜古里一个流离失所者营地入口处，另 1 起爆炸发生在迈杜古里一个加油站。2 起爆炸造成至少 9 人死亡，24 人受伤。

10 月 30 日，伊拉克首都巴格达一个市场遭到汽车炸弹爆炸袭击，至少 8 人在爆炸中丧生。

11 月

11 月 1 日，阿富汗东部库纳尔省省长卡利姆扎伊说，塔利班高级指挥官玛朗已在该省被阿富汗安全部队击毙。

11 月 1 日，叙利亚曼比杰，70 名平民回家后遭到“伊斯兰国”袭击，死者中有 19 名儿童，672 人受伤。在伊拉克哈维迦，“伊斯兰国”对逃离的家庭发动爆炸袭击，导致 4 名成员死亡，9 人受伤。

11 月 2 日，法国内政部长卡泽纳夫宣布，当局依据紧急状态法采取行政措施，在大巴黎地区关闭 4 座涉嫌宣扬宗教极端主义的清真寺。

11 月 2 日，泰国宋卡，伊斯兰极端分子实施炸弹袭击，导致一处汽车经销店的 2 名保安死亡，3 人受伤。

11 月 2 日，俄罗斯联邦安全局网站更新了在俄罗斯活动被禁的恐怖组织名单，邪教组织“奥姆真理教”被列入其中。俄罗斯高等法院 2016 年 9 月就此作出的相关裁决已在 10 月 25 日生效。

11 月 3 日，叙利亚阿勒颇，15 名平民遭到恐怖分子的武力袭击身亡，遇难者中有 4 名儿童，200 人受伤。

11 月 4 日，土其其总理表示，库德族武装分子在土耳其东南部城市迪亚巴克尔发动汽车炸弹攻击，造成 8 人死亡，100 多人受伤。

11 月 4 日，伊拉克萨拉赫丁省的一支平民车队遭炸弹袭击，造成 18 人死亡，4 人受伤。

11 月 4 日，土耳其迪亚巴克尔，“伊斯兰国”制造了一起汽车炸弹袭击，导致 8 人死亡，100 人受伤。

11 月 4 日，尼日利亚马拉姆法托里，5 人遭到“博科圣地”伏击身亡，4 人受伤。

11 月 4 日，伊拉克泰勒阿费尔镇，至少 18 个酋长被“伊斯兰国”绑架后处死；伊拉克摩苏尔，7 名平民遭到“伊斯兰国”迫击炮袭击死亡。

11 月 5 日，德国军事反谍报部门现已从该国军队中查出 20 名伊斯兰极端主义者，同时还有 60 起疑似案件正在调查中。

11 月 5 日，尼日利亚军方证实，军方在尼东北部博尔诺州一次打击极端组织“博科圣地”的行动中打死 37 名该组织成员。

11 月 5 日，索马里摩加迪沙的一处检查站遭到自杀式炸弹袭击，导致 2 名警察死亡，5 人受伤。

11 月 5 日，伊拉克巴格达、摩苏尔、阿布格莱布等多地遭到“圣战分子”自杀式炸弹袭击，造成至少 12 人死亡，30 多人受伤。

11 月 6 日，“伊斯兰国”武装在摩苏尔战场败退之际，毗邻摩苏尔的伊拉克萨拉赫丁省等地连遭恐怖袭击，造成至少 43 人身亡，100 多人受伤。其中一起爆炸事件发生在上午早高峰时段，1 名“人弹”在提克里特南郊边检站引爆一辆满载炸药的救护车，造成至少 13 人身亡，20 人受伤。

11 月 6 日，索马里巴拉夫，维和人员的营地遭到“青年党”的炮击，导致至少 7 名维和人员死亡。

11 月 7 日，阿富汗首都喀布尔市区发生一起爆炸袭击。袭击者事先将一枚磁性炸弹安置在一辆警车上，在警车行驶至阿富汗高等教育部附近时引爆了炸弹，造成警车司机和 1 名路人受伤，其中 1 人伤势较重。

11 月 7 日，尼日利亚警方说，数十名武装分子闯入扎姆法拉州宾丁区的一个矿场并向矿工开枪射击，造成至少 40 人死亡，另有多人受伤。

11 月 7 日，伊拉克巴格达一露天市场遭到圣战分子炸弹袭击，24 人受伤；阿布格莱布发生路边炸弹爆炸事件，导致 3 名伊拉克人死亡，8 人受伤；“伊斯兰国”在阿拉伯加博尔发动两起迫击炮袭击，导致 4 名平民死亡，11 人受伤。

11 月 8 日，刚果民主共和国东部戈马发生手榴弹爆炸事件，导致 1 名年轻女孩死亡，31 名印度维和部队人员受伤。

11 月 8 日，5 名极端组织“伊斯兰国”嫌犯在德国被逮捕，其中包括 1 名被德国当局多年来定性为在德极端分子的核心人物。这几名被捕人员涉嫌为“伊斯兰国”招募新生力量。

11 月 9 日，阿富汗沙瓦里克特，塔利班用简易爆炸装置发动的爆炸袭击导致 7 名阿富汗人死亡，其中有 2 名妇女和 3 名儿童。

11 月 9 日，伊拉克萨拉姆，“伊斯兰国”实施爆炸袭击，导致 26 名伊拉克人死亡。

11 月 9 日，尼日利亚戈洛里发生 2 起自杀式炸弹袭击导致 2 人死亡，6 人受伤。

11 月 10 日，土耳其东南部马尔丁省马尔丁市发生一起火箭弹袭击事件，导致 1 名官员和 2 名警察受伤。库尔德工人党武装分子用火箭弹制造了这次袭击，目标是代里克区政府大楼。

11 月 10 日，2 名不明身份人员向法国驻希腊大使馆投掷爆炸物，导致 1 名安保警察受伤。

11 月 10 日，阿富汗马扎里沙里夫，德国领事馆遭到自杀式袭击，导致 6 人死亡，128 人受伤。

11 月 10 日，伊拉克巴格达，“圣战分子”制造一系列爆炸袭击，导致 10 人死亡，38 人受伤；伊拉克尤斯法耶的杂货店遭到 2 次炸弹袭击，导致 4 人死亡，10 人受伤。

11 月 12 日，阿富汗东部帕尔万省巴格拉姆北约基地遭到爆炸袭击，导致至少 3 人死亡，13 人受伤。

11 月 12 日，巴基斯坦西南部俾路支省的一座寺庙发生爆炸，爆炸发生时，许多宗教信徒正在进行宗教活动。爆炸造成至少 30 人死亡，100 余人受伤，其中包括很多妇女和儿童。

11 月 12 日，阿富汗拜格拉姆，身着制服的自杀式炸弹袭击者袭击了一处空军基地，导致 4 人死亡，14 人受伤。

11 月 12 日，伊拉克巴格达，圣战分子制造一系列的爆炸袭击，导致 6 人死亡，22 人受伤。

11 月 13 日，伊拉克阿布格莱布一处商业区发生爆炸袭击，炸弹是被提前放置好的，袭击导致 2 人丧生，8 人受伤；圣战分子在卡马里亚制造了汽车炸弹袭击，导致居民区内 3 人死亡，8 人受伤。

11 月 13 日，埃及谢赫祖韦德，圣战分子发动的袭击导致 1 名当地的士兵死亡，1 人受伤。

11 月 14 日，印度尼西亚婆罗洲一座教堂遭受汽油弹袭击，导致 4 名儿童受伤，其中 1 名 2 岁女孩伤重不治。警方迅速拘捕施袭者，后来再拘捕另外 5 人，均为武装组织“神权游击队”成员，该组织一直支持极端组织“伊斯兰国”。

11 月 14 日，伊拉克费卢杰，“伊斯兰国”发动 2 起自杀式汽车炸弹袭击，导致 14 人死亡，30 人受伤。同日，在卡尔巴拉，什叶派朝觐者遭到自杀式炸弹袭击，8 人死亡，6 人受伤。

11 月 14 日，尼日利亚达萨，“博科圣地”发动的 1 次突袭，导致 9 人死亡。

11 月 15 日，俄罗斯联邦安全局发布消息称，抓获 5 名企图对莫斯科和其他地区发动袭击的恐怖分子。

11 月 15 日，伊拉克巴格达，圣战分子在一处露天市场引爆炸弹，导致 14 人不幸遇难，50 人受伤；伊拉克摩苏尔，21 名平民遭到“伊斯兰国”杀害。

11 月 16 日，阿富汗首都喀布尔安全部队人员的汽车发生爆炸，导致至少 4 人死亡，11 人受伤。阿富汗内政部发言人塞蒂克·塞蒂奇表示，爆炸装置被放置在国家安全局车辆内，自制磁铁式爆炸装置引发了爆炸。

11 月 16 日，阿富汗喀布尔，一起自杀式炸弹袭击导致 7 人死亡，13 人受伤。

11 月 16 日，伊拉克摩苏尔，“伊斯兰国”武装分子发动的迫击炮袭击导致 14 名平民死亡，35 人受伤。

11 月 17 日，阿富汗巴克瓦，宗教极端主义武装袭击了一处警察局，枪杀了 13 名警察，17 人受伤。

11 月 18 日，泰国南部北大年府一家合作商店附近发生自制炸弹爆炸，5 人受伤。目击者说，1 名男子驱车来到商店附近，将炸弹被安放在一辆停着的汽车中，几分钟后这名男子乘坐另一辆车离开。一段时间后，那辆停着的汽车发生爆炸，引发大火，商店被完全烧毁。

11 月 18 日，伊拉克西部安巴尔省费卢杰市一处婚礼现场遭自杀式爆炸袭击，造成数十人伤亡。极端组织“伊斯兰国”宣称对此次袭击负责。

11 月 18 日，尼日利亚迈杜古里，4 名自杀式炸弹袭击者引爆炸弹，导致 2 名平民死亡。

11 月 19 日，索马里基斯马尤，“青年党”制造的爆炸袭击导致 3 人死亡。

11 月 19 日，叙利亚阿勒颇，恐怖分子向一处居民区发动攻击，导致 2 名平民死亡，7 人受伤。

11 月 20 日，叙利亚北部城市阿勒颇一所学校遭迫击炮袭击，导致 7 名学生死亡，19 名学生和 1 名女教师受伤。

11 月 20 日，伊拉克贝克，“伊斯兰国”制造一起卡车炸弹袭击，导致 20 名平民丧生，包括 4 名儿童和 7 名妇女。同日，伊拉克摩苏尔发生一起敢死队自杀式炸弹袭击，导致 4 名平民丧生，4 人受伤；巴格达的商业区遭到“伊斯兰国”接二连三的炸弹袭击，导致至少 10 人死亡，34 人受伤。

11 月 20 日，索马里摩加迪沙，伊斯兰极端分子发动的爆炸袭击导致 2 名交警死亡，2 人受伤。

11 月 21 日，阿富汗首都喀布尔西部一所什叶派清真寺遭遇自杀式炸弹袭击，导致 30 多人死亡，另有 50 人受伤。联合国秘书长潘基文发表声明，谴责这种故意攻击正行使宗教信仰自由权的平民的行为，明显违反基本人权和国际人道主义法。

11 月 21 日，法国内政部长卡泽纳夫宣布，当局在斯特拉斯堡和马赛的 1 次反恐行动中逮捕 7 名嫌疑人，挫败一起新的恐袭阴谋。

11 月 21 日，利比亚班加西，伊斯兰极端分子涉嫌制造一起汽车炸弹爆炸袭击，导致 3 名儿童死亡，20 人受伤。

11 月 22 日，伊拉克摩哈里宾，“伊斯兰国”制造 2 起汽车爆炸袭击，导致儿童在内的 14 名无辜人士死亡，8 人受伤。

11 月 22 日，巴基斯坦白沙瓦，伊斯兰极端分子引爆简易爆炸装置，导致 3 人死亡，5 人受伤。

11 月 23 日，尼日利亚迈杜古里，1 名自杀式炸弹袭击者在一个车库制造爆炸，导致 1 人死亡。

11 月 23 日，伊拉克巴格达，圣战分子进行爆炸袭击，导致 31 人死亡，103 人受伤。

11 月 23 日，尼日利亚休伊姆，“博科圣地”袭击了一处村庄，导致 2 人死亡，4 人受伤。

11 月 24 日，伊拉克首都巴格达以南的希拉市一加油站发生自杀式汽车炸弹袭击事件，造成至少 12 人丧生，10 多人受伤。

11 月 24 日，土耳其南部阿达纳省省长办公室外的一处停车场内，发生汽车炸弹袭击，造成 2 人死亡，16 人受伤。

11 月 24 日，伊拉克中部巴比伦省省会希拉市发生自杀式汽车炸弹袭击，造成 100 多人死亡，40 余人受伤。极端组织“伊斯兰国”宣布是其武装分子实施了袭击。

11 月 24 日，埃及艾尔阿里什，一处检查站遭到自杀式炸弹袭击，导致 8 人死亡，12 人受伤。

11 月 26 日，巴基斯坦北部的莫赫曼德特区发生一起自杀式袭击事件，造成 2 名边防士兵和 4 名袭击者死亡，另有 14 名士兵受伤。

11 月 26 日，索马里摩加迪沙一处市场的入口处遭到自杀式袭击，导致 25 名路人死亡，53 人受伤。

11月28日，美国驻菲律宾大使馆附近发现土制炸弹。警方调查称，该炸弹与9月纳卯市夜市爆炸案歹徒使用的爆炸装置类似，推测是向“伊斯兰国”效忠的恐怖组织所为。

11月28日，哈萨克斯坦阿克纠宾州跨地区刑事法院28日公布，判处2016年6月在哈萨克斯坦西部城市阿克托别制造恐怖袭击的7名极端分子终身监禁。

11月28日，1名索马里裔学生阿尔坦驾车进入美国俄亥俄州立大学校园，冲撞行人并下车持刀伤人，被校警开枪击毙，导致11人受伤。极端组织“伊斯兰国”声称，该索马里裔学生是其组织成员。

11月29日，菲律宾总统杜特尔特前往菲律宾南部省份视察，负责先导的总统府卫队车队遭到炸弹袭击，导致9人受伤，杜特尔特本人当时未在该车队中。

11月30日，一枚自制爆炸物在泰国南部也拉府爆炸，造成1名军人死亡，3人受伤。经查，一个重约20千克—25千克、被填装了炸药的煤气罐放在通往检查站的路边大树旁。当4名驾驶摩托车的军人路过时，袭击者通过无线电远程引爆了炸弹。

12月

12月1日，比利时检方宣布，对之前比利时警方在沙勒罗瓦等城市开展的突击行动中逮捕的2名嫌疑人以参与恐怖组织和参与恐怖谋杀等罪名提起诉讼。

12月1日，阿富汗坎大哈，塔利班屠杀了23名平民，包括5名儿童和2名妇女。

12月1日，伊拉克多地发生爆恐袭击。在摩苏尔，“伊斯兰国”汽车炸弹袭击导致15人死亡，20人受伤；在巴格达，圣战分子制造爆炸袭击，导致2名死亡，7人受伤；在阿布格莱布，伊斯兰武装分子在一处牲口市场制造了爆炸袭击，导致 1 人死亡，4 人受伤；阿尔布巴厘岛，“伊斯兰国”制造爆炸袭击，导致 2 名工程师死亡。

12 月 2 日，阿富汗国防部发表声明说，阿富汗安全部队在南部赫尔曼德省的军事行动中击毙 5 名制造炸弹的塔利班成员。

12 月 2 日，法国首都巴黎，1 名持枪歹徒闯进巴黎一家旅行社劫持了 7 名人质，警察封锁人质劫持事件现场附近的道路。

12 月 2 日，欧洲刑警组织在荷兰海牙发布报告说，极端组织“伊斯兰国”很可能谋划针对欧洲的平民聚集场所等“软目标”发动更多无差别袭击。

12 月 2 日，伊拉克卡瑙斯，2 人遭到自杀式炸弹袭击身亡，39 人受伤。

12 月 2 日，利比亚苏尔特，几名“伊斯兰国”女性身穿隐蔽的自杀式炸弹背心，制造了爆炸袭击，导致 2 名女性和 4 名士兵死亡，38 人受伤。

12 月 3 日，伊拉克巴格达，圣战分子在一处市场发动了汽车炸弹袭击，导致 7 人死亡，15 人受伤。同日，在塔尔阿法，逊尼派自杀式炸弹袭击导致 13 名什叶派人士死亡，7 人受伤；在摩苏尔，圣战分子在人群中发动自杀式炸弹袭击，导致 24 人死亡，80 人受伤。

12 月 5 日，俄罗斯联邦安全局称，俄罗斯当局在北高加索地区一场攻击行动中，击毙极端组织“伊斯兰国”在该地区的领袖阿萨尔德洛夫（Rustam Aselderov）及其 4 名亲信。

12 月 5 日，利比亚民族团结政府宣布，利比亚政府卫队已肃清盘踞在港口城市苏尔特的极端组织“伊斯兰国”残余武装，完全控制了整座城市。

12 月 5 日，马里尼尔诺市，“基地”组织武装分子袭击监狱，导致 1 名士兵死亡，2 名警卫受伤，约 93 名犯人越狱。

12月6日，美国司法部称，俄亥俄州1名男子2015年意图袭击首都华盛顿罪名成立，被联邦法院判处30年监禁。22岁的俄亥俄州男子克里斯托弗·康奈尔原本计划在总统奥巴马发表国情咨文时，在华盛顿引爆炸弹并开枪射击民众，不过在展开攻击行动之前6天，于1月14日被捕。

12月6日，美国参谋长联席会议主席约瑟夫·邓福德将军说，军方应当选总统特朗普的要求，将重审打击恐怖组织"伊斯兰国"的战略。

12月6日，伊拉克摩苏尔，一处蔬菜市场发生爆炸，造成21名平民死亡，35人受伤。

12月6日，阿富汗坎大哈，塔利班发动袭击，导致4人死亡。

12月7日，俄罗斯内务部新闻局说，内务部反极端主义中心与联邦安全局执法人员在莫斯科逮捕了12名涉嫌参与极端主义活动人员。

12月7日，伊拉克摩苏尔，"伊斯兰国"声称在医院附近制造1起自杀式炸弹袭击，导致20人死亡，43人受伤。

12月8日，菲律宾警方逮捕美国大使馆爆炸未遂案第4名嫌犯，并在马尼拉以北的隐密地点找到一枚土制炸弹，并顺利拆解。这枚土制炸弹威力强大，可以炸死大约300人。

12月8日，索马里拜多阿，"青年党"发动袭击导致至少5名当地的士兵死亡。

12月9日，埃及首都开罗一个警察检查站发生爆炸，导致6名警察死亡。一个名为"决断"的组织宣称制造了这起袭击事件。

12月9日，欧盟反恐官员警告称，1000多名源自欧洲的极端分子已从叙利亚与伊拉克回返欧洲，其中一些人可能"奉命"要在欧洲本土发动恐怖袭击。

12月9日，尼日利亚东北部阿达马瓦州一农贸市场发生2起自杀式爆炸袭击，造成至少30人死亡，67人受伤。

12 月 9 日，尼日利亚马达加利，2 名身绑炸弹的女孩被送进了一处市场，人群中突然发生爆炸袭击，造成 50 多人死亡，177 人受伤。

12 月 9 日，伊拉克巴格达，圣战分子发动爆炸袭击，导致 10 名伊拉克人死亡，22 人受伤。

12 月 10 日，也门南部城市亚丁的一个军营发生自杀式爆炸袭击，造成 48 名士兵死亡，另有 31 人受伤。

12 月 10 日，也门南部城市亚丁一处政府军基地遭自杀式爆炸袭击，造成至少 50 人死亡，70 人受伤。事后“伊斯兰国”宣布对此次袭击负责。

12 月 10 日，土耳其最大城市伊斯坦布尔发生连环自杀式炸弹袭击，导致 38 人死亡，另有 155 人受伤，其中 14 人伤势严重。土耳其副总理库尔图尔穆什在记者会上说，袭击分 2 次进行，先是一辆装满炸弹的汽车被引爆，主要袭击目标是执勤防暴警察；45 秒钟后，1 名自杀式袭击者在体育馆对面一座公园内引爆炸弹，当场有 4 名警察和 1 名平民丧生。

12 月 10 日，索马里摩加迪沙，伊斯兰极端分子发动 1 起汽车炸弹袭击，导致 2 名警察死亡，4 人受伤。

12 月 10 日，伊拉克马登，一处鱼市遭到“伊斯兰国”的炸弹袭击，导致 1 死 2 伤。

12 月 11 日，位于埃及开罗市区的一座教堂遭遇自杀式炸弹袭击，导致 25 人丧生，另有 49 人受伤。据半岛电视台援引目击者的话称，炸弹是事先被埋藏在教堂内，随后被远程引爆的。

12 月 11 日，索马里摩加迪沙发生 1 起自杀式炸弹袭击，导致 30 人死亡，48 人受伤。

12 月 11 日，伊拉克费卢杰，发生 2 起沙希德自杀式汽车炸弹袭击，导致 8 名伊拉克人死亡，20 人受伤。

12 月 12 日，菲律宾政府军在菲律宾南部的苏禄省集中追剿“阿布沙耶夫”团伙，击毙10名极端武装分子。

12月12日，英国警方在英格兰中部和伦敦各处发动数场反恐突袭，共逮捕了6人。

12月12日，埃及谢赫祖韦德，4名平民遭到宗教极端主义者炸弹袭击身亡。

12月13日，印尼警方表示，已经成功挫败企图以高威力炸弹炸毁总统府的恐怖分子计划，并在西爪哇勿加西市与中爪哇加冷亚惹逮捕了6名恐怖分子嫌犯。

12月13日，极端组织“伊斯兰国”晚通过网络发表声明称，该组织制造了11日发生在埃及开罗市区的教堂爆炸案。据埃及“金字塔在线”网站消息，“伊斯兰国”的声明称，一个名叫阿布·阿卜杜拉·马斯里的袭击者利用自杀式爆炸腰带制造了该事件，造成近80人死伤。该组织还声称将发动更多袭击。

12月13日，尼日利亚卡姆亚，“博科圣地”袭击了一处村庄，导致至少3人死亡，12人受伤。

12月14日，美军打击“伊斯兰国”行动指挥官斯蒂芬·汤森在巴格达通过视频会议方式对媒体表示，打击“伊斯兰国”行动在2016年取得重大进展。“伊斯兰国”目前仅剩1.2万—1.5万名武装分子。

12月14日，伊拉克巴格达一处商业区遭到炸弹袭击，导致2名路人死亡，10人受伤。

12月15日，索马里首都摩加迪沙的一家饭店发生自杀式爆炸袭击，当时自杀式袭击者在高速路上驾驶一辆汽车躲避警方的追捕，行驶到一家饭店附近时车辆侧翻引爆了车上的炸药，发生了爆炸，袭击者当场死亡，还造成3人受伤。总统府及其他政要的办公大楼就坐落在附近。

12月15日，俄罗斯联邦安全局宣布，俄罗斯执法人员在莫斯科逮捕4名恐怖嫌疑人。

12 月 15 日，叙利亚霍姆斯，一处什叶派聚居地遭到圣战分子的爆炸袭击，导致 4 人死亡，3 人受伤。

12 月 15 日，索马里摩加迪沙，“青年党”在一处茶叶店外引爆炸弹，导致 6 人死亡，包括 2 名儿童和 1 名妇女，12 人受伤。

12 月 16 日，恐怖分子利用 1 名 8 岁女童充当“人体炸弹”，对叙利亚大马士革一处警察局实施袭击。恐怖分子将小型爆炸装置装在这名女童身上，指使她进入大马士革米丹区警察局，随后遥控引爆爆炸装置。爆炸造成女童丧生，并致 1 名警察局工作人员受伤。

12 月 16 日，德国路德维希港 1 名年仅 12 岁的伊拉克裔少年被发现涉嫌两度在当地从事炸弹袭击，其中一起系针对人流众多的圣诞市场。

12 月 16 日，布基纳法索索姆，圣战分子枪杀了 12 名边境警卫，5 人死亡。

12 月 17 日，一辆载有爆炸物的汽车在土耳其开塞利市埃尔吉耶斯大学附近袭击了一辆运送休假士兵的大巴，造成 13 名士兵死亡，55 人受伤，伤者中有 12 人重伤，其中 6 人危重。

12 月 17 日，一伙与极端组织“伊斯兰国”有关的歹徒在车臣首府格罗兹尼袭警。警方击毙 7 名拒捕歹徒，4 名犯罪嫌疑人被捕，1 名警务人员丧生。

12 月 17 日，尼日利亚迈杜古里，身绑炸药的两个年轻的女孩被送到一处检查站，爆炸造成 2 人死亡，3 人受伤。

12 月 17 日，索马里马哈得，与“基地”组织有关的激进分子袭击了一个小镇，杀害 2 名保卫人员，10 人受伤。

12 月 17 日，印度卡达尔巴尔，虔诚军成员向一处安全车队开火，导致 3 人死亡，2 人受伤。

12 月 17 日，阿富汗喀布尔，伊斯兰武装分子枪杀了 3 人，另有 3 人受伤。

12月17日，伊拉克摩苏尔，“伊斯兰国”制造了2起自杀式炸弹袭击，导致18名平民死亡。

12月18日，也门临时首都亚丁遭遇自杀式爆炸袭击，死亡人数已升至49人，另有约60人受伤。极端组织“伊斯兰国”随后宣称对此次事件负责。爆炸袭击发生时，上千名政府军士兵正在亚丁的一处军营外排队领取工资。

12月18日下午，多名枪手袭击位于约旦首都安曼以南约120公里处的旅游景点卡拉克，然后逃至卡拉克城堡藏匿，并与安保部队对峙。约旦安保部队表示，事件造成10人死亡，27人受伤。

12月19日，德国柏林一个圣诞节市场发生卡车冲撞人群事件，造成至少912人死亡，48人受伤。“伊斯兰国”宣称对此负责。28日，德国警方拘留了1名涉嫌与柏林卡车袭击嫌犯有关的40岁突尼斯男子。

12月21日，枪手冲进阿富汗海曼德省国会议员华里在首都喀布尔的家，杀害8人，华里本人试图自屋顶逃脱，跳下后受伤。塔利班宣称对犯下这起袭击事件负责，并说攻击是以军事官员会议为目标。

12月22日，伊拉克反恐部队透露，摩苏尔东部遭到连环汽车炸弹袭击，造成至少25人死亡，其中包括平民和安全人员，另有数十人受伤。

12月22日，哈萨克斯坦国家安全委员会发布消息称，在哈萨克斯坦境内逮捕了16名涉恐人员。

12月24日，孟加拉国警方在首都达卡对一处被取缔的极端组织成员的藏匿处实施围捕，逮捕4人，另有2名武装分子引爆身上炸弹身亡。

12月24日，菲律宾南部北哥打巴托省一座教堂门前发生手榴弹袭击事件，造成至少12人受伤。

12月27日，美国当选总统唐纳德·特朗普任命托马斯·博塞特为总统国土安全和反恐助理。

12 月 27 日，沙特内政部发布消息称，该国安全部门在首都地区扣押 11 名涉嫌在沙特参与恐怖活动的可疑人员。

12 月 27 日，尼日尔内政部发布公告称，尼日尔东南部迪法省 30 名极端组织“博科圣地”武装人员已向尼日尔政府军投降。

12 月 28 日，土耳其武装部队总参谋部发布声明称，土耳其方凌晨在叙利亚北部阿勒颇省巴卜市的军事行动中打死 44 名极端组织“伊斯兰国”武装分子，打伤 117 名极端分子。

12 月 28 日，黎巴嫩与叙利亚边界以西约 20 公里的艾因镇发生公共巴士爆炸事件，造成 1 人死亡，1 人受伤。

12 月 28 日，阿富汗首都喀布尔发生一起炸弹袭击，炸弹被放置在了一处桥下，爆炸造成至少 3 人受伤。

12 月 28 日，菲律宾中部莱特省希隆戈斯镇一座广场晚间发生爆炸，造成至少 34 人受伤。当晚有 500 名观众聚集在希隆戈斯镇镇政府附近广场上观看一场业余拳击比赛，晚上 9 点左右比赛进入第四回合时，一枚土制炸弹突然爆炸，之后现场又发现一枚未被完全引爆的炸弹。同日，菲律宾南部的北可塔巴托省艾留山镇公路旁也遭人放置炸弹引爆，导致 7 人受伤。

12 月 28 日，俄罗斯驻叙利亚大使馆再次遭到恐怖分子袭击，未造成人员伤亡。落入使馆区办公楼院内的一枚炮弹所幸没有爆炸，另外一枚落入使馆临近地带。

12 月 30 日，土耳其警方在土耳其东南部阿达纳省和加济安泰普省发动反恐行动，共逮捕 58 名疑似极端组织“伊斯兰国”成员。

12 月 31 日，伊拉克首都巴格达发生 2 起爆炸袭击。袭击者将炸弹事先埋设在巴格达西纳克一家汽车零配件商店和邮局附近，然后先后引爆炸弹，造成至少 28 人死亡，53 人受伤。“伊斯兰国”发表声明称，袭击系该组织武装分子所为。

图书在版编目（CIP）数据

国际恐怖主义与反恐怖斗争年鉴.2016/中国现代国际关系研究院反恐怖研究中心著.—北京：时事出版社，2017.7
ISBN 978-7-5195-0084-9

Ⅰ.①国…　Ⅱ.①中…　Ⅲ.①恐怖主义—世界—年鉴—2016 ②反恐怖活动—世界—年鉴—2016　Ⅳ.①D588-54②D815.5-54

中国版本图书馆 CIP 数据核字（2017）第 128290 号

出 版 发 行：时事出版社
地　　　址：北京市海淀区万寿寺甲 2 号
邮　　　编：100081
发 行 热 线：（010）88547590　88547591
读者服务部：（010）88547595
传　　　真：（010）88547592
电 子 邮 箱：shishichubanshe@sina. com
网　　　址：www. shishishe. com
印　　　刷：北京市昌平百善印刷厂

开本：787×1092　1/16　印张：31.75　字数：420 千字
2017 年 7 月第 1 版　　2017 年 7 月第 1 次印刷
定价：168.00 元